小林芳規著作集

第七卷

訓點・訓讀・音義

目次

目次

目次

目　次

凡　例

一、本著作集は、著者の諸論考等を、單行本に再録されたものを原則として除き、類別して八分册に収めて刊行する。本册はその第七巻に相當するものである。

一、八分册の構成は次の通りであり、各分册に書名を附した。

第一巻　鎌倉時代語研究(上)
第二巻　鎌倉時代語研究(下)
第三巻　上代文獻の訓讀
第四巻　國語史と文獻資料
第五巻　文字・表記・音韻
第六巻　文體・文法・語彙
第七巻　訓點・訓讀・音義
第八巻　角筆文獻・小品（書評、紹介、緒言・後記、推薦序文、追悼）

一、本册第七巻は、「訓點・訓讀・音義」と題して、先ず、漢譯佛典の受容と漢籍の白氏文集の受容について訓點資料より觀た論説を掲げ、次いで個々の訓點資料の訓點について報告した諸論考を収め、最後に、音義について、一切經音義と新譯華嚴經音義私記の解題、新出の一字頂輪王儀軌音義の紹介を含む論考を載録した。

一、個々の訓點資料の訓點について報告した諸論考の配列は、凡そ訓點の時代順を原則とするが、內容により一部前後するものがある。

一、發表誌と發表年月については、各論考の末尾に記してある。

一、舊稿を本著作集に取込むに際し、二段組み・三段組みを一段組みとして收載した。

一、舊稿の內容をそのまま收載する原則に從ったが、誤植や脫字は訂正した。內容を補訂する必要のある時は、各稿の稿末に「補記」として附記した。

一、假名遣いは、舊稿では原則として現代假名遣を用いているので、それに從ったが、一部に舊稿のまま所謂歷史的假名遣を用いた所がある。

一、漢字字體については、舊稿では常用漢字體を用いたものが多いが、著作者の學術單行本が舊漢字體を採用しているので、それに從うことにした。

一、著作集として統一するために、節・項・箇條書符號等や、改行マーク、注の形式、算用數字・漢數字、括弧、送り假名等について舊稿を變更した所がある。

一、文獻の所藏者については、舊稿發表以後に移動したものがあるが、舊稿のままとした。

第七巻　訓點・訓讀・音義

漢譯佛典の日本的受容

一、はじめに

印度西域から傳來し、中國大陸において、漢語に翻譯された經論の數々と、それに基づいて編述された注釋書の類は、わが國においても、佛教が欽明朝の六世紀半ばに傳來、推古朝以來の弘通につれて、種々の佛典として將來された。律・成實・俱舍と三論・法相・華嚴の六宗が大陸から移入され成立した奈良時代には、官營の寫經が盛んに行われたことに俟って、關聯の佛典が書寫され、讀誦され、供養された。現存する奈良朝寫經や、正倉院文書によって、そのことを具體的に知ることが出來る。光明皇后發願の五月一日經の約七千餘巻が、彼の大陸における唐の智昇撰述『開元釋敎錄』（西紀七三〇年）の一千七十八部五千四十八卷を上廻っているのは、その一例である。

奈良平城京を中心として展開した南都佛敎に對して、北都平安京とその周邊に展開した天台と眞言との二宗は、平安初期九世紀初頭に、それぞれ最澄と空海とによって成立し、以後約四百年の間、一二世紀末の鎌倉新佛敎が出現し、佛敎が民衆の間に浸透するようになるまでの平安時代の新佛敎の中心であった。この平安新興の二宗は、奈良時代末期の南都佛敎を土壤とし、その批判として形成され、『法華經』や『大日經』『金剛頂經』を宗義とした。

それは、今日、京都とその周邊の古刹の經藏に傳存している多種多量の經巻にその教學の具體的な姿を窺うことが出來る。筆者が、その經藏の古典籍の調査に參加し、全藏書の調査整理が終了したりその大半が終ったりした諸寺についても、その一端を知ることが出來る。その二、三を例示しよう。

近江石山寺の經藏に夥しい量の古經巻が收藏されていることは良く知られるところである。量の上から見てその主要なものは、一切經と校倉聖敎と深密藏聖敎であり、その調査は終り、目下、知足庵聖敎百餘函の調査整理中である。築島裕博士の計量によると、平安時代以前の書寫・刊行に係るものが、一切經三、八一一點、校倉聖敎一、二四一點で計五、〇五二點、鎌倉時代以後のものが一切經一、一五〇點、校倉聖敎三三五點で計一、四八五點、一切經と校倉聖敎を併せると總計六、五三七點となる。(1) 又、深密藏聖敎は約二〇、〇〇〇點に上り、桃山時代以前の書寫に係るものは凡そ二、〇〇〇點といぅ。(2)

校倉聖敎は經論よりは章疏・儀軌の類が主であり、本邦において撰述された聖敎も含まれるが、一切經は山外流出を考慮すると、曾ては全容を整えていたと思われ、當時の讀誦・教學の樣相が窺われる。それらは、眞言宗關係のもの、特に石山内供淳祐（八九〇―九五三）及びその學統を承けた人々のもの、院政期の朗澄（一一三一―一二〇八）の書寫等に係るもの、一〇世紀を中心とする天台宗、特に比叡山延暦寺の系統を引くものの他、南都から傳來した、奈良時代から平安初期に書寫したものも含まれている。

東寺は、平安初期の弘仁十四年（八二三）に弘法大師空海に敕賜された寺院で、その觀智院金剛藏には、論疏・儀軌・抄物の聖敎類が大凡一二、〇〇〇件傳存され、寫經が密教經典を中心に約三三〇點數えられる。(3) それらは、奈良寫經を含み、平安・鎌倉時代を中心に、江戸時代にまで及んでいる。

洛西栂尾高山寺は、鎌倉時代に明惠がその教學の基礎を築き、その弟子達がその發展に盡力した。その書寫本を中心に、平安時代及びそれ以前に寫本を他所から收納したもの、後世に購入寄進等により納入したもの等、一一、五〇〇點を越え、そのうち平安時代書寫の典籍は二、五〇〇點[4]に達する。又、鎌倉時代に書寫・刊行された典籍は六、〇〇七點[5]で全藏書の約半數を數える。それらの殆どが聖教である。

これらは、それぞれの教義の典據となる書籍として書寫され、讀誦され、供養・講究・弘傳されたであろうが、注目すべきは、その多くに訓點が記入されていることである。高山寺藏本では、平安・鎌倉時代ともに約半數が訓點本又はそれに係るものである。訓點とは、漢文の訓讀の言語を示すために、原漢文の字傍・字面上などに書き加えた假名・ヲコト點などの文字や符號をさす。訓點を記入することを加點といい、加點された文獻が訓點本であり、その言語が訓讀語である。

中でも主要な經典の多くは訓點本であるから、その漢文の本文が、日本語文として訓讀された言語によって讀解され、その訓讀語を通して、その教義・思想內容が理解され吸收されたことが知られる。經卷に訓點を記入することが始まったのは八世紀末、南都の僧の間からであるが、その訓讀語に奈良時代の語彙・語法が含まれていることと、奈良時代の文獻に既に訓讀語が現れていることとから見て、訓讀自體は奈良時代あるいはそれ以前から行われていたらしい。それが、平安時代には日本語の一文體として定着し、鎌倉時代以降に引繼がれ、日本語の表現全體に大きな影響を持つようになる。その經典の訓讀語を、現存する多量の訓讀本によって、具體的に知ることが出來るのである。

佛教が、わが國の古代文化に與えた影響は大きく、それは、思想・學問・藝術・經濟・風俗、そして文學等の諸分野に廣くかつ深く及んでいる。漢譯佛典の日本的受容は、それぞれの分野で說かれるべきであるが、ここでは、その根幹となる言語の面から、現存する、平安・鎌倉時代の訓點本を材料として述べることにする。

二、平安時代の文學作品に現れた『法華經』の訓讀語

『妙法蓮華經』八巻（以下、『法華經』と略す）は、『正法華經』・『添品法華經』に對してわが國では最も良く讀まれ、佛教宗派の如何を問わず、廣く共通して讀誦された大乘經典である。これを反映して、平安・鎌倉時代の訓點本も多く傳存し、諸宗派にわたっている。その當時の訓讀語が文學作品の中にも見られる。

先ず、藥師寺僧景戒の撰述した『日本靈異記』の巻上第十九「法華經品を讀む人を呰《アザケ》リて、現に口喎斜《ユガ》ミテ惡報を得る縁」に次のようにある。興福寺本での本文で示す（返點は私に施す）。

法花經云　若有二輕咲一之者　當世牙齒踈缺醜レ辱（唇）　平レ鼻手脚繚戻眼目角脥（睞）者

この箇所の訓注が、

踈於呂曾可尓　繚戻上礼于反下來反二合毛止利天　角脥下七反二合須可（メ）尓

とある。この箇所を、日本古典文學大系本では次のように訓讀している。

法花經に云はく「若し輕み咲《わら》ふ者有らば、當《まさ》に世々に牙齒踈《オロソカ》ニ缺け、唇醜く、鼻平み、手脚繚戻《モト》リテ、眼《め》目角睞《スガ（メ）》ニなるべし」といふは、其《そ》れ斯《こ》れを謂ふなり

片假名の部分が、訓注に基づく訓みであり、他は日本古典文學大系本の校注者の解釋によるものである。この訓注が、『日本靈異記』の撰述時を隔たらない頃の本文の傍訓を反映したものであることは、引用形態等から知られる。(6) その傍訓において『法華經』の本文に係る所は、當時の『法華經』の訓讀と密接に關係している。

そこでこれを、平安時代の訓點本と比べてみる。寛治元年（一〇八七）に法相宗興福寺の僧の經朝が、同じ興福寺の赤

穗珣照聖人の訓點を移點した立本寺本に據って、右の箇所、卽ち巻八の「普賢菩薩勸發品第二十八」の一節を、そのヲコト點と假名とを現行の平假名と片假名とに改めて引用する（返點は私に施す）。(7)

若有三輕二笑《ラムカロミワラフ》之《を》一者《モノハ》　當《に》世世牙齒《にキハ》疎《オロソカニ》　缺醜《カケミニクキ》　脣《クチヒル》　平《ヒラメル》　鼻《にして》　手脚繚《マトハレ》　戾《モトリ》　眼-目角-睞《スカメナラム》

これを、『日本靈異記』の訓注と比べるに、訓注の「疎於呂曽可尓」「角睞二合須可（メ）尓（アラム）」はほぼ一致する。「繚戾」は、訓注が「二合毛止利天」とするのに對して、立本寺本では「繚《マトハレ》　戾《モトリ》」と訓讀している。「二合」とは漢字二字の熟字を日本語の一語で「モトリ」のように訓讀することで、平安初期の訓讀語の特徴の一つである。これが平安後期以降には、漢字ごとの訓として「繚＝マトハレ、戾＝モトリ」のように訓讀するのが一般的となる。それは、訓讀の時代差による變遷を反映する。これによれば、『日本靈異記』の二合の訓注は、平安初期の訓讀を反映したことになり、この訓注が、當時の『法華經』の訓讀語に基づいたものであることが考えられる。

同じく平安後期に、眞言宗、中院流の始祖の明算（一〇二一―一一〇六）が訓讀した『法華經』でも、次のようである。(8)

若有三輕《らむ》二笑《（ス）ること》之《を》一者《ものは》　當《に》世世牙齒《に》疎《に》缺《（ケタ）らむ》　醜《（クカ）らむ》レ　脣　平《め（ナ）らむ》レ　鼻手脚繚《アシマトハレモトレらむ》　戾　眼目角睞《スカメならむ》

「疎《に》」「角睞《スカメならむ》」は、『日本靈異記』の訓注とほぼ一致する。「繚《マトハレモトレらむ》　戾」は、立本寺本と同様に漢字ごとの訓讀であり、平安後期の一般的なものである。但し、「らむ」の讀み添えを始め、「輕笑《（ス）ること》」など、立本寺本と差異のあるのは、宗派の異なりに應ずる訓讀の相違に基づいている。

次に、『三寶繪』や『今昔物語集』にも、『日本靈異記』巻上第十九緣と同じ説話を載せ、そこに『法華經』の訓讀語の引用がある。『三寶繪』の觀智院本には次のように引かれている。

法華經ニ云「モシカロミワラフ物アラハ當（ニ）世ゝニ牙齒疎ニ缺醜《カケミニク、》レ　脣《クチヒル》　黑《クロミ》　鼻《ハナ》ヒラミ手《テ》足繚《アシモトリ》　戾《ユカミ》　眼目角睞」ト云是也
靈異記ニミヘタリ　（巻中、二〇ウ）

鎌倉時代の文永十年（一二七三）の書寫本であるが、平安時代保延元年（一一三五）書寫の東大寺切も、

法花經にいはく、もしかろみわらふものあらは、まさに、わかに［　］くちひるみ［《にくく》］、はなひらみ、てあしもとりゆかみぬ。め、すかめになるへしといへり。靈異［《記》］にみえたり（［　］は誤脱、｜は少異）

のように誤脱などはあるものの、これと大同であるから、『三寶繪』が『法華經』の同系の訓讀を踏まえていたことが知られる。

『今昔物語集』巻十四の「山城國高麗寺榮常謗法花得現報語第廿七」では次のように引かれている。

此レ正シク經ノ文ニ說ケルカ如シ「若シ此經ヲ輕メ謗ル者有ラハ世々ニ齒闕ケ脣黑ミ鼻平ニ足戻リ喎ミ目眇シナルヘ」ト此レヲ思フニ

（東京大學國語研究室藏本）

『法華經』本文の字句と比べると、「輕メ謗ル」「黑ミ」の相違、「當ニ」「牙」「疎ニ」「醜」「手」字の脱や、「闕ケ」「足」「戻リ喎ミ」「目」「眇」の漢字表記の改變などがあるが、基本的には、『法華經』の訓讀文を下敷にした上で、これを『今昔物語集』の撰者が改變したと見られる。

「繚戻《マトハレモトリ》」に對して、『三寶繪』が「繚戻《モトリユカミ》」「もどりゆがみ」、『今昔物語集』も「モトリ（戻）ユガミ（喎）」とするのは、平安後期以降における、宗派間の訓讀の差異を反映する。

この箇所を、天台宗の訓讀を傳えた、〝倭點法華經〟(9)では次のように讀んでいる。

若有《シラム》三輕二笑《スルコトヲ》之者《ノハ》。當《ニシト》世世《ニ》牙齒疎缺醜脣平鼻《オロソカニカケミニクキクチヒルヒラメル》。手脚繚戻《シモトル》。眼目角ー睞《ニスカメ》。（略）重ー病《アル上》。

ここでは、「輕笑《スルコト》」「繚戻《シ》」「角ー睞」のように字音讀みが多くなっている。この傾向は、鎌倉時代に假名書きにした〝假名書き法華經〟でも同樣であり、そこでは次のように更に字音語が多くなっている。

［妙一記念館藏本、鎌倉中期寫本］

もし恩を輕笑《きやうせう》《かろめわらふ》することあらんものは、まさに世〻《せゝ》に牙齒《けし》《きは》おろそかに、かけ醜《しゆ》脣《しん》平《ひやう》鼻《ひ》《みにくきくちひらめるはなにして》にして、手脚《しゆかく》《あし》繚戾《れうらい》し、眼目《けんもく》《め》角睞《かくらい》にして、

［鑁阿寺藏（足利）本、鎌倉時代元德二年（一三三〇）頃寫本］

もしこれをきやうせう《「かろめはらへる」》することあらん物は・まさに世世に・けしをろそかにかけ・しゆしむ・ひやうひにして・しゆかくれうらひし・けんもく・かくらいにして・

〝假名書き法華經〟は、「讀誦者が佛教專門の佛僧でなく一般世人」であり、「卑夫賤婦に至るまで理解しやすくする」「世人のための啓蒙に大きな勞力を拂っている」[10]とされるものである。

『法華經』の訓讀語は、右の例から窺われるように、時代による變遷、宗派間の差異を持っていて、それぞれの訓讀語がそれぞれの文學作品に影響している。從って、『法華經』の日本的受容を、言語の面から說くには、先ずその訓讀語の變遷を明らかにしておく必要がある。

三、『法華經』の訓讀語の變遷

『法華經』の訓讀語を具體的に知ることの出來る訓點本は、平安初期から鎌倉時代までで三五點餘が知られる。それらには、八卷の全卷が完存しているものもあるが、何れかの卷を缺いたり、特定の卷だけ或いは二十八品のうちの特定の品しか現存しないものも少なくない。變遷を敍述するためには、同一本文についてそれぞれの訓讀語を相互に比較し異同を整理することが、基礎作業として有效である。この點から見ると、卷第一の「方便品」は、平安初期から平安後期・院政期・鎌倉時代の訓點本が現存し、平安後期以降では異なった宗派の訓點本も現存していて適當である。そのそれぞれの全

文の訓讀文も筆者の手許に用意出來ている。

ここで取上げたのは、次の訓點本と併せて假名書き本である。それらの概要については別稿に述べたので[11]、左には要點のみ擧げる。

［1］山田嘉造氏舊藏箕面學園藏妙法蓮華經方便品平安初期點（以下「山田本」と略稱）一卷

平安初期（九世紀）前半期の白點、ヲコト點は第一群點。加點者は東大寺關係の僧。

［2］高野山龍光院藏妙法蓮華經明算加點本（「龍光院本」と略稱）七卷（卷第三缺）

平安後期（十一世紀）白點、ヲコト點は中院僧正點。加點者の明算（一〇二一―一一〇六）は、眞言宗、中院流の始祖。『大毗盧遮那經』七帖を天喜六年（一〇五八）に小野阿闍梨御房（隨心院曼荼羅寺の成尊）の許で大師御點本で讀み、又『大毗盧遮那供養次第法疏』卷下一帖を康平二年（一〇五九）に曼荼羅寺で受學している。『妙法蓮華經』の加點もその頃であろう。

［3］書陵部藏妙法蓮華經平安後期點（「書陵部本」と略稱）八卷

平安後期白點、ヲコト點は禪林寺點。禪林寺點の使用者は、眞言宗小野流、禪林寺僧正（第五代）深覺、禪林寺大僧都（第六代）深觀の流である。深覺は、仁和寺の寛朝の資でもある。この白點とは別に、新白點（ヲコト點は圓堂點）が卷第一の前半にあり、朱點（ヲコト點は圓堂點）が卷第一と卷第二とにある。圓堂點の使用者は仁和寺僧である。新白點・朱點ともに平安後期の加點。「方便品」の訓讀は禪林寺點の白點によっている。

［4］立本寺藏妙法蓮華經寛治元年點（「立本寺本」と略稱）六卷（卷第二、六缺）

寛治元年（一〇八七）に、法相宗興福寺において同寺僧の經朝が、同寺の赤穗珣照の訓點本によって白點を以て移點した。ヲコト點は喜多院點。又、白點とは別に、朱書を以て平安初期の明詮の訓讀を、白點の讀みと異なる箇所について寛治二年に加筆[12]している。ここでは寛治元年の白點に基づく。

[5] 防府天滿宮藏妙法蓮華經（眞言宗）

[6] 防府天滿宮藏妙法蓮華經（天台宗山門派）　八巻

院政初期書寫の本文に對して、室町初期に書き加えた訓點と導が存する。訓點には、朱書訓點（ヲコト點は喜多院點）と墨書假名との二種が竝存し、それぞれ鎌倉時代に、眞言宗關係僧と天台宗山門派の僧とによって加點されたものを移寫したことが、巻第一の奥書と訓讀法とから知られる。[13]

[7] 倭點法華經（心空版）（「倭點本」と略稱）　八巻

嘉慶元年（一三八七）開板、應永五年（一三九八）の重刊本で、滋賀縣長濱市八幡宮藏本（勉誠社刊、中田祝夫編『倭點法華經』）による。訓讀の系統は、刊記からは定かでないが、心空が貞治年間（一三六二―一三六七、四四―四九歳）に天台宗の書寫山圓經寺の僧であったことによると、天台宗山門派における『法華經』訓讀に據ったことが考えられる。防府本の山門派の訓讀に極めて近いこともその一證である。

右の七種の訓讀本に併せて、鎌倉時代書寫の〝假名書き法華經〟の二本を掲げる。その文章は、基本的には『法華經』の訓點本の訓讀に基づいていると考えられ、全文が漢字交りの平假名文である所から、その讀みが良く知られるという利點がある。

[8] 妙一記念館藏假名書き法華經（「妙一記念館本」と略稱）　八帖

鎌倉中期書寫。中田祝夫博士編、靈友會刊の影印本による。

[9] 足利本假名書き法華經（「足利本」と略稱）　八巻

鑁阿寺藏、元徳二年（一三三〇）頃書寫。巻第一の末尾に「元徳二庚午壬六廿四句切已」（朱書）とある。中田祝夫博士編、勉誠社刊の影印本による。

以上の九種の『法華經』について、その「方便品」の訓讀文を相互に比較すると、語句によっては九種とも全く一致する所もあるが、相違が多く認められる。この相違に注目し、整理し検討して、訓讀語の變遷として把えると、次のようになる。全容を示すことが出来ないので、その一部を例示する。

[例文①]（「大藏經」は大正新脩大藏經の本文）

[大　藏　經]　除諸菩薩　信力堅固者　諸佛弟子衆　曾供養諸佛
[山　田　本]　諸の菩薩衆の　信力堅固にしたまひて（アル）者《ひと》をは除（カ）マくのみ諸佛の弟子衆の　曾し諸佛を供養（シ）タテ
[龍　光　院　本]　諸の菩薩衆の　信力堅固なる者を　除《（オ）》く・　諸佛の弟子衆の　曾し諸佛を供養（シタテ
[書　陵　部　本]　諸（ノ）菩薩衆（ノ）　信力堅固ナル者《モノ》（ヲ）　除ク　諸佛（ノ）弟子衆（ノ）曾（シ）諸佛（ヲ）供養（シ）
[立　本　寺　本]　諸の菩薩衆の　信力堅固なる者《もの》をは　除（ク）　諸佛の弟子衆の　曾し諸佛を供養（シ）タテ
[防府本（眞言宗）]　諸の菩薩衆の　信力堅固なる者をは　除《（ノ）ソ》ク　諸佛の弟子衆の　曾し諸佛を供養（シ）タテ
[防府本（山門派）]　諸ノ菩薩衆ノ　信力堅固ナル者ヲハ　除（ク）　諸佛ノ弟子衆（ノ）　曾《ムカ》シ諸佛ヲ供養シ
[倭　點　本]　諸ノ菩薩衆ノ　信力堅固ナル者ヲハ　除《（ノ）ソ》ク　諸佛ノ弟子衆（ノ）　曾《ムカ》シ諸佛ヲ供養シ
[妙一記念館本]　もろもろの菩薩衆《ほさつしう》の　信力堅固《しんりきけんこ》なるものをは　おく・　諸佛《しよふつ》の弟子衆《てししゆ》の　むかし諸佛《しよふつ》を供養《くやう》し・
[足　利　本]　もろ〳〵の菩薩しゆの・しんりきけんこなるものをは　をく・　諸佛のてししゆの・むかし諸佛をくやうし・

[大　藏　經]　一切漏　已盡　住是最後身　如是諸人等　其力所不堪
[山　田　本]　マツリ　一切の漏《ロ》　已に盡して　是の最後身に　住せる　是の如キ諸の人等《ラ》《トモ》も　其の力　堪《シノ》ヒ不《ヌ》所なり
[龍　光　院　本]　マツ）リ　一切の漏　已に盡し・　是の最後身に　住せる　是（ノ）如（キ）諸の人等も　其（ノ）力堪（ヘ）不（ル）所なり。
[書　陵　部　本]　一切の漏　已に盡セリ　是（ノ）最後身に　住セル　是（ノ）如（キ）諸の人等　其（ノ）力堪《タ》ヘ不（ル）所（ナリ）
[立　本　寺　本]　マツリ　一切の漏を　已に盡《ツク》シ　是の最後身に　住せる　是（ノ）如き諸の人｜等《トモ》も　其の力　堪《タ》ヘ不る所なり。

［防府本（眞言宗）］マッリ　一切の漏を　已に盡して　是の最後身に　住（セル）　是（ノ）如き諸の人等《トモ》も　其の力　堪（ヘ）不（ル）所（ナリ）
［防府本（山門派）］　一切ノ漏　已ニ盡シテ　是ノ最後身ニ　住セル　是（ノ）如キノ諸人等《ラ》　其ノ力　堪《タ》ヘ不（ル）所《(トコ)ロ》　ナリ
［倭　點　本］　一切ノ漏　已ニ盡シテ　是ノ最後身ニ　住セル　是（ノ）如キノ諸人等《ラ》　其ノ力　堪《タ》ヘ不（ル）所《(トコ)ロ》　ナリ
［妙一記念館本］　一切《いさい》ノ漏《ろ》《ほんなう》　すてに・つくして・この最後身《さいこしん》《ほとけとなるへきみ》に　住《ちう》せる・　かくのこときもろもろのひとらも・　そのちから・たへさるところなり・
［足　利　本］　一さひのほんなう《ろ》・すてにつくして・　このさいこしんに・ちうせる・　かくのこときもろ〳〵のひとらも・　そのちから・たゑさるところなり・

［大　藏　經］　假使滿世間　皆如舍利弗　盡思　共　度量　不能測佛智
［山　田　本］　假使　世間に滿（テラ）むひと　皆　舍利弗の如（ク）あらむい　思を盡（シ）て　共に　度量すとも　佛の智をは
［龍　光　院　本］　假使《(タト)ひ》　世間に滿て（ラム）もの　皆　舍利弗の如（クシ）て　思に盡《任也》《(マカ)》（セ）て　共に　度量（ス）とも　佛智を
［書　陵　部　本］　假《タト》使《ヒ》　世間（ニ）滿（テラム）モノ　皆　舍利弗の如クシて　思を盡シて　共に　度量（ストモ）　佛智をは
［立　本　寺　本］　假《タト》使《ヒ》　世間に滿（テ）ラムモノ　皆　舍利弗の如クして　思《(オモ)ヒ》を盡して　共に　度量すとも　佛智をは
［防府本（眞言宗）］　假《タト》使《ヒ》　世間に滿（テ）ラムモノ　皆　舍利弗の如（クシテ）　思を盡（シ）て　共（ニ）　度量すとも　佛智をは
［防府本（山門派）］　假使　世間ニ滿（テラムモノ）　皆　舍利弗ノ如クニシテ　思ヲ盡《(ツ)ク》シテ　共ニ　度量《タク》スレトモ　佛智ヲ
［倭　點　本］　假《タト》使《ヒ》　世間ニ滿ミテラム（モノ）　皆　舍利弗ノ如クニシテ　思ヲ盡《(ツ)ク》シテ　共ニ　度量《タク》ストモ　佛智ヲ
［妙一記念館本］　たとひ世間《せけん》にみてらむもの　みな・舍利弗《しゃりほつ》のことくならむ・　おもひをつくしてともに・度量《たくりやう》すとも・　佛智《ふつち》を
［足　利　本］　たとひせけんに・みてらんもの・みなしやりほつの・ことくならん・思をつくして・　ともに　たくりやうすとも・ふつちを・

［大　藏　經］　測不能　正使滿十方　皆如舍利弗　及　餘諸
［山　田　本］　測（ル）こと能（ハ）不《し》なり政使十方に滿（テラ）むひとの　皆　舍利弗の如（ク）あらむと　［及］　餘の諸の
［龍　光　院　本］　測ること　能（ハ）不《し》。　正《(タト)ひ》使十方に滿て（ラム）もの　皆　舍利弗と　及ひ　餘の諸の
［書　陵　部　本］　測（ルコト）能（ハ）不　正使《タトヒ》十方に滿（テラム）モノ　皆　舍利弗と　及ヒ　餘の諸の
［立　本　寺　本］　測（ル）こと能（ハ）不《し》　正《タト》・使《ヒ》十方に滿（テ）ラムモノ　皆　舍利弗と　及ヒ　餘の諸の

[防府本(眞言宗)] 測(ルコト)能(ハ)不　正使十方に滿(テラムモノ)　皆　舍利弗と　及(ヒ)餘の諸の
・[防府本(山門派)] 測《ハカ》ルコト　能(ハ)不《シ》　正《タトヒ》使十方ニ滿(テ)ラム(モノ)皆　舍利弗ノ如ク　及ヒ　餘ノ諸ノ
[倭　點　本] 測《ハカ》ルコト　能(ハ)不《シ》　正《タトヒ》使十方ニ滿(テ)ラム(モノ)　皆　舍利弗ノ如ク　及ヒ　餘ノ諸ノ
[妙一記念館本] はかることあたはし・　たとひ十方《しほう》にみてらむもの　みな舍利弗《しやりほつ》のことくならん　およひ餘《よ》のもろもろの
[足　利　本] はかることあたはし・　たとひ十方に・みてらんもの・　みなしやりほつのことくならん・おもひよ《(よ)》のもろ〳〵の

[大　藏　經] 弟子　亦滿十方刹　盡思　共　度量　亦復不能知
[山　田　本] 弟子の　亦　十方(ノ)刹に滿(チ)てあらむとい思を盡(シ)て　共に　度量すとも　亦復　知(ル)こと
[龍　光　院　本] 弟子との如(クシ)て亦　十方の刹に滿(テ)て　思を盡(シ)て　共に　度量(ス)とも　亦復　知ること
[書　陵　部　本] 弟子との如クシて　亦　十方の刹に滿(テ)て　思(ヲ)盡(シテ)　共に　度量ストモ　亦復　知(ルコト)
[立　本　寺　本] 弟子との如(ク)して亦　十方の刹に滿テて　思《(オモ)ヒ》を盡して　共に　度量すとも　亦復　知(ル)こと
[防府本(眞言宗)] 弟子との如(ク)して亦　十方の刹に滿(テ)て　思を盡(シ)て　共(ニ)　度量すとも　亦復　知(ル)こと
[防府本(山門派)] 弟子　亦　十方ノ刹ニ滿《ミ》テラム　思ヲ盡《(ツ)ク》シテ　共に　度量スレトモ　亦復　知ルコト
[倭　點　本] 弟子　亦　十方ノ刹ニ滿《ミ》テラム　思ヲ盡《(ツ)ク》シテ　共ニ　度量《タク》ストモ　亦復　知ルコト
[妙一記念館本] 弟子《てし》　また・十方《はう》の刹《せつ》《くに》にみてらむ　おもひをつくして・ともに　度量《たくりやう》《はかる》すとも　またまたしること
[足　利　本] てし・　又　十方のせつにみてらん・　おもひをつくして・ともに　わたしはかるとも・又〳〵　しること

[大　藏　經] 辟支佛利智　無漏最後身　亦　滿十方界　其數如竹林
[山　田　本] 能(ハ)不なり《し》辟支佛の利キ智ありて　无漏(ノ)最後身ならむが　亦　十方界に滿(テラ)むこと其の數　竹林の
[龍　光　院　本] 能(ハ)不《し》　辟支佛の利智ありて　無漏の最後身になる　亦　十方界に滿(チ)て　其(ノ)數　竹林の
[書　陵　部　本] 能(ハ)不　辟支佛(ノ)利智アリ(テ)　无漏(ノ)最後身ニシて　亦　十方界(ニ)滿(チテ)　其(ノ)數　竹林(ノ)
[立　本　寺　本] 能(ハ)不《し》　辟支佛の利智ありて　無漏の最後身なる　亦　十方界に滿チて　其の數　竹林の

[防府本(眞言宗)] 能(ハ)不《し》　辟支佛の利智ありて　無漏の最後身なる　亦　十方界に滿(チ)て　其の數　竹林の
[防府本(山門派)] 能(ハ)不《シ》　辟支佛ノ利-智ニシテ　無漏ノ最後身ナル　亦　十方界ニ滿(チ)テ　其ノ數　竹林ノ
[倭　點　本] 能(ハ)不《シ》　辟支佛ノ利-智ニシテ　無漏ノ最後身ナル　亦　十方界ニ滿(チ)テ　其ノ數　竹林ノ
[妙一記念館本] あたはし　辟支佛《ひやくしふつ》の利智《りち》にして　無《む》漏《ろ》《ほんなうなき》の最後身《さいこしん》《のちのみ》なる　また・十方界にみちて・　そのかす　竹《ちく》林《りん》《たけのはやし》の
[足　利　本] あたはし・　ひやくしふつの・りちにして・むろの・さいこの身なる・又　十方かひにみちて・　そのかす・たけはやしの

[大　藏　經]　斯等共一心　於億無量劫　欲思佛實智
[山　田　本] 如(ク)あらむ　斯等《ラ》い共に心を一(ニシ)て　[於]億无量劫に　佛の實智を欲《ヒ》-思(ハ)ムとも
[龍　光　院　本] 如(クア)らむ　斯等の共に心を一(ニシ)て　[於]億無量劫に　佛の實智を思(ハム)と欲(フ)とも
[書　陵　部　本] 如(クアラム)　斯等共(ニ)心を一(ニ)シて　[於]億无量劫に　佛(ノ)實智(ヲ)思(ハムト)欲《オモ》フトモ
[立　本　寺　本] 如クアラム　斯《(コ)レラ》等共に心を一(ニシ)て　[於]億無量劫に　佛の實智を思《オモ》ハムト欲《オモ》フとも
[防府本(眞言宗)] 如クアラム　斯《(コ)レラ》等共に心を一(ニ)して　[於]億無量劫に劫に　佛の實智を思(ハム)とも欲(フ)とも
[防府本(山門派)] 如(クナラム)　斯-等共ニ一心ニ　億無量劫ニ於テ　佛ノ實智ヲ思ハムト欲(フ)トモ
[倭　點　本] 如クナラム　斯《レ》-等《ラ》共ニ一心ニ　億無量劫ニ於テ　佛ノ實智ヲ思ハムト欲(フ)トモ
[妙一記念館本] ことくならん　これらともにこころをひとつにして・億《をく》無量劫《むりやうこう》におきて　ほとけの實《しち》智《ち》《まことのちゑ》をおもはむとおもふとも
[足　利　本] ことくならん・これらともに・心をひとつにして・　をく無量こうに・おきて・ほとけのしつちを・おもはむと・おもふとも・

[大　藏　經]　莫能知少分
[山　田　本] 少分をタニ　知(ル)こと能(ハ)莫《し》なり
[龍　光　院　本] 能(ク)少分を　知(ルコト)莫(ケ)む。
[書　陵　部　本] 能(ク)少分をモ　知(ル)コト莫ケム。
[立　本　寺　本] 能ク少分をも　知(ル)こと莫ケム。

[防府本（眞言宗）]　能ク少分をも　知（ル）ことも莫ケム

[防府本（山門派）]　能（ク）少分ヲ　知ルコト莫（ケム）

[倭　點　本]　能ク少分ヲ　知ルコト莫《ナ》ケム

[妙一記念館本]　よく少分《せうふん》をも　しることなけん・

[足　利　本]　よくせうふんをも・しることなけん・

[例文②]

[大　藏　經]　諸佛如來　時乃說之　如優曇鉢華　時一現耳

[山　田　本]　諸佛如來の　時にありて乃《(イマ)》し說（キ）たまふこと［之］、優曇鉢華の時ありて一（タヒ）現する（カ）如く（ア）ラクのみ［耳］

[龍　光　院　本]　諸佛如來、　時ありて　乃（シ）之（ヲ）說（キ）たまふ　優曇鉢華の時ありて一（タ）ひ現するか如（キナラクノミ）［耳］

[書　陵　部　本]　諸の佛如來・　時アテ　乃シ之を　說（キ）タマフ・　優曇の鉢華の・時アテ一（タ）ヒ現（ス）ルカ如（キ）ナラク耳《ノミ》

[立　本　寺　本]　諸佛如來　時ありて乃し之を　說（キ）タマフこと　優曇鉢華の時ありて一タヒ現するか如きナラク耳《ノミ》。

[防府本（眞言宗）]　諸佛如來　時ありて乃し之（ヲ）　說きタマフ・　優曇鉢華の時ありて一（タ）ヒ現（スル）か如き（ナラク）耳《(ノミ)》。

[防府本（山門派）]　諸佛如來　時に乃《イマ》シ　之（ニ）　說（キタマ）フコト　優曇鉢華ノ時ニ　一（タヒ）現スルカ如《(コ)ト》シ耳《マクノミ》

[倭　點　本]　諸佛如來。　時ニ乃《イマ》シ　之ニ　說（キ）タマフコト。　優曇鉢華ノ。時ニ　一タヒ現スルカ如《(コ)ト》シ耳《マクノミ》。

[妙　一　本]　諸佛《しよふつ》如來《によらい》　ときに・いましこれをときたまふ　優《う》曇《とん》鉢《はつ》華《くゑ》のときありて・ひとたひ現《けん》するかことき・まくのみ

[足　利　本]　しよふつにようい・ときにいましこれをときたまう・　うとむはつくゑの・ときありて・ひとたひ・けんするかことき・まくのみ・

[例文③]

[大　藏　經]　若說是事　一切世間　諸天及人皆當驚疑

[山　田　本]　若し是の事を說かは　一切世間の　諸の天［及］人は皆當に驚キ疑（ヒ）なむとのたまふ

[龍　光　院　本] 若(シ)是(ノ)事を說かは　一切世間の　諸(ノ)天[及]人、皆當に驚(キ)疑(ヒ)なむと
[書　陵　部　本] 若(シ)是の事を說カハ　一切世間の　諸-天及ヒ人は・皆當(ニ)驚《オトロ》き疑(ヒ)ナムト
[立　本　寺　本] 若(シ)是の事を說かは　一切世間の　諸の天及(ヒ)人、皆當に驚-疑シヌ[當《ヘ》](再讀)シト
[防府本(眞言宗)] 若(シ)是の事を說かは　一切世間の、諸の天及(ヒ)人、皆當に驚-疑シヌ[當](再讀)(シ)
[防府本(山門派)] 若シ是ノ事ヲ說カム　一切世間ノ　諸天及ヒ人皆《(ミ)ナ》當ニ驚疑ス[當《(ヘ)》](再讀)(シ)
[倭　　點　　本] 若シ是ノ事ヲ說カハ。　一切世間ノ　諸天及ヒ人。皆《(ミ)ナ》當ニ驚疑ス[當《(ヘ)》](再讀)シ
[妙　　一　　本] もしこのことをとかは　一《い》切世《さいせ》間《けん》の　諸天《しよてん》およひ・人みな・まさに驚疑《きやうき》しぬへし
[足　　利　　本] もしこのことをとかは・　一さひせけむ　諸天をよひ人・みなまさに・をとろき・うたかひぬへし

[例文④]

[大　　藏　　經]　增上慢比丘　將墜於大坑
[山　　田　　本] 增上慢の比丘は　將に[於]大(キ)なる坑に墜(チ)なむをもちてなりとのたまひキ
[龍　光　院　本] 增上慢の比丘(ハ)　將に[於]大(キ)なる坑坑に墜(チ)なむ
[書　陵　部　本] 增上慢の比丘は　將に[於]大(キ)ナル坑《アナ》に墜《オ》チナムト
[立　本　寺　本] 增上慢の比丘は　將に[於]大(キ)なる坑《アナ》に墜《オ》《落也》チナム
[防府本(眞言宗)] 增上慢の比丘、　將に[於]大坑に墜(チナムト)[將《ス》](再讀)。
[防府本(山門派)] 增上慢ノ比丘　將ニ[於]大坑ニ墜《ヲ》チナムト[將《ス》](再讀)。
[倭　　點　　本] 增上慢ノ比丘。　將ニ[於]大坑ニ墜《ヲ》チナムト[將《ス》](再讀)。
[妙　　一　　本] 增上慢《そうしやうまん》《えさるをえたりとおもふそう》の比丘《ひく》。　まさに・大《たい》《おほきなるあな》坑《きやう》におつへし
[足　　利　　本] そうしやうまむのひく・まさに・を、きなる・あなにをつへし

［例文⑤］

［大　藏　經］唯然　世尊　願樂　欲聞
［山　田　本］唯《(ウケタマハ)》る然《しか》なり　世尊、願《(ネカハ)》-樂しくシテ　聞《キ》カマク欲《(ネカ)》はしとまうす
［龍　光　院　本］唯《う(ケタマハ)》(ル)然なり　世尊、願樂(シクシ)て　聞(キタマヘム)と欲(フ)と。
［書　陵　部　本］唯《ウケタマハ》ル然ナリ　世尊・願樂シ(クシテ)　聞(カム)と欲(フ)。
［立　本　寺　本］唯《(タヽ)》し然なり　世尊　願樂(シク)して　聞(カ)むと欲《オモ》フ。
［防府本(眞言宗)］唯し然なり　世尊・願-樂(シク)して　聞(カ)むと欲《オモ》フ。
［防府本(山門派)］唯《タヽ》　然《シカ》ナリ　世尊　願樂スラク(ハ)　聞カムト欲《ヲホ》ス。
［倭　點　本］唯《タヽ》　然《シカ》ナリ　世尊。願樂スラクハ　聞カムト欲《(オホ)》ス。
［妙一記念館本］たたししかなり・　世《せ》尊《そん》ねかはくは　きかんとおもふ・
［足　利　本］た、ししかなり・　せそむねかはくは・　きかんと思・

右の例文①―⑤を基にして、その相違に注目し整理すると、次のようなことが明らかになる。

一、平安初期には、山田本のように、「除(カ)マくのみ」(例文①)、「舎利弗の如(ク)あらむい」(例文①)・「滿(チ)てあらむとい」(例文①)・「斯等《ラ》い」(例文①)、「少分をダニ」(例文①)、「とのたまふ」(例文③・例文④)、「とまうす」(例文⑤)、「聞《キ》カマク」(例文⑤)のように、助詞や形式語等を讀み添えて訓讀しているのに對して、平安後期以降の訓讀では、龍光院本以下のように、その讀み添えが無い。これらの讀み添え語についての相違は、例示文以外の箇所にも見られ、他の語では「スラ」等がある。

二、平安初期には、山田本のように、「滿(テラ)むひと」(例文①二例)を讀み添えるのに對して、平安後期以降の訓讀では、龍光院本以下のように、「もの」を讀み添える。例示文以外の箇所では、平安初期の訓讀が、「ラユ(受身)」「マセ

バ……マシ」とするのに對して、平安後期以降の訓讀では、「ラル」「セバ……ジ」とする。このような讀み添える語の異同が見られる。

三、助字の訓讀を見るに、平安初期には、山田本のように、「莫《じ》なり」（例文①）、「堪《シノ》ヒ不《ヌ》」（例文①）と訓讀するのに對して、平安後期以降では、龍光院以下のように、「莫《ナ》ケム」「堪《タ》へ不《（ザ）》る」と訓讀している。

四、又、平安初期に、山田本のように、「及」（例文①③）、「耳（文末）」（例文②）を不讀として、その文意を、それぞれ「と……と」「クのみ」として前後に讀み添えるのに對して、平安後期以降では、「及《（オヨ）》ビ」「耳《マクノミ》」の自立語（又はそれに準ずる安定した語句）の訓を宛てて讀むものがある。例示文以外の箇所には、平安初期に「不《マジ》」と訓讀する所を、平安後期以降では、「不《ジ》」と訓讀するという相違も認められる。

五、副詞に訓讀し一定語を呼應させる字の訓讀の仕方を見るに、平安初期には、山田本の「當に……疑（ヒ）なむ」（例文③）、「將に……墜（チ）なむ」（例文④）のように、それぞれ「マサニ」と讀み、下に「む」を呼應させるのに對して、平安後期以降では、「當《（マサ）に》　《ベシ》」「將《（マサ）に》　《（ムト）ス》」と再讀表現にするものがある。但し再讀表現は立本寺本以下であって、平安後期の二本では再讀表現にならず平安初期の古用に合う。「將」では立本寺本も古用である。

六、實字の訓讀に目を移すに、平安初期には、山田本の「唯《（ウケタマハ）》る然《しか》なり」（例文⑤）の讀み方に對して、立本寺本以下では「唯《タヽ》（し）然なり」と讀んでいるという相違がある。但し平安後期の二本では平安初期の古用に合う讀み方をしている。

例示文以外の箇所では、①平安初期の訓讀が、熟字二字を二合訓として「以《（カ）》‐故《れ》」のように讀むのに對して、平安後期以降では「以《ココをモ》ての故に」のように一字ごとの訓に讀むもの、②平安初期には和訓に讀むのに對して、平安後期では字音に讀むもの、③平安初期の和訓を、平安後期以降では平易な和訓にする、という相違も認められる。

以上の比較を通して山田本に見られたような、平安初期の訓讀の特徴は、立本寺本に朱書で注記され傳えられた、平安初期の明詮の訓讀にも次のように認められる。

一　助詞などの讀添え

假‐使滿《ラムヒトイ》

莫レ能レ知二少分《ヲタモ》一

欲レ聞《(カ)マク》

難解之法《(ナ)リト》言《ラム》

二　助字の訓讀

不《マシ》レ堪

三　再讀字の訓讀

當驚疑《ナム》

當《ナムトイフ》　驚疑（「當」を單に「ム」と訓讀する）

四　實字の訓讀

唯《(ウケタマハ)ル》　然

不レ住《ハヘラ》

このように、先ずは平安初期と平安後期以降とで訓讀に大きな相違のあることが分る。その上で、平安後期以降でも、平安後期の二本のように部分的に古用を傳えるものがあり、南都の訓讀による立本寺本にも一部に古用が殘っている。これに對して天台宗の訓讀では、新しい訓讀が積極的に行われているようである。

これらの事象を、『法華經』以外の經典について、各時期ごとに以下に見て行くことにする。

四、平安初期の佛典訓讀語の特徴

平安初期（九世紀）の佛典訓讀語の性格を明らかにし、その一般的な特徴を把えるためには、平安初期の訓點本が存し、これと同一本文で院政期頃の訓點本も傳存する經典を取上げて比較する方法がある。筆者は、一切經のうち、『金剛般若經集驗記』、『觀彌勒上生兜率天經贊』、『大慈恩寺三藏法師傳』（巻六所收の「大唐三藏玄奘法師表啓」）、『大唐西域記』を、この條件に適う資料として取上げ、それぞれの平安初期と院政期頃との訓讀を逐一比較し、相違を類型化し、變遷の原理を探って來た。(14) それらの詳細はそれぞれの拙稿に述べたので、ここでは、『金剛般若經集驗記』から一端を例示し、平安初期の佛典訓讀語の特徴に觸れることにする。

『金剛般若經集驗記』の、平安初期の訓點本には石山寺本が傳存し、院政期の訓點本には天永四年（一一一三）に天台宗僧の薬源が大原來迎院（山門派）で書寫し訓點を附けた本が日光輪王寺に傳存している。それぞれの訓讀文を巻上の「救護篇第一」の冒頭から例示する。

平安初期の訓讀（石山寺本）は次のようである。

昔者　魯連といふ人談-笑セシカラニ[而]秦の軍　自（ラ）却《シリゾ》キヌ。干-木といふヒト偃息セシカラに[而]魏の主　安（キ）コト獲てき。□（鄭玄）（ガ）[之]名を聞（ク）に羣-兇のヒト入（ラ）不き。大公が[之]化に憚（リ）て神女　悲を銜（ミ）きといふ。況乎　象帝の[之]先（ト）法王の[之]母とや。三明八正に思を待て[而]成れり。九惱六纏　之に因て[而]滅べり。名も無（ク）相も無（ケレバ）[則]萬德俱（ニ）圓（カ）なり。取も無（ク）行も無（ケレバ）[則]衆功咸く備れり。若（ハ）

「持(シ)若(ハ)」（補入）誦(スル)ときには國を護り身を護ル　烈(シク)ある火に投《オ》シたれども[而]燃(エ)不。曾《カサナ》レル波に溺《オボヽ》セ(ド)も[而]詎ぞ沒(マ)む。波若の[之]力　其(レ)大(キナル)[矣]哉。故に[以]救護の[之]篇を[於]章の首に冠《カヾフ》ラ(シメ)き

蕭瑀が金剛波若經の靈驗記に曰(ハク)。刑州の治中に柳檢といふヒト、隨（隋）の末に扶風の岐陽《郡名也》の宮(ノ)監國に任じたり。初(メ)[爲]李密が王事に、横に[被]牽引《トラ》ハレて[在]大理に禁ぜラル。常(ニ)金剛波若(ヲ)誦(ス)ルに猶、兩紙來有(リ)て[未]遍《ヲ》ヘズ。時(ニ)忽然《(タチマチ)》に睡《イネヽブ》り夢ミ一の婆羅門の僧(ヲ)見て儉に語て云(ハク)（以下平安初期朱訓點なし）

（石山寺藏本一〇―一七行）

これに對して、院政期の訓讀（日光輪王寺藏天永四年點）は次のように大きく相違している。

『（三丁オ）昔《(ムカ)し》-者　魯連《魯仲連云人也》　談咲す。而(シテ)秦の軍　自却(シ)き。干《カン》。木。偃-息す。而(シテ)魏の主　安(キ)ことを獲たり。。鄭《テイ》玄が[之]名を聞(キ)ては、群。-兇《クエン》。（平輕）入(ラ)不、太公が[之]化を憚《ハヾカ》テ、神女　悲を銜めり[銜マム]。況乎　象帝之先、法王之母なり。三明八正　思(ヲ)待(テ)[而]成し、九惱六纏　之(ニ)因て[而]滅(ス)。无名无相(ナレバ)卽(チ)萬德俱(ニ)圓(カ)なり。无取无行(ナレバ)則(チ)衆功咸《(コトゴト)》く備る。若は持(シ)若(ハ)誦(スレバ)護國、護身(ナリ)。烈-火(ニ)投(グレ)ども、[而]燃《モ》エ不、層-波(ニ)溺《オボ》ルトモ、[而]詎ぞ〔詎カ〕沒せむ。『（三丁ウ）般若之力　其(レ)大(イナル)[矣]哉　故(ニ)救護之篇(ヲ)以(テ)[於]章の首《(ハジ)め》に。冠(セ)リ

。蕭。瑀《雨音》が金剛般若經の靈驗記(ニ)曰(ハク)。刑《ケイ》。州の治。中。、。柳《リウ》-。儉《ケム》トイフモノ、隋の末に扶《フ》。-風。ノ岐。-陽宮の監《カム》。（平輕）國(ニ)。任(セ)リ。初《(ハジ)め》。李《リ》密が王事の爲に、横(サマニ)牽引セ被(レ)テ。大。理の。禁に在(リ)。常(ニ)金剛般若(ヲ)誦(ス)。猶《(ナ)を》兩紙より來《(コノカタ)オ》　遍へ未(ル)こと有(リ)。忽然と睡れり。夢見(ラ)く。一婆羅門僧　儉(ニ)語(リテ)云(ハク)、「檀越　早(ク)經(ヲ)誦すること、遍《ヲハ》レ〔遍(セ)よ〕『（四丁ヲ）卽(チ)出(ヅル)ことを得つ應し」と儉　卽

(チ)驚覺《カウ》教音して晝夜に勤誦す〔勤誦して〕敢て懈息(セ)不。更(ニ)兩日(ヲ)經(テ)日午の時(ニ)至(リテ)忽-然(ト)敕有(リテ)放赦す〔向〕朝。堂。(平輕)(ニ)追し(テ)〔追(ヒ)テ〕遂(ニ)釋-放を蒙る。儉 後に一時家の中にして夜房外(ニ)在(リテ)般若經(ヲ)誦(ス)。三更に忽(チニ)奇異の香氣(ヲ)聞(ク)。儉 起て香(ヲ)尋(ヌル)に、聞(ノ)燒《タ》ク處無(シ)。此(ヲ)以(テ)證に驗(ナリ)、是(レ)般若(ヲ)誦(スル)、功德之力(ナリ)〔也〕。爾《ソレ》より來《(コノカタ)》倍《(マスマ)》(ス)更(ニ)恭敬して晝夜精勤す。敢(テ)懈怠(セ)不(シテ)專心誦持(ス)。已(ニ)五千餘遍(ヲ)得たり。今(ニ)至(リテ)闕(カ)不。

(輪王寺藏本　三丁表—四丁表)

本文の漢文は次のようである。

昔者、魯連談笑、而秦軍自却。干木偃息、而魏主獲安。聞鄭玄之名、群兇不入。憚太公之化、神女銜悲。況乎、象帝之先、法王之母。三明八正、待思而成。九惱六纏、因之而滅。無名無相、則萬德俱圓。無取無行、則衆功咸備。若持若誦、護國護身。投烈火、而不燃、溺曾波、而詎沒。波若之力、其大矣哉、故以救護之篇、冠於章首。

蕭瑀金剛波若經靈驗記曰。刑州治中、柳儉隋末、任扶風岐陽宮監國。初爲李密王事。横被牽引、在大理禁。常誦金剛波若。猶有兩紙來未遍。忽然睡。夢見、一波羅門僧語儉云、檀越早誦經遍。卽應得出。檢卽驚覺、晝夜勤誦、不敢懈息。更經兩日、至日午時、忽然、有敕、放赦、追向朝堂。遂蒙釋放。儉後、一時家中、夜在房外、誦波若經。三更忽聞、奇異香氣。儉起尋香、聞無燒處。以此證驗、是誦般若功德之力也。爾來、倍更恭敬晝夜精勤。不敢懈怠、專心誦持。已得五千餘遍。至今不闕。

原となった漢文は同じ内容であるのに、右の二つの訓讀文は、訓讀した時代の異なりを反映して大差がある。その相違を分析するに、先ず、冒頭の一文は、「昔者」に續いて、平安初期點では、

魯連といふヒト談-笑セシカラニ〔而〕秦の軍、自(ラ)却《シリゾ》キヌ。干-木といふヒト偃息セシカラニ〔而〕魏の主安(キ)こ

と獲てき。

と一文に長く續けるのに對して、天永四年點では、

魯連　談咲す。而(シテ)秦の軍　自却(シ)き。干《カン》。木。偃-息す。而(シテ)魏の主　安(キ)こと獲たり。

と短文に切り、これをそのまま竝べ列ねている。

接續表現や時制表現等に注目すると、天永四年點よりも平安初期點の方にテニヲハの讀み添えが多く用いられて、表現が密になっている。右の例では、「カラニ」という接續助詞を讀み添えることによって、前後の四漢字ずつの語句を結びつけて一文とし、これによって、「魯連談笑」「干木偃息」がそれぞれ「秦軍自却」「魏王獲安」の原因であることを訓讀文の上にはっきり示している。ここの「カラニ」は「タダソレダケデ」という、原因が些細であるのに「すこしも積極的な力を加えないで」結果が重大であるという意味であって、平安時代に轉義した「トトモニ」や「ユヱニ」の意味よりも以前の、奈良時代の用法に合っている。これに比べると、天永點では、「魯連談笑」と「秦軍自却」、「干木偃息」と「魏王獲安」との關係は訓讀文から讀みとれず、解釋を改めて別に加える必要がある。現行の漢文の訓讀の仕方に通ずるものである。

時制表現についても同趣である。この救護篇の序を、平安初期點では、

談-笑セシカラニ……却《シリゾ》キヌ。……偃息セシカラに……安(キ)こと獲てき。……入(ラ)不き。……悲を銜(ミ)きとい ふ。……冠《カヽフ》(シメ)き。

と、回想の助動詞「キ」を一々に讀み添えて、回想表現であることを訓讀文で明示し、冒頭の「昔者」に呼應させている。

しかるに天永四年點では、

談咲す。……偃息す。入(ラ)不

と回想の助動詞を讀み添えず、原漢文の漢字のままにサ變動詞「ス」で訓讀するか、

　銜めり。……。冠(セ)リ

のように、完了の助動詞「り」を讀み添えて訓讀し、乾いた表現になっている。

このような相違を、全文にわたって取出して整理すると、次のようになる。

一　訓讀文における一文の長さを、平安初期點では長く續けるのに對して、天永點では短文に切り並べる。

二　讀み添え語において、平安初期點では之を種類や量を多く用いることによって、接續表現や時制表現が訓讀に密に表されているのに對して、天永四年點ではこれらを缺くか少なくして、表現が粗になり原漢文の解釋は訓讀文には表されず讀者に委ねている。

三　助字の訓法は、平安初期點では、訓讀文が日本語の法格に適う所から、それに外れる助字は不讀として扱われ、その字義は讀み添えのテニヲハで表される等、助字と訓との關係は安定していない。これに對して天永四年點では、各助字ごとに一定の和訓が定着している。その結果として日本語本來の意味用法が變化し歪められるに至った。

右の訓讀文で例示すると、受身の「爲……被」を、平安初期點が、「[爲]李密が王事に、横に[被]牽引《トラ》ハレて」と訓讀し「爲」を不讀としその意味は下のテニヲハの「に」で表されるのに對して、天永四年點は「。李《リ》密が王事の爲に、横(サマニ)牽引セ被(レ)テ」と訓讀する。日本語の「タメニ」は本來は相手の利益を表す語であって、受身の意味は、このような訓讀の結果生じた。

四　副詞に訓讀された漢字が呼應語を持つ場合、その呼應語は、平安初期點では文意や用法により樣々な形があるのに對して、天永四年點では一定の語に固定するか又は呼應語を缺く。

右の訓讀文で例示すると、「況乎」の呼應を平安初期點では「況　象帝の[之]先(ト)法王の[之]母とや」と訓讀する

のに對して、天永四年點では「法王之母なり」と訓讀し、後世慣行の「ヲヤ」も讀み添えず、呼應語を缺いている。

五　實字の訓讀では、次の二項に纏められる。

①平安初期點が和訓に讀む字句を、天永四年點は字音に讀む。

［例］曾《カサナ》レル波　（平安初期點）――層-波　（天永點）

冠《カゞフ》ラ(シメ)き（〃）――。冠(セ)リ（〃）

②平安初期點も天永四年點も共に和訓であるが、平安初期點の和訓が當時の用語を文意に應じて個別的に用いるのに對して、天永四年點の和訓は後世の一般的な語である。

［例］溺《オボヽ》セ(ド)も（平安初期點）――溺《オボ》ルトモ（天永點）

睡《イネヽブ》り（〃）――睡《(ネブ)》れり（〃）

從って、同じ漢字でも、平安初期點は文意に應じて種々の訓があるのに、天永點ではすべて同じ一訓で讀むことになる。例えば「過」字を見るに、平安初期點は、「引之而過《ユク》」「王前唱過《メシワタス》」「死引過《ミチユク》」「王前閲過《ミワタセハ》」「既過《(イタリ)》至也」「乘驛《ハイマ》從梓州過《ヨキリ》」と様々に訓讀するのに、天永點では「王《の》前《に》唱《て》過《く》」「死《して》引《き》過《て》」「王前閲《エン》過《く》」「既過《て》」「從梓州過《く》」と、畫一的に「スグ」という一訓で讀んでしまっている。

これに關聯して、平安初期點が二合訓であるものを、天永點は漢字ごとの訓になるという相違が多く認められる。若干を例示する。

交好二字アヒフ　（平安初期點）――交《フ》レ好《ヨシミを》　（天永點）

目不交睫マシロカズ（〃）――目不レ交レ睫《マツケヲ》（〃）

潛流カクレ水也（〃）――潛《し》レ流《を》（〃）

胸前コ、ロサキ　（〃）――胸《の》前　（〃）
掩捉トラヘツ　（〃）――掩捉《ヲソヒトラフ》　（〃）

以上のような諸要素が、二つの訓讀文それぞれの中に散在され相互に組み合されて訓讀文を構成していて、その總合された結果が、全體として大きな相違を作り出していたのである。

『觀彌勒上生兜率天經贊』の、平安初期點と鎌倉初期（或いは院政末期）點との訓讀語の相違も、㈠讀み添え語、㈡助字の訓讀、㈢副詞に呼應する呼應語、㈣實字の訓法において、『法華經』や『金剛般若經集驗記』に見られたものと同じ類型に合う。

このような類型にまとめられる諸事象に共通する原理は、平安初期の訓讀法が、一つ一つの漢文を文全體として把え、その文章を正確に理解してこれに對應する當時の語を當てて微妙な意味用法をも訓讀の上に表し出した、文脈に支えられた一回限りの方式であったのに對して、院政期頃の訓讀は、漢文の各漢字を一字一字として、それに對する一定の訓をもって讀み、これの寄せ集めとして訓讀する、いわば卽字的な訓讀の仕方に變化したことである。その社會的背景には、古代日本人が文化の源泉として仰ぎ吸收した中國文化との交流の歷史的な推移が大きく關與している。

五、平安中期の佛書訓讀語の過渡的性格

平安中期（一〇世紀）の佛書には、(A)奈良時代以前に將來され、南都で行われてきたもの、(B)平安時代に天台宗・眞言宗の新興に伴い、新たに將來されたりそれに基づいて本邦で撰述されたりしたもの、がある。(A)には、(a)そのまま南都の寺院にて讀誦されていたもの、(b)天台宗・眞言宗の寺院にも齎されて書寫・讀誦されるようになったものがある。

(A)(a)には、奈良時代以前に將來された佛書が、南都において、平安後期以降も書寫され讀誦されたものがあるが、訓讀においては、『法華經』に平安初期の明詮の訓讀が異說として部分的に注記されて寛治元年の立本寺本に殘ったり、『觀彌勒上生兜率天經贊』の東大寺圖書館藏院政末期點（南都僧の加點）に部分的に、

諸有情類《い》便不《じ》レ能レ知《こと》二晝夜半月日時歲數《を》一

謂自性身《と》[及]法身《となり》

のような、讀み添えの助詞「い」や助字「及」の不讀が殘ったり（平安初期點も右と同じ訓讀）することはあるものの、平安初期の訓讀が佛典全文丸ごとそのまま傳えられることは殆ど無かった。明詮僧都の『因明入正理論疏』が建武二年（一三三五）に興福寺でかなり忠實に寫點されたのは(15)極めて稀な例である。(B)新興の天台宗・眞言宗において、平安初期の訓讀がそのまま丸ごと受入れられることの無かったのは言うまでもない。

してみると、平安初期の訓讀語は、そのままでは平安後期以降には傳わらなかったことになる。前節と前々節で述べたことがその具體的な證である。つまり、平安初期の訓讀は、後世から見ると、斷絕したことになる。では、平安後期以降の訓讀の源は、何時どのようにして生じたのであろうか。その疑問を解く爲には、先ず、平安中期の訓讀の性格を知る必要がある。佛書を(A)(B)に分けて、具體的な佛典を例示して述べよう。

(A)(a)の奈良時代以前に將來され、そのまま南都の寺院で讀誦された佛典の例として、興聖禪寺藏『大唐西域記』卷第十二を擧げる。この本は本文が平安初期書寫（裏文書に承和十年（八四三）の年號がある）で、天曆（九四七―九五七）頃の朱點が詳細に加えられている。傳來等から見て南都僧の手になるものである。

その訓讀は(16)、平安初期の訓讀に通ずるものが未だ優勢であって、再讀字が全て未だ一度讀みであり、副詞の呼應も古用が多く、會話引用の形式にもそれが認められる。「者《ヒト》」の訓や「彌《イヨ》、」等についても同種である。しかし、その中にも新し

い要素も顔をのぞかせているのであって、再讀字が全て副詞の訓であって平安初期のような助動詞の訓は既になくなっていること、「況」の呼應を平敘する、「但・唯」の呼應に「ノミ」がないこと、「ク耳《ノミ》」の訓法等にうかがわれる。助詞「イ」が全く用いられなくなっているのも同種である。「浸《ヤウ、、》」のような平安中期の和文に用いられた語に通ずる語形もある。

(A)(b)の奈良時代以前に將來されたが、平安時代に天台宗で讀誦された佛典の例として、京都大學附屬圖書館藏『蘇悉地羯羅經』延喜九年（九〇九）點を擧げる。天台宗三井寺僧の空惠が加點したものである。

その訓讀は、先ず、再讀字の「當」を見るに、五〇例餘りのうち「マサニ」と副詞に讀み、下に「ベシ」を呼應させるものが大多數である中で、新しい「當《に》《(ヘ)き》」の再讀表現が現れている。次に、「及《ビ》」を始め、「不《ザル》」「者《モノ》」「況……をや」や「則《ち》」など、全體として新しい訓法が優勢である。

(A)(b)の、眞言宗で讀誦された佛典として、石山寺藏『辨中邊論』延長八年（九三〇）點を擧げる。石山寺の眞言宗僧淳祐の加點したものである。淳祐は、東大寺の戒壇に登って具足戒を受け、後、眞言の修業を積み、延長三年（九二五）二月に般若寺で觀賢から傳法灌頂を受けている。

その訓讀は、(17)例えば『辨中邊論』巻下の「此增長善界入義及事成」を、

此（ハ）善界を增長（セ）しむ（ル）ト入る義と及ヒ事成となり

の「及ビ」のように新しい訓法が見込まれていて、他にも「言く」の呼應が「ト」のみであったり、「唯」の呼應に「ノミ」を缺く等もあるが、一方では、再讀字の「當」が再讀表現にならず、「已《に》」に「ツ」「ヌ」を呼應させ、「不《ヌ》」「者《ヒト》」の訓、助詞「イ」の讀み添え、「我トアル」などの、古い訓讀の仕方も傳えている。

因みに、『辨中邊論』には、南都の訓讀を傳えた正倉院藏の天暦八年（九五四）點もある。興福寺僧都空晴の講義を聽聞

した奥書がある。そこでは、右掲の古い訓讀を始め「及」字までも不讀で古形に訓讀されていて、淳祐の延長八年點よりも二十數年降るにも拘らず、一層古い訓讀の仕方を示している。南都の傳統を引くものであった。

(B)の平安時代に新たに將來されたりそれに基づいて本邦で撰述されたりした佛典の例として、『蘇悉地羯羅經略疏』寛平八年（八九六）識語本を擧げる。『蘇悉地羯羅經略疏』は、慈覺大師圓仁が齊衡二年（八五五）に撰述した台密學の五大疏の一であり、寛平八年に延曆寺摠持院の僧で圓仁の弟子の憐昭が加點した識語があり、それは圓仁の弟子で憐昭の師でもある長意(18)から講受したものである。

その訓讀(19)は、「らくノミ耳」「況……をや」「云……と」等の新しい訓讀の仕方が見られる一方で、「及」の不讀、「者《ヒト》」「唯……ノミ」等の平安初期の訓讀に通ずる古用も交っている。

以上のように、平安中期の佛典の訓讀は、新舊を交えた過渡的な樣相を示している。その中で南都僧の手になるものが保守的であるのに對して、平安新興佛教の僧は新しい訓讀を比較的に取込むという差異がある。その中でも天台宗と眞言宗との宗派間の差などもあったらしい。

六、祖點の傳承と宗派別訓讀の系統

平安後期・院政期の十一・十二世紀の訓點本には、同じ佛典の訓讀が全卷、殆ど一致するものがある。『法華經』において、千手寺藏の保安二年（一一二一）に興福寺僧の秀覺・惠嚴らが移點した本の訓讀が、寛治元年（一〇八七）に興福寺僧經朝の移點本と一致するのは親子關係(20)にあるので當然であるが、直接の親子關係に無くても、一致するものがある。例えば、仁和寺藏の『金剛頂瑜伽護摩儀軌』の、康和五年（一一〇三）點本を、同じ經藏の寛治三年（一〇八九）書寫本と比較(21)すると、次例のように良く一致する。

1 〔康和五年點本〕（七丁裏）

以左手《のを》握《ニキレ》(反) 右手《の》腕《のウテを》。「圓ンヲ」（別朱） 右手《の》舒《(ノ)へて》 掌《を》(反) 向外《てに》(反) 屈《して》 禪度《を》(反) 横《ヨコタへて》 在《け》掌中《に》。進度如《(ク)して》 鉤《の》(反) 來去《し》「シテ」（墨）「ケ。」（墨） 招(去)獻《し》已《れ》「ナハ」（墨） 以禪《を》(反) 捨《よ》戒度《を》。卽成《る》發遣《ケンと》。

〔寛治三年寫本〕（六丁裏）

以左手《のを》(反) 握《ニキれ》右手《の》腕《のを》。右手《の》舒掌《を》(反) 向外《に》(反) 屈禪度《を》(反) 横《ヨコタへてオケ》 在掌中《に》。進度如《く(シテ)》 鉤《の》(反) 來去《し》招獻《し》已《れ》。以禪《を》(反) 捨《よ》戒度《を》。卽成《る》發遣《と》。

2 〔康和五年點本〕（二十丁表—二十丁裏）

次一《ヒトたひクムチ》 韲《六ソチ》 一杪《の》粥《カユを》(反) 各《の》以本尊眞言《を》(反) 加持《(セ)よ》 三遍。卽用《ゐよ》 小蠟《ラフ》。(入)燭《ソクを》。(入)。或《は》紙燭。(入輕)「ヲ。」（墨）便插《ちサシハサメ》 粥《の》上《へに》。其《の》燭[音]《は》 作-意《して》 令《めよ》 獻《せ》。未《タ》ル(二) 遍來《くキタラ》・不得《すえ》令《シムルこと》 滅《せ》。

〔寛治三年寫本〕（十七丁表—十七丁裏）

次一韲《クム(テ)》 一杪粥《のを》(反) 各《の》以本尊眞言《を》(反) 加持《(セ)よ》 三遍。卽用《(ヰ)よ》 小蠟《ラフ》燭《を》。或紙燭。便插《サシハサメ》 粥《の》上《に》。其《(ノ)》燭《は》作-意《して》 令《(メ)よ》 獻《せ》。未《(タ)》遍《く》(ル)に 來・不《す》得令《(シムル)こと》 滅。

3 再讀字「當」（二例）

〔康和五年點本〕

(1)闊《ヒロさセハサ》 狹 四指量《に(セ)よ》 深《フカサ》 當《(マサ)に》《へし》レ 用《(ヰ)る》二 一指《を》一。（二十一丁オ—ウ）

(2)訶《の》字・者當《は(マサ)に》《へし》二 加《へて》 而誦《す》一。若遙《しハルカに》 加二持《するに》 人《を》・或《は》抄《トル》レ名《を》。（十四丁ウ）

〔寛治三年寫本〕

(1)闊狹四指量《に(セ)よ》。 深當《(マサ)に》《(へ)し》レ 用《(ヰ)る》二 一指《を》一。（十八丁オ—ウ）

(2)訶《の》字・者《は》當《(マサ)に》二《(へ)し》加《(へ)て》而《も》誦《す》一。若遙《に》加二持《(ス)るに》人《を》・或《は》抄《トル》レ名《を》。（十二丁オ―ウ）

4　助字「及」

〔康和五年點本〕

(3)第三院《の》四隅・八方及〔訓〕四門《には》如《ク》二初《ハシメの》軍荼《の》一・知《るへし》。（四丁オ）

(4)第三院《の》及〔訓〕門《カト》「二ハ」（別朱）　亦如《し》二前《の》所説《の》一。（三丁ウ）

〔寛治三年寫本〕

(3)第三院《の》四隅・八方及《ひ》四門《(ニハ)》如《ク》二初《の》軍荼《の》一・知《(ル)へし》。（三丁ウ）

(4)第三院及《ひ》門。亦如《し》二前《の》所説《の》一。（三丁オ）

康和五年點本は、奥書によると、仁和寺の實寛が康和五年正月五日に鳥羽御壇所において、師から傳受したもので、師は、仁和寺成就院の寛助大僧正と見られる。實寛はその付法の資である。その本奥書によると、實寛が寛助から傳受した訓讀は、溯って正暦二年（九九一）夏安居六月廿日に、仁和寺僧で遍照寺僧都の清壽が、遍照寺灌頂院において、大師大僧正から傳受したものである。この大師大僧正は、仁和寺の寛朝大僧正で、淸壽はその付法弟子である。寛朝（延喜十六年〈九一六〉―長德四年〈九九八〉）は、寛平法皇の孫で、天暦二年（九四八）に仁和寺において寛空（東大寺にて法相宗を學び、後、寛平法皇より傳法灌頂を受ける）に隨って兩部灌頂を受け、仁和寺別當に補せられ、後、廣澤池畔に遍照寺を創建して廣澤流の名を興した方である。

尙、この實寛の本は、後に仁和寺の賢淸が所持していたことが表紙の文字から分る。賢淸は北院御室覺法親王の弟子で、元久元年（一二〇四）に五〇歳で卒している。仁和寺の寛朝の訓讀が仁和寺において傳承され、その後も賢淸によって所持され、恐らく引續き仁和寺に尊藏されて今日に傳來されたものであると見られる。

一方、寛治三年寫本は、奧書によると、同年十二月十八日に仁和寺喜多院で書寫し、翌四年に「僧都」から訓讀を奉受した本である。寛治三年に僧都であった仁和寺の僧には賴尊・定賢・寛意があったが、寛意の可能性が大きいとされる。(22)寛意は仁和寺觀音院僧都で、寛助と共に大御室性信の資である。その訓讀が康和五年點本と一致することは、寛朝の訓讀が寛助と共に寛意にも忠實に傳えられたことを物語っている。

別々に傳わった二つの本の訓讀の仕方が一致するということは、その源が同じであり、しかもその訓讀が尊ばれ大事に傳承されたことを示す。その訓讀の仕方を見るに、再讀字「當」等が再讀表現になっていたり、助字「及」が「オヨビ」と訓まれたりしているのによると、その源は、平安中期以降の新しい訓讀を踏まえたものであり、寛朝の經歷、就中、廣澤流を興したことよりすれば、この訓讀の祖點者は寛朝と考えられる。

所で、康和五年點には、寛朝の訓讀を傳えた朱訓點とは別に、墨書の假名が散在している。墨書の假名は、朱訓點とは異なる訓讀を併記している。右の例文1の、「來去《し》。招獻《(セウケン)し》已《れ》」に對して、墨書では「來去《シテ》招《ケ》。獻已《しナバ》」と訓讀しているようなものである。この墨書と同じ訓讀をしている『金剛頂瑜伽護摩儀軌』の他の訓點本を求めると、神護寺藏長元五年(一〇三二)賴尊交點本(ヲコト點は淨光房點)を始め賴尊の訓讀を祖點とする、その系統の本がある。

『金剛頂瑜伽護摩儀軌』の訓點本は、今日一二點が傳わっている。それらの訓讀を比較し整理すると、いずれも平安中期以降の新しい訓讀を持ちながらも、訓讀に少異を示しつつ、次の諸系統に分れる。(23)

A 仁和寺系統第一種——祖點者寛朝の訓讀。

B 仁和寺系統第二種——祖點者賴尊の訓讀。

C 仁和寺系統第三種——祖點者未詳。ヲコト點に禪林寺點を用いることから、深覺(九五五—一〇四三)かその周邊の學僧か。禪林寺は仁和寺の塔頭。

D　勸修寺系統――祖點者は勸修寺の法務御房寛信（一〇八四―一一五三）と見られる。[24]

E　天台宗三井寺系統――祖點者未詳。三井寺僧。

右のように、同一の經卷が幾つかの訓讀の系統を作るということは、それぞれの系統の祖點が傳承された結果であって、訓讀そのものが固定したことを意味する。

『金剛頂瑜伽護摩儀軌』に見られたこのような訓讀の系統は、他の經典についても認められる。築島裕博士は、[25]『大日經』の訓讀が眞言宗の小野流、廣澤流、天台宗の三系統に大きく分れ、『成唯識論』では法相宗興福寺、三論宗東大寺、天台宗比叡山の系統が認められ、『大日經疏』についても言及された。三保忠夫氏も、『蘇悉地羯羅經』について、眞言宗の小野流、廣澤流、天台宗の山門派、寺門派の系統を指摘し、[26]松本光隆氏も、『蘇悉地羯羅供養法』、『金剛頂蓮華部心念誦儀軌』、『金剛界儀軌』等で同種のことを解明しつつある。[27]

これに對して、十二世紀の佛書の訓讀については、訓點系統論を過信することへの疑問も近時出されている。[28]訓法が宗派によって分れないものもあるという。いずれの佛書が系統に分れ、いずれが分れないか、その實態を、現存する諸種の聖教の訓點本について總合的に解明するのが今後の課題である。

七、終りに

こうして、それぞれの佛典類は、訓讀語の共通の原理の基に變遷を經つつ、日本的受容を遂げ、その日本語文を通じて日本文學に影響を持って來た。その具體相については、第二部以下に展開される諸論考で說かれるであろう。

ここでは、この稿の初めに述べた『今昔物語集』に『法華經』の訓讀語が影響している事柄に關して、『今昔物語集』

に他の經典の訓讀語も同樣に影響していることに觸れて、この稿を終えることにする。

『金剛般若經集驗記』は、第四節で取上げたように、平安初期と院政期天永四年の訓點本が現存し、それぞれの訓讀が具體的に知られる。この『金剛般若經集驗記』が『日本靈異記』の藍本となっていることは良く知られる。その『日本靈異記』の說話（卷中第二四話）には訓注が傳わらないので、平安初期點と比較してその訓讀語の影響を具體的に解明することは出來ない。

院政期の說話にも、『金剛般若經集驗記』の影響は直接間接に認められる。『今昔物語集』の五條（卷六の四五話、卷七の九・一〇・四二・四三話）、『法華百座聞書抄』（三月一日香雲房阿闍梨講の隋朝開善寺藏公の話）等は既に指摘されている。このうち、直接の原據ではなく、間接の出所とされる、『今昔物語集』卷六の第四五話を擧げて、天永四年點の訓讀と比較してみる。

震旦《ノ》梓洲《ノ》郪縣《ノ》姚待、寫四部大乘語第四十五

今昔《ハ》、震旦《ノ》梓洲《ノ》郪縣《ニ》〈一人《ノ》〉姚待［有《リ》］。長安四年云《トフ》〈丁酉年《ノヲ》〉以《テ》、〈姚待、〉願《ヲ》發《シテ》亡《セル》〈父母《ノ》〉爲《ニ》四部《ノ》大乘經《ヲ》寫《シ》［奉《ル》］法花・維摩各一部、藥師經十卷、金剛般若經一百卷也。［而《ルニ》］日《ノ》午《ノ》時《ニ》［至《ルニ》］一《ノ》鹿有《リテ》、門《ヲ》突《キテ》入《リ》［來《リテ》］［此《ノ》］經《ノ》〈案《ノ》〉前《ニ》立《チテ》、頭《ヲ》擧《テ》舐《ル》。家《ニ》狗有《リ》、［此《ノ》］鹿《ヲ》見《ルニ》〈全《ク》〉吠《エ》〈驚《ク》事无《シ》。〉［其《ノ》時《ニ》］姚待、［此《レヲ》見《チ》］床《ヨリ》下《リテ》［泣〻《ク》鹿《ヲ》］抱《クニ》、亦驚《キ》〈恐《ル》、氣色无《シ》。〉［然《レハ》］「此《レ》只《ノ》鹿《ニ》非《ズ》」《ト》知《テ》鹿《ノ》」爲《ニ》三歸《ノ》［法《ヲ》說《キテ》］〈授《クルニ》〉、鹿〈踊《リテ》〉足《ヲ》〈屈《メテ》〉不逊去《ズ》。

この話は、『金剛般若經集驗記』卷下「功德篇」第五に出ている。天永四年點の訓點に従って訓讀した文を左に掲げる。

（聲點略）

梓州郪縣人姚待《エウ》〔金剛般若經（ヲ）誦す〕。長安四年（ヲ）以（テ）〈憂に丁《アタ》て〉願（ヲ）發（シテ）亡親（ノ）爲（ニ）、〔自（ラ）〕四大部の經（ヲ）寫（ス）。法華　維摩　各一部　藥師經十卷　金剛般若經百卷〔諸經（ヲ）寫（シ）、了《ツイ》て般若經

（ヲ）寫（シ）十四卷（ヲ）得たり」。日午ノ時二一の鹿有（リ）。門（ヲ）突（キ）て[而]入て經の〈床〉の前に立（テ）頭（ヲ）擧て〔案を〕舐ル〔案（ヲ）舐（リ）訖て便（チ）床下（ニ）伏（ス）」。家に狗〔五六箇〕有（リ）。鹿（ヲ）見（テ）〈尾（ヲ）搖《ヲ（コ）カ》シテ敢（テ）轍（ク）〉吠《ホ》エ〈不〉。姚待 床より下て抱（キ）〈得つ〉。亦驚（キ）懼ヂ〈不〉。爲（ニ）三歸を受く。〈跳《ホトハシ》リ躑て〉脚（ヲ）屈す。〔放（テ）とも[而]〕去（ラ）不。

この二つの文章を比較するに、相互に、一方にあって一方には缺く語句（「 」内）や、異同のある語句（〈 〉内）がある。これらは、『今昔物語集』の編者の誤譯（「一人姚待」など）や、誤解による私改（「丁酉ノ年」など）があり、又、日本語として文をスムーズに接續するための代名詞（此ノ・其ノ時）や接續詞（而ルニ・然レバ）等の加わったものである。しかし全く同文の語句も少なくない。この同文の語句は、訓讀文として見ると、天永四年點と一致するものである。讀み添えの助詞・助動詞の種類や量が極度に少なく、各漢字の訓も後世一般的なものであって、『源氏物語』等の文章に比べて、中性的な乾いた表現である。訓讀史上から見るならば、正に院政期の訓讀の樣相を示しており、平安初期點の訓讀とは甚しく異なったものである。

この場合、『今昔物語集』の文章が、原典の漢文の訓讀文に基づいていることは容易に知られる。原漢文の訓讀が時代によって變遷することが判明した以上、何時の時代の、どの系統の訓讀に基づいたものであるかは、『今昔物語集』の文章の性格を考察する上でも重要な問題なのである。

注

（1） 築島裕「石山寺經藏古訓點續考」（『石山寺の研究校倉聖教・古文書篇』石山寺文化財綜合調査團編、一九八一年二月）。
（2） 築島裕「石山寺深密藏の古點本について」（『石山寺の研究深密藏聖教篇上』石山寺文化財綜合調査團編、一九九一年二月）。

（3）京都府教育委員會編『東寺觀智院金剛藏聖教の概要』（一九八六年三月）の中、築島裕「聖教（論疏・儀軌・抄物）」、沼本克明「寫經」。

（4）築島裕「高山寺經藏典籍について」「高山寺經藏の平安時代の典籍について」（『高山寺典籍文書の研究』高山寺典籍文書綜合調査團編、一九八〇年十二月）。

（5）拙稿「高山寺經藏の鎌倉時代の典籍について」（同右書）。本著作集第二巻所收。

（6）遠藤嘉基「「訓點資料」研究の歩み—靈異記の訓釋をめぐって—」（「國語學」第六〇輯、一九六五年三月）。

（7）立本寺本の奥書は、巻第一、巻第三、巻第四、巻第五、巻第七にある。ここでは巻第一と巻第五の奥書を擧げる。

（巻第一）

（白書）寛治元年歳次丁卯五月九日於興福寺上階馬道以西第六大房／移點了　本經赤穗珣照君點本也

末學沙門經朝之

（巻第五）

（朱書）以失處々所移點者是明詮僧都點導本也

（白書）寛治元年五月十九日以赤穗珣照聖人點爲其本／移點了　處々少付定慶聖音讀而已沙門經朝

（朱書）同二年正月之比以元興寺明詮僧都點導本爲其本大都移點了／若赤穗同處不別點之得其意可讀之僧經朝點之

（8）高野山龍光院藏の『法華經』七巻（巻第三缺）の白點は、巻第一、巻第二、巻第八の巻末白書によって、明算の訓讀したものであることが分る。

（巻第一）（白書）「願以此緣　不經三祇　一念之間　速／證佛位　釋子明算」

（9）拙稿「妙法蓮華經訓讀史敍述のための基礎作業」（「訓點語と訓點資料」第九〇輯、一九九三年一月）。

（10）中田祝夫『足利本假名書き法華經影印篇』（一九七四年六月）の小引。同『妙一記念館本假名書き法華經研究篇』（一九九三年四月）の「序に代えて——妙一記念館本假名書き法華經によせる」。

(11) 注(9)文獻及び拙稿「妙法蓮華經の訓讀史から観た妙一記念館本假名書き法華經」(『妙一記念館本假名書き法華經研究篇』靈友會刊、一九九三年四月)。
(12) 注(7)の奥書參照。
(13) 小林芳規・松本光隆「防府天滿宮藏妙法蓮華經八巻の訓點」(「内海文化研究紀要」第一二號、一九八四年)。

巻第一の奥書は左の通りである。

　天台／爲一具加墨點了同句
古本云
　建長八年丙辰八月十四日以禪忍房遵本於尊光院寫之執筆堯遍四十歳
　　生〻世〻値遇修學　面ノ上下注ヲ裏ニ書了
寫本云
　嘉祿三年九月五日遵了六ヶ日安貞二年五月十七日至十九日三ヶ日間／於尺迦堂訓讀了聽穴十餘人
　嘉禎二年五月卅日於文殊堂讀了　寛元三年八月廿七日　玄賛讀了
　　　乘心　卉院圓輪於四人聽穴
應永廿五年戊戌五月十六日讀了讀日首尾五十餘日於新淨土寺聽穴五人
　　堯春公　於唐院加點　明尊物覺俗法十三夏
　　　大安寺讀師

右のうち、「古本云」の本奥書に建長八年(一二五六)に禪忍房遵本で寫したという堯遍は、眞言宗小野流の醍醐山座主成賢(一一六二―一二三一)の孫弟子と見られ、禪忍房も、高山寺の明恵上人の弟子の明信で、高山寺藏本の中に屢々その名が見られる。一方、「寫本云」の本奥書によると、嘉祿三年(一二二七)以下、安貞二年(一二二八)、嘉禎二年(一二三六)、寛元三年(一二四五)の識語は、比叡山で法華經が讀み繼がれたことを示す。「尺迦堂」「文殊堂」は比叡山の塔頭。この本を參勘しつつ、應永二十五年（一四一八）以後に、同じ比叡山の唐院で僧明尊が加點したのがこの本であり、墨書假名がこれに當る。

(14)『金剛般若經集驗記』については、拙稿「唐代説話の翻譯―『金剛般若經集驗記』について―」（『日本の説話』第七卷、一九七四年十月）。「觀彌勒上生兜率天經贊」については、拙稿「字訓の變遷」（『漢字講座3　漢字と日本語』一九八七年十一月）。大慈恩寺三藏法師傳については、拙稿「漢文訓讀史研究の一試論」（「國語學」第五五輯、一九六三年十二月）。大唐西域記については、拙稿「平安初期の角筆點資料」（「國語學」第七八輯、一九六九年九月）。

(15) 中田祝夫『古點本の國語學的研究總論篇』（一九五四年五月）六四五頁以下。

(16) 訓讀の具體的な様相は、拙稿「興聖禪寺藏大唐西域記卷第十二平安中期點の訓讀語について」（『川瀬博士古稀記念國語國文學論文集』一九七九年十二月）參照。

(17) 拙稿「平安中期訓點資料の假名字體と訓讀法」（「國語と國文學」一九七四年四月）。

(18) 注(15)文獻、六九四頁。

(19) 拙稿「乙點圖所用の訓點資料について」（『中田祝夫博士功績記念國語學論集』一九七九年二月）。及び拙稿「石山寺藏の平安中期古點本とその訓讀語について」（『石山寺の研究――校倉聖教・古文書篇』一九八一年二月）。

(20) 注(15)文獻、六六三頁。

(21) 拙稿「仁和寺尊藏金剛頂瑜伽護摩儀軌二本の訓點―金剛頂瑜伽護摩儀軌の訓點史よりの考察―」（「訓點語と訓點資料」第八八輯、一九九二年三月）。

(22) 築島裕「圓堂點の成立と展開」（『田邊博士古稀記念國語助詞助動詞論叢』一九七九年八月）。

(23) 注(21)文獻。

(24) 拙稿「高山寺藏金剛頂瑜伽護摩儀軌建久四年書寫本の訓點―勸修寺系統における金剛頂瑜伽護摩儀軌の訓讀の性格―」（『平成四年度高山寺典籍文書綜合調査團研究報告論集』一九九三年三月）。

(25) 築島裕「成唯識論の古訓法について」（「國語と國文學」一九六九年十月）。同「平安時代の古訓點の語彙の性格―大日經の古訓點を例として―」（『國語學』第八七輯、一九七一年十二月）。同「大日經疏の古訓法について」（『五味智英先生古稀記念上代文學論叢』所收、一九七七年十一月）。

(26) 三保忠夫「蘇悉地羯羅經古點の訓讀法」（『國語學』第一〇二輯、一九七五年九月）。

(27) 松本光隆「平安鎌倉時代における蘇悉地羯羅供養法の訓讀」（『高知大國文』第二二號、一九九一年十二月）。同「平安時代における金剛頂蓮華部心念誦儀軌の訓讀について」（『小林芳規博士退官記念國語學論集』所收、一九九二年三月）。同「眞言宗小野流における金剛界儀軌の訓讀」（『國文學攷』一三二・一三三合併號、一九九二年三月）。同「天台宗寺門派における金剛界儀軌の訓讀について」（『古代語の構造と展開　繼承と展開1』所收、一九九二年六月）。

(28) 月本雅幸「十二世紀の佛書訓點資料の特質―從來の研究の問題點と今後の課題―」（『松村明先生喜壽記念論集國語研究』一九九三年十月）。

（『日本文學と佛教』第六巻　經典　平成六年五月）

訓點資料より觀た白詩受容

一、白氏文集の訓讀とその訓點本

唐の白居易の詩文集である白氏文集は、既にその在世中に本邦に傳來され、藤原佐世（八四七―八九七）の『日本國見在書目録』の「別集家」に、「白氏文集七十」「白氏長慶集廿九卷」として載っている。その頃、既に訓點が施されて訓讀されていたかどうか當時の訓點資料が現存しないので明らかではないが、大江匡衡の『江吏部集』中に、

近日蒙㆓綸命㆒、點㆓文集七十卷㆒、夫江家之爲㆓江家㆒、白樂天之恩也、故何者、延喜聖代千古維時父子共爲㆓文集之侍讀㆒、天暦聖代維時齊光父子共爲㆓文集之侍讀㆒、天祿御寓齊光定基父子共爲㆓文集之侍讀㆒、爰當今盛興㆓延喜天暦之故事㆒、匡衡獨爲㆓文集之侍讀㆒

とある記文によれば、匡衡（九五二―一〇一二）は訓點を施したとあり、侍讀の内容が訓點本に據って訓讀したものとすれば、醍醐天皇の時に大江千里、維時がそれを用いたと推定される。しかし、訓點本として現存するのは、嘉承二年（一一〇七）に本文を書寫し、これに天永四年（一一一三）に訓點を施した白氏文集卷第三、卷第四の二卷（神田喜一郎博士舊藏、京都國立博物館藏）が最古であり、管見ではこれより古い訓點本は知らない。この天永四年點本を始めとして、院政・鎌倉

時代に奥書を有する訓點本だけでも、附載に掲げたように、二十點餘の白氏文集が現存し、室町時代以降も書寫または刊行され、訓點が施されている。その院政・鎌倉時代の現存點本は、殆どが巻第三・巻第四の新樂府か、秦中吟や長恨歌かであって、白氏文集の中から、これらを取出して讀まれたらしいことを物語っている。白氏文集七十巻の面影を殘すのは、鎌倉初期、寛喜三年（一二三一）頃から貞永二年（一二三三）頃にかけて唯寂房寂有が書寫または書寫せしめ豊原奉重が加點した金澤文庫本を知るのみである。それも、大東急記念文庫藏の二十一巻（巻第六・九・十二・十七・二十一・二十二・二十四・二十八・三十一・三十八・三十九・四十一・四十七・五十二・五十四・六十二・六十三・六十五・六十八・巻第三・四は江戸時代補寫）、天理圖書館藏の巻第三十三・田中敎忠氏藏の五巻（巻第八別本・十四・三十五別本・四十九・五十九）と、三井家舊藏の別本二巻（巻第二十三・三十八）、保坂潤治氏舊藏の巻第四十、及び巻第十一・六十一の別本を含む計三十二巻が知られる程度である。

これらの、現存する訓點本に據って、白氏文集の受容の問題を考えてみることにする。

ここでは、先ず、十一世紀初頭には白氏文集の訓讀が存したことを源氏物語を材料として考え、大江匡衡が綸命を蒙って文集に加點したという『江吏部集』の記文を裏附け、次いで、それらの訓讀が、博士家の所管であり、紀傳道の菅原・大江・藤原各家ごとに定まっていたことを、現存する訓點本で證する。第三に、鎌倉時代以降、主として無名僧の手によって書寫加點されるようになったこと、及びその訓讀の性格について述べて、受容の一面を窺うことにする。

二、十一世紀初頭における白氏文集の訓讀

漢籍を訓讀することは、既に平安初期九世紀以前から行われたらしく、『春秋經傳集解』では書陵部藏（金澤文庫本）巻

二十五によると、天長九年（八三二）七月九日の講讀に苅田直講根繼が墨點を用いたことであり、その折の訓讀語が傳承されている。(1) 又、藤原佐世の所撰の『古今集註孝經』で佐世の草本に點が施されてあり、その巻第九の奥書に朱書で「寛平六年（八九四）二月二日一勘了」とあったと、台記の康治二年五月十四日に記されている。更に、九條本文選巻第二十九の裏書には、萬葉假名の和訓等が傳存されて記され、その表記上の特徴、特に上代語や上代特殊假名遣が用いられていることより、それが奈良時代など上代の訓讀語と推定された。(2)

現存する漢籍の訓點本で、最も古いのは、宇多天皇（八六七―九三一）宸翰の『周易抄』（東山御文庫藏）である。その紙背文書の年紀等から、天皇在位中の寛平九年（八九七）四月八日以降、その時から甚しく隔たらない時期（譲位は同年七月五日）に書寫加點したと見られる。(3)『周易抄』は、周易の本文と王弼の注とから語句を抄出してその意味と和訓等を示したものであるが、宇多天皇の所用のヲコト點（慈覺大師點）と省畫假名とが施されている。次いで古い漢籍の訓點本は、『尚書』（東山御文庫藏九條本、岩崎文庫藏本、神田喜一郎博士舊藏本）であり、平安中期十世紀初頭の訓點が施されている。十世紀の漢籍の訓點本には、他に、『漢書楊雄傳』天暦二年（九四八）點、『漢書周勃列傳』平安中期點、『毛詩唐風』平安中期點、『世説新語』平安中期點が現存している。

このように、經書や史書の訓點本が現存しているのに對して、白氏文集の訓點本は、十一世紀以前には存するものを知らない。しかし、『源氏物語』には白氏文集の詩句が引用されており、それを検討することによって當時、既に白氏文集の訓讀が存したことが知られる。

源氏物語の中には、漢詩句の一節を原文の訓讀のまま誦詠する文が處々にある。白氏文集についても、次のように引かれている。(4)

(1) 心のどめてぞ、淺《あさ》ましきことゞも、思い出でられて、心弱《よわ》く、うち泣《な》かれぬ。「胡の地のせいじをばむなしくす

て〳〵つ」と誦じたるを、兵部の君きゝて（玉鬘巻）

(2) にはかに立ちいづる村雲のけしき、いとあやにくにて、いとおどろ〳〵しう降りくる雨に添ひて、さと吹く風に、燈籠も吹きまどはして、空暗き心地するに、「窓をうつこゑ」などめづらしからぬ古ことを、うち誦じ給へるも（幻巻）

(3) さま〴〵に思ひみだれて「人木石にあらざればみなさけあり」とうちずうじてふし給へり（蜻蛉巻）

(4) 「夕殿にほたるとんで」とれいのふるごともかゝるすぢにのみくちなれたまへり（幻巻）

(5) 「ふるき枕ふるき衾たれとともにか」とある所に（葵巻）

これらの誦詠に引用された箇所を、現存する白氏文集の訓點本で調べると、その訓讀の一致することが分る。(1)と(2)は、巻三からの引用である。これを、神田本白氏文集天永四年點(5)では、次のように訓讀している。

(1) 涼-源《の》郷-井《(ヲ)は》［右訓ヲモ、左訓ハ］不《ナヌ》レ得レ見《(ル)こと》。胡《の》地《の》妻兒《をば》［右訓モ、左訓ハ］虚《ク》・棄《ステ》-捐《ステツ》（傳戎人、393行）

(2) 耿〻《たる》殘《の》燈《の》背《たる》レ壁《に》・影・蕭〻《たる》暗-雨《の》打レ窓《を》聲《コヱ》。［左訓、ヲト］（上陽白髪人、133行）

(3)は巻四からの引用である。神田本白氏文集天永四年點では、次のように訓讀している。

(3) 尤《ケヤケ(キ)》物《ノ》・感《セシムルコト》レ人《を》・忘《(ルル)こと》不《す》レ得。人・非《レば》二木石《に》一・皆・有レ情《ナサケ》・不如《シ》・不《むにはア》レ遇二傾-城《の》色《に》一（李夫人、201行）

(4)と(5)は、巻十二の長恨歌からの引用である。これを、正宗敦夫文庫本長恨歌正安二年點(6)では、次のように訓讀している。

(4) 夕-殿《に》螢飛《(ム)て》。思(去)悄-然《たり》秋《の》燈挑-盡《(シ)て》未レ能レ眠《(ル)こと》（34行）

(5) 鴛鴦瓦冷《ヒヤカニ(シ)テ》霜《の》-華重《(シ)》舊《キ》-枕故《キ》-衾誰-與共《トモニカセム》（36行）

神田本白氏文集天永四年點は、源氏物語成立より約百年後、正宗敦夫文庫本長恨歌正安二年點は約三百年後の加點であるが、共に源氏物語の誦詠に引かれた白氏文集の訓讀と一致している。これは、白氏文集の訓讀が、少くとも源氏物語の頃には固定しており、天永四年點も、正安二年點も、その固定した訓讀に基づいて加點されたものであることの反映である。從って、十一世紀初頭には、白氏文集の訓讀本こそ偶々殘らなかったものの、それに基づく訓讀が行われていて、これが源氏物語に引用されたものであることが考えられる。

このことは、源氏物語の古注釋書からも知られる。

『源氏奥入』は、藤原定家（一一六二―一二四一）の手に成った源氏物語の注釋書である。定家の自筆本が現存する。(7) 源氏物語の要語の解釋の爲に、これに關する出典考證に當り、佛書や國書と共に多種の漢籍を擧げてあり、しかもその漢文には多くヲコト點や片假名という、訓點を附けたまま引用している。その中で、白氏文集からは三十二條が引用されている。この內、秦中吟二條、新樂府八條、長恨歌傳二條、長恨歌七條、琵琶引一條が含まれている。

先引の、源氏物語中において白氏文集の訓讀を誦詠したとして擧げた、(1)~(5)を『源氏奥入』では、次のように掲げて注釋している。

(1)　文集樂府　傳戎人

涼源《ノ》郷井《セイヲハ》不《スナリヌ》三得二見《ルコト》一胡《ノ》地《ノ》妻子《セイシヲハ》　虛《シクステ》棄-捐《ステツ》　（五十二丁ウ）

(3)　樂府　李夫人（全文引用あり）

（前文略）尤《ケヤケキ》物《の》感《セシムル》レ人《を》・忘《(ルル)こと》　不レ得・人非《レハ》二木-石《に》一皆有レ情《ナサケ》。不如《シカ》不《シサラムニハ》三遇二傾城《ケイセイの》色《に》一（一〇三丁オ）

(4)　同長恨歌

夕-殿《に》螢-飛《(ム)て》　思悄-然《たり》　秋《の》燈・挑-盡《カ、ケツクシて》　未レ能《アタハ》レ眠《(ル)こと》　（三丁オ）

(5)　長恨哥

鴛鴦瓦冷《ヒヤカニシテ》　霜華重舊枕故衾誰與共（二十六丁オ）

(2)の幻巻の「窓をうつこゑ」は注釋として取上げていない。この『源氏奥入』の訓點が、源氏物語に引用された誦詠の訓讀と一致することは、その注釋である以上言うまでもないが、當該箇所の前後の訓讀も、神田本白氏文集天永四年點や正宗敦夫文庫本長恨歌正安二年點の訓讀と完全に一致している。定家の『源氏奥入』に引かれた白氏文集の訓讀が、當時の訓讀に忠實であったことが知られる。このことは、白氏文集以外の他の漢籍の訓讀の引用についても同様である。(8)

定家の『源氏奥入』が引用した白氏文集の訓點本が如何なるものであったかは明らかにし難いが、その訓讀が完全に一致するということは、當時、白氏文集の訓讀が固定していたことの一證である。してみると、源氏物語が秦中吟の詩の一節を誦詠した、次の二箇所に対して、

(6)　おや、き、つけてさかづきもていで、「わがふたつのみちうたふをきけ」となんきこえごち侍しかど、おさ〳〵うちとけてもまからず（帚木巻）

(7)　（源氏）「わかきものはかたちかくれず」とうちずじ給ても（末摘花巻）

『源氏奥入』が、訓點を附けた形で引用している、

(6)　文集　秦《シン》中吟《キム》（全文引用あり）
（前文略）置《ヲイテ》レ酒《ヲ》滿《リ》二玉《キヨ》ー壺《コニ》レ四ー座且《シハラク》　勿《ナカレ》レ飲《ノムコト》　聽《キケ》三我《が》歌《ウタフを》二　兩《フタツの》　途《ミチ》一（八丁ウ）

(7)　文集秦中吟
夜深《フケテ》　爐《ロ》ー火盡《ヌ》。霰（去）ー雪。（入）白《シ(テ)》　紛《フン》ーゝ《たり》　幼《ワカキ》　者《ハ》形不レ蔽《カクレ》　老《たる》　者《ハ》體《テイ》無レ溫《アタヽカナルコト》　悲《ヒ》ー端《タント》　與《と》二寒ー氣《キ》一併・入《テ》二鼻中《のウチに》一辛《カラシ》（十六丁ウ〜十七丁オ）

も、當時の訓點本からの忠實な引用と考えられ、その固定した訓讀が、源氏物語の誦詠に引用されたと見られる。

三、白氏文集の訓讀における博士家の諸家説の存在

秦中吟十首は、白氏文集卷二に收められ、本邦でも平安時代以來、讀まれ來たったらしく、源氏物語に右掲のように、その訓讀に據って吟誦した二句が引用されている他にも、藤原明衡（九八九―一〇六六）の『明衡往來』に「秦中吟、琵琶引、令二書寫一之後早可二返給一。竹馬之比所レ點狼藉也、外人之所見以有レ耻者也」（卷中末）とあって、明衡の幼少の頃、訓點を加えたことが知られる。又、『玉造小町子壯衰書』にも「樂天秦中吟之詩」を學んだ話が載っている。

秦中吟の現存する訓點本は、鎌倉時代以前には、完本としては、仁和寺藏本で、延慶二年（一三〇九）に仁和寺僧の阿闍梨祐惠が書寫した本が知られる。(9) その奥書によると、その親本は、藤原敦經が文治四年（一一八八）に仁和寺の大聖院に於て、「禪定大王」卽ち仁和寺の北院御室守覺法親王に授けた訓讀本であり、その極祕本を祐惠が書寫したものである。奥書の「又云」によると、親本は、後に建保元年（一二一三）に仁和寺門跡（恐らく第十世高野御室、道法法親王か）が、大內記の菅原長貞を召して讀み、菅原家の訓讀説を校合したことも知られる。長貞は、文章博士の菅原爲長の息子である。

この秦中吟の延慶二年書寫本について、先に源氏物語が秦中吟から引用した誦詠の箇所を見ると、次のように訓讀している。

(6) 置《て》レ酒《を》滿《タリ》二玉-壺《に》一。四-座・且《シハラク》勿《レ》レ飲《コト》・聽《キケ》三我《が》歌《(ハ)むを》二兩-途一。（15～16行）

(7) 夜深《て》煙火盡《ヌ》。霰《タリ》-雪白《(クシ)て》紛-ゝ《タリ》。幼《イトキ》《ヲサナキ》者《はカタチを》形不レ蔽《カクサ》《クル》・老《たる》者《は》體《ミ》無レ溫《アタ、マルこと》。

悲《の》-端與二寒-氣一・併《シ(ナカラ)》《ミナ》・入二鼻中《のに》一辛《カラシ》。（31～33行）

この訓讀を、定家の『源氏奥入』に引かれた秦中吟の訓讀と比べると、大綱では通ずるが子細に見ると少異がある。特

に源氏物語に引用された語句に係る箇所に相違が認められる。

（6）　わがふたつのみちうたふをきけ

（源氏奥入）　聴《キケ》三我《が》歌《ウタフを》二兩《フタツの》途《ミチ》一

（延慶二年本）　聴《キケ》三我《が》歌《(ハ)むを》二兩途《(リヤウト)》一

（7）　わかきものはかたちかくれず

（源氏奥入）　幼《ワカキ》者《ハ》形不レ蔽《カクレ》

（延慶二年本）　幼《イトキ(ナキ)》《ヲサナキ》者形《はカタチを》不レ蔽《カクサ》《クル》

延慶二年本の訓讀は、源氏物語に引かれた訓讀とは異なっている。これは如何なることを意味するのであろうか。

秦中吟の鎌倉時代の訓點本には、完本ではないが『文集抄』の建長二年（一二五〇）本（國立國會圖書館藏）が現存する。(10)

抄本であるが、右の箇所を傳えている。その訓讀は次のようである。

（6）　置《テ》レ酒《ヲ》満《タリ》二玉壺《ニ》一四座・且《シハラク》勿《レ》レ飲《コト》聴《ケ》三我《カ》歌《(ハ)ムヲ》二兩途《ヲ》。(平)一

（7）　夜・深《テ》煙火・盡《ヌ》。霰(去)雪。(入)白《(クシ)テ》紛。(平)ゝ幼者《タリイトケナキモノハ》形不《ス》レ蔽《カクレ》老者《タルハ》躰無《イシ》レ温《ナルコト》悲端與《ト》二寒氣《ト》一併《ミナ》《ナカラ》入《テ》二鼻中《ノニ》一辛《カラシ》。

この訓讀は、延慶二年本に殆ど通ずる。特に源氏物語に引用された所では、「歌《(ハ)ムヲ》二兩途《(リヤウト)ヲ》一」「幼者《イトケナキモノハ》」が傍線部に少異はあるものの、延慶二年本に通じており、『源氏奥入』の「歌《ウタフを》二兩《フタツの》途《ミチ》一」「幼《ワカキ》者《ハ》」と大きく異なっている。

これによると、延慶二年本の訓讀も固定しており、源氏物語所引の訓讀や『源氏奥入』の訓讀とは異なった訓讀の説として傳承されたことが考えられる。延慶二年本の訓讀の基となったのは、奥書で分るように、藤原敦經の訓讀説である。

藤原敦經は、式部卿宇合に起る藤原式家の學者であって、文章博士、父は文章博士の藤原茂明である。父の茂明は、神田本白氏文集巻第三、巻第四を書寫し加點し、これを保延六年（一一四〇）に敦經に授けている。(11)敦經の曾祖父は、『明衡往

來』を撰述した藤原明衡（大學頭・文章博士）である。卷第三・卷第四の新樂府の訓讀說を父より受けた事實のある以上、同じく文集卷第二所收の秦中吟の訓讀が、敦經にあるのは當然である。恐らく藤原式家累代の訓讀說を傳えたものであろう。

これに對して、定家の『源氏奧入』に引かれた秦中吟の訓讀は如何なる家說を傳えたものであろうか。秦中吟の鎌倉時代以前の訓點本としては、右揭の二本しか現存しないので、藤原式家以外の博士家の訓讀を直接に知ることは出來ない。しかし、延慶二年本の奧書の「又云」によると菅原家の說を校合したとある。現に延慶二年本には、所々に別訓を併記しており、その別訓の總てが菅原家說とは言い難いものの、訓讀の型から見て、菅原家說と見られる。[12]それが又、『源氏奧入』の訓讀とも一致する。

そこで、『源氏奧入』に引かれた、新樂府と長恨歌との訓讀に目を轉ずることにする。

先ず、新樂府の卷第三の、

(1) 胡《ノ》地《ノ》妻兒《セイシヲハ》虛《シクステ》弃捐《ステツ》

が、源氏物語の「胡の地のせいじをばむなしくすて〳〵つ」に完全に一致していた。この箇所は神田本白氏文集天永四年では、

胡《の》地《の》妻兒《をば》［右訓モ、左訓ハ］虛《ク》・棄《ステ》捐《ステツ》

と訓讀し、やはり一致するが、「妻兒《をば》」には、「妻兒モ」という右訓、「妻兒ハ」という左訓があって、異なる訓讀の別訓も併記されている。この別訓が如何なる素姓のものであるか、神田本白氏文集では明らかではないが、同じ白氏文集卷第三で、侍從時賢が元亨四年（一三二四）に書寫した本[13]（書陵部藏）によると、判明してくる。即ち、

胡《(ノ)》地《の》妻兒《をは》《ハ(黄)》虛・棄《ステ》捐《ステツ》（393行）

とあり、神田本の別訓の「妻兒ハ」は、時賢本では黄色で加點され別の色で區別している。時賢本では黄色の訓說が所々に異訓として併記されている。その黄色の訓說には、

百-余-人「餘江」(黄)　由樂工〻〻（上欄黄筆「樂工重點無之江」）

祇《マ(サ)に》「マコト」(朱)「タ、」(黄)（上欄黄筆「祇作只或夕、江」）　傅《ツケ》ヘテ(朱)（左傍黄筆「傅《ツケテ江》」）

のように、本文の字句を校異を注記したり、訓讀の異說を示したりしたうえに、「江」字を添えていることなどから大江家の訓點本文と訓讀說で、異なる字句や訓讀を、校異として記したものであることが分る。大江家に白氏文集の訓讀があったことは、第一節で引用した、大江匡衡が『江吏部集』の中で、「近日蒙二綸命一點二文集七十卷一、夫江家之爲二江家一白樂天之恩也」と記していることや、後二條師通記に、「應德三年（一〇八六）十月廿七日、巳刻召二左大辨匡房一、仰文集江家本書點、家中移點被示也、承了」とあることで知られる。大江家にも、累代の家說があったと考えらえる。

これに對して、時賢書寫本の本文そのものは、奥書から分るように、元亨四年に菅原家證本を以て書寫したものであり、從って、墨書の假名とヲコト點とは、その本に加點されてあった、菅原家の訓讀說を傳えている。天永四年點の別訓の「妻兒ハ」が大江家の訓讀を傳えたのに對して、「妻兒をば」は菅原家の訓讀であった。この菅原家の訓讀が源氏物語に引かれた訓讀に一致しているのであった。

次に、新樂府巻第三から源氏物語が引用した「窓をうつこゑ」は、『源氏奥入』には掲げられていないが、神田本白氏文集巻第三天永四年點では、

肅〻暗《たる》-雨《の》打レ窓聲《をコヱ》。［左訓ヲト］

と訓讀していて一致するが、左訓に「ヲト」という別訓があり、これは一致しない。この箇所を、元亨四年時賢書寫本で

は、

肅々《タル》《シツカナル(朱)》暗《ヨルノ》《キ(朱)》雨《の》打レ窓《を》聲（153行）

と訓讀している。「聲」には附訓がないが、「肅々タル」「暗《ヨルノ》」に對して、朱書で「シツカナル」「（クラ）キ」と別訓を併記している。この朱書の訓讀説は、奥書によれば、時賢が元亨四年に菅原家證本を書寫した翌年の、正中二年に父親の濟氏が、その祕點を移點する一方で、藤原正家が長久二年（一〇四一）に加點し、藤原（日野流）家が代々侍讀に用いた本を見合せて、これを朱書で書入れたものである。菅原家が「肅々タル」と字音讀みするのに對して、朱書が「シツカナル」と和訓讀みにするのは、正に藤原家の訓讀の[14]特徴である。「聲」を神田本で「コヱ」と訓讀するのは、字に即した訓法で、菅原家の訓法に適うのに對して、「ヲト」と訓讀するのは意譯であり、藤原家の訓讀に適う。それは、時賢本の朱書が「肅々」を「シツカナル」と訓讀するのに通ずる。

　こうして時賢本を通して見ると、『源氏奥入』の新樂府の訓讀は、菅原家の訓讀説に據り、それを引用したものであることが分る。從って當然のことながら、源氏物語に引かれた誦詠の句も、菅原家の訓讀を引いたものである。

『源氏奥入』に引かれた長恨歌の訓讀が、正宗敦夫文庫本長恨歌正安二年點の訓讀と完全に一致したのも、正安二年點がその奥書に記すように「菅宗本」即ち菅原家の證本に據ったものであったからである。

『源氏奥入』には、漢籍では文集の他に、史記十二條、晉書二條、漢書一條、後漢書一條、淮南子一條、文選二條、遊仙窟二條、劉夢得外集一條、東觀漢記一條、蒙求一條、毛詩一條、が引かれている。このうち、訓點資料が現存している、周本紀、晉書、遊仙窟について訓讀を比較し檢討した結果、『源氏奥入』の引用は、當時の漢籍の訓讀に忠實であり、しかも菅原家の系統[15]に據っていることが判明する。

『源氏奥入』の漢籍の訓讀が、菅原家の訓讀説に據っており、大江家や藤原家の訓讀に據らなかったのには、必然的な理由がある。それは、源氏物語の本文の漢詩句の訓讀が、菅原家の訓讀であったからである。紫式部は、兄の惟規が父親から史記を教えられる傍にあって、その才能が父を嘆かせたという。その父の爲時は、文章博士の菅原文時の高弟であった。紫式部が菅原家の訓讀を學んだことが十分考えられる。當時、菅原家に家説のあったことは、知恩院藏黄石公三略古點から知られ、寛弘八年（一〇一一）には一定した菅原家の訓讀が存した。菅原道眞に關する傳説や菅原家學の當時の實狀からも考えうるところである。

四、白氏文集における博士家諸家の所管と訓讀の特徴

白氏文集卷第三の、侍從時賢が書寫した本は、菅原家の證本（爲長本）を主とし、これに大江家と藤原（日野流）家との家説を黄色と朱色とで色分けして注記したものであった。その色分けは次のようである。

墨書（假名）・ヲコト點―菅原家訓讀――菅原爲長本所載
黄色（本文校異・假名）―大江家訓讀 ┐
朱色（本文校異・假名）―藤原家訓讀 ├ 藤原正家本所載
茶色（本文校異・假名）―菅原家別訓讀 ┘

この色分けによって、時賢本が具體的にどのように訓讀しているか、三家の訓讀を併記した箇所から以下に例示する。

1、祇《マコト(朱)マ(サ)に(墨)》《タヽ(黄)》在《リ》㆓人《の》情《の》反‐覆《の》間《に》㆒（上欄黄筆「祇作只或江《タヽ》」）（222行）

2、云《イフ(黄)シク(墨)》《イハク(朱)》前‐後《ニ(朱)》征《スル》《ユク(朱)》㆑蠻《を》者《の》（191行）

3、耳穿《タレ》《ウケ(黄)》面-縛《セラレテ(黄)》《ユハレて(墨)》《シリヘテニシハラレ(朱)》驅《カラレて》《カリテ(朱)》入レ秦（371行）

4、爲《ヌト(朱)》《ルト(墨)》《ナル(黄)》二天-仙《と》一（99行）

5、操《アヤツル(墨)トル(朱)》《サウス(黄)》二雅-音《を》一（118行）

6、胡《の》。寇《アタ(墨)》《イクサ(黄色)》（「寇」に朱の去聲點）（135行）

7、正-始《の》之音《は》不レ如《ナラ(朱)》《クニアラ(墨)カ(ク)の》《シカ(黄)》レ是《コレニハ(黄)》（325行）

8、妬《マレテ(朱)》《ラクは(墨)シ(朱)》《ネタテ(黄)》令《シメシヨリ(朱)》三潛《ヒ》《に》配《セ》二上-陽-宮《に》一（150行）

9、潛《ヒ》《に》涙垂《ル(墨)》《オツ(朱)》《レリ(黄)》（381行）

10、請《ヒ》《コフ》《ネカハクハ(朱)》-問《へ(墨)》《トヘ(黄)》（206行）

この同じ箇所を神田本天永四年點がどのように訓讀しているか見るために、以下に掲げる。（「＊」印は合點を附した訓）

1、祇《マコト》只《＊タ、》マサニ在《リ》二人《の》情《の》反-覆間《のア(ヒタ)に》一（大行路、201行）

2、皆云《＊ハク》《フ》《シク》・前《サ》。（平）-。後《ノ》（去）・征《＊セル》《スル》レ蠻《を》者《ノ》（「前」に平聲點、「後」に去聲點）（折臂翁、169行）

3、耳《ミ、》穿《＊ウケ》《タレ》・面=縛《＊セラ》《シリヘテニシハラレテカて》《ユハ、レ》驅《＊カラレ》入《ル》レ秦《に》（傳戎人、341行）（「縛」は「破」を訂正）

4、爲《*ナル》《ナルト》二天仙《と》一（海漫々、91行）

5、操《*アヤツル》《サウス。》（平）二雅音《を》一（「操」に平聲點）（立部伎、107行）

6、胡《の》。寇《*アタ》《コウ》（去）（「寇」去聲點、「胡」との間に合符がある）（華原磐、119行）

7、正‐始之音・不レ如《*ナラ》《に》レ是《ニアラ》《カクの》（五絃彈、300行）

8、妬《マレテシム》令三潜《ヒソ（カ）に》。配二（去）上‐陽宮《に》一（「配」に去聲點）（上陽白髪人、131行）

9、潜《に》・涙垂《ル》（傳戎人、351行）

10、請《コフ》‐問《へ》（折臂翁、184行）

1、2、3は、神田本天永四年點でも三箇の異訓を併記した例である。その三箇の異訓がそれぞれ時賢本の三種の色分けの訓讀に合っている。4、5、6、7は神田本天永四年點では二箇の異訓を併記した例である。その二箇の異訓が、いずれも時賢本の三種の色分けの訓讀のどれかと一致している。卽ち、神田本天永四年點では三家の異訓を三家とも併記するのでなく、その中から二家の訓讀を任意に取上げたものである。8、9、10は、神田本天永四年點が一箇の訓讀しか加點しない例である。その訓讀も、時賢本の三種の色分けの訓讀に含まれている。卽ち、神田本天永四年點では、三家の異訓のうち、任意にその中の一家の訓讀を取上げているのである。

神田本天永四年點は、十二世紀院政期初頭の加點であり、時賢本は十四世紀鎌倉時代後期の加點であり、年時の上では、約二百年の隔たりがあるが、その訓讀は、右の例で見る如く、全く一致している。しかも、菅原家、大江家、藤原家の各博士家ごとに異なった訓讀を持っており、それが、それぞれに固定していたことが分る。それが、源氏物語に引用された訓讀の語句によれば、十一世紀初まで溯ることが知られるのである。

神田本天永四年點は、博士家三家の訓讀を取合せ任意に併記しているが、色分けをしていないから、どの訓讀がどの博士家の訓讀であるかはこの點本だけでは判別することが出來ない。しかし、時賢本の色分けと比べることによって具體的に區別することが可能となる。その結果、本文の同一箇所における三家の訓讀を比較し類別することによって、菅原家と藤原家との相違、菅原家と大江家との相違を總合して、菅原家と藤原家と大江家との博士家のそれぞれの訓讀法の特徴を把えることができるのである。(16)

尚、神田本白氏文集天永四年點には、巻第三と巻第四の兩巻にわたって、角筆で紙面を凹ませて訓點を書入れてあることが判明した。(17)その訓點は、菅原、大江、藤原（日野流）の三家の訓讀とも異なる所があり、比較検討の結果、加點者の藤原茂明が自らの式家の訓讀を角筆で書入れたものと見られる。(18)

以上から分ることは、平安時代における白氏文集は、大學寮の紀傳道の博士家である、菅原家、大江家、藤原家の所管であり、その詩文は日本語として訓讀されて受容されたが、その訓讀は、これらの博士家ごとに固定した異なったものとして傳えられたのである。

五、鎌倉時代以降における白氏文集の訓讀の性格

鎌倉時代以降も、白氏文集の訓讀は、各博士家において家説として傳承されたであろうが、現存する訓點本を通して見ると、一家説の傳承とは異なった大きな特色がある。

附載の白氏文集訓點本奥書集から知られるように、鎌倉時代にはその書寫加點者が殆ど僧侶であるが多い。しかし、その親本は、博士家の訓讀本である。例えば、先掲の如く、秦中吟延慶二年書寫本は、仁和寺僧の祐惠の書寫であるが、その基となったのは文治四年に仁和寺大聖院で守覺法親王に奉授した藤原敦經の訓讀本であり、更に菅原長貞の訓讀本を校合に使ったものであった。又、長恨歌正安二年書寫本は、中院三位有房卿本を書寫したもので、書寫者は未詳であるが、その基となったのは文永五年に菅宗本を書寫したものであり、同じ長恨歌の三條西公正氏藏本は、正宗敦夫文庫本と同系の菅原家の訓讀を傳えるが、尋親が新熊野瀧尻房で正安二年七月廿四日に書寫したものである。

鎌倉時代以降の訓讀の性格を知るために、ここでは、天理圖書館藏の永仁元年（一二九三）に鎌倉金剛壽福寺で朝譽が書寫した本と、三寶院藏の鎌倉時代書寫本と、猿投神社藏の貞治二年（一三六三）に參河國猿投神社頭南面蓮花坊で澄豪が書寫した本、及び室町時代の書陵部藏傳實隆書寫本を例に取上げて、その訓讀を時賢本の色分けの訓讀と比較してみる。

右の永仁元年寫本以下の四本は、神田本天永四年點が各博士家の異訓を併記しているのと異なって、本文の字句を殆ど一訓で訓讀している。これは鎌倉時代以降の白氏文集の現存諸本に共通している。

三家の色分け訓加點の漢字	時賢本 墨(菅原家)	時賢本 黄(大江家)	時賢本 朱(藤原家)	天理圖書館藏永仁元年點	三寶院藏鎌倉時代寫	猿投神社藏貞治二年本	書陵部藏傳實隆寫本
祇	マ(サ)に	タ、只《タ、》江	マコト(ニ)	祇タ、	祇タ、マコトニ	祇タ(タ)	只
云	(イヒ)シク	イフ	イハク	(イハ)ク	(イハ)ク	云	(イハ)ク
縛	ユハ(ハ)レて	縛セラレテ	シリヘテニシハラレ	縛セラレテ	縛セラレてシハラレテ	×ウシロテニ縛(セラ)レテ	ユ(ハハレ)て
爲	(ナ)ルト	ナル	(ナ)ヌト	ナル	なる	(ナ)ル	ナルト
操	アヤツル	サウス	トル	アヤツル	アヤツル	ア(ヤ)ツル	アヤツル
寇	アタ	イクサ	寇《コウ》(去聲點)	(缺　損)	アタ	アタ・コウ	アタ
如是	カ(クノコト)クニアラ	コレニハシカ	(コレ)ナラ	是の如く(ナラ)	カクノコトクナラ	是の如クナラ	カクの如(ク)にアラ
妬	(ネタム)ラクは	ネタテ	(ネタ)マレテ	ネタンテ	ネタマレテ	(ネタ)マレて	ネタムラクは
垂	(タ)ル	(タ)レリ	オツ	タル	タル	(タ)ル	(タ)ル
請問	(コ)ヒ(ト)へ	コフトへ	ネカハクハ	コフトへ	コフトへ	(コフト)へ	(コ)ヒ(ト)へ

この表から次の點が判明する。第一に、鎌倉時代以降の、天理圖書館藏永仁元年點以下の四本の訓讀は、時賢本の色分け訓に見られる博士家の訓讀のいずれかに一致する。一致しない（×印）のは稀である。右の表では一例のみである。第二に、天理圖書館藏永仁元年點以下の四本の訓讀は、いずれも、菅原家・大江家・藤原家の三家の訓讀の取合せであって、一家の系統の訓讀を純粋に傳えていない。但し、三條西實隆寫本が比較的に菅原家訓讀を多く採用するとか、永仁元年點

本が大江家訓讀を多く採用するとかの傾向は指摘することができる。この第二に擧げた事象は、鎌倉時代以降の他の白氏文集の訓點本についても指摘される。それは、白氏文集だけでなく、當時の漢籍の訓讀一般に通ずる事象である。この事象は、漢籍の訓讀が、平安時代の博士家各家の所掌であったものが、鎌倉時代に寺社の僧の手に移ったことと關係がある。僧の手を通して、漢籍の訓讀が、一部の博士家の學者から、武士・豪族を經て民衆へという下に擴がっていく學問文化における時代の流れを反映する。三博士家の訓讀の取合せは、溯って院政期に走りが見られる。神田本白氏文集天永四年點の併記訓が既にそのことを示しているのである。

江戸時代における白氏文集の訓讀についても同様であったと見られる。宇都宮睦男氏は、宮內廳書陵部藏朝鮮銅活字本白氏文集卷三に慶長八年（一六〇三）に加點した本と、明暦三年（一六五七）刊本白氏文集卷三の加點本との訓讀を検討し、前者は比較的永仁點と一致するが特定の系統に合わず一部に獨自の訓讀もあり、後者は誤讀に基づく獨自の訓讀があるが、古い訓讀を殘存しているという[19]。

又、平家物語の語り本系の覺一本に引用された白氏文集について卷第三からの引用八箇所十六例を時賢本の色分け訓讀と比較して、大部分は菅原家訓讀に一致するが、藤原家訓讀に合うものもある一方で、訓法や語序を變改したものも少なくないという[20]。讀み本系の延慶本平家物語を始めとする、他の諸本を總合しての検討や、訓讀法の比較の仕方に今後の課題が殘るが、鎌倉時代以降のわが國の古典作品への白氏文集の影響の一端が窺われる。その背景には、わが國における鎌倉時代以降の、白氏文集訓讀受容の右述の如き歷史的事情が大きく關與しているのである。

注

（1）拙著『平安鎌倉時代に於ける漢籍訓讀の國語史的研究』（昭和四十二年三月、東京大學出版會刊）第二章「平安初期の漢籍訓讀語の推定」。

（2）注（1）文獻。

（3）拙著『角筆文獻の國語學的研究研究篇』（昭和六十二年七月、汲古書院刊）六二二頁。

（4）築島裕『平安時代の漢文訓讀語につきての研究』（昭和三十八年三月、東京大學出版會刊）參照。

（5）神田本白氏文集の奥書は、次のようである。

（巻第三）

嘉承二年（一一〇七）五月五日「以」（消）未時書寫畢

于時看侲子之射聞郭公之聲（以上一行墨消）

藤原知明　（追筆）「改茂明」

（追筆）「天永四年（一一一三）三月廿八日晡時雨中點了」

藤原茂明」

（巻第四）「天永四年三月廿八日點了」

藤原茂明」

この神田本白氏文集巻第三、巻第四の全文の影印と翻字と訓讀文は、『神田本白氏文集の研究』太田次男・小林芳規著（昭和五十七年、勉誠社刊）に収載されている。

（6）正宗敦夫文庫本長恨歌の奥書は、次のようである。

正安二年（一三〇〇）五月二日以中院三位有房卿

本書寫之畢

本云

文永五年二月廿一日以菅宗本

書寫之畢　在判

この正宗敦夫文庫本長恨歌の全文の影印と訓點の解説（小林芳規「正宗敦夫文庫本長恨歌傳正安二年書寫本の訓點について」）とは、ノートルダム清心女子大學古典叢書第三期２「正宗敦夫文庫本長恨歌」（昭和五十六年十月、福武書店刊）に收載されている。

(7) 大橋寛治氏藏。昭和四十六年に日本古典文學會より覆製された。本稿の引用はこれによる。

(8) 注(1)拙著、一三三〇頁。

(9) 拙稿「仁和寺藏秦中吟延慶二年書寫加點本」（「訓點語と訓點資料」第四一輯、昭和四十五年六月）。本著作集第四巻所收。これに全文の翻刻と訓讀文を收載している。

奥書は次の通りである。

延慶二年五月十一日以極祕本書寫了

　　　　阿闍梨祐惠

本奥云

文治四年三月十九日侍禪定大王御讀於大聖院

御所北窓奉授了

　　散位從四位上　藤原敦經

又云

建保元年九月十四日召大內記長貞讀之了往年雖受傳

敦經說更點／少〻依有相違重今尋伺菅說也

(10) 文集抄の建長二年本の奥書は次のようである。

「一（追筆）交早／同年十二月廿五日午終／以圓蓮房本付注早」

建長第二之天仲冬中旬之候於／醍醐寺觀心院

西面部屋摺松煙／染燕弗孚／

桑門極非人阿忠

(11) 神田本白氏文集巻第三の裏書に次のようにある。

保延六年四月廿日授三男敦眞〈改敦經〉(右傍補入)了

抑此書一部給敦眞了　蓋是慣白家之詩

情爲令繼文道於儒業而已　李部少卿（草名、知明）

(12) 注(9)文獻。

(13) 時賢書寫本の奥書は次の通りである。

本云／以此本侍　御讀／黄門郎資實戸部尚書光範／李部大卿在高等同奉授之／但此三人不常參予殊狎／天顔頻應更問耳／翰林學士

菅在判爲長／

元亨四年十月一日以菅家證本／書寫訖／

侍從時賢

(別墨)

正中二季（一三二五）三月十二日拭老眼移祕點畢／從二位濟氏／挍了／以式部大輔正家朝臣侍讀本見合了／彼點以朱寫之／

(朱)「『挍了』本奥書傳／長久二年（一〇四一）四月十三日未時點了／覆勘了判正家／以此書侍讀判正家／讀了　俊信／授孫顯業了

／判正家」（以下略、附載白氏文集訓點本奥書集參照）

(14) 菅原家の訓讀に對して、藤原家が和文風の訓讀の特徴を持つことは、巻第三の全巻にわたって指摘される。その具體例は、注(1)拙著九〇六頁以下に述べてある。

(15) 注(1)拙著一三三〇頁以下。

(16) 注(1)拙著九〇六頁以下。

(17) 昭和四十二年二月、小林芳規の發見に係る。
(18) 注(5)文獻に所載の「角筆點に基く神田本白氏文集の訓點の考察」(小林芳規)參照。
(19) 宇都宮睦男『白氏文集訓點の研究』(昭和五十九年三月、溪水社刊)第二章。
(20) 注(19)文獻第三章。

〔附載〕白氏文集訓點本奥書集

白氏文集卷第三・卷第四二軸　神田喜一郎氏舊藏・京都國立博物館藏

〔卷第三〕

嘉承二年(一一〇七)五月五日「以」(墨筆抹消)未時書(「書」は或字の書きさしの上に書けり)寫畢／「于時看侲子之射聞郭公之聲」(以上一行墨筆抹消)

／藤原知明『改茂明』／『天永四年(一一一三)三月廿八日晡時雨中點了／藤原茂明』

(裏書)(尾題近くの紙背)(又別墨)『保延六年(一一四〇)四月廿日授三男敦眞〈改敦經〉(右補)了抑／此書一部給敦眞了蓋是慣白家之／時情爲令繼文道於儒業而已

／李部少卿(草名)(知明)

〔卷第四〕

『天永四年三月廿八日點了／藤原茂明』

○兩卷紙背繼目に「茂明」の署名、毎紙背左下に「知明」の草名あり

文集卷第四　一軸　大東急記念文庫藏

嘉禎三（四）年（一二三八）歳次戊戌八月十九日午時書寫了／大和國十市郡藥王寺住人捨身求／菩提行人執筆淨圓蓮勝房生年／廿
八俊／爲興法利生廣作佛事之也」

文集卷第三　一軸　天理圖書館藏
永仁元年（一二九三）癸巳八月十七日於鎌倉金剛壽福寺書了朝譽六十五

文集卷第四　一軸　天理圖書館藏
正應二年（一二八九）己丑七月十六日書寫了／嚴祐傳

文集卷第四　一軸　猿投神社藏
于時文和二年（一三五三）七月中「旬」（或字の上をなぞる）之比／參州渥美郡於長仙寺雖爲／惡筆書寫之云〻／文主千若丸十五歳／
『千若丸之十二』『應永十二年（一四〇五）十一月上旬之比於遠州龍前寺增長坊誦了／三州長仙寺寶幢坊快尊十九歳』

文集卷第四　一軸　上野精一氏藏
建保四年（一二一六）三月廿三日申時許／書寫畢／『仁治四年（一二四三）正月廿五日申時／讀了任耀』『正嘉二年（一二五八）正月十九日習讀了／龜壽麿』

○「近畿善本圖錄」による。

新樂府卷上　一軸　書陵部藏

本云／以此本侍　御讀／黄門郎資實戸部尚書光範／李部大卿在高等同奉授之／但此三人不常參予殊狎／天顏頻應更問耳
／翰林學士菅在判爲長

元亨四年（一三二四）十月一日以菅家證本／書寫訖／侍從時賢／『正中二季（一三二五）三月十二日拭老眼移祕點畢／
從二位濟氏／挍了／以式部大輔正家朝臣侍讀本見合了／彼點以朱寫之『挍了』(朱)本奥書云／長久二年（一〇四一）四月十
三日未時點了／覆勘了判正家／以此書侍讀判正家／讀了　俊信／授孫顯業了判正家／以此本奉授　天子了李部大卿侍中／禮部
等同以侍讀矣／左中辨判俊經／以此本侍御讀李部大卿翰林／學士等朝臣同奉授之／左中辨親經／以此本奉授舊主了／藏人
右衞門權佐信盛／授經業了／藏人頭內藏判信盛／以此本奉授　天子了式部大輔菅三位／右大辨等同以侍讀矣／藏人皇后宮
大進經業』

文集卷第三　一軸　猿投神社藏

觀應三□（一三五二）大簇中旬之候／文主千若丸『正平七年(一行空白)(朱)（一三五二）广辰五月十四日拭老眼點了可憐興隆甚矣沙門淨
盛六十二』『應永十二年（一四〇五）十二月日於遠州龍前寺海夛院誦了快尊生年二九才』

文集卷第三　一帖　猿投神社藏

貞治第貳倏（一三六三）五月十九日於／猿投社頭南面蓮花坊依／少人貴願如形拂馬蹄之書了／澄豪等

文集卷第三　一軸　猿投神社藏

貞治四年（一三六五）乙巳三月晦日／於三州高橋荘猿投社蓮花坊／書寫之／執筆澄豪／主治部

文集卷第三　一軸　猿投神社藏

貞治六年六月廿三日於三州高橋荘／猿投[半]行馬場之坊爲興隆之書／了／當國大草寺住永範／文主幷房照祐

文集卷第四　一軸　東洋文庫藏

『（朱）于時嘉吉三年（一四四三）癸亥八月廿一日於法隆寺西室庫院喜多坊朱點／移之旱而當本（右補）（兩卷）去夏比自或方令買得喜悅之餘一遍習／傳之而已　大法師寛淸／去月廿一日將軍家薨御之歲十歲御治世三ケ年故普廣院殿御息／次將軍同御舍弟同殿九歲』

○本文鎌倉時代書寫。

文集卷第三・卷第四　二帖　醍醐寺藏

（傳領識語）永正元（一五〇四）甲子孟夏十日傳領之／金剛幢院常任（花押）

○鎌倉後期書寫、卷四の卷首八葉に墨訓あり。

文集抄上本　一帖　國立國會圖書館藏

『一交旱／同年十二月廿五日午終／以圓蓮房本付注旱』建長第二（一二五〇）之天仲冬中旬之候於／醍醐寺觀心院西面部屋摺松煙／染燕弗旱／桑門極[非]人阿[忠]

文集　二十軸　大東急記念文庫藏

［卷第六］

寛喜三年（一二三一）二月廿二日　寂有〈『（右下）唯寂房書之〉／同廿四日「朱」（右傍補入）點了／右金吾挍尉原奉重』

『（又別）嘉禎二年（一二三六）三月八日比挍唐本了』

『（又々別）建長三年（一二五一）十二月二日傳下貴所之御「本」（右傍補入）移點了』

［卷第九］

寛喜三年辛卯二月廿日　寂有／〈『（右下）唯寂房書寫之〉／同廿三日點了／右金吾挍尉原奉重』〈『（又別）嘉禎第二暮春十日比挍摺本
了』

『（又々別）建長三年十二月四日傳下貴所之御本移點了』

［卷第十二］

『（又々別）建長四年正月一日傳下貴所御本挍合又畢』寛喜三年三月三日書寫了　寂有／〈『（右下）唯寂房書寫之〉／同月中旬挍合移
（「令雨」の上に重ねて書けり）點了／右金吾挍尉豊奉重』

『（又別）嘉禎二年三月十一日以唐本聊／比挍之了』

［卷第十七］

『寛喜三年三月十三日書寫了唯寂房書之／同日挍畢／右衛門權少尉豊原奉重』

『（又別）嘉禎二年三月十四日以唐本聊比挍之了』『（朱）不得點本之故縱加朱點付冥付顯有恐有憚但遺疑之所／照合而閣之重可見證
本』

『（又々別）建長四年正月五日傳下貴所之御本重移點了』（「之御本」三字胡粉の上に書けり）

［巻第二十一］

寛喜三年三月廿一日『唯寂房〈寂有〉(重ね書)書寫之／同廿八日朱委點了／右衛門尉奉重』

『(又別)嘉禎二年三月十七日以唐本比挍之了』『(又々別)建長四年正月十一日傳下貴所之御本重比挍之了』

［巻第二十二］

『寛喜三年三月廿六日書寫了　右衛門少尉豐原奉重』／『(朱)貞永二年（一二三三）五月五日朱點了』

『(又別)嘉禎二年三月十七日以唐本比挍之但證本之文／字所々摺亂銷幽也字體髣髴之所老眼難見解／於彼者不審多相殆者也』

『(又々別)建長四年正月十二日傳下貴所之御本移點了』

［巻第二十四］

寛喜三年三月廿六日書寫了『唯寂房〈寂有〉(重ね書)令書之／同廿八日兩點了／右衛門權少尉奉重』『(又別)嘉禎二年三月廿一日／以唐本比挍之了』『(又々別)建長四年正月廿四日傳下貴所之／御本重挍點了』

［巻第二十八］（後掲）

［巻第三十一］

寛喜三年辛卯十二月十六日書寫『唯寂房』寂有『書之／貞永二年正月八日朱點了／同二月廿六日委點了　右金吾挍尉原奉重』『(又別)嘉禎二年三月廿五日比挍于唐本訖』

［巻第三十三］（後掲）

『(又々別)建長四年正月廿二日傳下貴所之御本移點了』

［巻第三十八］

貞永元年十二月廿一日　寫畫了／『(右下)唯寂房令書之』『同二年三月六日朱點墨兩點了／右衛門少尉豐原奉重』

『（又別）嘉禎二年三月廿八日比挍摺本訖』
『（又々別）建長四年正月廿九日傳下貴所之御本移點了』
［巻第三十九］
貞永二（「元」字を墨にて抹消その右傍に「二」と書けり）年正月廿日於今小路書了執筆上池門人（「池門人」の字は、もと「氵□人」とある上に、豊原奉重の筆にて書けり）觀經／
『同三月五日委點了／右金吾挍尉原奉重』
『（又別）嘉禎二年三月廿九日比挍于摺本訖』
『（又々別）建長四年二月一日傳下貴所之御本重移點了』
［巻第四十一］
貞永元年大歳壬辰七月十九日『唯寂房』寂有『歸本名歟令書之／同廿日挍朱了／右衛門權少尉奉重』『（又別）嘉禎二年四月一日比挍唐本訖』『（朱）此帙／嘉禎三年十一月十日申請吉田諫議桑門資經御本加點了／本云時會昌四祀四月十六日勤了日本國居士　空無／凡此點本挍點以前以摺本比挍仍違依之所必別付摺本之點／而以當本移點之處點本與摺本每所相違自相叶之所合摺本移／點畢』『（又々別、同行に）建長四年二月四日傳下貴所之本移點了』
［巻第四十七］
貞永元年壬辰八月三日書了『唯寂房』融範『又改名歟令書之』『（朱）同十日自挍了　右金吾挍尉奉重』『（又別）嘉禎二年四月五日比挍唐本訖』『（朱）同三年十一月廿九日申吉田大貳入道殿資經御本委點了／去年比挍摺本而挍合于當本之處多違摺本有以同所者／以朱筆令點于摺本了』
［後集巻第五十二］
『（又々別）建長四年二月十二日傳下貴所冷泉宮（三字朱）之御本重移點了』

貞永元壬辰八月廿一日　寫了〈(右下)『助阿闍梨誂之〉／同廿八日挍點了／右衛門少尉豊原奉重』(又別)『嘉禎二年四月七日聊任現在

比挍唐本於无摺本／端讀之者以證本重可令比挍之』(又々別)『建長四年二月廿七日傳下貴所之御本重移點了』冷泉宮(三字朱)

〔後集卷第五十四〕

『貞永二年四月十九日書寫了／右金吾挍尉原奉重／此卷書寫之本缺之間尋摺本書入之處摺本又摺銷所ゝ／多之故或遺料紙或付置輪畢以證本「重」(右傍補入)可令比挍之也』

(又別)『寛元五年（一二四七）正月三日借請菅大府卿爲長證本移兩點多散不審畢』

(又々別)『建長四年三月五日傳下貴所之御本重移點了』

〔後集卷第六十二〕

貞永元年壬九月廿七日『寫之』康經〈(右下)『唯寂房又改名也』〉

(朱)『同十一月六日朱了』『同廿日委點了／右金吾挍尉豊奉重』

(又別)『嘉禎二年四月廿一日比挍唐本訖』

(又々別)『建長四年二月十九日傳下貴所之御本重移點了』

〔後集卷第六十三〕

『寛喜三年六月五日書寫了右金吾挍尉原奉重／』(朱)『貞永元年十月廿日朱點了』(墨)同十一月廿二日委點了』

(又別)『嘉禎二年四月廿一日比挍唐本訖』

(又々別)『建長四年二月十九日傳下貴所之御本重移點了』

〔後集卷第六十五〕

貞永元年壬辰十月一日　寂有『書寫了／同十一月二日比挍了右金吾挍尉原奉重／』(朱)『同十二日朱了』(墨)同廿一日委點了』

（又別）『嘉禎二年四月廿二日比挍于唐本訖』
（又々別）『建長四年二月廿二日傳下貴所之御本重移點了』

［後集巻第六十八］

貞永元年十月十九日　書了／『同廿八日一挍了右金吾挍尉原奉重／（朱）『同十一月十九日朱了』同廿五日委點了』
（又別）『嘉禎二年四月廿五日比挍于唐本訖』
（又々別）『建長四年二月廿四日酉初傳下貴所之御本重移點了』

［巻第四］

官本墨點　故本朱點　加青點者菅家訓也／本云／右白氏新樂府文集自三至四之兩巻先年或以／故人本姓氏未詳寫和訓以墨今復得于菅家／相傳本而重寫和訓以朱初本訓菅家本不相／違者從初本朱墨挍者爲存兩義也故菅家相／傳之跋書附後／承久元年（一二一九）九月廿四日申出嚴本移點畢／散位菅

建永元年（一二〇六）者　聖主嗣寶暦之第八年微臣侍／御讀之第三年也今奉授此書故新寫此本以〈先〉（右補）／親侍家之訓備今日授　君之說抑亦藤／黄門者累代師於　天子自昔親於我家借／其證本重所見合也爲我後傳此本之者努／〈力〉（右補）黄門奥書以此書勿許他見而已

黄門奥書侍讀正家以此本奉／授　主上左中丞俊經以此書侍讀左中辨親經／公良授澄胤法橋奥書曰披唐白之集授魯丹／之說／弘安五年四月九日受菅家之祕說畢　實秀

傳稱詩者志之所之也通其義謂諸解和訓者／本朝義解而各述我意是亦我志之所之也今贖／此文集以靑黛爲義解者敢非排故人義解／而戻焉者亦志之所之而已後之見之者亦復／從己志之所之矣／寛永元年季冬　西山期遠子貞子元誌

右白氏新樂府文集第三第四兩巻者拜出／官本而寫和訓然後借祕書郎爲景朝臣／本則爲訓點之規模猶先盡重寫之／以朱

右件之本者故人之點以墨菅家之／訓以朱蓋奥書云初本訓菅家本不相／違者從初本朱墨挍者爲存兩義也今／亦統三本　官

本以墨後本以朱兩訓／無異者讓墨點於菅家點者朱墨／相共加青色點以作別之也／正保二季孟春下澣爲知三點別暫加末／
握蘭藤資慶 手印

文集巻第廿八　一軸　大東急記念文庫藏（右と別置）

寛喜三年四月二日書寫之『但馬房令書之／（朱）「天福元年（一二三三）五月十一日朱了」／同十三日委點了　右衞門少尉豊原奉重』（又別）『嘉禎二年三月廿三日以唐本比挍之了』（又々別）『建長四年正月十七日傳下貴所之御本重挍點了』

文集巻第三十三　一軸　天理圖書館藏

寛喜三年四月十八日唯寂房書寫之了／『貞永二年正月五日挍合了／（朱）『同巻朱子』右金吾挍尉原奉重／同二月廿八日委點了』

『嘉禎二年三月廿六日比挍唐本訖』『建長四年正十五日傳下貴所之御本重移點了』

文集巻第八・巻第十四・巻第三十五・巻第四十九・巻第五十九　五軸　田中敎忠氏藏

［巻第十四］

寛喜三年正月廿八日書之／〈（右下）但馬房書寫之〉『同二月二日加點了／右金吾挍尉原奉重』
（又別）『嘉禎二年三月十一日比挍唐本了』
（又々別）『建長四年正月三日傳下貴所之御本挍點又了』

[巻第五十九]

貞永元年九月廿二日書寫了 (右下)〈常葉平二誂之〉

(朱)『貞永元年九月廿七日朱點了　右金吾挍尉豐奉重』（花押）『同日委點了』

(又別)『嘉禎二年四月十八日比挍摺本了』

(又々別)『寛元五年正月十日以故菅大師卿爲長證本比挍之多散蒙乎』

(又々々別)『建長四年三月八日傳下貴所御本重移點了』

○『田中教忠藏書目錄』圖版による。

文集巻第十一　一軸

貞永元年七月廿七日書寫了　唯寂房

貞永元年八月廿八日自挍朱了　右金吾挍尉

嘉禎二年四月四日比挍于唐本

嘉禎三年十一月十七日申請諫誠桑門之御本挍點了

凡賞本幷御本與光度比挍摺本毎所相違若自摺本之改相叶

御本之時不加點於摺本了

建長四年二月七日傳下貴所之御本重移點了

○この巻は小松茂美『平安期傳來の白氏文集と三蹟の研究』による。

[巻第六十一]

貞永〻年閏九月十七日　唯寂房書寫之／同十月六日一挍了右金吾挍尉豐原奉重／同十一月十九日委點／嘉禎二年四月廿日比挍唐本訖／建長四年二月十八日傳下貴所之御本重移點

○書陵部藏『白氏文集』（那波本）による。

秦中吟　一軸　仁和寺藏

延慶二年（一三〇九）五月十一日以極祕本書寫了／阿闍梨祐惠／本奧云／文治四年（一一八八）三月十九日侍禪定大王御讀於大聖院御所北窓法授了／散位從四位上藤原敦經／又云／建保元年（一二一三）九月十四日召大內記長貞讀之了往年雖受傳敦經說更點／少〻依有相違重今尋伺菅說也

長恨歌　一軸　ノートルダム清心女子大學正宗敦夫文庫藏

正安二年（一三〇〇）五月二日以中院三位有房卿／本書寫之畢

本云／文永五年（一二六八）二月廿一日以菅宗本／書寫之畢　在判

長恨歌　一軸　三條西公正氏藏

于時正安二年七月廿四日於新熊野瀧尻房書寫畢／　犱筆尋親／源命德丸之

○三條西公正「古寫本長恨歌に就きて」（『文學』二ノ六）。

（『白居易研究講座』第五卷　平成六年九月）

國語學國文學研究室藏　八字文殊儀軌古點

國語學國文學研究室所藏の八字文殊儀軌一帖は、粘葉裝、表紙共三十四紙の枡形の薄様であるが、全帖に加えられた朱訓點及び墨訓によって、院政時代の國語史料としてばかりでなく、訓讀史料の一としても有益なものである。抑々八字文殊修行法と壇法・成就法とを釋尊が說いた所の、此の經の本文は、旣に大正藏經（一一八四）等にも翻刻されているから、その內容や譯出事情等は一般にも容易に知られるが、研究室藏本は、書寫時が彼より遙かに古い本文を提供する上に、この經を平安時代に日本語で讀解した天台宗僧侶の言語が復元出來る點が、一層尊ばれる所である。その書寫及び訓點を加えた時期は、識語の、

（墨）永曆元年（一一六〇）十月十二日於長谷以御本書之

（朱、同筆）同二ー（年）三月十日於白河御房同御房（マヽ）移點之了

によって知られる。假名字體も院政後半期の様相を呈している。本書及び訓點の素姓も、右の識語の前後に、同筆で轉寫された本奥によって判明する。卽ち、

（朱）長元六年（一〇三三）六月十日奉從唐房阿闍梨御房／奉讀之了（五字分空白）僧彳見記

（朱）永承元年（一〇四六）五月廿一日賜御本校點了

（墨）千光院住僧彳見文也

（墨）永久四年（一一一六）五月五日以御本書之了

（朱）同ー（年）同月七日以御本移點了　一校了

（二行空白）

同年同月八日於宮大僧都御房座下奉始讀之

十一日奉稟受了中間九十二ケ日不奉／讀之　沙門晴覺記之

長承三年（一一三四）三月八日受南如坊了

同受　證永　𰀁ー、記之（別帋歟）

とあり、先の永暦元年云々の識語に次いで、

去天養二ー（年）四月廿三日奉受大覺房已了

然而從學唐坊之道慶重尊御本以／□（蟲損）傳授矣

三井沙門行仁記之（「行仁」二字は或二字を抹消したる上に安元の筆跡で書きたり）

とあって、最後に別筆で、

安元〻年（一一七五）十一月十九日廿兩日間／於聖護院西廊以此瑜伽／奉授宮了　行仁記之

とある。右の唐房阿闍梨は、「寺門高僧記三」にある、「行圓唐坊」で長久四年（一〇四三）六十六歳で法橋上人位に敍せられた人と考えられ、又その弟子に行觀がいるから、右の識語の「イ見は」その抄物書と見られる。行觀僧正は、長保三年に「千光院傳法阿闍梨」（寺門傳記補錄十五）に補せられていて、識語の千光院に合う。寺門高僧記には千手院とあるが、共に叡岳寺院の一で、後者は「今在二園城寺一」（叡岳要記下）とある。又永久四年奉讀の「宮大僧都」は白河院御子なる「三井寺行慶大僧都」と見られ、沙門晴覺も承德二年（一〇九七）園城寺注進狀に名を連ねている法印靜覺と同一人と考え

られるし、南如坊・聖護院も叡岳寺院の一である上に「三井沙門」の文字は、本資料が天台宗寺門派のものであることを一層明らかに物語る。それが長元六年の行圓法橋の訓點まで溯ることが右で判るのである。

さて、ヲコト點は次の様に歸納される。

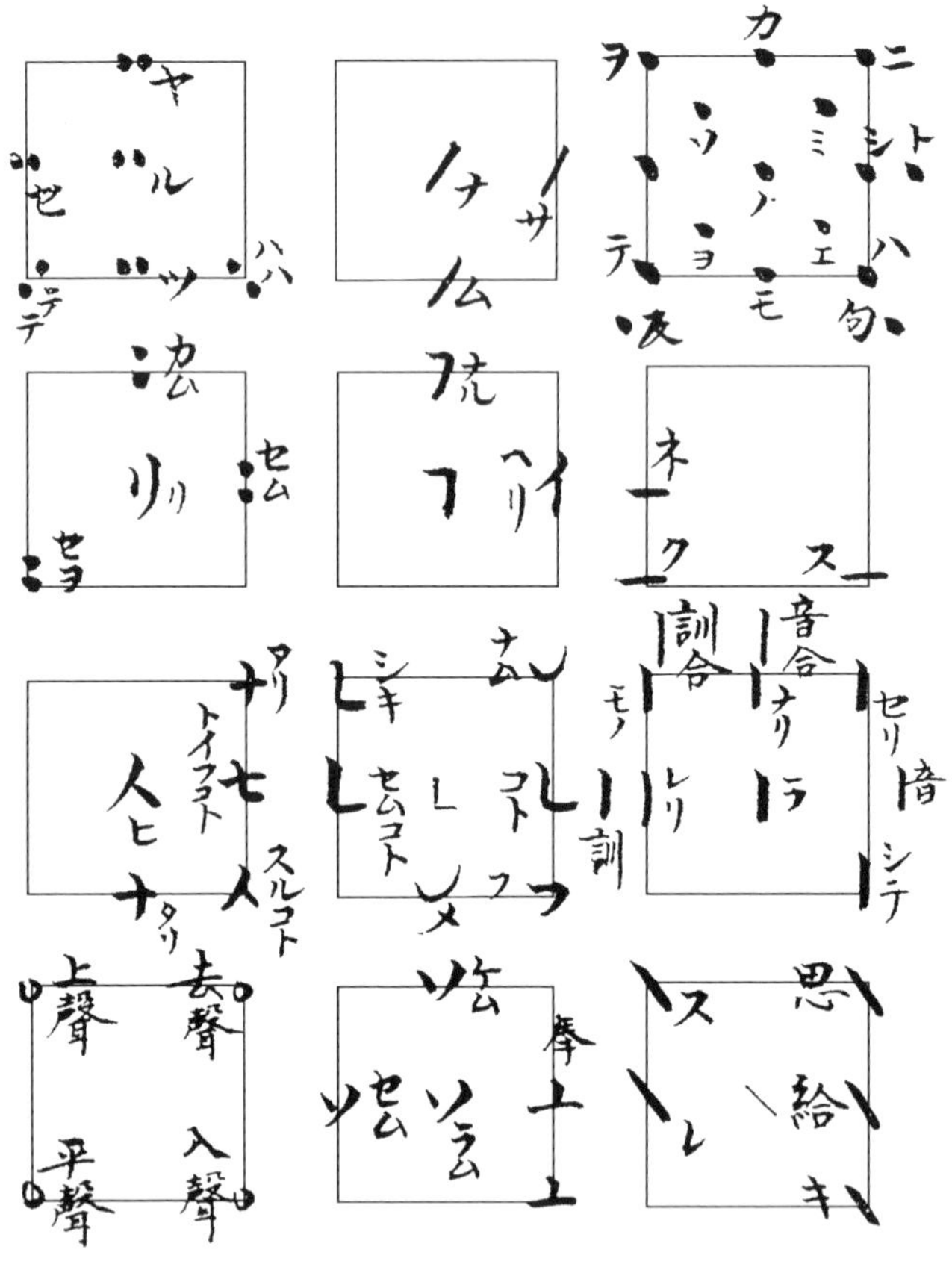

この點法は、點圖集所載の西墓點と全く一致するもので、中田博士によると、天台宗寺門派の僧徒の用いた點法とされ

る。果して、先の識語の示す所と、この點法とが一致して來るのである。

これを國語史料として見るに、「甲《コフ》」「搎《ショウム》」、「恐《らば》」（四段）・「小法《スラ》由《ホ》」「地《ニマレ》」、「麵《ムイコ》」「相㆑好《ヨシヒ》」「卽立《ナカラ》《タチトコロニ》」「聳《ソヒケ》上《ノホレリ》」等の音韻・語法・語彙資料や、濁音符「○̣」等を提供する。

又玉篇や蔣魴切韻（「侵蔣云卽《ソク》。鴆《チム》反」）の引用もある。

最後に、本資料の訓讀法を見るに、(1)「況復大法・能・成就《せむや》」「何況《や》諸《の》小類《の》衆生《をや》」「常《に》須《く》《し》念誦《す》」「先當《に》《し》訪《ヒ》㆑覓《ム》」、(2)「若欲《おもはは》㆓建立《せむと》㆒」「如《き》㆑是等《ら》堪《ふ》㆓周《く》作《に》㆑法《を》」「如《して》佛在《のイマスか》」「令《め》衆生《をして》貴仰《せ》」「悉當《くに》《し》降伏《す》」「次第《に》加持《して》作《れ》之《を》」等の訓法は、私に試みた分類の第三類の特徴を示すものである（(1)は第一類と、(2)は第二類と異なる特徴）。第三類の訓讀法は天台宗のそれに屬するから、この面からも、識語やヲコト點法の示す所に落着いて來るのである。

この資料の詳細な報告や訓讀文ついては、國語學研究會の同人の報告がやがてあろうから、それに讓り、以上の小文で私の責を果させて頂こうと思う。

〔付記〕編集部から本會報に新入會員としての所感の一文を求められたが、この種の文は私にはよく成し得る所でないので、當研究室所藏の訓點資料の紹介の拙文で、之にかえさせて頂いた。內容と枚數との兩面からの勝手な申出を、快諾下さった編集部の好意に御禮申上げる。

（「廣島大學國語國文學會會報」第九號　昭和四十年九月）

新撰朗詠集承久二年書寫加點本の訓の系統について

要旨

一、新撰朗詠集の漢詩句の訓法には二つの系統が存したことが梅澤本の調査で判明した（「梅澤本新撰朗詠集の訓讀語について」「訓點語と訓點資料」第二十六輯）。一をA系統、他をB系統とすると、A系統は山名切の訓・および梅澤本に併記された朱筆別訓であり、他のB系統は梅澤本の訓である。この二系統は典據漢籍訓點本との比較によって、B系統が菅原家訓で、A系統が大江家或いは藤原家の訓であろうとした。

二、新出の承久二年書寫加點本の訓は山名切と殆ど一致する（梅澤本の朱筆訓とも無論一致する）からA系統の訓を傳えると知られる。この訓法は、(一)梅澤本の朱筆訓がその奥書に據って基俊點であるとすること。(二)山名切の訓が假名字體・假名遣・字音表記において基俊時代のものと見るに矛盾せず、一方、多賀切の「永久四年孟冬二日扶老眼點了愚叟基俊」のそれに通ずること、の二點から撰者基俊の訓點と推測せられ、その訓法を最も多く、かつ相當忠實に傳えるという素性の良さにおいて尊ぶべきである。

三、承久二年本においても、稀に異系のB系統の訓（菅原家訓梅澤本の訓に一致する）をも別訓として併記する箇所がある。これは、鎌倉初期書寫の本書に既に菅原家訓の影響が現れ初めていることを知る材料となる。

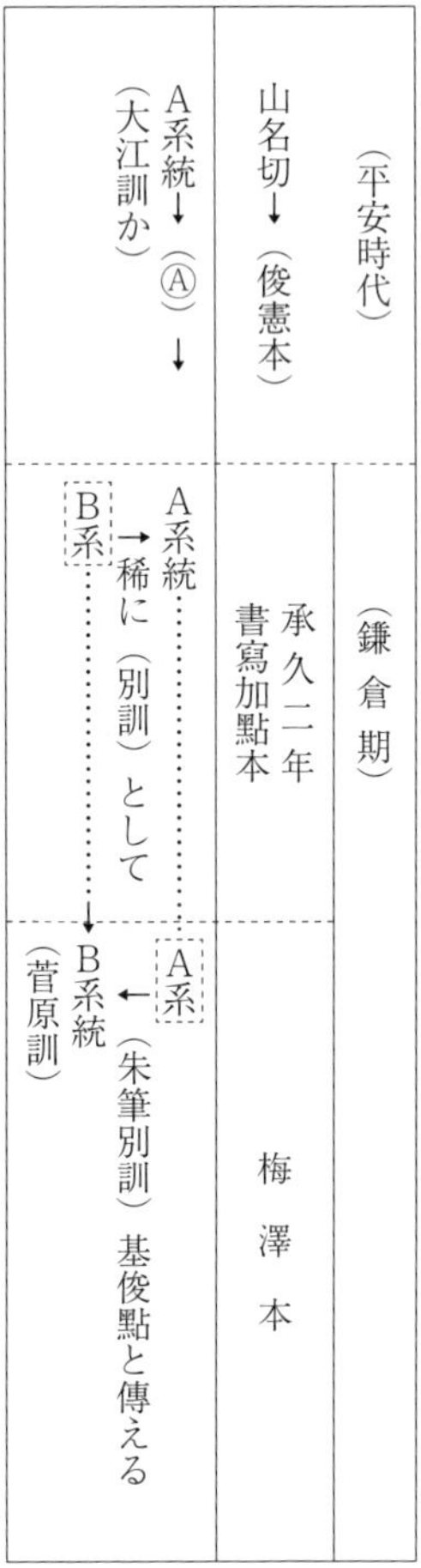

右の傾向（B系の菅原訓が鎌倉時代には優勢になる）は鎌倉時代漢籍に見られる傾向であり、承久本の出現は新撰朗詠集におけるその一過程を證明することになり、極めて重大事というべきである。

四、承久二年書寫加點本は、年代明記の資料であり、且つ全巻の存するものとしては現存最古の訓點本であると共に、その訓の詳細さと純粋性（別筆極めて少し）において、管見の新撰朗詠集諸本よりも勝れている。

五、本書は、基俊からの傳授過程において、藤原南家の俊憲（仁安二年〈一一六七〉薨。藤原信西の長男）を經ている事情が奥書で判明し、新撰朗詠集の訓の弘通史の一面を知る上に貴重である。

尚、本書の和歌は片假名で記されてある點、朗詠集の書式としても珍とすべく、又表記様式史上尊ぶべきである。

承久二年（一二二〇）書寫本二帖（内題には「倭漢朗詠集」とあるが内容は新撰朗詠集である）は書寫加點年代が明らかであるばかりでなく、全巻に詳細な朱點墨訓を加えてある點で、新撰朗詠集の現存最古の本として尊重すべきであるが、更に奥書によってその訓の系統を窺い知ることができる點においても尊ぶべきものである。本書の奥書は、

（巻上）（本文と同筆墨）「承久二季初秋第二天於南殿書寫了

執筆佛子（梵字）」

とあり、同筆で、

（巻下）「承久二季初秋中旬之天於南殿書寫之了

寫本云隨大學助俊憲讀之云〻

通憲一男也云〻

執筆佛子（梵字）」

（朱同筆）「同廿一日移點了」

とあり、續いて左下に別筆で「傳領俊慶之」と傳領者の加筆がある。本文中の假名は殆ど一筆で本文と同色でかつ鎌倉初期の様相を示すから右にいう「同年七月廿一日移點」のものであることは確かである。（但し稀に室町時代頃の加筆（「オタヒカ」の「ヒ」の右に「ヤ」を加えるが如き）があるが墨色が淡く字體も異なるので區別が可能である。）

ヲコト點は星點ばかりであるが、本書の性格から考えて博士家點の紀傳點であろうと考えられる。さて本書の原の本に云う所に據れば、この訓讀は藤原南家貞嗣流俊憲（參議、平治の亂において越後國、後に阿波國に流された後、仁安二年〈一一六七年〉薨）のそれを傳えていることが窺われる。俊憲が信西入道通憲の長男であることは本書の奥の示す通で諸書に明らかである。父通憲は當代無雙の宏才であったことは有名で「通憲入道藏書目錄」（群書類従正十七輯。この書が通憲の手に成るものかどうかには問題があるが）によれば彼の學問の一端が知られる。南家には學者が輩出しており、通憲の祖父季綱の兄である永實の子永範（治承四年〈一一八〇〉歿）は、貞観政要に加點して安元三年（一一七六）には主上に奉授しており（書陵部藏貞観政要巻一奥書）、又春秋經傳集解を讀んでいる（金澤文庫本裏書）、特にその子孝範は和漢朗詠集二帖に加點している（岩瀬文庫藏本）から、同家系の通憲の子俊憲にも新撰朗詠集の訓點のことは首肯できる所である。

所で本書の漢詩句の訓法を、梅澤本と比較すると大きな相違が認められる。

例えば、巻首の第一首立春の句を見るに、

〔承久二年本〕

。淺-深《は》。何《イツレのミツニカ》 水 氷猶結《ムスフ》。 。高卑《は》。無《ナシ》㆔山《ヤマトシテ》 雪不《ストイフコトキエ》㆓ 消㆒

〔梅澤本〕

淺-深何《の》水《カ》氷猶結《ヘル》。 高卑《シ》無㆓山《の》雪不《る》㆑消

の傍線の部分の如き異同が存する。又、立秋の句でも、

〔承久二年本〕

涼-飇《ヘウ》。忽《タチマチにて》 扇・物先哀《モノマツカナシ》。 應《ヘシ》㆔是《コレは》爲《タメナル》㆓ 秋《の》氣《キのハヤクキタルカ》早 來㆒。

〔梅澤本〕

涼-飇《ヘウ》。忽《にて》扇物・先《ツ》哀《シク》。 應《ヘシ》㆔是。爲《ナル》㆓秋《の》氣《の》早《ク》來《るか》。㆒

又同じく立秋の句でも、

〔承久二年本〕

宵《ヨは》-深《フケヌ》 月。。。桂《の》・孤。輪《の》。影《カケ》。秋《は》淺《アサシ》 風-槐《の》。一-葉《の》。聲《コエ》㆒

〔梅澤本〕

宵-深《フケては》 月-桂《の》孤-輪《の》影。秋-淺《しては》 風槐《の》一-葉《の》聲

と相違する。夏夜の句でも、

〔承久二年本〕

日-長《ナカク》 夜-短《ミシカクシテ》 懶《モノウクツトにヲク》 晨興・夏《の》。漏遲《のアクルホトにキク》-明 聽㆓郭。公《を》。㆒

〔梅澤本〕

日長《ク》夜短《シテ》 懶《シテ》晨興《にオクレは》 夏《の》漏《の》遲明《アクルコロホヒに》 聽《ク》郭公《を》

と傍線部の如き相違がある。又、巻下雜の晴でも

〔承久二年本〕

應《ヘシ》レ分《ワカツ》一。。舉《キヨの》鶴《の》毛。。。羽欲《オモフカソヘムト》レ計　。數行《の》。雁《の》。弟兄《テイクヱイ》。

〔梅澤本〕

應レ分《ツ》・一舉《の》鶴《の》毛羽・欲《す》計《ヘムト》《むと》 數行《の》雁《の》弟兄

の如き相違がある。又、巻下雜戀の句でも、

〔承久二年本〕

可憎《アナニクノ》。病鵲《ヘイシヤクの》《ヤモヒカラスヤ》。。・半夜《ヨナカ〳〵ニ》 驚《ス》レ人《ヒトをハク》。薄媚《ナサケナキ》。。《ヒト》

狂鷄《クヰヤウケイの》《（ウカレトリノ）》 三更《マタヨモアケヌニトナフアカツキを》 唱レ曉　長文成

〔梅澤本〕

可憎病鵲《アナニクのヤモメカラスのヨナカ》 半夜《ニ》《に》驚《す》人《を》。薄《ナサケナキ》 媚狂鷄《ウカレトリのアケモハテヌに》 三更 唱《フル》 曉《を》

とあって大差が存する。特に承久二年本では文選讀に従っているが、梅澤本は文選讀を全く用いていない。

新撰朗詠集の漢詩句の鎌倉時代以前の訓法にはA系統とB系統との二系統が存したことを曾て明らかにしたが、それは次の如くであった。

A系統━山名切の附訓の訓法・梅澤本の別訓（朱筆訓等）

B系統━梅澤本の訓法

承久二年本の訓法がB系統梅澤本のそれと相違する事は、現存本において二系統であるという前提に立てば、承久二年本の系統がA系統の訓法を傳えていると推測される。事實、山名切と比較すると一致することが判明する。前掲のうち立秋の二句は山名切の現存本（管見の）に存し、そこでは、次の如く承久二年本の訓と全く一致しているのである。

〔山名切〕

（立秋）

涼飆《ヘウ》忽《チニ》扇《テ》物《(モ)ノ》先《ツ》哀《カナシ》應《ヘシ》㈢是《レハ》爲《タメナル》二秋《ノ》氣《キノ》早《ク》來《キタルカ》一

（立秋）

宵《ヨハ》深《フケヌ》月桂《ノ》孤輪《ノ》影《カケ》秋《ハ》淺《アサシ》風槐《ノ》一葉《ノ》聲《ヱ》

（夏夜）

日長《ク》夜短《ミシカウシテ》嬾《モノウク》晨《ツトニ》興《ク》・夏《ノ》漏遲明《アクルホトニ》聽《ク》二郭公《ヲ》一

（晴）

應《ヘシ》二分《ワカツ》一一擧《キヨノ》鶴《ノ》毛羽欲《オモフ》二計《カソヘムト》數行《ノ》雁《ノ》弟兄《テイクヱイ》

又、「納涼」の六句についても酒井宇吉氏藏山名切によって承久本と一致することを確かめることができた。

A系統の訓法とB系統の訓法とは各々訓法上の特徴を持っていることも別稿で指摘した。卽ち、

(イ)B系統が字音讀の語をA系統は和訓とする。

(ロ)A系統は助詞・助動詞・形式語（ス・コト等）の語を多く讀添えるが、B系統は同箇所に右の讀添語を缺く。

(ハ)一般にB系統は漢文直譯的な訓法であるのに比してA系統は和文的要素をより多く含む。

の如くである。この相違は漢籍の當時の訓法に通じ（文集・三略・貞觀政要などで證明）、A系統は大江家・藤原家の訓法、

B系統は菅原家の訓法と知られた。新撰朗詠集においても、典據となった漢籍の訓法との比較において、B系統梅澤本の訓法は菅原家訓法を傳え、A系統山名切（および梅澤本別訓）の訓法は大江家か藤原家の訓法を傳えていることが判明した。

前掲諸例でも、その相違點を比較するに、山名切、承久二年本の訓法には讀添語が多く、梅澤本の方が訓讀語的であることが知られる。又、遊仙窟を典據とした戀の句も、醍醐寺本遊仙窟康永二年點には、

可憎《アナニクノ》病《ヤモメカラスノ》鵲《の》夜半《ヨナヨナニ・ヨナカニ（菅？）》驚《カシ》人《を》薄媚《ナサケナキ》《と》狂鶏《ウカレトリノ》《の》三更《マタアケサルニトナフ》唱曉《ト云コト菅》

と文選讀の訓法に據っており、眞福寺本遊仙窟文和二年點も亦醍醐寺本と同じである。

可憎病《アナニクノヤモメカラスヤ》鵲・夜半《ヨナヨナニ》驚人《を》・薄媚《トナサケナキノ》狂鶏《ウカレトリノ》三更《マタアケサルニ》唱《フ》曉《を》

の如くである。醍醐寺本の訓法はその識語によれば大江維時に關係がある。この傳說の信憑性に問題もあるが、筆者は、醍醐寺本中に別訓として示された菅原家訓との比較、および大江家の訓法の特徴から見て、大江家系の訓法を根柢としていることと考える。さすればA系統の承久本がこの句について文選讀の訓法を示しており、B系統梅澤本の訓法と異なるのは首肯できる所である（倭漢朗詠集に「江註」の存することと關係があろうか）。

その他、承久本が山名切と同系統で、梅澤本と異なることは次の點でも指摘できる。

a．本文の文字の異同

（巻下　雜、晴）

〔承久二年本〕雲《の》際《アヒタの》日《の》光《ヒカリは》

〔山　名　切〕雲際日光《（ノ）ヒカリ》

〔梅　澤　本〕雲《の》間《の》日光《は》（「間」の右傍に朱合點附で「際」とあり。「日光」は字音讀）

梅澤本の本文は「間」である。梅澤本には別系の訓を朱筆又は朱合點附で示すが、右傍の「際」は承久二年本・山名切系

の本文を校勘していることを示している。

b. 聲點の體系

承久二年本と山名切に用いた漢字の聲點は共に六聲を區別する。しかるに梅澤本は四聲の別のみである（但し、前二本が聲點を多く附すのに對して、梅澤本は聲點は少ない）。

⑴立秋

〔承久二年本〕　涼。-飇《ヘウ》。（平聲輕點）

〔山　名　切〕　涼　飇《ヘウ》。（平聲輕點）

〔梅　澤　本〕　涼-飇《ヘウ》。（平聲點）

（注）①承久本で、

深-窓《サウに》。。（曉）

の如く平聲點と平聲輕點の二様を示し、平聲輕點に合點を附す例の存するのは六聲の別を意識しているものと考えられる。この部分は山名切では、

深。-窓《サウニ》。

と平聲輕點である。

（注）②定家筆奥儀抄にも史記・漢書・文選・日本紀などを引用して訓點・聲點を附すが、そこでも四聲であって、六聲を區別していない。

右は訓法の相違點を主として見たのであるが、全詩句の訓法が悉く相違點を持つのではなく、相違がなく、承久本と山名切とは勿論、梅澤本とも一致する訓法もある。

(1)更衣

〔承久二年本〕

獨《トリ》・騎《ノリ》善馬《ニカム》銜鐙《トウ》穩《ヲタヒカナリ》「ヤ」(室町時代の後筆)初《ハシメてキテタン》着單衣《ヒトヘ》支《シ》體《テイカロシ》輕

〔山　名　切〕

獨騎《リノリ》善馬銜《カム》鐙《トウヲタヒナリ》穩・初《(カ)メテキテ》着單衣《イヲ》支體輕《ロシ》

〔梅　澤　本〕

獨騎善馬《に》銜《カム》鐙《トウ》穩《オタヒカなり》烏混反初《て》着單衣《を》支體輕《シ》

(2)夏夜

〔承久二年本〕

水煙(輕)半《ナカハウルフて》濕綺羅冷《スサマシ》山月(輕濁)初《ハシメてノホて》昇樓閣(輕)明《アキラカナリ》

〔山　名　切〕

水煙(輕)半《カハ》濕《ルフテ》綺羅冷《マシ》山月(輕濁)初昇《ホテ》樓閣明《カナリ》

〔梅　澤　本〕

水煙半濕《て》綺羅冷《シ》山月初《て》昇《て》樓閣明《なり》

(3)雜・晴

〔承久二年本〕

天台嶺前《のマヘニ》四十五尺(輕)《の》之泉・曝《サラスヌノを》レ布洛(輕)陽城《の》外《ホカニ》三十六峯《ホウの》之黛《マユスミ》聯《レン》綿《メンタリ》

〔山　名　切〕

天-台嶺前《ノヘニ》・四十五尺《ノ》之泉・曝布《スヲ》・洛(輕)陽-城外《ノホカニ》・三十六峯《ホウノ》之黛《マユスミ》・聯綿《レンメンタリ》

〔梅　澤　本〕

天台嶺前《のに》四十五尺《の》之泉曝布《すを》・洛陽城外《のに》三十六峯《の》之黛聯《レン》-綿《メンタリ》《たり》

右の如くであるが、但し表記の上では承久二年本と山名切とで次の如き少異がある。

(1)三内撥音の表記の相違

〔承久二年本〕　銀《キム》-水

〔山　名　切〕　銀《キン》-水

〔梅　澤　本〕　銀-水

(2)字音の聲點の相違

(イ)四聲點の位置の相違

〔承久二年本〕　製《セイシて》　天-(輕)台嶺　壁(輕)蕃《クヰヨウ》

〔山　名　切〕　製《セイシテ》　天-台嶺　壁(輕)へ蕃《クヰヨウ》

〔梅　澤　本〕　製《す》　天台嶺　壁-蕃

(ロ)清音・濁音の相違

〔承久二年本〕　玉軫《シンノ》　青《セイ》-山《サン》　暗-隙《ケキ》　松-杉《サム》

〔山　名　切〕　玉軫《シンノ》　青《セイ》山《サン》　暗-隙《ケキ》　松杉《サムニ》

〔梅　澤　本〕　玉-軫《の》　青-山　暗-隙(聲點朱)　松-杉

(1)の「銀」はn尾子音であるから「キン」(山名切)の表記が正しい。承久二年本で「キム」とするのは時代差による誤った表記であろう。鎌倉初期には尾子音mとnの表記の誤用が現れる事は他資料で知られる（山名切には管見では尾子音の誤用は見られない）。

(2)(ロ)の連濁が承久二年本に生じているのは時代差の然らしめる所であろう。中世語には連濁が多く見られる。(イ)の聲點の相違も亦、時代差に基づくものであろうと考える。

(3)濁音を表記する符號の相違

〔承久二年本〕―「゜゜」

善馬　銀《キン》鉤《コウ》　玉軫《シン》　山月(輕)　壁(輕)蛬《クヰヨウ》　蘂《スイ》月(輕)桂　萬井　毛羽　銀《キム》水　殘月(輕)

〔山　名　切〕―「゜」「゜」

善馬　銀鉤　玉軫《シン》　山月(輕)　壁蛬《クヰヨウ》　蘂月(輕)桂　萬井　毛羽　銀《キン》水　殘月(輕)

〔梅　澤　本〕―「゜゜」（此處の擧例中には見當らないが「芽」などすべて「゜゜」）

善馬　銀鉤　玉軫　山月　壁蛬　蘂月桂　萬井　毛羽　銀水　殘月

濁音符號は筆者の調査によれば、博士家内でも區別があり、

「゜」「゜」―大江家・藤原家

「゜゜」―菅原家・清原家

と使い分けられている。佛家點では「゜゜」が一般である（親鸞のように「゜」「゜」を輕重の差に用いる如き例外もある）。山名切で「゜」を用いるのは彼の本の訓法の系統から見て考えられるが、訓法上同系統の承久二年本には「゜゜」が用いられているのは一見不審である。しかし本書は俊憲本の轉寫本であって、書寫者は僧侶であるから、轉寫の際に表記上のことは改變された可能性が考えられるのである。

ところで、承久二年本には、少數乍ら部分的に別訓を併記する箇所が見られる。

〔承久二年本〕

1（更　衣）咲《エミ》-致《ワラヒソサシム》二 伶。-倫《を》一。 竹與二レ絲《ト》一

2（雜・晴）。野-鶴。　一。-沖《チウは》「ヒ井」。（朱）

3（雜・晴）分《ワカチ》（ワカレ）　。。萬。井《イヲ》に一

その一訓は山名切に一致する。

〔山　名　切〕

1（更　衣）咲致《エミソセシム》二 伶。-倫《ヲ》一・竹與《ト》二絲《ト》一

2（雜・晴）野-鶴。　一《ヒ》　沖《ヒヰリ》

3（雜・晴）分《ワカレ》二。-萬。井《ニ》一

他の一訓は、梅澤本の訓に一致する。

〔梅　澤　本〕

1（更　衣）咲《ヒ》-殺《ソサシム》 伶-倫《の》 竹與《と》レ絲

2（雜・晴）一-沖《は》（梅澤本の左訓に「タヒヒヰテ」と朱合點附の訓（A系統別訓）を併記す）

3（雜・晴）雲《の》間《の》際（朱合點）　日-光《は》　分《レ》萬-井《に》（梅澤本がA系統訓を混用か）

これは、(イ)原の本たる俊憲の訓にすでに別訓をも併記してあったか、(ロ)承久二年「佛子某」が轉寫の際に別系統（菅原訓）を併記したかであろう。一般に漢籍點本を鎌倉時代に僧侶が轉寫する例は多いが、その際、二家の二系統の訓を知ってい

て、他家の訓を併記する例が多い。

①知恩院藏三略は、建保二年隆慶が菅原家の累代の抄本に據って移點するが、別訓（奥書に或本を前年に轉寫したといい、本文中に朱で併記する。筆者の調査では、この或本の訓は藤原式家の敦綱の點である）を併記する。

②仁和寺本秦中吟點は、延慶二年五月阿闍梨祐恵が藤原敦經の點本を書寫しているが、別に菅説をも參勘併記することが奥書で知られる。

③醍醐寺本遊仙窟は、奥書に據れば大江家系の訓に據って訓讀するが、菅原家の説をも併記している。

この外にも類例が幾つかある。右の事情より考えるに、恐らく承久二年佛子某が轉寫の際に別訓を併記したものであろう。更にこれと關係あるのは、鎌倉時代には菅原家の訓が優勢になったことで、これは右の例からも窺われるし、和漢朗詠集や文集の古點本からも判明する。さすれば、承久本はA系統の訓を基としながらも、B系の菅原家訓の影響を蒙り始める初期の姿を窺うことができ、これが更に進めば梅澤本の如き、B系統の菅説を主として、A系統は別訓として併記するA・Bが逆の形になるのであろう。

右の如く考えると、承久二年本の訓法中には稀に、梅澤本の訓（菅原家訓）と一致する訓しか示さない例の見られるのも首肯できるのである。その例、

〔承久二年本〕

臥（上欄「眠《ネフラシムレハ》」）。幽人《を》。。於。古屋《に》•。暗-隙《ケキ》。。纔《ワツカニ》明《アキラカナリ》

〔梅　澤　本〕

眠《シムレ(ハ)》幽-人《を》於古-屋《に》•暗-隙「。」（朱）纔《に》明《なり》

〔山　名　切〕

臥（上欄「眠《ネフラシメテハ》」）幽。人《を》‐。於。古屋《に》。。暗‐隙《ケキ》。纔《ワツカニ》明《アケヌ》

右例は承久二年本の訓法こそ梅澤本系に從っているが、本文は山名切と一致することは注意すべきである。

以上、承久本の訓法は、山名切の訓法を大部分忠實に傳えることを根柢におきながらも部分的に少しくB系統の訓の影響をも受けていることを示していて、いわばB系統（菅說）を主とする梅澤本（Aを從にして併記する）に移る中間過程（その初期の姿）を示し、かなりA系統に忠實な訓法を傳えていることが判明する。

A系統の訓が何家のものであるかは、梅澤本の調査だけでは、「大江家か藤原家」程度で、藤原家としてもその何流かも判然としなかったが、本書の出現に據って、藤原家とすれば南家貞嗣流の訓法であることが考えられるようになって來た。但しこゝに問題となるのは、承久本の訓が山名切と大同であることである（本文も山名切のを傳えると見られる）。この事實に立てば、

(イ)山名切の訓は南家の訓法を示している。

(ロ)山名切の訓は大江家の訓法を示しており、南家の俊憲は山名切の訓を忠實に傳えたに過ぎない。

の何れかとなる。現在の所これ以上は進めないが、推測が許されるならば、恐らく(ロ)ではなかろうか。その理由は、(一)南家の學者でも通憲・俊憲は他の文章博士の如き、加點の例を見ない。(二)一典據たる遊仙窟との比較で大江家訓法に通ずることである。(三)和漢朗詠集にも江注なるものがあるが、新撰朗詠集の加點にも大江家と關係があるかも知れない。

山名切の訓點は假名字體および假名遣・字音語表記から考えて基俊當時の加點と見て矛盾しない。しかも和漢朗詠集多賀切のそれと通ずるから、筆者は永久四年基俊の加點かと推測する（梅澤本の朱筆別訓は山名切と一致し、又承久本とも一致する。しかも梅澤本の奥書によれば、此の點は基俊の點を傳えたとある。從って山名切も基俊點と見ることができる）。さすれば、加點に當って撰者基俊は大江家の訓を基としたろうと考えるのである。北家の基俊と南家俊憲との關係は、基俊の母が下野守

高階順業の女であり、一方俊憲の父通憲（信西）は高階經敏の養子であったことにおいて關係を認めることが可能である。

（昭和三十八年五月十四日稿）

〔附記〕

承久二年書寫本は、吉田幸一教授の御好意によって、某氏宅において、その御厚志により調査できたものである。但し匆々の調査であったので、假に本稿のメモを作り、詳細に調査できる機を待った。しかし、未だその機の得られぬまま、奬めにより取敢えずこのメモを報告し他日を期したく念ずる。

又冒頭の「要旨」は別の目的で作成したものを、ここに併せ掲げた爲に、重複の多いことを附記してお詫びする。

（昭和三十九年四月二十日）

（「王朝文學」第十號　昭和三十九年五月）

正宗敦夫文庫本長恨歌傳正安二年書寫本の訓點について

ノートルダム清心女子大學藏正宗敦夫文庫本の長恨歌傳正安二年書寫本一巻には、全巻にわたって、いわゆる朱墨兩點が施されている。すなわち、ヲコト點の星點を朱點で、星點以外のヲコト點と假名とを墨筆で示している。この兩點が相補って訓讀される。その假名字體とヲコト點圖は、それぞれ別圖のように歸納せられる。

假名字體は、ほとんど一筆であり、一部に極少數の別筆[1]を交える他は、鎌倉時代後期の様相を呈している。奥書に、「正安二年五月二日以中院三位有房卿／本書寫之畢」とある、書寫時の正安二年（一三〇〇）と同時期に施されたものと見られる。但し、一部に鎌倉時代中期の字體（「ツ」など）を存するのは、本奥書に、「本云／文永五年二月廿一日以菅宗本／書寫之畢　在判」とある、文永五年（一二六八）の親本の字體を傳えたものであろう。

ヲコト點は、點圖集に所載の無名の點法の一つで、中田祝夫博士が「丙點圖」[2]と命名され、築島裕博士が「古紀傳點」[3]と稱されたものに合う。この點法は、史記延久五年點や白氏文集天永四年點など菅原家・大江家・藤原家などの紀傳道關係の儒者の間に共通に使用せられたものである。本書が、白氏文集巻十二に所收の長恨歌と、その傳であることから見ても、この點法を用いることは豫想されるところであり、また、本奥書にいう菅宗本であることからも考えられることである。

本書を書寫した、中院三位有房卿については、公卿補任に出る六條有房が正安元年十二月に正三位に敍せられ、文保三

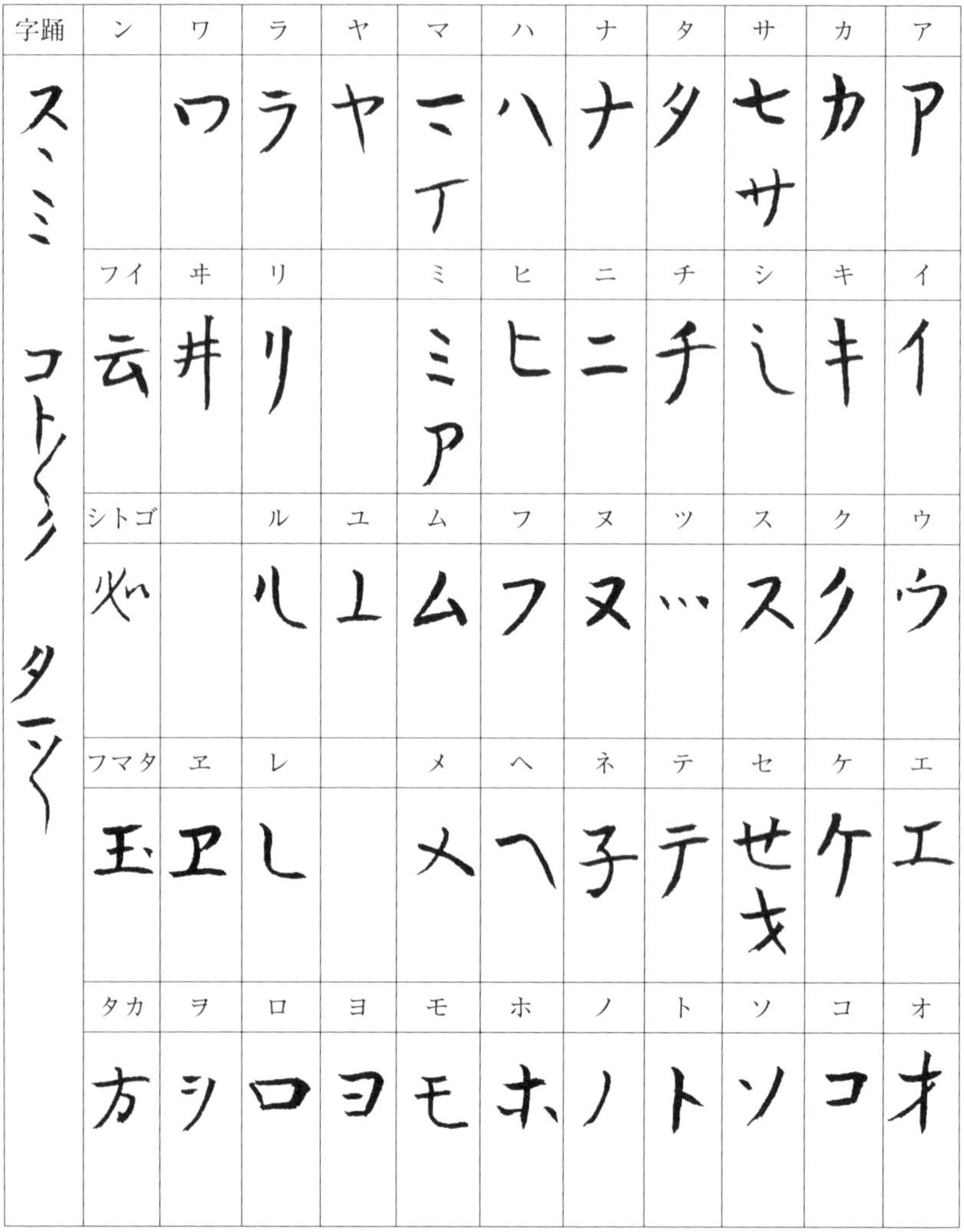

第一圖　正宗敦夫文庫本長恨歌傳正安二年書寫本の假名字體表

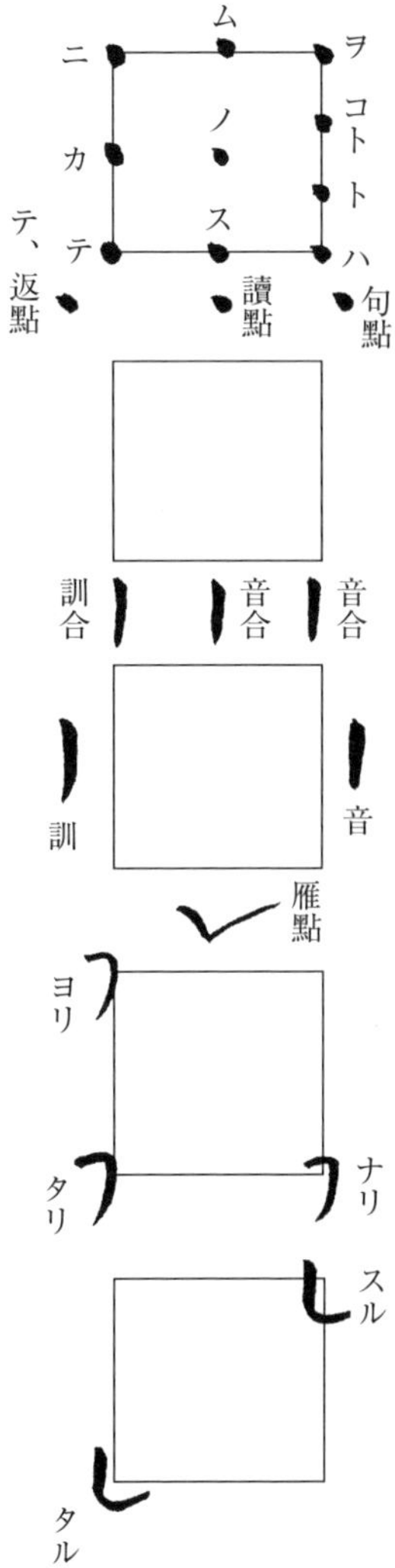

第二圖　正宗敦夫文庫本長恨歌傳正安二年書寫本のヲコト點圖

年（一三一九）内大臣、同年七月に六十九歳で入滅しており、能書家であったことなど、福田襄之介博士が長恨歌の序と本文との翻字とともに指摘せられたことであって、(4) 本複製の白井たつ子氏の解説でも觸れるところであろうから詳述しない。

本書の訓點が、菅原家の訓説を傳えることは、その本奥書に「菅宗本」とあることによって知られる。これを本書の訓點からも具體的に確かめることができる。その第一は、藤原定家の源氏奥入に引用されている、長恨歌の訓點との一致が擧げられる。源氏奥入には、定家自筆の大橋寛治氏藏本（日本古典文學會複製本による）によると、長恨歌が次のように引用されている（ヲコト點は平假名で示し、假名は現行の片假名で示す。返點は私に補う）。

①長恨哥

歸-來《レは》池-苑皆依レ舊《レりフルキに》。大-液芙《（ノ）》蓉-未-央柳《の》／在レ天《てはに》願作《はタラム》二比-翼鳥《の》一。在レ地《てはに》願爲《はむ》二連-理枝《の》一（一丁ウ、桐壺）

②長恨哥傳

指《サシテ》二碧《ヘキ》-衣《（ノ）を》女一取《トリて》二金-釵《サテン》-鈿-合《カウを》一各折《ツムオリて》二其半《のを》一／授《サッケて》二使-者《に》一曰、爲《に》レ我謝《かシヤセマク》二太-上-皇《に》一謹《シムて》、獻《（リ）て》二是物《のを》一尋《ネヨキ》二舊-好《ヒヲを》一（二丁ウ、

桐壺）（「女二」の返點「二」は「衣」にあり）

③同長恨哥

夕殿《に》螢飛《(ム)て》　思悄然《たり》秋燈《の》、挑盡《カヽケツクシテ》　未レ能《アタハ》レ眠《(ル)こと》

あさまつりことはをこたらせ給

春《の》宵苦《イト》短《ミシカクシテ》《て》　日高起《タケテオク》。從レ此《コレヨリ》　君王不二早朝《アサマツリコト》一（三丁オ、桐壺）

④長恨哥

楊家《に》有レ女初長《て》成《セリ》　養　在《ハレテアレは》二深窓《に》一、人未レ識（七丁ウ、帚木）

⑤長恨哥

七月七日長生殿夜半無《シテ》レ人私《ヒソカニ》　語時《シ》／在レ天願作二比翼鳥一／天長地久有《ノキノキ》二時盡《ニクルコト》一　此恨《ウラミハメン》　綿〻《トシテ》　無二絕《ケム》　期《ユルコ》一（一一丁ウ、夕顔）

⑥長恨哥

鴛鴦瓦冷《ヒヤカニシテ》　霜華重　舊枕故衾／誰與共（二六丁オ、葵）

定家が引用したこれらの箇所を、正安二年書寫正宗敦夫文庫本で見ると、次のように全體として通ずることが分る。

①歸來《レハ》　池苑皆依《レリ》レ舊《(フルキ)に》　大液《の》芙蓉未央柳《の》（長恨歌29行）

在《(リ)ては》レ　天願《(ク)はむ》《に》　作二比翼《ヨクの》鳥《と》一在《(リテ)は》レ　地願《(ク)はむ》《に》　爲二連理枝《のと》一（長恨歌59行）

②指《サシて》二碧衣女《のを》一取《トラシメて》二　金釵、鈿合《を》一各、折《オて》二其半《を》一授《ケて》二使者《に》一曰《イハク》、爲レ我《か》、謝《シヤセマク》二　太上皇《に》一、謹《ツヽシムテタテマツレ》　獻二　是物《のを》一尋《ヌトナリ》二　舊好《キヨシヒを》一　也。（長恨歌傳76―79行）

③夕殿《に》螢飛《(ム)て》。思（去）悄然《たり》秋燈《の》挑盡《(シ)て》　未レ能レ眠《(ル)こと》　（長恨歌34行）

春宵苦《イト・》レ短《(クシ)て》日、高《ケてオクヨリ》起従レ此君王不《す》二早《アサマツリコトシタマハ》一朝一（長恨歌8行）（「苦」の訓「イト」に「上・平」の聲點あり）

④楊家有《にり》レ女初長《てヒト、ナレリ》一成養《(ハ)レて》在《レハ》二深窓《ニ》一人未《タ》レ識《ス》（長恨歌2行）

⑤七月七日長生殿夜《に》半《ハムに》無《(クシ)て》レ人私《ヒソカニ》一語《(リ)シ》時在《(リ)ては》レ天願《に(ク)は》作《む》二比翼《ヨクの》鳥《と》一在《(リ)ては》レ地願《に(ク)は》爲《む》二連理《の》枝《と》一天《の》長《ク》地《の》久《(シキ)》有《リトモ》二時《に》盡《ツクルこと》一

此《の》恨《は》綿《と(シ)て》〻無《む》二絶《ユル》期一（長恨歌58行―60行）

⑥鴛鴦瓦冷《ヒヤカニ(シ)て》霜《の》華重《(シ)キ》舊一枕故《キ》一衾誰一與《トモニカセム》共（長恨歌36行）

一部には、「作《タラム》―作《(ナラ)む》」「取《トリテ》―取《トラシメて》」「尋《ネヨ》―尋《ヌトナリ》」「長成《セリ》―長一成《ヒト、ナレリ》」「長《キ》―長《ク》」などの少異を含むが、他本の訓讀に比して兩本がよく通ずると見られる。定家が源氏奧入に引用した文集の訓法が、菅原家の訓說に據っていることは、すでに指摘した通りである。[5] 源氏物語の本文に白氏文集の漢詩句が訓讀のまま引用された場合、それが博士家の諸訓法の中で、菅原家の訓法に基づいている以上、[6] その注釋書たる源氏奧入も、原典たる漢文を單なる白文だけでなく、訓點を附した形で引用し、しかも菅原家の訓法に據っているのは當然のことである。そこには、注釋の方法において、古注釋が、現行に比して、出典考證のいっそう嚴密であることが知られ、定家の見識が窺われるのである。ともあれ、菅原家の訓說に據った源氏奧入の訓法と、全體として一致することは、正安二年書寫正宗敦夫文庫本の訓法が、同じく菅原家の訓法を大綱として傳えていることを示すものである。

正安二年書寫正宗敦夫文庫本が、菅原家の訓說に基づいていると考えられる第二の點は、濁音符の使い方にある。本書には、漢字音の濁音であることを示すのに、漢字の上に「゜゜」の符號を附して、「゜゜夢魂」「茫《ハウ》゜゜然」のように用いている。これが全卷にわたっている。濁音符には、當時は「゜゜」の他に、「゜」が用いられており、この二つの符號が、博士家の家によって使い分けられていた。すなわち、紀傳道では、「゜゜」を用いるのは菅原家であり、「゜」は大江家・藤原家に用いられた。[7] この點から見るに、本書の全卷にわたって「゜゜」が用いられているということは、本書の訓點が菅原家のものに基づいていることを端的に示すものである。但し、一箇所だけ「◦-」がある。長恨歌傳9行の「湯-沐《ホク》」の「沐」に加えられた入聲輕を示す「◦-」である。これは、大江家等の他家の異説が部分的に混じっていることを示すものである。鎌倉時代の漢籍の訓讀においては、博士家の二家・三家の訓説が竝記され、時に雜揉されることが普通である。(8) この時代の趨勢から見て、本書が菅原家の訓説を基調としながらも、一部に他家説の混じることは考えうるところである。

正安二年書寫正宗敦夫文庫本の中には、大江家の訓説が、異説として引用せられ、欄外に竝記された所がある。次の例である。

1　出　水《ユヨリアカテ江》（長恨歌傳15行、上欄。「ユヨリアカテ」に合點が二箇ある）

2　江以言誡云／動地來／作鼙《騎》《止》／皷也（長恨歌16行、上欄）

3　一鈷《ハサミ》／六古―／銙也／江本云他／協反又／其炎反／錯也（長恨歌55行）

1の「江」とは大江家の訓説の意であって、本文の「出《イテ》レ水《ミツヨリ》」の訓法に對して、大江家では「ユヨリアガテ」と訓ずる意である。2は大江以言の説を引き、本文の「鞞皷」に對して、大江家では「鼙皷」の字を用いる、という字體についての異説を示している。3は本文の「一-鈷《スチ》《コ》」に對して、大江家では「他協反」「其炎反」という字音と、「錯也」という字義であることを異説として示している。現存の漢籍の古點本の中に、大江家の訓説が「江」「江本」などとして傳存することは他にも多く見られる。(9) これらの例もそれに加わるものである。特に大江以言という大江家の特定學者の説の引かれているのは注目せられる。以言は、大江千古の子、維明の孫に當たり、文章博士、式部大輔從四位下で詞花集の作者でもある。維明の弟、維時の孫が匡衡である。大江家の學者では、千古・維時・齊光・定基・匡衡・匡房については漢籍の訓説のことが知られていたが、(10) 以言についても、漢籍の訓説の存したことを、本書によって初めて知り得るのである。1 2 3のように、大江家の訓説を、「江」「江本」「江以言誡云」と明示して引用するということは、本書の訓説が大江家以外のものであることを何よりも良く語っている。このことは本書が菅原家の訓説であることを直ちには示さないが、右掲の第一・第二の證に見合せるならば、やはり本書が菅原家の訓説であることを間接的に示すと考えられる。

正安二年書寫正宗敦夫文庫本が、菅原家の訓説を傳えていると見られる第四の點は、三條西家舊藏正安二年七月寫本や金澤文庫本の訓法と比較することによっても證せられる。後述のように、他本と比較すると、本書の訓法が訓讀調を最も濃く持っており、當時における菅原家の訓法の特徴によく叶っているからである。

以上のようにして、本書は、具體的な訓説の上からも菅原家のそれを傳えたことが確かめられ、本奥書にいう「菅宗本」たることを證することができるのである。

國語史の研究資料として、本書の訓點を見るに、注目すべき事象が拾われる。

その第一は、「イト」「ケム」「ケリ」など、漢文訓讀語としては普通は用いられず、むしろ和文に用いられる語が存することである。

春宵苦《イト》短《(クシ)て》日、高起《ケてオク》（長恨歌8行、「苦」の訓、「イト」に「上・平」の圏點がある）

請《フ》、當時《ソノカミの》一事不《のサリケムことを》聞《シメ》于他人《に》を者《を》。驗《セム》於太上皇《に》。（長恨歌傳81行）

謂《イッテ》使者《に》曰《ノ玉ク》「乃、不《サリケリ》謬《アヤマラ》矣（長恨歌序22行）

「苦《イト》」の訓は、同じ長恨歌の三條西家舊藏正安二年七月寫本でも「苦短《イトクシテ》」金澤文庫本寛喜二年寫本でも「苦《イト》短」と訓まれているから、長恨歌のこの箇所の訓としては「イト」が定着して傳えられたものであろう。本書が聲點を附しているのも、その來由と關聯があろう。「不《サリケム》」の訓は、同じ長恨歌傳の金澤文庫本寛喜二年寫本でも、「不《サリケム》聞《キカ》…」とある。三條西家舊藏本正安二年七月寫本には長恨歌傳を缺いているので存否未詳である。「不《サリケリ》」の訓は、三條西家舊藏本正安二年七月寫本でも、「不《サリケリイ》」として異本の訓として傳えている。金澤文庫本寛喜二年寫本には長恨歌序を缺いている。このように、現存諸本が同じ訓を傳えているのである。

「イト」「ケム」「ケリ」は、漢文訓讀語としては普通には用いられないが、漢籍の古訓の中には他にも用いられることがある。[11]それらは古い傳統的な訓が傳えられたものと考えられる。本書の例は、文集の長恨歌という、文章の性格に影響されて用いられたと考える餘地もあるが、漢籍におけるそれらに加わるものである。

第二に、聲點の附された和訓がある。そのうち「イト」（上・平）の例は先掲のようである。もう一例は「詰《ナシル》」である。

詰《ナ・シ・・ル》《トフ》三其《の》所《を》二從《て》來《レル》一。（長恨歌傳67行、「ナシル」に「平・平・上」の圏點がある）

二例とも、胡麻點でなく「。」の圏點が差されている。觀智院本類聚名義抄には「イト」は、「太」に「•イト•」（上・平）の差聲があり、「詰」に「ナ•シ••ル」（平・平濁・上）の差聲がある。漢籍の訓點において、和訓に聲點を附した語の例とその意義については別に述べたところである。[12]本書の例は、それに補加せらるものである。特に「イト」が諸本ともにこの訓を傳えているのは注目せられる。

第三に、中世語資料として見ても、音韻、語詞に注目せられる事象がある。

1　鼻音のmとnとは、漢字音においても國語音においても區別を失い、鼻音は一樣に「ム」で表記されている。

漢字音の本來m尾子音であった「楊-玄-琰《エム》」「感《カムス》」等が「ム」で表されるのは無論、本來n尾子音であった「煥《クワム》發」「顯眄《コメム》」等もすべて「ム」で表されている。また、國語音においても、助動詞「ム」「ケム」の他、マ行ハ行に基づく撥音便を「笄《カムサシセリ》」「謹《ツヽシムて》」「前《スヽムテ》」「意者《オモムミレハ》」等の「ム」で表すのは無論、ナ行に基づく音便をも「卽《ツキムタリ》」「勦《ウミムタリ》」等のように「ム」で表している。これはmとnとが區別がなくなり同音と認められていたことを示すものである。mとnとの區別は鎌倉中期までであって、鎌倉後期にはまったく區別をしない文獻が見られるようになるから、[13]本書の例は當時の一般的趨勢に合っている。

2　字音假名遣で「チヨウ」と表記される字を、「テウ」と表した例がある。「有レ。寵《(リ)キテウ》」（長恨歌傳4行）がこれである。「寵」は腫韻の字で字音假名遣では「チヨウ」と表記される。これを本書では「テウ」で表している。このように字音假名遣で「―ヨウ」と表記される字を「―㋓ウ」で表したり、逆に「―㋓ウ」と表記される字を「―ヨウ」で表したりした例は、院政鎌倉時代に多くを拾うことができる。(14) これらはオ段拗長音として兩者がすでに同音になっていたと考えられるものである。本書の例は、それらに加わるものである。

尚、「纖‐穠《シヨウ》」（長恨歌傳13行）の「穠」の右傍に「テウ」と附された字音のよみ方も、舌音齒の鍾韻の字であるから、「チヨウ」が字音假名遣に合うものである、類例である。

3　ハ行四段活用動詞の連用形の促音便の例と見られる、「謂《イッテ》二使‐者《ニ》一曰《ノ玉ク》」（長恨歌序22行）がある。和語の促音を表す「ツ」の例は當時は他文獻にも拾われるものである。(15)

4　ヤ行下二段活用動詞の連體形語尾の「―ユル」を「―ウル」と表した、「既《に》得《たり》二相‐見《マミウルこと》一」（長恨歌序13行）がある。

5　「懲」を「コロス」と訓んだ例がある。「懲《コロシケヤケキ》二尤‐物《を》一窒《フサイて》二亂‐階《を》一」（長恨歌傳110行）は、「コラシ」でなく、「コロシ」と訓ぜられている。この「コロス」は、高山寺本古往來に「又懲《コロシメ》了」（78行）、白氏文集巻三天永四年點に「懲《コロセリ》レ厚《アックスルことを》レ葬《ハフリを》」、梁塵祕抄に「ころしめよ」（338番）、東寺観智院藏注好選抄に「誡懲《コロシメ》後ノ時」（巻上）と用いられる語と同じである。

漢文訓讀語史の資料として本書の訓法が有益な材料を提供することはいうまでもない。それらを詳述することは省くが、その中から「耳《マクノミ》」の訓法例を擧げておく。

此レ獨、君王《ノミ》知《レ》レ之耳《マクノミ》。（長恨歌傳94行）

得《ム》レ爲《タルことを》二配《ハイ》-偶《ク》一、以《て》レ此《を》爲二長恨一、耳《マクノミ》。（長恨歌序12行）

最後に、鎌倉時代書寫加點の他本の長恨歌二本とその訓法を比較してみる。一本は、三條西家舊藏正安二年七月寫本である。この本は、奥書に「于時正安二年七月廿四日於新熊野瀧戻房書寫畢／执筆　尋親」とあるもので、長恨歌傳と序の大部分を缺いている。この本の訓法については、三條西公正氏の翻刻[16]に據った。もう一本は、大東急記念文庫藏金澤文庫本白氏文集巻十二の二六一行目から三〇六行目までの長恨歌傳と長恨歌であり、序を缺くものである。奥書は「寛喜三年（一二三一）三月三日書寫了　寂有」とあり、「嘉禎二年三月十一日以唐本聊比挍之了」及び建長四年（一二五二）に傳下貴所御本で校合した奥書等を持つものである。三本に共通するのは長恨歌の部分だけであるから、比較はこの箇所が對象となる。今、冒頭部について三本の訓法を示すと、次のようになる。

〔正宗敦夫文庫本〕　漢皇重《て》レ色《を》思二傾-國《を》一御-寓多-年求《（ムレ）と（モ）》不レ得《エ》（「御寓」に「キ」「シロシメス」らしき假名を擦消）

〔三條西家舊藏本〕　漢-皇重《シテ》レ色《ヲ》思《ヒ》《フ》二傾國《ヲ》一御寓多《クニシロシメスコトトシヲホケレト》《アメノ下ヲサマル「クノトシ》　年求《トモ》不レ得

〔金澤文庫本〕　漢-皇、重《て》レ色《を》思二傾-國《を》一御-寓《クニシロシメシて》《アメノシタヲ、サムルこと》《アメノシタシロシメス》　多-年、求《とも》不レ得

「御寓」のよみ方を見ると、正宗本が字音讀みとするのに對して、他の二本は和訓で讀み、しかも三條西家舊藏本は二訓を、金澤文庫本は三訓を併記している。以下に、三本の訓法の異なる點について例示してみる。

	〔正宗敦夫文庫本〕	〔三條西家舊藏本〕	〔金澤文庫本〕
1	侍《シ》-兒	侍《シ》-兒《シ》	侍《オモ》《ワラヘ》-兒
2	慇《イム》-懃《キムに》	慇懃《ニ》	慇《ネムコロニ》-勤

3	承《ル》二恩澤《を》一時《なり》	承《ウマハル》二恩。-澤《を》一時《ナリ》	承《(リ)シ》二恩-澤《タクを》一時《なり》
4	歸-來《レハ》池-苑皆依《レリ》レ舊《に》	歸《リ》來《レハ》池《チ》。。苑皆依《レリ》レ舊《フルキニ》	〻(歸)-來《レ、ハ》《レルニ》池《モ》-苑《モ》皆依《(レ)ハリ》レ舊《に》
5	長《ヒト、ナレリ》-成	長《ヒト、ナレリ》成	。長《ヒ(ト、ナ)レリ》-成《セリ》《す》
6	風《にヘウシて》飄	風《ニヒルカエテ》飄《ヘウゾ》。	風《にヒ(ルカヘ)て》飄
7	玉《の》搔-頭	玉《ノ》搔《サシ》《サウ》。-頭《クシ》《トウ》。	玉《のサウ》搔《サシ》-頭《クシ》
8	麗-質《ナレ(ハ)》《を》	麗《ハシキスカタナレハ》質《シツハ》《カタチナレハ》	麗-質《シツを》《キスカタナレハ》　(「キ」「スカタナレハ」に合點あり)
9	仙-子	仙《ノ》-子《ワラヘ》《コワラヘ》	仙-子《ノワラハ》
10	。思(去)悄-然《たり》	思《ヒ》悄。。然《タリ》	思・悄-然《たり》

12345の例は、正宗敦夫文庫本と三條西家舊藏本とが同じ讀み方をしているのに對して、金澤文庫本は讀み方が異なっているもの（金澤文庫本が二・三訓を併記する中には正宗敦夫文庫本・三條西家舊藏本と同じ讀みを含む場合もある）。そのうち、12は正宗敦夫文庫本・三條西家舊藏本が字音讀みにする語を、金澤文庫本が和訓讀みとする例を持つもの。3は正宗敦夫文庫本・三條西家舊藏本が動詞「承ル」に對して、金澤文庫本は「承リシ」と回想の助動詞を讀添える例。4は正宗敦夫文庫本・三條西家舊藏本が「池-苑」とするのに對して、金澤文庫本には「池モ苑モ」と「モ」を讀添える讀み方も示している。5は正宗敦夫文庫本・三條西家舊藏本が和訓で讀むのに對して、金澤文庫本はこの讀み方の他に、字音讀みの二通りを持っているものである。

678910は、正宗敦夫文庫本と三條西家舊藏本とで讀み方が異なるものである。そのうち、6789は、正宗敦夫文庫本が字音讀みであるのに對して、三條西家舊藏本は二訓又は三訓を併記しており、右傍訓が和訓讀みとなっている。金澤文庫本も和訓讀みを持っているものである。10は正宗敦夫文庫本が字音讀みにするのに對して、三條西家舊藏本は和訓讀みとしている例である。

右の例によると、訓讀に關しては、正宗敦夫文庫本は、金澤文庫本に比して、三條西家舊藏本に通ずるものを多く持っている。しかし、三條西家舊藏本には、異訓を採用し併記したところもあり、中には正宗敦夫文庫本と訓法の異なる箇所もあることが分る。金澤文庫本の訓讀は、正宗敦夫文庫本と異なるものが多く、しかも異訓を採用し併記する點では、三條西家舊藏本よりも多い。

正安二年書寫正宗敦夫文庫本は、異訓を併記することが他二本よりは比較的に少なく、博士家の他家説を取上げる時は欄外に「江」「江本」「或本」と明記して區別している。これは正宗敦夫文庫本が博士家の一家の訓讀を主調とした訓法を傳えていることを示すものであろう。正宗敦夫文庫本が本奥書に「菅宗本」とある他は、他の二本の訓讀の系統は奥書からは知ることができない。しかし、その訓讀法を具體的に比較し檢討すると、他二本には大江・藤原諸家の訓が傳えられているらしく、正宗敦夫文庫本は、それに比して、字音讀みを多く用い、助詞・助動詞の讀添えが少ないなどの特徴を示している。このことは、紀傳道における博士家諸家のうち、菅原家の訓法の特徴に通ずるところであり(17)、正安二年書寫正宗敦夫文庫本が本奥書に「菅宗本」を以て書寫したとあることに符合するのである。

尚、世に菅原道眞訓點と傳える「長恨歌琵琶行」が存する。それが眞實であるならば、「菅宗本」との關聯において是非言及しなければならないことになる。その本は、宮内廳書陵部に藏せられる長恨歌・琵琶行で、ともに序がなく本文のみの百二十九行の巻子本、江戸時代書寫、同期の訓點があるものである。その本奥に「天正第〻八（四）曆孟春仲旬／宮内卿内清原朝臣　判」とあり、天正四年（一五七六）の清原枝賢の本を書寫移點したものである。その枝賢の本奥の中に、「右長恨歌琵琶行者于詩于歌／百世師也古今玩味之因茲以／菅丞相之御點爲規範余幸傳／彼和訓祕中祕也（下略）」とある。

菅原道眞訓點というのは、この奥書の「菅丞相之御點」に出ている。しかしこの本の訓讀法を漢文訓讀語史の上から検討するに、道眞生存中の平安初期の訓讀とは到底認められず、室町時代のものということに落着いた。その詳細は別稿に述べた通りである。(18) 蓋し、室町時代以降においても、菅原家の訓説が重んぜられたことを語るものであろう。

終りに、正安二年書寫正宗敦夫文庫本の長恨歌傳については、ノートルダム清心女子大學の荒木和子氏が、全文の翻刻と解説を出されていることを附言する。(19)

〔附記〕 正安二年書寫正宗敦夫文庫本長恨歌の調査に當たっては、ノートルダム清心女子大學の白井たつ子氏をはじめ、八重樫直比古氏、同附屬圖書館の關係者の御世話を賜った。また、金澤文庫本長恨歌については、大東急記念文庫の關係者の御芳情を賜った。記して茲に厚く御禮申し上げる。

注

（1） 別筆の假名は、長恨歌の方に左掲のものが認められる。線がやや細めであり字體も異なるので、この複製本でも區別ができる。
粧《ヨソ》成　光彩《サイ》　煙《エン》‐塵《ケン》（「ケ」はもとのまま）　搖《エウ》〻　宛《エン》轉　掩《ヲ、テ》　蜀《ソク》‐江　聖《セイ》‐主《ス》　池《チ》‐苑《エン》　大液《エキ》　未《ヒ》央《ヤウ》
忽《タチマチ》　分《ハカ》鈿

（2） 中田祝夫『古點本の國語學的研究總論篇』四三八頁。

（3） 築島裕『平安時代語新論』一〇二頁。

（4） 福田襄之介「菅宗本長恨歌古寫本をめぐる問題」（『東京支那學報』第八號）。

（5） 拙著『平安鎌倉時代に於ける漢籍訓讀の國語史的研究』一三三〇頁。

（6） 同右書九二一頁。

（7）拙稿「漢籍の古點本に用ゐられた濁音符—特に博士家に於ける使分けについて—」（「廣島大學文學部紀要」第二十五巻一號、昭和四〇年一二月）。
（8）注（5）文獻二三頁等。
（9）注（5）文獻「大江家の訓法の特徴」一〇九〇頁。
（10）注（9）文獻。
（11）注（5）文獻四五四頁。
（12）注（5）文獻「漢籍における聲點附和訓の性格」五五二頁。
（13）拙稿「中世片假名文の國語史的研究」（『廣島大學文學部紀要』特輯號、昭和四六年三月）。本著作集第一巻所收。
（14）注（13）文獻。
（15）注（13）文獻。
（16）三條西公正「古寫本長恨歌に就きて」（「文學」第二巻第六號）。
（17）注（5）文獻一〇七七頁。
（18）拙稿「漢文訓讀史研究上の一應用面—傳菅原道眞訓點の検討—」（「國文學攷」第四〇號、昭和四一年六月）。
（19）荒木和子「『正宗文庫本長恨歌傳』について—本文の解讀竝びに概説—」（ノートルダム清心女子大學「古典研究」四號、昭和四六年七月）。

（『正宗敦夫文庫本長恨歌』ノートルダム清心女子大學古典叢書第三期2　昭和五十六年十月）

本朝文粹巻第六延慶元年書寫本（乾）

醍醐寺經藏に重要文化財の「本朝文粹巻第六」一巻が藏せられる。巻首の大江朝綱の一首分を缺くものの巻第六の殆ど全文を存し、巻末の「延慶元年十一月十八日依少人之芳命／染禿筆早　狄筆沙門禪兼」の書寫識語によって、本書が鎌倉時代の延慶元年（一三〇八）に僧禪兼の書寫したものであることが分る。その本文の全巻にわたって詳密な訓點が施されている。これが本朝文粹の當時の讀み方を傳えると共に、そこに用いられた語句は、連濁を始めとして豊富な國語資料を提供してくれる。從って、その全容を訓讀文として公示することは、國語學ばかりでなく、國文學や國史學などにも有益であると考えられる。

本書を始めて實見したのは、昭和四十二年十月の醍醐寺調査の際であり、その後、昭和五十年八月の醍醐寺經藏調査の際にも再び原本を調査することが許され、朱點等の訓點を移點することが出來た。今回、醍醐寺文化財研究所研究紀要に執筆する機會に惠まれたので、全巻に施された訓點に基づいて訓讀文を作成し、併せてその寫眞を掲載させて頂くこととした。［補記］本文は全七七〇行という大巻であるので、本誌の紙幅の都合上、前半（巻首より四〇六行まで）と後半（四〇七行より巻末まで）とに分けて、二號にわたって掲載させて頂くことになった。本號には前半部を「乾」として掲載させて頂いた。後半部は、「坤」として次號に掲載させて頂く豫定である。

本書の調査、寫眞撮影竝びに研究に當り、長年にわたって格別の御指導、御高配、御誘掖を賜った、故岡田戒玉座主猊下、故岡田宥秀座主猊下、現座主麻生文雄猊下、故佐和隆研先生、齊藤明道師、竝びに仲田順和總長、岡田祐雄部長、加來大忍師を始めとする醍醐寺當局各位、故寶月圭吾先生、菊地勇次郎先生、簗島裕氏、田中稔氏を始めとする調査團の各位に、厚く御禮を申上げる。又、掲載の寫眞撮影には、田中稔氏、八幡扶桑氏を始め奈良國立文化財研究所の關係各位の御世話になった。併せて御禮を申上げる次第である。

凡例

一、本稿は、醍醐寺藏本朝文粋巻第六の延慶元年書寫本を、本文に施された訓點に基づいて、訓讀したものである。紙幅の都合で、これを前半（乾）と後半（坤）とに分けて、本號には、前半部で巻首の第一行から第四〇六行までを收める。併せて、右の部分の原本寫眞をも掲げる。尙、後半部（坤）の第四〇七行から巻末の第七七〇行までは、次號に掲載の豫定である。

一、原本の訓點は假名と聲點及び合符などの符號であって、ヲコト點は用いていない。訓讀文の作成に當っては、原本の假名を現行の片假名で示し、私に補讀した語句は片假名を括弧に示した。不讀の漢字は［ ］に包んで示し、再讀字の二度目の讀みは《 》に包み「（再讀）」と注記した。「未夕……《未《ス》》（再讀）」のようである。

一、聲點は、原本には多量に施されてあり連濁などの當時の漢字音の實態を知る好資料であるので、原本に從って訓讀文に生かすと共に、當該漢字の下に、それぞれ「（平）」「（平輕）」「（上）」「（去）」「（入輕）」「（入）」、及び「（平濁）」、「（平輕濁）」、「（上濁）」、「（去濁）」、「（入輕濁）」、「（入濁）」の注記を加えた。それぞれの聲點が「平聲點」「平聲輕點」「上聲點」「去聲點」「入聲輕點」「入聲點」及び「平聲濁點」「平聲輕濁點」「上聲濁點」「去聲濁點」「入聲輕濁點」「入聲濁點」であることを示す。但し、聲點を示す位置のうち、平聲輕點と入聲輕點とは、印刷の都合上、原本の位置には從わず、それぞれ平聲點（漢字の左下）、入聲點（漢字の右下）と同じ位置に示した。

尙、聲點は朱書を用い、その形が、巻首部は「。」（圏點）を用いるが、第二十六行目邊から以降は「•」（胡麻點）を主としている。嚴密にはそれらを區別すべきであるが、訓讀文においては印刷の都合上、すべて「。」で示した。原本における形は附載の寫眞〔補記〕で確かめられたい。

一、原本には、朱書の音合符・訓合符・訓讀符が用いられている。これらも訓讀文に生かして示した。音合符（漢字と漢字の中央の縦線）と訓合符（漢字と漢字の左寄りの縦線）とは原本の位置の通りに示し、訓讀符（漢字の左傍の縦線）はその位置に縦線で示すと共に當該漢字の下に「(訓)」と注記した。

一、句讀點は、原本に從って訓讀文にも生かすことにした。原本右下の「•」を句點「。」で表し、中下の「•」を讀點「、」で表した。なお、句讀を示すべき所に句讀點の施されていない箇所は一字分空白として示して、私に補うことはしない。

一、返點は、原本には黒點の返點「•」や漢數字・「上」「下」點などが用いられているが、訓讀文では印刷の都合上これを省いた。附載の寫眞を參照されたい。

一、原本の行數は、上欄に算用數字で示し、各行の行頭字に「「」を附した。又、原本の紙數を「第5張」の如くにして上欄に示した。

一、漢字の字體は、印刷の便を考えて、活字正字體に從うことを原則とした。異體字も原則として活字正字體に改めた。原本が誤字と考えられるものも原本通りに翻字し、その傍に正字と考えられる字を括弧に包んで示した。原本の字體については附載の寫眞を參照されたい。

一、原本の假名は、墨書を主とするが、まま朱書をも交える。又、墨書假名には、追筆假名が存し、それが少なくとも二次、或は三次以上にわたると認められるが、いずれも同時代の恐らく同一人の追筆と考えられるので、訓讀文に採用した。但し、朱書及び追筆假名については、訓讀注で逐一その旨を注記した。追筆假名が第何次の加筆であるかを峻別することは難しいので、注記は「追筆假名」であることを示すに止めた。

一、原本に用いられた假名の字體は本册の「醍醐寺藏本朝文粋巻第六延慶元年書寫本の訓點について」に示した。原本の訓點のうち、「事」「云」は、訓讀文では「コト」「イフ」で翻字した。

一、漢字の踊字は、原本に從って「〻」で翻字した。片假名の踊字は、原本通りに、二字以上を「〱」で示し、一字を「丶」で示した。

一、訓讀文の作成に際し、助字「之」が體言と體言とを連接する用法の場合は、例えば「拜-除之恩」を「拜-除（ノ）［之］恩」のように表記すべきであるが、煩を避けて「拜-除之恩」と表記した。但し、「往-古《ノ》之例」のごとく「ノ」の讀添えがある時は、「往-古ノ［之］例」と表記した。

〔訓讀注〕

一、訓讀文の末尾に、注を一括して附した。この注は、原本の漢文をその訓點に從って訓讀し活字で表すに際して必要な注を主とし、特に追筆假名、朱書の別を注記し、又、原本の蟲損や誤字などを記した。

一、各注は、原本の行數表示に從って、各行ごとに1から2以上とし、それぞれの行數とその行内での注の番號を算用數字で示し、その下に注の文言を記した。例えば、

101―1　「ヨ」ハ追筆假名。「ヨ」ノ下ハ蟲損。

101―2 「モハラ」ハ追筆假名。

は、原本の101行目に注が1と2との二條あり、1は「ヨ」が追筆假名であることと、その下が蟲損であることを示し、2は「モハラ」が追筆假名であることを示している。

一、被注の語句は、訓讀文の本文中の當該字に、各行ごとに1・2等の算用數字を訓讀注に對應して附した。

一、訓讀文における行數表示には、返讀等の都合で、原本の行數との間に一行前後の食違いが生ずることがある。このために注の行數表示が、原本の行數と食違う所がある。

本朝文粋巻第六延慶元年書寫本（乾）

1（第1張）「請被殊蒙　天恩兼任民部大輔闕狀

2「右直幹謹（ミテ）案內ヲ撿フルニ去（ニシ）天曆二年ニ

3大學《ノ》頭大「內記自《ヨ》リ當職ニ拜セシ[之]日所。（平）。帶

（去）ノ。兩（上）官。（平輕）皆停《ナ》止セ被《ラ》ル。朝家ニ文章博士

4ヲ始《メ》置（カ）被《レ》テ「自（リ）[之]後未タ其（ノ）例（ヲ）聞《キ》

5カ《未》《ス》（再讀）又「同（シ）キ四年ニ至テ三統《ネノ》元夏《モトナツ》

6式部少輔從《ヨ》リ儒職《シユシヨク》ニ除《チヨ》。（平）セシ「[之]日少輔ヲ罷《ヤ》メ

不《ス》シテ兼《ケム》ノ字ヲ賜《タ》（マハ）（セ）被《ラ》ル　。拜（去）除《チヨ》。（平）之恩

7惟《コレ》一ツナレトモ〔左訓ナリ〕「榮《エイ》。（平）枯（ノ）[之]。分

（去濁）同（シカラ）不《ス》　人ニ依テ[而]事異《コト》ナリ　偏《ヘン》。（平）

8。頗《ハ》（上）ニ似タリト雖モ天（ニ）「代《カハ》テ[而]官（ヲ）授《サツ》ク

9誠ニ運命ニ懸《カヽ》レリ　獨（リ）一職ヲ守《モ》テ爰ニ「七年ヲ歷《ヘ》

タリ　今先例ヲ撿（フル）ニ職博士（ヲ）經《ヘ》テ見《ケン》。（平濁）ニ

10當朝。（平）ニ在ル者　大「江維《コレ》《ヰ》。（平）時《トキノ》《シ》。（平）朝臣博士之

11上《ヘ》ニ式部《ノ》少輔大「學頭《カミ》ヲ兼任ス　同（シ）キ朝綱朝臣

12ハ先《マ》ツ左少辨ヲ兼シテ後ニ民部「大輔ヲ兼ス　紀《ノ》。在

13（去）昌《マサノ》。（平）朝臣先《マ》ツ式部少輔ヲ兼シテ後（ニ）民「部大

輔ヲ兼ス　大《イ無》內記菅原《スカワラノ》在躬《アリミノ》。（平）朝臣左少辨ヲ兼スル

14「等是（ナリ）[也]。。往（上）古（上濁）ノ[之]例勝《ア》ケテ計《カソ》

フ可（カラ）不　又儒。（平濁）官。（平輕）之例次第ヲ越《コ》ヘ

15「不《ス》　而《シカル》ヲ故《イ無》三善《ノ》文。（平）明《アキラ》《メイ》。（平）及（ヒ）三統《ムネノ》元夏等《ラ》

16「者《ハ》皆是（レ）直幹カ[之]下臈《ラウ》末座（ナリ）[也]。藤原《フチ》國《クム》

17光《テル》「者《ハ》直幹《カン》カ榮《エイ》爵之後問フ所ノ[之]。秀《官名》（去）才。（平）

18（第2張）（ナリ）[也]　式部之「少《止》。輔（上）其ノ闕有（ル）毎ニ三

19人超《テウ》越《ヲツ》シテ遞《タカヒ》ニ拜任（セ）被《ラ》ル　又「[于]算明《サンミヤウ》法等ノ

博士ニ至テハ皆。顯《ケン》（上）職。（入輕）溫《ヲン》官。（平）ヲ帶《タヒ》《ヲヒタリ》ス

20或（イハ）二「。寮《レウ》（上）之頭助《カミスケ》ヲ兼シテ一朝（ノ）[之]要《ヨウ》。

（平）樞《スウ》。（平輕）爲《タ》リ　或（イハ）。警《ケイ》（上）。衛《ヱイ》（去）判《ハン》。（平）

21斷《タン》。（平濁）ノ「[之]職。（入輕）ヲ兼（ネ）テ國。（入輕）。典《テン》

（上）朝威《イ》。（平輕）（ノ）[之]嚴《イツウ》シキコトヲ掌《ツカサト》ル　而（ル）ヲ

22直幹涯《カイ》。（平濁）。分（去濁）量《ハカ》ラ不《ス》「謬テ大業。（入濁）之名ヲ

竊《ヌス》メリ　既ニ。器（上）用。（平）ニ非（ス）シテ自《ヲ（ノツカ）》ラ明。

23（平）時《シ》。（平）之祿《ロク》。（入輕）ニ漏《モ》レタリ　「年。（平）齡《レイ》。（平）

漸《ヤウヤク》ニ傾《カタフ》イテ頭《ヘ》ニ滿テル霜。（平）雪。（入輕）一。（入）半《ハン》。

24（去）ナリ　。進（去）退。（平濁）惟《コレ》《コヽニ》谷《キハマ》《レリ》ル歩ム毎《ト》ニ「山。（平）

川《セン》。（平）千。（平）。里（上）。後（去）。進（去）之　歡。（平輕）華。

25 (平)ヲ望メハ眼雲ー。路(上)ニ疲《ツカ》レ　傍《ハウ》。(平)ー「人。。(平濁)
之榮。(平)貴ニ對《ムカ》ヘハ顏《ヲモテ》泥。。(平濁)沙《サ》。(平)ニ低《タ》ル　獨
26 (リ)。有(上)ー。道(去)之邦《クニ(ニ)》、仕ヘテ猶《1ヲ》「貧。(平)。賤(去)之
恥《ハチ》ヲ抱ケリ　不運《1》之質《シツ》。(入輕)ヲ顧《カヘリ》ミテ多ク淪《リン》。(平)落。
27 (入輕)之悲ヲ積メリ　抑「近代。。成《1シヤウ》(去濁)業《コフ》。。(入濁)之輩
悉《ク》ニ是(レ)儒。。(平濁)門。(平)之胤《イン》ナリ　文《2》藉《シヤク》《セキ》。。(入濁)身ニ
28 隨ヒ「提。(平)撕《1セイ》。。(平濁)耳ニ在《ア》リ　少《ワカ》キ者《ノ》ハ。。二(去濁)
十。(入)。有(上)餘。(平)老(イ)タル者僅《ツカ》ニ三。(平輕)十。
29 (入)ニ過(キ)タリ　「皆《ナ》箕《キ》。(平)裘《キウ》。(平)ヲ繼(キ)テ
咸《コト〳〵ク》ニ昇《シヨウ》。(平輕)進。。(平濁)ニ列《1》セリ　直幹。累(上)ー葉《エウ》。
30 (入輕)。刺《シ》(上)ー。吏(史)(上)「之家ニ生レテ素《モト》ヨリ一ー卷《クワン》。文
31 (去)ー。。書(上濁)之蓄《タクワヘ》　無シ　況乎《イハム》ヤ未《タ》成「人(ニ)及(ハ)
《未》(再讀)ルニ早ク。。慈(去濁)父。。(平濁)ヲ喪《ウシナ》ヘリ　弱《シヤ》。。
(入輕濁)冠《クワン》。(平)之初ニ。虎(上)圍。(平)(ニ)入(リテ)[而]
32 風。教《カウ》(去)ヲ問《ト》ヒ「。壯《サウ1》(去)年。(平)之際《アヒタ》螢《ケイ》。(平)幌《タワウ》(去)
33 ニ依(リ)テ[而]歲ー花ヲ疊メリ道之艱難《カンナン》。(平)「俗《シヨク》。
(入輕)之寒。苦《コ》(上)其經《レ》ー歷《ヘ》タル所究《キハメ》ー嘗《ナ》メ不(ト)イ
34 フコト莫シ　適。漢(去)。主(上)ノ「。好《カウ》(上)文。。(平濁)ノ

[之]時、周《シウ》。(平輕)公《コウ》。(平)ノ。重《テウ》(去)。士《シ》(去)之日ニ遇(ヒ)
35(第3張) テ黌《クワウ》(大學門名/胎盲反)門　白。(入)屋《ヲク》。(入輕)之「底《ソコ》、獨《トク》。(入輕)立《リ》。(入輕)
孤《コ》。(平輕)微《ヒ》。。(平濁)之中自《ウチ》(リ)出テタリ　〔(左訓、朱)テ、〕
36 策《シヤク》ヲ[於]春官《1兵ß名》。(平輕)ニ獻シテ纔《2ワツカ》ニ「上。。(平濁)ー。。第(上
濁)ニ及(ヘリ)　年ヲ[於]夏《1カ》。(去)ー曆《レキ》。(入輕)ニ筭フレハ
37 早ク強《キヤウ》。(平輕)ー。仕《シ》(上)ニ盈《ミ》テリ　始ハ念《ヲモ》ヒキ縱ヒ「衰《スイ》。
(平)。邁《マイ》(去)之期《コ》ニ臨《1ノソ》ムトモ當《2マサ》ニ風。(平輕)ー塵《3チム》。(平輕)之客
ヲ越《コ》ユ《當》(再讀)シト　今ハ悔《ク》ユ〔(イ)キ〕《4》徒《5イタツラ》ニ。聖《セイ》
38 (去)人。。(平濁)「之糟《サウ》。(平)粕《ハク》。(入輕)ヲ餔《クラ》フテ永《1ナカ》ク窮《キウ》。(平)ー
。苦《コ》(上)之淵《2エン》。(平輕)ー泉。(平)ニ蹈《フチ》リンタルコトヲ　竊《カ》ニ
頃《シキンノトシノ》《カウー》年之例ヲ見(ルニ)藏人所《クラント》ノ出《3シユツナウ》納太政《シヤウ》。。(平濁)。。官(上
39 濁)ノ。史《シ》(上)。生《シヤウ》(上)等《ラ》ト「雖(モ)皆是(レ)緑《リヨク》《六位》。(入輕)
40 (入)袍《ハウ》。(平)之「時　上。。(平濁)。。官(上濁)諸。(平)。司《シ》(上)之
慍《ヲン》。(平輕)ー。飽《1ハウ》(去)ヲ經《ヘ》タリ〔(左訓)テ〕朱《五位》。(平輕)ー紱《フツ》。(入
41 輕)之後　連。(平)ー城「數《ス》ー國之脂《シ》。(平輕)膏《カウ》。(平)ニ潤《1ウル》ヘ
リ　堂。(平)。上(去)花(ノ)如(シ)　門。(平)前《2セム》。。(平濁)市《3イチ》ヲ
42 成ス　方今「學《カツ》。(入)ー。海(上)之。嶮《1ケ》(上)難《ナン》。(平)ヲ計《2カソ》(フ
レハ)百。(入輕)。。萬(去濁)。里(上)之波《ハ》。(平)濤《タウ》。(平)ヲ渉《ワタ》ル

43 カ如シ　。吏（上）－途《ト》。（平）「之榮《1エイ》。（平）。耀《ヨウ》（去）ヲ瞻《ミ》レハ
。。五（上濁）六。（入輕）。重（去）之倍《2イ》。。（平濁）－從《ショウ》ニタモ及（ハ）
不╲瓢《ヘウ》《ヒサクツフリ》。（平輕）簞《タム》《イヒカキ》。（平）屢《シハ》〈從者〉　空シ草顏。。貧道學生（平濁）淵。（平
44 輕）之巷ニ「滋《シケ》シ　藜《レイ》。（平）－。藋《テウ》（去）深ク。鎖《サ》（上）セリ
45 雨《メ》原。。草繁（平濁）。憲（去）之樞ヲ濕ホス［者］「［也］　昔
者（ハ）其ノ樂ヲ改《1アラタ》メ不《ス》　今ハ［則］其（ノ）憂《ウレエ》ニ堪《タ》ヘ難《カタ》シ
46 固《マコトニ》－知ヌ　儒。。（平濁）「業。。（入輕濁）之拙《ツタナ》キコト惣《スヘテ》－是レ
。數《ス》（上）。奇《キノ》（上）之源ナリ［也］。　若シ其ノ道ヲ深《フカ》ウスル
47 者《モノ》ハ必ス其ノ飢ヲ「受《ウ》クヘシ［焉］　彌《イヨ》〈　末代之流《リウ》。
（平）ニ及（ヒ）テ須ク。後《コウ》（去）昆《コン》。（平輕）之誡《イマシメ》（ト）爲ル
48 《須》（再讀）シ「直幹比《シキンノ》《トシコロ》－　年《トシ》中－文ヲ奏（セ）不《ス》唯《1タヽ》天。（平
49 輕）。道（去）（ヲ）待《マ》テ只。聖（去）明。（平）ヲ╲仰憑（メリ）　「然而《シカレ》
（トモ）蒼《1サ》－ゝタル［之］玄《クエム》。（平）－。遠《エン》（上）荅《タツ》シ難ク。瓚《サ》
（上）ゝタル［之］。素（去）懷。（平輕）未タ遂《ト》ケ《未》《ス》（再讀）
50 「伏《フシテヲモム1》－惟《モ》　ミレハ昇。（平）。。殿（去濁）者《ハ》是（レ）。象（去）。。外（去
濁）之選《ヒ》（ナリ）［也］　俗《ショク》。（入）骨《コツ》。（入輕）以《モ》テ蓬。天山（平）－萊。
51 （平）之雲ヲ「踏《フ》ム可（カラ）不　尙《上》。辨官（平輕）書。（平輕）者《ハ》亦
天。（平輕）－。下（去）之望《ノソミ》（ナリ）［也］　庸《ヨウ》。（平）－才。（平）以《モ》

52（第4張）テ臺。（平）閣。（入輕）之月ヲ攀《ヨ》ツ可（カラ）「不　［于］民部
53 之大《イ無》《ヒ》輔（ニ）至テハ「［者］專《モハ》ラ溫《1ヲム》。（平輕）。。潤《シュム》（去濁）之。地
（去）（ニ）非ス　卽（チ）是（レ）恆《2コウ》－例之兼－。。官（上濁）ナリ
54 誰カ「過《1クワ》－分之榮職ト爲《セ》ム乎　徒《2イタツラ》ニ日月ヲ消《ケ》サムヨリ
55 ハ趁《ワシリ》－馳《ハ》センニハ若《シ》カ不　望請スラク「殊（ニ）　天恩
（ヲ）蒙（リテ）件《1クタム》ノ闕ニ兼－任（セ）被レハ暫《2シハラ》ク陸《リク》。（入輕）－
沈《チン》。（平）淹《エム》。（平輕）屈《クツ》。（入輕）
56 「之愁ヲ慰《1ヤス》メム　直幹　誠惶誠恐謹言
57 「天曆八年八月　日正五位下行文章博士橘
58 「朝臣直幹上村上天皇御時
59 「木工頭〈從四位下行イ本〉正五位下ゝ野朝臣道風誠惶誠恐謹言
殊（ニ）　天恩（ヲ）蒙（リテ）山城守ニ遷《ウツ》リ兼（ネテ）近
60 江權守（ニ）兼－任（セ）被（レムト）「請（フ）狀
61 「右　道風謹（ミテ）。近（去）－代。。（平濁）。拜（去）－除《チヨ》。（平）之
62 例ヲ撿フルニ當寮《1リヨ》ノ頭自《カミ》（リ）四「品之榮－爵ニ登《ノホ》ル者《ノ》
年曆《レキ》。（入輕）ヲ改（メ）不《ス》一國之烹《ハウ》。（平輕）鮮《セン》。（平）ニ預《アツカ》ル
63 ［焉］「藤原朝臣兼《カネ》三ハ。奧（去）州。（平輕）ニ任シ橘朝臣
64 ╲惟《コレ2》《ヰ》風。（平）ハ伊州（ニ）任スル等是（レナリ）「［也］　道

65 風爵《1シャツ》（入輕）級《キフ》（入輕）ヲ加ヘシ從リ數《シハ〳〵》星《セイ》（平輕）灰《クワイ》
（平）ヲ移《2ウツ》ス　除《3チヨ》（平）書《シヨ》（上）ヲ見ル毎ニ頻《4シキリ》ニ恩渙《5クワン》ニ「漏《1モ》
レタリ　忠（平輕）貞《テイ》（平）ヲ［於］奉（去）國（入輕）ニ輸《イタ》シ
テ夙《シク》（入輕）夜（去）ノ［之］勤《キム》（平）公《コウ》（平輕濁）ヲ積メリ
66 春「秋一（入）十（入）二（去濁）歳《セイ》（去）之時初（メ）テ龍
（平）顏《1カン》（平濁）之聖（去）主（上）ニ奉《ツカ2》ウマツリ勞《3ラウ》（去）積《セキ》
67 （入輕）「五十四年之日已ニ鶴《1カク》（入）髪《ハツ》（入輕）之衰《2スイ》（平）翁《ヲウ》
68 （平輕）爲《タ》リ藝（去濁）少ク「能《ノウ》（平）少シ　神（平）（ニ）非
（ス）妙（去濁）（ニ）非（ス）　然而（レトモ）紫（上）宸《シン》
（平）殿（去濁）之皇（平）居（平輕）ニハ七（入輕）廻《クワイ》（平）
69 「賢（去濁）聖《1シヤウ》（平濁）之障子ヲ書《カ》キ大嘗會之寶（上）
70（第5張）祚《ソ》（上）ニハ兩度《ト》畫《クワ》（去濁）圖《ト》（平）「之屛風《1フ》ヲ黷《ケカ》ス　臨《リン》
時ニ勅ヲ奉ケタマハルコト勝《ア》ケテ計フ可（カラ）不
71 方今微《2ヒ》（平濁）功《コウ》（平輕）之「下《モト》ニ日月彌深《フカ》ク薄《ハク》（入輕）
效《カウ》（去）之中《ウチ》ニ恩（平輕）慈《シ》（平）未タ至ラ《未》《ス》（再讀）
72 三（平輕）朝（平）「之德《1トツ》化《クワ》（去）ヲ觀《ミ》レハ身ハ猶《ヲ》　本朝
（平濁）ニ沈《2シツ》メリト雖モ萬里之波《ハ》（平）濤《タウ》（平）ヲ隔《ヘタ》テ、名《ナ》
73 ハ「是（レ）唐國（入濁）ニ播《ホトコ》スコトヲ得タリ　雲ヲ望
74 テ遠《1エン》（上）聞《フン》（平濁）ヲ［於］吳《コ》（平濁）會《2クワイ》（去）ニ謝シ日ニ就《3ツ》
イテ「洪《コウ》（平）施《シ》（平）ヲ［於］堯（平濁）天（平輕）ニ仰《1アヲ》ク
伏《2フ》シテ乞《コ》ウ　乾《3ケム》（平）臨《リン》（平）殊ニ雨（去）露（平）ヲ降《4クタ》セ
75 ハ山《5サム》「城分《セイフム》（平）憂《イウ》（平輕）之秩《チツ》（入濁）ヲ典《ツカサト》ルニ非スハ
將ニ江《カウ》（平輕）府《フ》兼（去）任（平）之恩（平輕）ニ浴《ヨク》セント
76 《將》《ス》（再讀）　道風誠「惶誠恐謹言
77 「天德二年正月十一日從四位下行木工頭小野道風
78 「村上天皇御時
79 「正四位下行式部大輔兼文章博士菅原朝臣文時
80 「誠惶誠恐謹言
殊（ニ）　天（去）（平輕）裁ヲ蒙（リテ）勤（平）績《セキ》（入
輕）ト及（ヒ）儒（平濁）學《1》（ノ）勞（去）ニ依（リテ）三位
81 （ニ）敍セント「請（フ）狀
82 「右　文時　延（平）長（平）之初ニ召（サ）レテ內（ノ）御
83 （平濁）書（上）所ニ候ス《1》　承（平）平（平）之「末《ヘ》ニ文章得
業ノ生（上）爲《タ》リ　天（去）慶（平濁）五年ニ對（平）策《シヤク》
84 （入）及（入）第（上濁）「內記ヲ暦《ヘ》（歷）タルコト十餘年、辨官
85 ニ仕《ツカ》ヘタルコト九箇年。應和二年「四位ニ敍《シヨ》シ康保《カウホウ》元

86 年ニ當職ニ任ス　自《ソレ》-爾已《ヨリコノ》-降《カタ》十箇年「當時儒者、。獻
(去)策《シヤク》。(入輕)之勞。(去)[於]文時ヨリ先《サキ》ナルハ莫《ナ》シ[者《1モノ》
87（第6張）矣」　「。宰(上)ノ大貳藤原國光《テル》ノ朝臣等《ラ》ハ皆。後(去)
88 年。(平)之登《1トウ》。(平)科《クワ》。(平)(ナリ)「[也]」　伏(シ)テ故實。
(入)ヲ撿(フル)ニ儒。。(平濁)。者(上)之式部ノ大輔タル十
89 年已《イ》「下ノ勞ヲ以(テ)必(ス)八座ニ拜スル[之]例、近
(ク)ハ[則]三善ノ淸。(平)行。(平)ノ朝臣　八年ノ勞ヲ
90 「以テシ藤原元方《1ケムハウ》ノ卿　十年ノ勞ヲ以(テ)ス　大江維
91 「時卿　六年ノ勞ヲ以(テ)シテ皆參議ニ任ス　。。曾(去
92 濁)-。祖(上)-。父(上)。是(上)。善(去)ノ「朝臣ノ如キ者勞《ハラウ》
僅ニ三年ニ拜-除(セ)被ル[也]」　自-餘之例具《ツフサ》ニ陳スル
93 ニ「遑《イトマ》(アラ)不《ス》　去《イ》ンシ夏略《ホ、》　此ノ例ヲ引(キ)テ潛《ヒソカ》
94 ニ蒼《1サウ》。(平輕)穹《キウ》。(平)ニ訴《2ウタ》ウ　卑《ヒ》。(平輕)-聽《テイ》。(平)「達《1タツ》セ
不《ス》　愁ヲ抱(キ)テ[而]止《ヤ》ムヌ。　厥《ソ》ノ後《ノチ》。數《2ス》(上)-月。。(入輕
95 濁)淚ヲ抑《ヲサ》ヘテ舊キヲ懷《ヲモ》ヘハ初メテ。。內(去濁)-「。史《シ》
内記也
(上)ニ拜セシ[之]時郎(チ)五畿七道ノ諸神ノ位記《1イキ》ノ事《コト》
96 ヲ奉《2フ》-仕《シ》ス　。名(去)-「號。。(平濁)之訛《アヤマリチ》　。階《カイ》(上)。級《1キツ》(上)之
97 誤《アヤマリチ》　獨リ自《ヲノツカ》ラ考《カムカヘタ、》-正ス所ナリ　惣ヘテ六千餘「社

其ノ三千六百餘者是《1》レ文時之《カ》。手《シユ》（去）。書《シヨ》(上)(ナリ)
自書事
98 [也]。　凡《スヘ》テ內《2イ》-「。史《シ》(上)ノ局《キヰヨク》。(入輕)藤原國均《マサ》　職ヲ去
99 テ後小野奉時《トモトキ》《モチ》未《サ》タ任(セ)《未》(再讀)シ「[之]間詔《セウ》。。(平
濁)-勅《チヨク》。(入)宣《1セム》。(平)命《ミヤウ》。(平)位記等文記　作《サク》-書相《シヨヒ》-兼(ネ)
100 テ數《ス》「年勤。(平)-。。仕(上濁)ス　天曆二年ニ至テ始(メ)
101 テ。撰《セン》(上)-式《シキ》。。(入輕濁)-所。(平)ニ直《チヨク》ス　同三年「二月ニ
試《シ》。(平)-。經(上)ノ勅使爲《タ》リ　是(レ)皆宣旨ヲ蒙(リ)シ
102 從《1ヨ》(リ)專《2モハラ》ニ愚《ク》「忠ヲ竭《ツク》ス　辨官ニ歷《ヘ》-仕《1ツカヘ》シ[之]日　。例
103 (去)務《ム》。(平)-之外　勤《2》。(平)-勞。(平)一ニ匪《アラ》ス　臨《リン》「時ニ
勅ヲ奉テ。數(上)。辭《シ》(上)ノ文。。(平濁)筆。(入輕)ヲ作《リ》-進ル
104（第7張）コト其ノ役猶《ヤクナヲ》。柱《チウ》(去)。史《シ》(上)ニ在(リ)シ「時ノ如(シ)
105 又別《コト》ニ詔。。(平濁)。命《メイ》(去)ヲ蒙テ敍位ノ略一帙《チツ》目錄「合
(セ)テ十一巻ヲ。撰《セン》(上)-進。(平)ス　文《モン》-籍《シヤク》ヲ[於]公《コウ》-私《シ》
106 ニ求《モト》メ心《シム》-情《セイ》ヲ[於]。案《アン》(去)-牘《トク》。(入輕)ニ盡《ツク》ス　「誠《マコト》ニ目
ヲ驚《1ヲトロカ》ス[之]文ニ非(ス)ト雖モ猶掌《2タナコ、ロ》ヲ指《サ》ス[之]備《ソナヘタ》爲
107 ル可シ　儒者「之忠何《イツレ》ノ勤《ツトメ》カ此ニ過《ス》キム　又。撰《1セム》(上)-
108 國《コク》。(入輕)-史所《シシヨ》ノ事《コト》及ヒ本。。堂(再讀)。講《2カ》(上)「書《シヨ》。。(平濁)
ノ事等其(ノ)勤《ツトメ》未タ終《1ヲ》ヘ《未》《ス》(再讀)曾テ陳スル所無

109 シ　文時カ策《2タイ》《シャク》。(入輕)試《シ》。(平)之「次《ツイテ》當。(平)-。。時(上濁)
。。第(去濁)一タリ　。吏《リ》《式部》(上)部《ホウ》之勞、。往《ワウ》(上)。。古《コ》(平濁)比《ナラヒ》
110 無《ナ》シ。況《イハム》ヤ彼《カ》ノ色《イロ》」「ミノ勤《キム》。(平)績《セキ》。(入輕)。。先《セム》(去濁)-後
重《テウ》。(平)疊《テウ》。。(平濁)セリ　又公卿之定《メ》有ルニ依テ作。(入)-
111 「進。(平)(スル)所ノ文。。(平濁)是レ度《ト、》ミノ論。(平)奏。(平
輕)及(ヒ)「此」(ミセ/チチ)朔《サク》。(入)旦《タム》ノ賀《カ》。。(平濁)。表《ヘウ》(上)等
112 (ナリ)[也]。「事《コト》卽(チ)公《(オホヤケ)》コトニ在《ア》リ　誠《ノ》-心《ロ》一《1ヒトツ》
ナルカ如シ　中(ニ)就(クニ)彼ノ表《ヘウ》前-例ヲ推《ヲシ》-尋(ヌ)
113 ルニ「作者ノ儒《ハカセ》公卿ナラ不(ト)イフコト無《ナ》シ　元《1クワン》慶
114 ニハ[則]亡《ハウ》。。(平濁)-。祖《ソ》(上)ノ右大臣ノ卿「昌《1シヤウ》泰《タイ》。。(平濁)
115 ニハ[則]中納言紀長谷雄《ノハセヲ》ノ卿　延《エム》喜《キ》ニハ[則]三善「清
行朝臣　天暦(ニハ)[則]大江朝綱朝臣等《1》(ナリ)[也]
116 貞。。(平濁)觀。。(平濁)「。以(上)-往。(平)皆公《1》卿《シ》ナリ　須ク
前《セム》。(平)-蹤《シヨウ》。。(平輕濁)ヲ見テ彌(ヨ)中。(平)瞻《タム》。(平)ヲ露《アラハ》ス
《須》《ヘ》(再讀)シ　然而(レトモ)更(ニ)。家《ケ》(去)譜《フ》。(平)ヲ
117 「披(ケ)テ詳《1ツマヒラカニ》カニ物ノ情ヲ案(スル)ニ。高(去)。祖
118 (上)。父(上)清《セイ》。(平)公《コウ》。(平輕)ノ朝臣ハ儒「學ノ勞ヲ以テ
從三位ニ敍《1シヨ》ス　是《コ》ヲ以テ文時カ八座ノ登リ難キ[之]

119 「情《思》ヲ。變(去)シテ三品ノ例有ル[之]恩。(平輕)ヲ仰ク
120 方今筋《キン》。(平)-力《リヨク》。(入輕)[於]五。。代(上濁)「之朝ニ盡《ツ》キ年。
(平)齡《レイ》。(平)[於]八旬之暮《レ》《ユフヘニ》ニ及ヘリ　若(シ)。渙《クワン》(去)
121 澤《タク》。(入輕)ヲ蒙ラ不《ス》シテ忽《ハヤ》《タチマチ》ク溝《コウ》。(平)-壑《カク》。。(入輕濁)ニ「塡《ミ》
チナハ則チ恐ラクハ天下ノ文。。(平濁)。士《シ》(去)。海《カイ》(上)-。。內《タイ》
122 (第8張) (去濁)ノ學。。(入濁)-。。徒《ト》(上濁)公-「家《1ケム》賢。(平)ヲ用《2モチ》井愚《ク》。。(平
濁)ヲ捨《3ス》テタマヒシ[之]意ヲ知《シ》ラ不《ス》シテ偏ヘニ文時カ
123 [之]沈《チム》。(平)-淪《リム》。(平)ヲ見テ相ヒ誡《イマシ》メテ「皆以《ヲモハ》-爲ク風。
(平)-月。。(入輕濁)之情《1ホ》ヲ以テ君ニ奉ルコト勿《ナカ》レ　儒《シユ》。。(平
124 濁)。。雅《カ》(上濁)ノ事ヲ以テ國ニ「報《ホウ》スルコト勿レト〔イ、
以《1》《ヲモ》-爲ヘリ」[矣]　詩《2イ》。(平輕)-書。(平)。禮《3レイ》(上)樂《カク》。。(入濁)之
道此《コレヨ》從リシテ[而]永《4ナカ》《ニ》ク荒《ア》《5ス》ル可シ　謹(ミテ)故實(ヲ)
125 「案(スルニ)朔《サク》。(入)。旦(去)。冬《トウ》(上)。。至(上濁)ニ恩。(平輕)
詔。。(平濁)有リ　篤《トク》。(入輕)-學。(入輕)ノ者《モノ》。ハ爵《シヤク》。(入輕)
126 。賞《1シヤウ》(上)ヲ蒙《フ》リ「。高(去)-。年(平)(ノ)者《ノ》ハ給《キフ》。(入輕)。稟《リム》
(上)ニ預《アツカ》ル　文時學　淺《アサ》シト雖(モ)而モ業《ケフ》。。(入輕濁)
127 [於]家ニ傳《ツタハ》ル　「年衰《1ヲトロ》ヘタリト雖(モ)而(モ)誠《マコト》[於]
公《2》(ニ)在《ア》リ　爰《コ、》ニ知ヌ　此ノ嘉《カ》。瑞《スイ》。。(平濁)(去)ノ[之]

128 冬《トウ》-至《シ》ハ「文時カ逢《ア》フニ遭《ア》ヘル[之]秋《トキ》(ナリ)[也]　望
(ミ)請(ハク)　天裁《サイ》垂《タ》ル、ニ曲《キョク》。(入輕)。照《セウ》(去)ヲ以テシ
129 テ「殊ニ従三位之。《1シテ》階《カイヲ》(去)ヲ授《サツ》ケ被(ル)レハ縦《タト》ヒ世ノ
130 人且ハ嘲《アサ》ケリ且-崇《タト》ヒテ喚《ヨ》ムテ三位之博士ト「爲《セ》ン
131 而モ文時生《イ》ケリト雖フトモ死《シ》ヌト雖(フトモ)一-「家。
(平)之。幸《カウ》(去)翁《ヲウ》。(平)爲ルコトヲ得《エ》ム　惣《スヘ》テ是(レ)天下
132 歡《クワム》。(平輕)。預(去)ノ[之]一-端《タン》。(平)國家《ケ》福《フク》。(入)「。祚《ソ》(上)
之。大(去)。本(去)(ナリ)[也]懇《コン》。(平輕)-。欵《クワン》(去)ノ[之]至
133 ニ勝《タ》エ不《ス》　文時誠惶誠恐「謹言
134 「天延二年十一月十一日正四位下行式部大輔兼文
135 「章博士菅原朝臣
136 「正四位下行式部大輔兼文章博士尾張權守菅原
137 「朝臣文時誠惶誠恐謹言
特(ニ)天恩(ヲ)蒙(リ)當。(平)。省(上)幷儒。(平)學。。(入
濁)ノ勞(ニ)依(リテ)從三位(ニ)敍(セ)被(レムト)
138 「請(フ)狀
139（第9張）「奉公勞五代
140 「對。(平)策。(入)勞卅九年
141 「文章博士勞廿五年
142 「當。(平)。階(平)勞七年
143 「當省勞十八年十五年權大輔 三年大輔
144 「當省大輔任參議之例
145 「大江維時卿　勞七年
146 「藤原元。。(平濁)方。。(平輕濁)卿　勞十年三年權大輔 七年大輔
147 「三善清。(平)行。(平輕)朝臣1　勞八年四年權大輔 四年大輔
148 「平伊《1イ》望《ハウノ》。。(平濁)卿　勞五年已上權大輔
149 「藤原興範《ヲキノリ》朝臣　勞四年
150 「。。曾(去濁)。祖(上)。。父(上濁)是善朝臣　勞二年二年權大輔 一年大輔
151 參議(ニ)任(ス)可(キ)勞(ニ)「依(リテ)三位(ニ)敍
(セ)被(レシ)[之]例
152 「藤原國。(入輕)章《ノリ》。(平輕)朝臣
153 「。。治(上濁)國。(入)勞五箇季正。。(平濁)下勞四箇年
154 儒學(ノ)勞(ニ)「依(リテ)三位(ニ)敍(セラレシ)[之]
例
155 「高。(平輕)。祖(上)。父(上)清。(平)公。(平輕)朝臣　勞
廿一年

156（第10張）「右　文時延喜之末ニ召（サ）レテ芸《1ウン》。（平）閣。（入輕）ニ
157 。候（去）ス　。天（去）慶。。（平濁）之初ニ對。（平）ー「策。（入）及。
（入）。。第（上濁）　内記ヲ歴タルコト十二年、辨《ヘン》官ニ仕《ツカ》ヘ
158 タルコト九箇年、康「保元年ニ當省ニ任ス　天延二年
159 ニ當。（平）ー。階（上）ニ敍ス　非。（平）。叅（去）議。。（平濁）「之
四位ノ中ニ文時已ニ第一爲《タ》リ［也］。又當時儒者ノ
160 「。獻（去）策。（入輕）之勞［於］文時ヨリ先《サキ》ナル者《ノ》莫シ［矣］
161 右大辨齊《タヽ》《1セイ》。（平）光《ミツ》《クワウ》。（平輕）ノ「朝臣者《（ハ）》十六年ヲ隔テタル
162 ［之］下﨟（ナリ）［也］。左中辨。輔《スケ》《1フ》（上）。正《マサ》《シヤウハ》（去）ノ「朝
臣者《（ハ）》十三年ヲ歴タル［之］。後（去）進（ナリ）［也］。謹（ミ
163 テ）故實ヲ撿フルニ「式部大輔爲《タ》ル者《ノ》數《ス》年ノ［之］間必
164 ス叅議ニ拜スル　至テ晩《ヲソ》キ「者ト雖トモ十年ニ過キ不
165 近古之例略《ホヽ》［于］右ニ載（セ）タリ　文時當。（平）「。省
（上）之勞殆《ホトヲト》　二十年。。古（上）（去）《1》ー來。（平）曾《2カツ》テ是《3カク》ノ如《4ク》キ
166 淹《エム》。（平輕）沈《チン》。（平）スル者《ノ》無シ　「頃《シキンノトシホヽ》」年略先ー例ヲ引イ
テ頻ニ蒼。（平輕）穹《キウ》。（平）ニ訴フ卑《ヒ》。（平輕）ー聽《1テヒ》。（平）達（セ）
167 不《ス》　愁ヲ抱（キ）テ「［而］止（ミ）ヌ。須ク猶《1ヲ》心ヲ一（ニ）
シテ叅議ニ拜セント請《コ》フ《須》（再讀）シ　而（ル）ニ衰。
168 （平）。老（上）シテ［而］。旦（去）ー暮。（平）「彌迫《セマ》リ疲《ヒ》。（平）。勞《ラウ》
（去）シテ［而］風《1フウ》。（平輕）ー。。霧《フ》（去濁）繁《シケ》ク侵《ヲカ》ス。縱《タト》ヒ暫（ク）
169 生《イ》ケリト雖トモ定テ「益《エキ》。（入輕）無《ナ》カル可《ヘ》シ　何《イカントナレハ》者。
170 辨《ヘン》官及ヒ近《コン》衛ノ中將藏人ノ頭等「叅議ノ闕有《1》（ル）毎《コト》ニ
必（ス）先《マ》ツ。拜《2ハイ》（去）ー除《チヨ》。（平）ス　此（ノ）如（キ）［之］人踵《クヒス》
171 ヲ繼《ツ》イテ斷《タ》ヘ不《サ》ルカ［之］「故（ナリ）［也］。仍テ一ニハ
大宰ノ大貳國《コク》。（入輕）ー章《シヤウ》《ノリ》。（平輕）ノ朝臣之。近（去）。例（去）ヲ
172 撿ヘ　「一ハ高祖父清公朝臣之。往《ワウ》（上）ー跡《セキ》。（入輕）ヲ尋《1タツ》
173 ネテ遂ニ八座ノ期「無（キ）［之］思ヲ變シテ三品ノ例有
174（第11張）（ル）［之］恩ヲ仰ク　是（レハ）［則］公「卿者《ハ》。員《ヰン》（上）數。
（平）有（ル）ニ依テ［而］拜《ハイ》シ難《カタ》ク。階《カイ》（上）ー級《キフ》。（入輕）者《ハ》定レ
175 ル數《カス》無（キ）カ爲《メ》ニ昇《ホ》リ易カル「可キヲ以テ（ナリ）［也］。
文時筋《キン》。（平）ー力《リヨク》。（入輕）久（シ）ク［於］五代之朝。（平）ニ盡
176 キ年。（平）ー「齡《1イ》。（平）差《ヤヽ》［於］八旬之刻《2キサミ》ニ踰《3コ》（上）（平平平）エタリ餘《ヨ》。（平）
ー。喘《セン》《サム》（上）耐《タ》ヘ難シ　則（チ）久（シ）ク朝。（平）ー儀。。（平濁）
177 ヲ「黷《ケカ》ス可キニ非（ス）　殘。（平）ー命。（去）程《ホト》无シ　亦豈
（ニ）永ク公《コウ》《ク》。（平輕）府《フヲ》。（平輕）ヲ費《ツイヤ》サンヤ［哉］　其（レ）暫
178 （ク）三品之末ニ「加（ハ）ランコト纔ニ一ー。瞬《シユム》（去）

之間ニ在《ア》ル可《ヘ》シ者（テ）ヘリ[也]（ミセケチ） 唯將《タヽマサ》ニ紫《シ》（上）-紱《フツ》（入輕）
生（去）前（平濁）之賜《タマモノ》ヲ荷（ヒ）テ黃《クワウ》（平）-壤《シヤウ》（上濁）
180 夢《ム》（平）-後《ノ》（平濁）之行《カウ》（去）ヲ貫《カサ》ラント「欲《ヲモ》フ（ナリ）
179 [也] 若（シ）渙《クワン》（去）澤《1タク》（入輕）ヲ蒙（ラ）不シテ遂ニ
溝《コウ》（平）鑿《カク》（入輕濁）ニ塡《ミ》チナハ[則]恐クハ天下ノ文（平
181 濁）士（上）「海內（去濁）ノ學（入濁）徒《ト》（上）公-家賢《1ケム》ヲ用
182 ヰ愚《2ク》ヲ捨《3ス》テタマフ[之]意ヲ知（ラ）不《ス》 偏（ヒトヘ）ニ「文時之
183 沈淪《1チムリム》ヲ見テ皆相誡《ヒイマシメテ2》メテ謂《ヲモハ》ク風-月之情ヲ以テ「君ニ
奉（スル）コト勿レ儒雅之事ヲ以テ國ヲ報《1ホウスルコト》 （スル）コ
ト勿レト《謂》（再讀）ハム[矣] 詩（平輕）書（平）禮
184 （上）樂（入濁）之道 此（レ）「從（リ）シテ[而]永ク荒《ア》レ
ヌ可（シ） 望（ミ）請（ハク） 鴻恩曲《マ》ケテ矜《クキヨウ》（平輕）恤《スツ》
185 （入）ヲ垂《タ》レヨ 殊ニ雨露之餘光（平輕）ヲ「施《1ホトコ》シテ以テ
186 銀（平濁）靑之江榮《エイ》-耀《ヨウ》ヲ賜ハン 何ソ啻《タヽ》ヽ一《ヒトリノ》-「老《1ラウ》（上）
-翁《ヲウ》（平）之慶《ケイ》（去）幸（平）ノミナラン 卽（チ）衆《2シウ》（去）-
庶《シヨ》（上）-人（平濁）之歡《3クワム》（平輕）娛《コ》（平濁）ナル應《ヘ》シ 惣へ
187 テ是（レ）朝（平）-「野（上）歌（平輕）樂《ラク》（入）之道遍《1ミチアマネ》ク及
188 フ可《2ヘシ》ク國（入）-家《ケ》（上）福（入）祚（上）之願《3クワン》 彌（ヨ）「新《アラタ》
ナラント欲シテナリ[矣] 文時誠惶誠恐謹言
189 「天元三年正月五日正四位下行式部大輔兼
190 「文章《シヤウ》 博士尾張權守菅原朝臣
191（第12張）「散位從五位上平朝臣兼盛誠惶誠恐謹言
殊（ニ） 鴻慈（ヲ）蒙（リテ）勘解由次官幷圖書頭等
192 （ノ）闕（ニ）拜（セ）被（レムト）「請（フ）狀
193 「右 兼盛少（去）-日（入輕濁）ニ學（入輕）ニ入テ多-年
194 蒲《カマ》ヲ編《ア》ム 1爲料紙事也 適《タマ〳〵》寮《レウ》（上）-試《シ》（平）ヲ奉《ウ》（ケ）テ已《2ステ》ニ「以テ
及《キウ》（入）第《タイ》（上濁） 於《コ》レ是《ヽニ》龍（平）門（平）浪嶮《サカ》シクシテ鱗《リム》
195 （平）-飛《ヒ》（平輕）年-遙《ハルカ》ナリ 俄《ニハカ》ニ本（平）「望《マウ》（去）ヲ變シテ
纔《1ワツカ》ニ氏《2シ》-爵《シヤク》（入輕）ニ闕《アツカ》ル 天曆四年ニ越前權守ニ拜任
196 ス 秩《チツ》（入濁）-「滿《マン》（上）-解《ケ》（平）-任（平）シテ放《1ハウ》（平）-
還《クヱン》（上濁）ヲ進《2タテマツ》ルコト畢ヌ 任（平）-中（上濁）之間成《ナ》
197 ス所ノ功《3コウ》（去）-課《クワ》（平濁）具《ツフサ》ニ事《シ》（平濁）-狀（上濁）ヲ「錄六
（入）シテ上（去）-奏《1ソウ》（平）先《2サキ》ニ畢《3ヲハ》ンヌ 尒《ソレヨリコノカタ》-來 散位勞七
198 年 于《コヽ》レ茲《ニ》「同《1トウ》（去濁）-時《シ》（上濁）ニ拜《ハイ》（去）-官（平輕）之
人後《コウ》（去）年（平）ニ預《ヨ》（去）爵《シヤク》（入輕）之輩《トモカラ》 或（ハ）靑天上（平
199 輕）雲（平）「之色ヲ踏《フ》ミ或（ハ）玉《キヨク》-佩《ハイ》（去）之聲《ノコヘ》ヲ振《フル》フ 1公卿玉ヲ嚴裝束事

200 兼盛獨(リ)明。(平)ｰ時。(平)之恩。(平輕)ニ漏《2モ》レテ「徒《イタツラ》
ニ白。(入)屋《1オク》。(入輕)ノ[之]睡《ネフリ》ニ老(イ)タリ　寔《マコト》ニ天。(平
輕)。運《2ウン》(去)之限《3カキリ》有(ル)コトヲ知レルト雖モ何ソ王。(平)
201 。道(去)之無《フ》。(平濁)偏。(平輕)ヲ「仰《アフ》カ不《サ》ラン　職《ショク》(ヲ)
以テ臣《シム》ヲ試《コ、ロ》ムルハ[者]君ノ恩(ナリ)[也]。恩ニ依テ
202 功。(平濁)ヲ「致ス者ハ臣。(平)ノ職。(入輕)(ナリ)[也]。
良《1リヤウ》。(平)ｰ。將《シヤウ》(去)ヲ[於]卒《ソツ》。(入輕)。伍《コ》(上濁)ニ抜《2ヌキイテ》イテ賢《ケム》。
203 (平)ｰ。佐《サ》(上)ヲ[於]民《ミム》。(平)ｰ「黎《レイ》。(平)ニ擇《エラ》フ　謀《ホウ》。(平濁)
ｰ略《リヤク》。(入輕)機《キ》ニ應《エウ》シテ[而]存シ、績《セキ》。(入輕)ｰ行。(平)事
204 (ニ)當《アタ》テ[而]見《ミ》ユ。其ノ志《1コ、ロサシカナ》合フトキハ「[者]風。
(平輕)雲。(平)之。感(上)忽ニ至ル、其ノ節立《タ》ツトキハ
205 [者]。虎《コ》(上)。鼠《ソ》(上)ノ[之]。用《ヨウ》(去)自《オノツカ》ラ「分《1ワカル》レタリ。兼
盛備《ソナヘフン》文。(平濁)ｰ。吏《リ》(上)ニ非《アラ》ス　守《2マモリ》。武(上濁)官。(平輕)ニ
乖《ソム》ケリ　。鳳《ホウ》(去)ｰ闕《ケツ》。(入輕)ノ曉ノ星ニ長ク秉《3トル》レ燭《ショクヲ/ヘイショクノ》之
206 志ヲ「失ヒ龍《1》ｰ庭。(平)ノ夜ノ月ニ空ク鳴《ナラスツルヲ/メイクエムノ》レ絃。(平)之勤《ツトメ》
207 ヲ忘(レ)タリ　忠。(平輕)何《ナニ、》「依(テ)カ[而]顯《アラハ》レ恩。(平
輕)何《ナニ、2ル》依テカ[以]加《クワ、》ラム。徒《イタツラ》ニ。勁《ケイ》(去)ｰ。草(上)之節。
208(第13張)(入)ヲ抱《イタ》イテ多《オホ》ク疾《シツ》。(入輕)ｰ風。(平輕)之秋ヲ「送ル　爰
ニ。暗《アム》(上)ｰ室《シツ》。(入輕)ニ燈《トホシヒキ》滅ヘテ。漏《ロウ》(去)ｰ屋《ヲク》。(入輕)ニ風《カセ》
209 寒シ。「。頭《ツ》(上濁)ｰ。陀《タ》(上濁)ヲ[於]山林ニトメ《シ》ナト欲《1ナムト》
スレハ[則]人。(平濁)臣。(平)未タ意《コ、ロ》ニ任《マカ》セル《2タル》[之]。禮《3レイ》
210 (上)ヲ見《未》(再讀)　「遊《イウ》。(平輕)。蕩《タウ》(去)ヲ[於]江。(平
輕)湖《1コ》。(平)ニ思(ハム)ト。擬《キ》(上濁)スレハ[則]王。(平)ｰ法。
211 (入輕)重クシテ關《クワン》ヲ出《イ》ツル[之]禁《キム》ヲ存ス　唯「籠。(平)ｰ
。鳥(上)ノ雲ヲ戀(フ)ル[之]思ノミ有テ未タ轍《テツ》。(入)魚《キヨ》。
(平濁)ノ肆《イチクラ》ニ近《チカツ》ク[之]悲《カナシミ》ヲ免《2マノカ》レ《未》(再讀)　方今
212 「。聖《セイ》(去)ｰ日。(入濁)雲暖《アタ、カ1ニシテ》ナリ。鳥(上)ｰ雀《シヤク》。(入輕)高ク
飛《ヒ》。(平輕)揚《ヤウ》。(平)ノ[之]翅《ツハサ》ヲ慰《ノ》シ恩。(平輕)ｰ波《ハ》。(平)涯《キシ》
213 遙《1ハルカニシテ》ナリ「鱗《リム》。(平)ｰ甲《カフ》。(入輕)皆。踊《ヨウ》(上)躍《ヤク》。(入輕)之情《1コ、ロサシ》
214 ヲ逞《タクマシ》ウス　兼盛同ク一《イツ》ｰ聖《セイ》之。化《クワ》(去)(ニ)遇《ア》フテ「何
(カ)多年之愁ヲ抱カム　望(ミ)請(ハク)殊(ニ)　鴻ｰ
215 恩ヲ蒙(リテ)件ノ「闕官《1》ニ拜(セ)被(レ)ハ將ニ奉公之
節ヲ盡サムト《將》(再讀)兼盛誠惶誠恐謹言
216 「天德。(入濁)四年七月廿六日　1　村上御時
217 「從五位上行大監物平朝臣兼盛等誠惶誠恐謹言
特(ニ)天恩(ヲ)蒙(リテ)。有《1イウ》(上)。勞《ラウ》(去)恪。(入)勤。

219 （平濁）ノ諸司ヲ以（テ）遠「江駿河等ノ國ノ守ノ闕
218 二遷。（平）-任。（平）（セ）被（レムト）「請（フ）狀
220 「右　去シ康保四年二月ニ村-上ノ。先（去）帝《タイ》。。（平濁）
221 政《マツリコト》ヲ聽《キ》、タマヒシ[之]日、「。有（上）勞。（平）ノ諸司
連。（平）署《ショ》。。（平濁）シテ申《シ》-請《ウ》クル。擧（上）-狀ニ偁《イハ》ク、謹
222 （ミテ）案内ヲ撿（スル）ニ有「勞ノ諸司受-領ニ遷《セン》。（平）
-任《ニム》。（平）スル[之]例、其ノ來レルコト尚《ヒサ》シ[矣]。而
223 （ル）ヲ。項《ケイ》（上）-年《カウ》《トシコロ》「之間。拜（去）-除《チヨ》。（平）忘（レ）タルカ
如シ　蹤《ショウ》。（平）-跡《セキ》。（入輕）已ニ絶《タ》ヘタリ　徒ニ日月之光。
224 （平輕）-「陰。（平）ヲ積《ツ》ミテ久（シ）ク。雨（上）-露之渥《アク》。（入
輕）澤《タク》。（入輕）ニ漏《モ》（レ）タリ　藏人、外記、。官（去）。史（上）
225 式部、「民部、大藏ノ丞《セウ》、織《ヲム》部ノ正《カミ》、撿非違使等、皆
226（第14張） 年。（平）-「限。。（平濁）有テ受領ニ拜-任ス　爰ニ諸-司歳
227 ヲ積（ミ）テ。採《サイ》（上）用。（平）期。。（平濁）無シ　於《レ》是「身ハ
年ヲ逐《ヲ》フテ[而]老ヒタリ、家ハ日ニ隨（ヒ）テ[而]貧《マツ》シ。
228 偏ニ。奉（去）-公。（平輕）之節ヲ憑（ミ）テ「空（シ）ク私《ワタクシ》ヲ
顧ミル[之]慮《ヲモヒ》ヲ忘（レ）タリ　妻《サイ》-子漸ニ裁《サイ》。（平）-。縫《ホウ》
229 （去）ノ[之]苦《クルシミ》ニ倦《ウ》ミタリ　僮《トウ》。（平）-僕《ホク》。。（入輕濁）「長ク
奔。（平輕）走。（平）之役《エキ》ヲ厭《イト》フ　方今或ハ弱-冠ニシテ恩。
230 （平輕）ヲ承ケ或（ハ）。壯《サウ》（去）-年。（平）ニシテ。賞（上）ヲ「蒙
フル　父-子同（シ）ク專《セム》。（平）城《セイ》。（平）之。。任《シム》（去濁）ニ竝《ナラ》ヒ
231 。兄（去）-弟。。（平濁）俱《トモ》ニ分受領-憂。（平輕）「之職。（入輕）ニ居《ヲ》
リ　一-國ニ拜スル者《ノ》ハ其ノ樂餘《シヒアマリ》有リ　金-帛藏《ハククラ》ニ滿
232 チ。酒（上）-肉《シク》。。（入輕濁）。案《アム》（去）ニ「堆《ウツタカ》シ　況ヤ數-國。（入
輕）ニ。轉（上）-任。（平）スルヲ乎《ヤ》　諸。（平）。司（上）ニ老《ハ》（イ）
233 タル者《ノ》ハ其（ノ）愁盡《ヘ》（クル）コト無シ　荆《ケイ》。（平）-「棘《キヨク》。
（入輕）庭ニ生《ヲ》イ煙。（平輕）-。火（上）爐《コ》。（平）ニ絶《タ》ヘタリ　況
ヤ窮《キウ》。（平）-。苦《コ》（上）多。（平輕）-年。（平）ナルヲ乎《ヤ》。樂《タ》ヲ見テ
234 [以]悲《カナシミ》ヲ「增《マ》シ榮《エイ》。（平）ニ對《ムカ》テハ[以]。悴《スイ》（去）ヲ　歎《カシケタルコトヲナケ》
ク　若（シ）。功《ク》（去）-。勞《コウ》（上）ヲ以テ。賞（上）ヲ蒙ラハ[則]
235 諸司「皆其ノ功《コウ》ヲ成《ナ》ス　若（シ）職-役《エキ》。（入輕）ニ依テ恩
236 ヲ承ラハ[則]誰《タレ》ノ人カ亦其ノ「勤《ツトメ》ヲ超《コ》エム　。功（上）-
。勞（上）是レ一ナリ、。採《サイ》（上）-擇《タク》。（入輕）何ソ殊《コト》ナラム。今
鷹《キヨウ》。（平輕）陽《ヤウ》。（平）之人ニ對《ムカ》フテ各《ヲノ〳〵》鵙《ケキ》。。（入輕濁）-退《タイ》。（平）
237 ノ[之]身《ミ》ヲ「暫《ハ》ツ　。大（去）-陽。（平）之燿《ヒカリ》何《レ》ノ處ヲカ
238 照《テラ》サ、不《ラ》ム　。厚《コウ》（去）-。載《サイ》（去）之「德何物《ナニモノ》ヲカ。長（上）セ

不ラム 幸《1サイハヒ》ニ堯《2キヨウ》。。(平濁)ー年。(平)ニ逢《3ア》フテ當《マサ》ニ比《ヒ》。(平)ー
屋《オク》。(入輕)之封《ホウ》。(平輕)ヲ受《ウ》ク《當》《ヘ》(再讀)シ 久(シ)ク
239 。舜《4シユム》(去)ー日。(入輕)ニ「趁《ワシ》テ獨リ積《セキ》。(入輕)薪《シン》。(平輕)之歎《1ナケキ》
ヲ抱《イタ》ケリ 臣等《ラ》鶏《2ニワトリ》ヲ聞《キ》イテ闕。(入輕)ニ參《サン》ス行。(平)
240 「。歩《1ホ》(上)鎮《トコシナヘ》ニ春ノ氷ノ[之]薄《2ウス》キヲ踏《フ》ミ月ヲ待《3マ》テ家
241 ニ歸《4カヘ》ル 鬢。(平)髪。(入輕)皆秋ノ「霜之嚴《1イツウ》(シ)キヲ梳
ツル 老(イ)タル者《ノ》ハ遺《ノコン》ノ日少シ 弱《ワカ》キ者《ノ》ハ餘。(平)ー
242 年。(平)有リ 車ヲ懸《カ》《慙イ》ケント「幾《イクハク》(ナラ)不《ス》 形《ケイ》。(平)
骸《カイ》。(平輕)ヲ看《カヘリ》ミテ[而]涙ヲ揮《1ノコヒ》《フ》フ 。杖《ツエ》(去)ニ携《タツサハ》。(平)ラ
ムコト近《チカ》キニ在リ 年。(平)ー暦。(入輕)ヲ計《カソ》ヘテ[以]
(第15張) 243 「魂《1タマシ》ヲ銷《ケ》ス望(ミ)請(ハク) 特(ニ)天恩(ヲ)蒙(リテ)
244 有勞ノ諸司ヲ以テ「毎年臨《リン》時之闕ー國《ク》ニ遷《セン》。(平)ー任《ニム》。
245 (平)(セ)被《ラ》レハ各奉公之忠節ヲ盡《ツク》サム者《テヘ》リ。「彼《カ》ノ擧
狀ニ依テ縫殿《ヌイトノ、カミ》頭橘朝臣忠《チウ》ー信《シム》 加賀守ニ任(ス) 掃《カモンノ》
246 「部頭同高《スケ》《カウ》ー臣《ヒト》《シム》 阿波《アハ》守ニ任(ス)ルコト已《ステ》ニ畢ヌ。其
247 (ノ)後。。時(上濁)ー。。代(上濁)推《ヲシ》ー「移《ウツ》テ恩ー賞定(レル)コ
ト無シ 中(ニ)就(クニ)年ー來《ライ》。新(去)ー敍。。(平濁)之者《ノ》
248 牧《ホク》。。(入輕濁)《1受領》「掌《1宰サイ》ニ拜《ハイ》ー任《ニム》スル[之]輩《2トモカラ》 暫《シハラ》ク。顯《ケム》(上)要《ヨウ》。

249 (平)之官ヲ歴《ヘ》テ一二年ノ間ニ、或ハ他《タ》ノ「勞ニ依《ヨ》リ或
(ハ)氏《ウチ》ノ擧《キヨ》ニ依テ年ー限《1ケム》ヲ待《2マ》タ不《ス》早《スミヤカ》ニ敍《シヨ》(セ)被《3》ル、
250 者《モノ》 偏ニ「名ヲ當ー。。官(上濁)當。(平)職。。(入輕濁)ニ假《カ》テ同
251 (シ)ク其ノ望《1ノソミ》ヲ成《ナ》ス 亦其(ノ)選《セム》ニ當《アタ》ル 或ハ《2》「一
官。(平輕)一ー職。(入輕)自リ頻《1シキリ》ニ《ニ》。拜(去)ー除。(平)(セ)被《ラ》
252 ル、者《ノ》リ 何(ニ)況(ヤ)諸國ノ受領其(ノ)功《2クウ》《コ》ヲ「稱《1セウ》。
(平輕)スル者《ノ》。。馬(上濁)ー鞍《アン》。(平)未タ解《ト》カ《未》(再讀)ル
ニ早ク重。(平)ー。。山(上濁)之雲ニ鞭《ムチウチ2》ツ 舟《シウ》。(平輕)ー檝《イフ》。
253 (入輕)「未タ乾《カワ》カ《未》(再讀)ルニ急《1タチマチ》ニ疊《テウ》。(平)ー。浪《ラウ》(去)
254 之岸ニ棹《サホサ》ス 此(ノ)如キノ[之]輩《ラ》(ヲ)以テ毎「度《ト》之闕
ニ拜(セ)被《ラ》ルレハ。有(上)ー。勞(去)ノ諸ー司争《1イカ》テカ其
(ノ)身ヲ抽《ヌ》キツルコトヲ得《エ》ム 既ニシテ[而]財ニ富メ
255 ル「者ハ造《1サウ》ー作《サク》之功《クウ》ヲ成シテ少年ニシテ早ク。。隼《シユム》(上濁)
256 旗《2ヨ與》。(平)ノ[之]。駕(上)ヲ飛《ト》ハシ治《ヲサムル》《チ》ー國《ヲ》《コク》 「者《ノ》ハ。功《クウ》(去)
課《クワ》。。(平濁)之。理(上)ヲ立テ、。舊(去)ー。吏《リ》(上)トシテ頻《リ》ニ
竹《受領》。(入輕)。符(上)之。任《1シム》(去)ヲ受《ウ》ク 何《レ》ノ世ニカ造ー作之
257 人「无(カ)ラム 何《レ》ノ時カ功ー課之。吏《リ》(上)無(カ)ラム
258 陸《リク》。(入輕)ー沈《チム》。(平)之歎《キ》「諸ー司未タ休《キウ》セ《未》《ス》(再讀)

兼盛等節。（入輕）ヲ全《マタク》シテ公《ヲホヤケ》ニ奉ツルコト。曉《ケウ》（上）-夕。
259 （入輕）ニ懈《ヲコタ》ルコト無シ　或（ハ）稽《ケイ》-古《コ》多-年之苦《ミ》ニ「疲《ツカ》
レ或（ハ）勤《キン》-王。（平）。累《ルイ》（上）-日。（入輕濁）之功。（平輕）ニ老
260 （イ）タリ　暴《ホウ》（上濁）「風。（平輕）雷《ライ》-雨《ウ》之朝ハ。遠《エン》（上）-
近《キン》（去濁）事ニ從《シタカ》ヒ寒。（平）-雪。（入輕）嚴《ケム》。（平濁）-霜《サウ》。（平）之
261（第16張）節。（入輕）（ハ）夙《シク》-「。夜（上）公コトニ在《ア》リ　家《ヘ》無ク財《タカラ》無
シ　仰《アフ》ク所ハ［者］則（チ）明。（平）-王。（平）慈《シ》。（平）。惠《クエイ》
262 （去）之「徳、田《タ》セ不《ス》桑《クワ》セ不　憑《タノ》ム所者《ハ》［則］愚《ク》。（平
263 濁）-忠《チウ》。（平輕）。苦《コ》（上）-節《セツ》。（入輕）之勤《ツトメ》。而（ル）ヲ「。採《サイ》（上）-
擇《タク》。（入輕）期無《コ》（ク）シテ一-。生（去）將ニ盡《ツキ》ナント《將》ス
（再讀）望（ミ）請（ハク）殊（ニ）　天恩（ヲ）蒙（リテ）
264 「。有（上）。勞（去）恪《カク》-勤《コン》。（平濁）之諸-司ヲ以テ件ノ國ノ闕
265 ニ遷-任（セ）被（レ）ハ彌《イヨく》勤《キム》（平）-「王。（平）之節。（入輕）
ヲ盡サム　兼盛等誠惶誠恐謹言
266 「天元二季七月廿三日　可尋作者有連署
267・268 「圖書頭從五位上兼行丹波介藤原朝臣篤茂誠惶「誠恐
謹言
殊（ニ）　天恩（ヲ）蒙（リテ）大内記、紀《キノ》朝臣伊輔《コレスケ》木

270 工頭「源方光《マサミツ》カ他官ヲ申ス所《トコロ》幷ニ淡路國守（ノ）
269 闕ニ拜（セ）被（レムト）「請（フ）狀
271 「右篤《トク》。（入輕）茂《ホ》。（平濁）寮《レウ》ニ任シテ［之］後十箇年（ナリ）
272 ［矣］　忠。（平輕）貞《テイ》。（平）怠《ヲコタ》ラ不　。勞（去）-「績。（入輕）、已
ニ深シ　昔、槐《クワイ》。（平）。市（去）ニ螢《ケイ》。（平）雪《セツ》。（入輕）ヲ共ニシ
273 聲《セイ》。（平輕）。價《カ》（上）ヲ齊《ヒト》シクセシ者或（ハ）靑《セイ》。（平輕）「雲。
（平）之路ニ昇《ノホ》リ或（ハ）朱《シュ》。（平輕）輪《リム》受領也（平）之車ニ。駕《カ》（上）
ス　鴟《クツ》ヲ曳《ヒ》イテ［而］天。（平輕）ニ朝。（平）スレハ［則］雙《サウ》。
274 （平）「鳧《フ》。（平）曉《キセフ》葉《ヨフ》。（入輕）縣《クエン》ノ［之］月ニ飛《ト》ヒ　冕《ヘン》冠名（上濁）
ヲ露《アラハ》シテ［而］境《サカイ》ニ莅《ノソ》メハ［則］。五（上濁）。馬（上濁）、春《ル》
275 剃《ケイ》。（平）州《シウ》。（平輕）之雲ニ「入ル　又、一-。司（上）之。長《チヤウ》
276 （上）自《ヨ》リ出テ、［以］百。（入輕）「城《セイ》。（平）之宰《サイタ》爲ル者有《ノ》
（リ）妻《サイ》。（平輕）-孥《ト》。（平濁）、。飽《ハウ》（去）。煖《タム》（上濁）トシテ童《トウ》。
（平）僕《ホク》。（入輕濁）歡《クワム》。（平輕）-娛《ク》。（平濁）セリ　彼何人《カレナン》ソ哉《ヤ》、
277 「獨《ヒトリ》。運《ウム》（去）。命《メイ》（去）ヲ愧《ハ》ツ謹（ミテ）案内ヲ尋（ヌル）
ニ成《シヤウ》業《コフ》。（入濁）之輩、必ス、優《イウ》。（平輕）。異《イ》（上）セ被《ラ》ル
278（第17張）「［矣］　篤茂《トクホ》、早（ク）進《シムシ》士之名ヲ成シテ今官。（平輕）長。
279 （平）之職ヲ忝《カタシケナク》セリ　。茜《セイ》（去）-「衫《サム》。（平）年舊《シ》リテ蓬《ホウ》。

(平)◦◦鬢《ヒム》(去濁)、霜新《アラタ》ナリ　貧(シ)クシテ[而]書ヲ讀《ヨ》ム
280 顔《カン》◦◦(平濁)◦子(上)豈《1アニ》　一「瓢《ヘウ》◦(平)之◦飲《イム》(上)無(カラ)ムヤ、
老(イ)テ宅《家》無シ　◦蔣《シヤウ》(上)生《セイ》◦(平輕)、猶三◦(平輕)◦逕《ケイ》
281 (去)之居《1キヨ》◦(平輕)有リ　祕《2ヒ》◦(平)書◦(平輕)「者閑《ハ1カム》◦(平)官◦(平
輕)之◦至《シ》(上)-極《コク》◦◦(入濁)ナリ[也]　只香《キヤウ》《カウ》◦(平輕)火◦(平)之
282 法《ホウ》-筵《エム》◦(平輕)ヲ供《2クウ》◦(平)ス　丹《タム》-州「者、兼-任之◦虚《キヨ》(上)
名《メイ》◦(平)(ナリ)[也]　未タ涓《ケム》◦(平輕)塵《チン》◦(平)之公◦(平輕)
283 ◦俸《ホウ》(去)ニ潤《ウル》ハ《未》《ス》(再讀)　◦性《セイ》(去)ハ是(レ)「頑《クワン》◦◦(平
濁)-◦魯《1ホ》《ロ》(上)ナリ　貧《2ヒン》◦(平)ヲ[於]衡門《カウモム》◦(平)之蓬《3ヨモキ》ニ甘《アマ》ウス
284 ト雖(モ)節ハ夷《イ》◦(平)齊《セイ》◦(平)ニ非サレハ「餓《ウエ》ヲ[於]◦首《シユ》《1ス》
(上)陽《ヤウ》◦(平)ノ[之]蕨《2ワラヒ》ニ忍《シノ》ヒ難《3カタ》シ　宣《セム》《孔子》◦(平)尼《チ》◦◦(平濁)(人名)
言《イ》ヘルコト有テ曰《イハ》ク　耕《タカヘ》ストキンハ[則]、飢《ウヘ》◦(入輕)(墨
285 消)其(ノ)「中《ナカ》ニ在《ア》リ　學《マナ》フルトキンハ[則]、祿《ロク》◦(入輕)
其ノ中ニ在リト　初《メ》ハ、斯《コ》ノ言《コト》ヲ◦信《1シン》(去)シキ　今ハ
286 其ノ◦◦妄《2ミタラ》《ハウタルコト》(去濁)ナルコトヲ知ヌ方「今、代休《ヨキウ》◦(平輕)-明《メイ》◦
(平)ニ屬《1シヨク》◦(入輕)シテ人、仁《シム》◦◦(平濁)澤《タク》◦(入輕)ニ霑《ウル》フ　昔、
287 顔《カム》◦◦(平濁)◦駟《シ》(去)之白《カハク》◦(入輕)◦首《シユ》(上)ニシテ[而]「◦三(去)
-代遇《ア》ハ不《1サ》シ《ル》(ナリ)[也]、漢武、召《メシ》-見《マミ》ヘテ卽《スナハ》チ◦會《クワイ》
288 (去)稽《ケイ》◦(平輕)(平)之◦守《シウ》(去)ト爲《2トス》「[矣]　今篤《トク》-茂《ホ》之丹《カ1タム》◦
(平)心《シム》◦(平輕)ニシテ[而]十年沈《チム》◦(平)淪《リム》◦(平)セルナリ
289 [也]　明《メイ》◦(平)-時《シ》◦(平)哀《アイ》◦(平輕)-「憐《レン》◦(平)ニシテ[而]隨《スイ》
-分《フン》之官◦(平輕)ヲ賜ハ不《サ》ラム哉　篤茂、柳ヲ編《ア》ムテ久《1ヒサ》
290 シク其ノ「勤ヲ執《ト》ル　氷ヲ飲《1ノ》ンテ未タ其(ノ)苦《クル》シミヲ
辭《シ》セ《未》《ス》(再讀)　若(シ)幸《2サイワイ》ニ勤《キン》◦(平)◦苦《コ》(上)ヲ恤《メク》ンテ
291 ◦滯《テイ》(去)-淹《エム》◦(平輕)(平)ヲ拔《ヌキ》テハ[者《ハ》]、「世文◦◦(平濁)之墜《ヲ》
チ不(ル)コトヲ稱《1セウ》シ人學◦(入輕)之虚《ムナ》シキコト无(キ)コ
292 トヲ知ラム　然《シカ》レハ[則]琢《タク》◦(入輕)-玉《キヨク》◦◦(入輕濁)「之
器《1ウツワモノ》(訓)、多ク◦孔《コウ》(上)-門◦(平)自リ出テ◦命《メイ》(去)◦世《セイ》(去)
293 之才《サイ》◦(平)彌《イヨ》〱[於]朝《テウ》◦(平)2(平)庭《テイ》(平)(去)3ニ滿《ミ》タム「所《1ユハ》-
謂《ユル》燕《エン》◦(平輕)王◦(平)之骨《ノ》ヲ市《カ》フテ[而]◦駿《シユム》(去)◦◦馬(上濁)、
294 自《2オノツカ》ラ來リ、◦◦魏《クキ》(去濁)勃《ホツ》◦(入輕)之「◦◦隗《クワイ》(上濁)ヲ重《ヲモ》ムセ《シテ》
シ[而]賢◦(平)◦士(去)早(ク)至ル者歟◦　抑(モ)、儒《シユ》◦◦(平
295 (第18張) 濁)-◦士(去)ニ非(ス)シテ大内記ニ任スル「者延喜《キ》ノ
◦聖《セイ》(去)代◦(平)ニハ藤原諸蔭《モロカケ》是(レナリ)[也]◦　◦以《イ》(上)◦往《ワウ》
296 (上)之例、勝《ア》ケテ計《カス》フ「可(カラ)不　又　木工頭者五
297 位ノ官(ナリ)[也]、試《コヽロミ》ニ愚《ク》◦◦(平濁)-「節《セツ》◦(入輕)ヲ勵《ハケマ》サ

ムト欲《ヲモ》フ　淡路［守］者一ノ小國（ナリ）［也］、何《1ナン》ソ必
（ス）シモ修《シュ》。（平輕）良《リヤウ》イ無本。（平）ヲ擇《エラ》ハム　望（ミ）請（ハク）
298 「殊（二）　天-恩ヲ蒙（リ）テ件等ノ闕ニ任《テ》セヘハ无偏《フヘン》之
299 化《クワ》ヲ戴《イタ、》《1イタ、イテ》　イテ。有（上）「。道（去）之風ヲ仰《アウ》カム篤茂誠惶
誠恐謹言
300 「天祿。（入）四年正月十五日　圓融院御時
301 「散位従四位上藤原朝臣倫寧《トモヤス》《ネイ》等誠惶誠恐謹言
殊（二）天-恩（ヲ）蒙（リテ）諸國ノ受領ノ吏秩滿幷
303 （ヒニ）臨時ノ闕ニ「舊-吏、新-敍、相半《ナカハ》シテ、拜
302 -任（セ）被（レ）ムト「請（フ）狀
304 「右　倫寧《1トモヤス》等、謹（ミ）テ。舊（去）。吏《2シ》（上）ヲ撿（フル）ニ
305 。聖（去）-明。（平）（ヲ）［於］日月ニ比《ナラ》フレハ以テ「所トシテ
照《1テラ》（ラサ《サスト》）不トイフコト无（シ）［也］　皇。（平）恩。（平輕）
ヲ［於］。雨（上）。露（去）ニ喩《タト》フレハ以テ所トシテ潤《ウルホ》ハ不《サ》
306 ラムコト无シ［也］　「上能《ミヨ》ク、均《クキム》-一。（入）-之-德ヲ施
セハ下必ス貳《フタコ、ロ》　無キ［之］節。（入輕）ヲ盡ス　而（ル）ヲ七
307 「八年ヨリ以《1コノ》來《カタ》正月敍。。（平濁）-位。（平）之外、頻ニ踐《セム》。
308 （平）-。祚《ソ》（去）之大嘗「會等《ラ》ノ、臨時之敍位有（リ）　新《シン》
309 敍已ニ積《ツモ》リテ、舊。吏《リ》（上）自《ヲ（ノツカ）》（ラ）滯《ト、コヲ》レリ　其ノ「舊《キウ》
吏之中ニ、國王位ニ付給事1　昇。（平輕）沈《2チ》。（平）、一ニ（アラ）不《ス》　或（ハ）
310 殊。（平輕）-功。（平）聞《コ》ヘ不《ス》シテ早（ク）「抽《チウ》。（平）。賞《シヤウ》（上）ヲ
蒙（ル）者《ノ》有（リ）　或（ハ）愚。。（平濁）忠。（平）、徒《1イタツラ2ツカ》ニ疲レ
テ久（シク）、。棄《キ》（上）。置（去）（セ）被ル、者《ノ》有（リ）　車ノ
311 前ニ熊《クマ》ヲ「畫《カ》イテ［而］悅（フ）者《ノ》ハ少《ナ》ク、釜《カマ》ノ中《ウチ》ニ魚ヲ
312 生《ナ》シテ［而］愁フル者《ノ》ハ多シ　若《モ》シ、明。（平）「恩。（平輕）
之無偏《フ》。（平輕）何ヲ以（テ）カ此ノ愁ヲ遺《ノコ》サム乎《ヤ》　謹（ミ
（第19張）
313 テ）故《1コ》實《シツ》ヲ撿（フル）ニ敍位「之年分《シ》受領名。（平）憂《1イウ》。（平輕）ニ卽
任《2シン》。。（去濁）スル者《モノ》　藏人、式部、民部ノ丞（訓）、外記
314 「。官（去）。吏（上）等《ラ》（ナリ）［也］　此（ノ）五人者唯《ハタ、》劇《ケキ》。。（入
315 輕濁）-務《ム》。（平）要《1ヨウ》-職ノミニ非（ス）　其レ本《モト》、「或（ハ）諸
道ニ業。。（入輕濁）ヲ成《ナ》シ或（ハ）諸。（平）。司（上）ニ勞ヲ積メ
316 リ　敍位停《1チヤウ》止《シ》之「年ト雖（モ）而モ殊ニ敍用セ被《ラ》ル
317 其ノ來（ル）コト尚《ヒサ》シ［矣］。［于］大藏ノ丞、織《ヲムノ》　「部
正《カミ》　撿非違使ニ至テハ［者］其（レ）爵ヲ賜フコト各　年。
318 （平輕）-限。。（平濁）有（リ）　又　新「敍之後、未タ必（ス）
シモ早ク國ニ拜セ《未《ス》》（再讀）而（ルニ）年來《トシコロ》、暫

319 (ク)其(ノ)職ニ居《キ》テ一「二年ノ間ニ或ハ他ノ勞ニ依リ
或ハ氏ノ。擧(上)ニ依テ年限ヲ待《マ》タ不シテ早(ク)敍セ
320 「被ル、者　偏ニ名ヲ[1][於]本官本職ニ假《カ》テ[與]彼ノ五
321 人ト同(シ)ク拜除セ「被(ル)　或(ハ)一職ヲ均《ヒト》シクシ
テ累《シキリ》ニ。兩(上)國。(入)ニ拜ス　肩《カタ》ヲ比《ナラ》ヘ踵《クヒス》ヲ繼《ツ》イテ
322 「恩ヲ荷ヒ德ヲ戴ク、爰ニ新敍之輩〔イ無本〕此(ノ)職ヲ望ム者《ノ》
323 八人、。去《キヨ》(上)-任。(平)「之吏《リ》、彌(ヨ)抑遏《ヨクアツ》セ被《ラ》ル　若
(シ)、年每ニ先《マ》ツ新敍ヲ盡シテ其(ノ)餘《ヨ》、纔ニ舊。
324 (去)。吏(上)ニ「及ハ、[則]格《キヤク》。(入)ニ叶《カナ》フテ事ヲ濟《セイ》シ、
功。(平輕)有テ過《アヤマチ》　無キ[之]輩ト雖《イフ》トモ而(モ)年(ヲ)
325 「逐《ヲ》フテ積《セキ》。(入輕)薪《シム》之底《ソコ》ニ入(ル)可シ　何レノ春カ再
ヒ。散〔五位名〕(去)木。。(入輕濁)之榮ヲ期セム　[于]斯(ノ)時
326 (ニ)「當(リ)　朝。(平)-。野(上)皆以爲《ヲモ》ハム　受領者一
327 -生一-度「之官。(平輕)榮。(平)ナリト《以爲》《ヲモヘリ》(再讀)ヘ[1]
リ[也]　國ヲ興《ヲコ》シ民ヲ安《ヤス》ウスル[之]。。治(上濁)-迹《セキ》。(入
328 輕)。。畫《クワ》(去濁)葵《クヰ》。(平輕)(ヲ)用(ヰ)不、鞭《ヘム》。(平)-「。蒲《ホ》(上)
之《ノ》。政《セイ》(去)-聲《セイ》。(平)、何ノ益《エキ》カアラン　豈ニ如《1シ》カシヤ
329 編《ヘン》。(平)-。戸《コ》(上)ノ[之]苦《ミ》ヲ慮《ヲモ》ハ不シテ長ク「。。潤(去濁)
屋。(入輕)之謀《ハカリコト》　ヲ廻サンニハ[矣]　此ノ如(キ)ハ
330 (第20張) [則]、恐ラクハ朝。(平)ニ廉《レム》。(平)。恥《チ》(上)之臣少ナク國貪《タム》。
(平)婪《ラム》。(平)之。吏(上)「多(カ)ランコトヲ　國《1クニ》。弊《ツヒ》(去)ヘ
民。散(去)シテ興《キヨウ》。(平輕)複《フク》。。(入輕濁)ハ[2]、期シ難シ　敢テ
331 「賢。(平)-。路(去)ヲ塞《フサ》イテ。吏(上)途《1トウ》。(平)ヲ爭《アラソ》フノミニ
非ス　只　天-下ノ[之]。。耳《シ》(去濁)-目ヲ令《シ》テ。聖(去)-德。
332 (入輕)之「平。(平)均《クキン》。。(平輕濁)ナルコトヲ知《シ》ラ《令》(再
讀)(メム)トナリ[也]　望(ミ)請(ハク)　天-恩殊ニ矜《クキヨウ》。
333 (平輕)-。照(去)ヲ垂(レ)ヨ　諸-國ノ受領「之吏、秩《チ》-滿、
334 臨-時之闕ニ、若(シ)十人ヲ補《フ》ス可ク者舊《ハ》-夫(吏)、「新-
敍、相-半《ナカハ》ニシテ各　五人ヲ。補(上)シテ將ニ。勞(去)-
逸《イツ》。(入輕)ヲ均《ヒト》シウセシメント《將》《ヲモ》(再讀)フ　抑(モ)、
335 國ニ大「小有(リ)亦興《キヨウ》。(平輕)亡。。(平濁)有(リ)　功《コウ》ニ優《イウ》。
(平輕)劣《レツ》。(入輕)有(リ)　亦。。先(去濁)-後。。(平濁)有(リ)
336 國ニ隨テ「功。(平輕)ヲ。論《ロン》(去)シ次《ツ》ニ依テ。賞(上)ヲ加ヘ
337 ハ[則]、苟《1イヤシ》クモ其ノ[2]功ヲ成《ナ》ス者《3ノ》、次第ヲ待テ[而]「愁
ヘ不歎《ナケ》カ不《サ》ラン適《1タマ〳〵》　其ノ。。任(去濁)ニ赴《ヲモム》ク者《ノ》　修。(平輕)
338 良。(平)ヲ慕《ネカ》フテ以(テ)節ヲ盡シ忠ヲ盡サン　「外ニハ

彌（ヨ）龔《クキョウ》。（平輕）黃《クワウ》。（平）之風《カ》。（平輕）ヲ扇《アフ》キ內（訓）ニハ何《ナン》
ソ閑。（平）。素《ソ》（上）ノ[之]日（訓）ヲ憂《ウレ》ヘム乎《ヤ》。伏シテ事。。
339 （平濁）。。狀（上濁）ヲ「錄《ロク》ス　倫寧等誠惶誠恐謹言
340 「天延二年十二月廿日　散位源朝臣順　藤原朝臣爲雅
橘朝臣伊輔　藤原朝臣倫寧イ無
341 「散位從五位上源朝臣順誠惶誠恐謹言
殊（ニ）　天恩（ヲ）蒙（リテ）前ー例ニ。因《1イン》（上）。。准《シユン》
343 （上濁）シテ和泉國。功《クウ》（去）ニ依（リテ）淡「路守（ノ）
342 闕（ニ）補（セラレムト）「請（フ）狀
所。（平）ー。濟《セイ》（上）ノ功《クウ》十二箇條　略早
344 「以前ノ微《ヒ》。。（平濁）ー功《コウ》。（平輕）等《ラ》謹（ミテ）甄《ケン》。（平）ー錄《ロク》。（入
輕）右ノ如（シ）　抑（モ）件ノ淡路ノ國ハ名ハ一國ナリ
345 ト「雖モ實《1シチニ》。。（入濁）ハ纔《2ワツカ》二ニ。（平）。。郡（去濁）ナリ。外《ケ》位《イ》從《3シウ》
346 下之輩古ー今、「任シ來ル所（ナリ）[也]　順　苟モ小ー
國ヲ治《ヲサ》メテ適《タマ〱》。大（去）功。（平輕）ヲ成《ナ》セリ　又　上。。（平
347（第21張） 輕濁）。階《1カイ》（上）ヲ忝《2カタシケナウ》《シテ》ヽセリ　「須《1スヘカラ》ク。後（去）ー。賞《2シヤウ》（上）ヲ
期《コ》ス《須》《ヘ》（再讀）シ　然而（レトモ）籠。（平）ー。鳥（上）出
（テム）コトヲ思フ　豈（ニ）。遠（上）ー。。近（去濁）之林（訓）ヲ
348 擇《エラ》ハムヤ　「轍《テツ》。（入輕）ー魚《1キヨ》。。（平濁）枯《カ》レタルコトヲ悲

（シ）ム　只。斗《トウ》（上）叔《シク》。（入）之水ヲ求《モト》ム　望（ミ）請（ハ
349 ク）　天「恩（ヲ）蒙（リテ）件ノ國ニ補《フ》セ被レハ、者イ無翅《1ツハサ》
ヲ[於]仁。。（平濁）ー風。（平）ニ展《ノ》シ鰓《アキト》ヲ[於]。惠《クヱイ》（去）澤《タク》。（入
350 輕）ニ霑《ウルホ》サム　「將ニ天。（平輕）ー。下（去）ヲ令《シ》テ彌（ヨ）、
明。（平）時。（平）之前。（平）ー功。（平輕）。舊（去）ー。勞（上）ヲ棄
（テ）タマハ不（ル）コトヲ知《シ》ラ《令》《シ》（再讀）メムト《將》《オモ》
（再讀）フ[矣]
351 「順誠惶誠恐謹言
352 「天延四年正月　日
353 「散位從五位上源朝臣順誠惶誠恐謹言
殊（ニ）　天恩（ヲ）蒙（リテ）和泉國ノ所濟幷（ヒニ）
355 別ー功《クウ》散位ノ「勞ノ次第ニ依（リテ）伊賀伊勢等ノ
354 國守（ノ）闕ニ拜任セ被（レ）ムト「請（フ）狀
356 「任國ノ功《クウ》十二箇條
357 「件（ノ）功《クウ》、雜ー公ー文ヲ勘（ヘ）テ惣ー返ー抄ヲ
358 請《ウ》ク此ノ二イ無箇條之外ハ皆「是イ無（レ）別功（ナリ）
[也]　條〻具《サ》ニ加ー階ヲ申ス[之]時ノ所司ノ
勘《1カン》文《ン》等ニ見（エ）タリ

359 「散位ノ勞十一箇年
360 「件(ノ)勞、天祿《ロク》二年以後、積《ツモ》ル所ノ。舊
361 (去)-。吏《リ》(上)ノ中ニ既ニ「第一爲《タ》リ 彼《レ》國ノ
吏ノ例《1ヒ》事ヲ濟《セイ》スル皆 加-階拜-官ヲ以テス
362 未タ別-功ヲ「成《ナ》シテ此ノ如(ク)沈《1チン》。(平)-。滯《タイ》
(去)スル者《モノ》有《ア》ラ《未》(再讀)
363 「右 順 謹(ミテ) 延喜天曆、。。二(去濁)朝。(平)之。故
364 (上)-事。(平)ヲ案(スル)ニ「。舊(去)-。。吏(上)(去)ヲ抽《1チウ》。(平
輕)。賞(上)スルコト必(ス)功-勞次第ニ依ル 若(シ)、
365(第22張) 功-勞共ニ均《ヒト》シキ時ハ、成「業、非成業ヲ論ス、。聖
(去)風。(平輕)、相《ヒ》-傳《ハ》テ今猶《1ヲ》 彼《レ》カ如シ 而(ル)ニ2順、
366 苟クモ「三。(平輕)。事(去)ヲ兼(ネ)テ徒ニ。九(上)年。(平)
ヲ過《1ス》キタリ家富《ト》メラハ[則]、愁フ可(カラ)不 農。(平)-
367 。桑《サウ》(上)ニ就《2ツ》イテ[而]餘。(平)。命(去)ヲ養《ナ》フ「可(シ)
年少《ワカ》クハ亦、飢-寒ニ忍(フヲ)歎ク可(カラ)不 而(シ
368 テ)「。後(去)-榮。(平)ヲ期《コ》ス可シ [于]年-老《ヲ》イ家-貧
(シ)ク歎《キ》深ク愁切ナルニ當テ愚。。(平濁)ニシテ宿《シク》。(入)-
369 「世。(平)之罪《1サイ》。。(平濁)-報《ホウ》。(平)ヲ知(ラ)不 泣《ナク》〱 猶、明-
時之哀《2アイ》。(平輕)憐《レン》。(平)ヲ仰ク而已《ナラクノミ》 望(ミ)請(ハク)
370 「天恩。功(去)。勞(上)次第ニ任《1マカ》セテ件ノ國ノ闕ニ。拜
371 (去)-除《チヨ》。(平)(セ)被(レ)ハ外(ニハ)彌(ヨ)、「松柏之
節ヲ竭《ツク》シ 内ニハ將ニ茱。(平輕)蕪《ノ》。。(平濁)之塵ヲ拂ハム
372 (ト)《將《ヲモ》》(再讀)フ 順誠惶誠恐「謹言
373 「天元三年三月廿三日
374・375 「從五位上行文章博士兼尾張權守大江「朝臣匡衡誠惶
誠恐謹言
殊(ニ) 鴻慈。(平)ヲ蒙(リテ)先例ニ准(ヘ)テ辨
377 官左右「衛門權佐大學頭等ノ他官ヲ申ス替(ヲ)兼
376 -任セムト「請(フ)狀
378 「右 匡衡、文章ノ生、文章得業生ヲ歷テ對。(平)策。
379 (入輕)及。(入)。。第(上濁)撿非違使、彈正ノ少弼ヲ「歷テ
380 當-職。(入輕)ニ拜除ス 敍位ノ勞「十箇年、博士(ノ)
381 勞五箇年、儒。。(平濁)-學。。(入濁)ヲ以テ業ト爲《シ》 風-「月
ヲ以テ資《タスケ》ト爲《ス》 貧(シク)シテ[而]道ヲ樂《タノシ》ム 未タ溫《1ヲム》。(平
輕)(平)官。(平輕)ヲ兼セ《未》(再讀) 賤シウシテ[而]文
382(第23張) ヲ嗜《タシ》ム 寒。(平)。苦《コ》(上)ニ「耐《タ》ヘ難シ 家(訓)ハ徒《タヽ》 四

-壁《ヘキ》(入輕)文《モム》(去)籍《シャク》(入濁)ノ[之]漸ニ散(去)スルコト
383 ヲ恥《ハ》ツ　母ハ已ニ八-「旬(平)祿《ロク》(入輕)養(上)之猶《ヲ》遲
イコトヲ悲シフ　伏(シ)テ故-實ヲ撿(フ)ルニ文(去)
384 章(上濁)博士ノ「辨官ヲ兼(ネ)タル[之]例、大江朝綱
385 卿、菅原文時卿(ナリ)[也]「衞府ヲ兼(ネタル)例、
386 藤《フチ》原菅根《スカネ》ハ左近衞ノ少將ヲ兼セリ[也]「大學頭ヲ兼
(ネタル)例祖(上)父(去)維時卿、菅原文時卿(ナリ)
387 [也]　諸「道(平濁)ノ博士(ノ)衞《エ》府ノ佐ヲ兼(ネ)タル
388 例、明(去)法博士惟宗《コレムネノ》公方《トモカタ》ハ、左衞門權佐ヲ「兼ス
[也]、方今　當(平)今(平濁)民(平)ニ莅《ノソ》ンタマフテ
389 [之]後《チ》、聖(去)-宰《サイ》(上)「政《マツリコト》ヲ輔《タス》ケシヨリ以-來近《カタ》
(ク)ハ延喜天曆(入輕)之故事ヲ訪《トフラ》ヒ遠(ク)ハ周《シウ》(平輕)
390 室《シツ》(入)「漢(去)(上欄)洪(去)」家(平)之遺《イ》-風ヲ問《ト》フ
去シ秋　重-陽之宴《エン》(去)ニ遇(ヒ)テ文(平濁)道(去)之
391 「已ニ興ルニ誇《コ》リ今《コノ》春ノ、朝-拜之儀ヲ見テ聖《キ》(去)代
392 (平)之舊《フル》キニ復《フク》(入輕)スルコトヲ感ス　「是ニ繇《ヨ》テ詩
(平輕)書(平)仁(平濁)義(上濁)(去)之路照(平輕)然《セン》(平
濁)トシテ日ニ就《ツ》キ禮(上)-樂(入輕濁)儒(平濁)-雅(上

393 濁)之「林《シ》、靡《ヒ》(上濁)-然(平濁)トシテ風ニ向フ　廢(レ)
タルヲ興シ絕(エ)タルヲ繼《ツ》ク　亦悅《コ》ハ不ラム乎《ヤ》　加《シカ》
394 以《ノミナラス》伶《レイ》「人左衞門ノ尉大友《ヲホトモノ》兼時、右衞門尉秦身高《ノミタカ》
395 「等《ラ》、猶臨時之恩(平輕)ニ遇(ヒ)テ各　不(上)次(上)
396 之賞(上)ニ預《カ》ル盖《タ》シ其ノ「藝《ケイ》(去濁)能《ノウ》(平)ヲ重《ヲモム》スルナ
リ[也]　夫、王(平)-道(去)ノ[之]無(平濁)偏《ヘム》(平)孰《タレ》
397 カ親《シタ》(平)シク、孰《レ》カ疎《ウト》(平)カラン、臣ノ節、「漸《セン》有
リ　微《ヒ》(平濁)自リ著《チョ》(平)ニ至ル　燕《エン》(平輕)-王(平)、
賢(平)ヲ求メシカハ、郭《クワク》(入輕)-隗《クワイ》(上濁)師《シ》ト爲《シ》テ
398 [而]四(上)方(平輕)ヨリ「競《キヲヒ》-至ル　漢(去)-帝(去)
賞(上)ヲ明カンセシカハ雍《キョウ》(平輕)-齒《シ》(平)侯《コウ》(平)ト爲《シ》
399 テ[而]諸《ショ》(平輕)將《シャウ》(去)自《ヲ》(ラ)安《ヤス》シ。匡「衡、運-命ヲ
知(ラ)不　涯(平濁)分(去濁)ヲ量(ラ)不　強《シヰ》テ微《ヒ》(平
400（第24張） 濁)望《ハウ》(去濁)匪《ヒ》(上)-躬《キウ》(平)ヲ企《クワタ》ツル[之]「故《ユヘ》ヲ　誰《タ》、
天-下海(上)-外(去濁)ヲ令《シ》テ學(入輕)校《カウ》(去)ノ廢《スタ》レ
401 不《ス》　文章(平輕)ノ「重《ヲモン》セ見《ラ》ル、コトヲ知ラ《令》(再
讀)メント欲《ヲモ》フ[矣]　嗟《ア》呼　龍《リヨウ》(平)之《ノ》龍爲《タ》ルハ[則]
402 文-章有ルヲ以テ(ナリ)[也]　鳳之「鳳爲《タ》ルハ亦文章

有ルヲ以テナリ[也] 事若《コトモ》シ諧《カナ》ハ不ハ 道猶《ナヲ》煙《エン》-滅《ヘツ》。。
403 (入輕濁)シナン 誰カ堯《ケウ》-。舜《シユン》(去)ノ[之]風。(平輕)ヲ「歌《ウタ》
ヒ誰カ君《クン》。(平輕)-臣之。。美《ヒ》[1](上濁)ヲ明カニセム 望(ミ)
404 請(ハク) 特(ニ)「天恩(ヲ)蒙(リテ)先例ニ因[1]-准シ
テ件等ト官ニ兼-任セラレハ將ニ文-學。。(入輕濁)之重セ
ラル、コトヲ知ラント《將》(再讀) 懇《コン》。(平輕)款《クワン》。(平)
405 之至ニ堪《タ》ヘ「不 匡衡誠惶誠恐謹言
406 「正曆四年正月十一日
(未完「坤」ニ續ク)

訓讀注

1—1 巻首ノ大江朝綱「請殊蒙鴻慈拜任溫職狀」一首分缺。
1—2 「殊」「蒙」一部蟲損。
1—3 「兼」ノ大部分蟲損。
1—4 「任」一部蟲損。
1—5 「民」一部蟲損。
1—6 「大」一部蟲損。
5—1 「同」ニ去聲濁點アリ、音讀モアツタカ。
5—2 「シ」蟲損。
6—1 「賜」ノ假名「タ」ノ下蟲損。文永本「被《ラル》レ賜《マハセ》」。
6—2 「ナリ」ニ合點アリ。
7—1 「榮-枯」ニ墨訓合符モアリ。
8—1 「カ」ハ追筆假名。
8—2 「爰」ノ下「云」ヲミセケチ。
12—1 「輔」ノ旁ハ蟲損。
12—2 「ヲ」大部分蟲損。
16—1 「クム」ノ「ム」ハ蟲損。
17—1 「官名」ハ朱書、右傍記。
18—1 「少」ミセケチ。
18—2 「ヲツ」ハ追筆假名。
19—1 「溫」ハ「涅」ノ旁ニ「昷」ヲ重ネ書セリ。
23—1 「ヤウヤク」ハ追筆假名。
23—2 「カタフ」ハ追筆假名。
23—3 「ハン」ハ追筆假名。
25—1 「猶」ノ旁ハ某字形ニ重ネ書セリ。
26—1 「運」ノ右傍、「シツヲ」ヲ擦消セリ。
27—1 「シヤウコフ」ハ追筆假名。

27—2 「藉」ノ右訓「乀セキ」ハ追筆假名。
28—1 「セイ」ハ朱書。
29—1 「ニ」ノ假名蟲損。
32—1 「サウ」小字墨書。
35—1 「兵阝名」ハ朱書。
35—2 「ワツカ」ハ追筆假名。
36—1 「カレキ」ハ追筆假名。
37—1 「ノソム」ハ追筆假名。
37—2 「マサ」「ヘシ」ハ小字墨書。
37—3 「チム」ハ追筆假名。
37—4 「キ」ハ追筆假名。
37—5 「イタツ」ハ追筆假名。
38—1 「ナカ」ハ追筆假名。
38—2 「ヌン」ハ追筆假名。
38—3 「シユツ」ハ追筆假名。
39—1 入聲點（墨書）モアリ。コレニ合點アリ。

40—1 「ハウヲ」ハ重ネ書。
41—1 「ウル」ハ追筆假名。
41—2 「セム」ハ追筆假名。
41—3 「イチ」ハ追筆假名。
42—1 「ケ」ノ下一字ト「ナン」（追筆假名）トハ蟲損。
42—2 「カソ」ハ追筆假名。ソノ下ハ蟲損。
43—1 「ヌイヨウ」ハ追筆假名。
43—2 「イ」ノ上ハ蟲損。「シヨウニ」ハ小字墨書。
45—1 「アラ」ハ追筆假名。
48—1 「タヽ」ハ追筆假名。
49—1 「サ」ノ下ハ蟲損。
50—1 「ヲモムミ」ハ追筆假名。左訓「モ」ハ小字假名。
53—1 「ヲムシユム」ハ小字假名。
53—2 「コウ」ハ小字假名。

54—1 「クワ」ハ追筆假名。
54—2 「イタツラ」ハ追筆假名。
55—1 「クタムノ」ハ追筆假名。
55—2 「シハラク」ハ追筆假名。
56—1 「ヤス」ハ追筆假名。
58—1 「御時」ハ字畫大部分ガ蟲損。
61—1 「リヨ」ハ追筆假名。
63—1 「朝臣」ハ右傍補入。
63—2 「風」ノ平聲點ハ墨書。コレニ合點ヲ施ス。
64—1 「シヤツキフ」ハ追筆假名。
64—2 「ウ」ハ「ス」ノ上ニ重ネ書。
64—3 「チヨシヨ」ハ追筆假名。
64—4 「シキリ」ハ追筆假名。
64—5 「クワン」ハ追筆假名。
65—1 「モレ」ハ追筆假名。
66—1 「カン」ハ小字假名。
66—2 「ツカウマツリ」ノ「ツカウ」

ハ蟲損。

66—3 「勞《ラウ》-積《セキ》」ハ本文ノ「春秋」ヲミセケチトシテソノ右傍ニ書ケリ。「勞」ニ合點アリ。

67—1 「カク」ハ追筆假名。

67—2 「スイヲウ」ハ追筆假名。

69—1 「シヤウ」ハ追筆假名。

70—1 「フ」ハ追筆假名。

72—2 「ヒコウ」ハ追筆假名。

72—1 「トツクワ」ハ追筆假名。

72—2 「シツ」ハ追筆假名。

73—1 「エンフン」ハ追筆假名。

73—2 「クワイ」ハ追筆假名。

73—3 「ツイ」ハ追筆假名。

74—1 「アヲ」ハ追筆假名。

74—2 「フシ」ハ追筆假名。

74—3 「ケムリン」ハ追筆假名。

74—4 「クタ」ハ追筆假名。

74—5 「サムセイフムイウ」ハ追筆假名。

80—1 「學」（追筆）ハ右傍補入。

82—1 「ス」ハ「シ」ノ上ニ重ネ書。

86—1 「モノ」ハモトノママ。

87—1 「トウクワ」ハ追筆假名。「登。(平)科。(平)」ノ平聲圈點（墨書追筆）モアリ。

90—1 「ケムハウ」ハ追筆假名。

93—1 「サウキウ」ハ追筆假名。

93—2 「ウタ」ハ追筆假名。

94—1 「タツ」ハ追筆假名。

94—2 「ス」ハ小字假名。

95—1 「イキ」ハ小字假名。

95—2 「フシ」ハ追筆假名。

96—1 「。級(上)」ノ聲點ハモトノママ。

97—1 「者」ハ右傍補入。

97—2 「イ」ノ上ハ蟲損。

99—1 「セム」ハ追筆假名。

101—1 「ヨ」ハ追筆假名。「ヨ」ノ下ハ蟲損。

101—2 「モハラ」ハ追筆假名。

102—1 「ツカヘ」ハ追筆假名。

102—2 「勤。(平)-勞。(平)」ノ聲點ハ墨書。

106—1 「ヲトロカ」ハ追筆假名。

106—2 「タナコ、ロ」ハ追筆假名。

107—1 「セムコクシシヨノ」ハ追筆假名。

107—2 「カ」ノ下ハ蟲損。

108—1 「ヘ」ハ別筆假名。「ノ」ノ上ニ重ネ書。

108—2 「タイ」ハモトノママ。左訓「シヤク」は追筆假名。

112—1 「ヒトツ」ハ追筆假名。

113—1 「クワン」「ニハ」ハ追筆假名。

114—1「シヤウタイニハ」ハ追筆假名。
115—1「等」ハ右傍ニ補入。
116—1 左訓「シ」ハモトノママ。未詳。
117—1「ツマヒラカニ」ハ追筆假名。「ラカ」ハ「カニ」ニ重ネ書。
118—1「シヨ」ハ追筆假名。
122—1「ケム」ハ追筆假名。
122—2「モチ」ハ追筆假名。
122—3「ステ」「シ」ハ追筆假名。
123—1「ホ」ハモトノママ。假名字體ハ「ワ」。「ロ」ノ誤寫ナラム。
124—1 右傍ノ「ヲモヘリ」ハ朱書。
124—2「(シ)イ」ハ追筆假名。
124—3「レイカク」ハ追筆假名。
124—4「ナカ」ハ追筆假名。「永」ノ筆畫中ニ書入レタリ。
124—5「ヌ」ハ追筆假名。
125—1「シヤウ」ハ追筆假名。
127—1「ヲトロヘ」ハ追筆假名。
127—2 右傍ニ誤リテ「コ、ニ」ト書キテ、墨抹消ス。
129—1 去聲點ハ墨書ニシテコレニ合點ヲ施セリ。
132—1「之」ハ左傍ニ補入。
147—1「朝臣」ハ某ヲ消シテソノ上ニ書ケリ。
148—1「イハウノ」ハ追筆假名。
156—1「ウン」ハ追筆假名。
160—1「セイクワウ」ハ追筆假名。
161—1「フシヤウハ」ハ追筆假名。
165—1「古」ノ去聲圏點ハ墨書。
165—2「カツテ」ハ追筆假名。
165—3「カクノ」ハ追筆假名。
165—4「ク」ハ追筆假名。「キ」ニ重ネ書。
166—1「テヒ」ハモトノママ。
167—1「猶」ハ「心」ノ下ニアルヲ顚倒符ニ依リテ正ス。
168—1「フウフ」ハ追筆假名。下ノ「フ」ハ「ム」ヲ擦消シテソノ上ニ重ネ書ス。
170—1「有」ノ下欄ニ「イ無」トアリ。
170—2「ハイチヨス」ハ追筆假名。
172—1「タツ」ハ追筆假名。
176—1「イ」ノ上蟲損。
176—2「キサミニ」ハ追筆假名。「ニ」ハ「ミ」に重ネ書。
176—3「コ(上)エ(平)タ(平)リ(平)」ノ聲點ハ朱書。
180—1「タク」ハ追筆假名。
181—1「ケム」ハ追筆假名。
181—2「ク」ハ追筆假名。
181—3「ステタマフ」ハ追筆假名。
182—1「チムリム」は追筆假名。

182—2 「イマシメテ」ハ追筆假名。「メテ」ハ重複。

183—1 「ヲ」「ホウスルコト」ハ追筆假名。「ウス」ハ「コト」ニ重ネ書。

185—1 「ホトコ」ハ追筆假名。

186—1 「ラウヲウ」ハ追筆假名。

186—2 「シウシヨ」ハ追筆假名。「シヨ」ハ朱假名モアリ、朱假名「シヨ」ノ上ニ追筆假名「シヨ」ヲ重ネ書ス。

186—3 「クワムコ」ハ追筆假名。

187—1 「ミチ」ハ追筆假名「ミチ」ヲ重ネ書ス。「道」ノ左傍ニ「ヒ」（ミセケチ）トアリ。

187—2 「ヘシ」ハ追筆假名。「シ」ハ「ク」ニ重ネ書ス。

187—3 「願」ノ左傍ニ「止」（朱書）トアリ、ソノ左傍ニ「イ無」トアリ。

193—1 「爲料紙事也」ハ朱書。

193—2 「ステニ」ハ追筆假名。「ニ」ハカスレ。

195—1 「ワツカ」ハ追筆假名。

195—2 「シシヤクニ」ハ追筆假名。

196—1 「ハウクヱン」ハ追筆假名。

196—2 「タテマツル」ハ追筆假名。

196—3 「コウ」ハ重ネ書。

197—1 「ソウ」ハ追筆假名。

197—2 「サキ」ハ追筆假名。

197—3 「ヲハン」ハ追筆假名。

198—1 「トウシ」ハ追筆假名。

199—1 「公卿玉ヲ嚴裝束事」ハ朱書。

199—2 「モレ」ハ追筆假名。

200—1 「オクノ」ハ追筆假名。

200—2 「ウン」ハ朱書。

200—3 「カキリ」ハ朱書「キリ」ニ重ネ書。

202—1 「リヤウシヤウ」ハ追筆假名。

202—2 「拔イテ」ハ右傍ニ補入。

203—1 「シ」ハ追筆假名ト重ネ書。

205—1 「ワカレ」ハ追筆假名。

205—2 「守」ノ右傍ニ「ソムケリ」ト書キテ墨抹消ス。左傍ノ「マモリ」ノ「モ」ノ下墨消シ、「マ」ハ追筆假名。

205—3 「ヘイシヨクノ」ハ朱書。

206—1 「ヒ」ハ大部分蟲損。

206—2 「ル」ハ朱書。

209—1 「ナルト」ハ追筆假名。

209—2 「タル」ハ追筆假名。「ル」ニ重ネ書ス。

209—3 「レイ」ハ追筆假名。

210—1 「コ」ハ追筆假名。

211—1 「テ」ハ「リ」ニ重ネ書ス。

211—2 「マノ」ハ追筆假名。

212—1 「ニシテ」ハ追筆假名。「ナリ」ニ重ネ書ス。
213—1 「コ、ロサシ」ハ追筆假名。
215—1 「官」ハ右傍ニ補入。
216—1 「可尋作者」ト書キテ墨抹消ス。
217—1 「イウラウ」ハ朱書。
217—2 「ノ」ハ朱書。
217—3 「ヲ」ハ朱書。
219—1 「ノ」ハ朱書。
219—2 「ノ」ハ朱書。
219—3 「ノ」ハ朱書。
219—4 「ニ」ハ朱書。
220—1 「二月」ノ左傍ニ「ーーイ」トアリ。
222—1 「センニム」ハ追筆假名。
222—2 「カウ」ハ追筆假名。「ケイ」ニ重ネ書ス。コレニ合點ヲ左右ニ施セリ。
223—1 「タ」ハ重ネ書。
224—1 「モ(レ)タリ」ハ追筆假名。「タリ」ニ重ネ書。
226—1 「於是」ノ左傍ニ「ヒ　ヒイ」トアリ。異本ニハ無キコトヲ示ス。
230—1 「ニ」ハ追筆假名。某假名ニ重ネ書ス。
230—2 「ヒ」ハ追筆假名。「ヘ」ニ重ネ書ス。
230—3 「受領」ハ朱書。
231—1 「レリ」ハ追筆假名。「リ」ニ重ネ書ス。
232—1 「ハ」ハ追筆假名。「ニ」ニ重ネ書ス。
232—2 「愁」ハ右傍ニ補入。
233—1 「コ」（追筆假名）ハモトノママ。「ロ」ノ誤寫。
233—2 「タヘ」ハ追筆假名。
233—3 「キウコ」ハ追筆假名。
233—4 「カナシミ」ハ追筆假名。
234—1 「ヱイ」ハ追筆假名。
234—2 「ムカ」ハ追筆假名。
234—3 「カシケタルコトヲ」ハ追筆假名。
234—4 「コウ」ハ追筆假名。「ク」ニ重ネ書ス。
235—1 「コウ」ハ追筆假名。
237—1 「ラ」ハ追筆假名。重ネ書。
238—1 「サイハヒ」ハ追筆假名。
238—2 「キヨウ」ハ追筆假名。
238—3 「アフ」ハ追筆假名。
238—4 「シユム」ハ追筆假名。
239—1 「ナケキ」ハ追筆假名。
239—2 「ニワトリ」ハ小字假名。
240—1 「ホ」ハ追筆假名。
240—2 「ウス」ハ追筆假名。

240—3 「マ」ハ追筆假名。
240—4 「カヘ」ハ追筆假名。
241—1 「イツウ」ハ追筆假名。
242—1 「フ」ハ追筆假名。「ヒ」ニ重ネ書ス。
243—1 「タマシ」ハ追筆假名。
247—1 「受領」ハ朱書。
248—1 「掌」ノ左傍ニ「—」（追筆）、「宰」（平聲輕點アリ）ハ右傍書。「サイニ」ハ追筆假名。
248—2 「トモカ」ハ追筆假名。
249—1 「ケム」ハ追筆假名。
249—2 「マタ」ハ追筆假名。
249—3 「敍」ノ下ニ「用」ヲ書キテミセケチトス。
250—1 「ノソミ」ハ追筆假名。
250—2 「或」ノ下「出」ヲ書キテミセケチトス。
251—1 「シキリニ」ハ追筆假名。「ニ」ニ重ネ書ス。
251—2 「ク《コ》ウ」ハ追筆假名。
252—1 「セウ」ハ追筆假名。
252—2 「チ」ハ追筆假名。
253—1 上欄ニ「忽」アリ。
254—1 「イカ」ハ追筆假名。
255—1 「サウサク」ハ追筆假名。
255—2 「旗」ノ左傍ニ「—」（ミセケチ）アリ。
256—1 「シム」ハ追筆假名。
258—1 「ケイコ」ハ追筆假名。
259—1 「キン」ハ小字假名。
260—1 「ライウ」ハ追筆假名。
260—2 「ヱンキン」ハ追筆假名。
261—1 「シ」ハ追筆假名。
262—1 「タモ／ツクラス」「クハモ／トラス」ハ追筆假名。
263—1 「ツキ」ハ追筆假名。
265—1 「等」ハ右傍ニ補入。
268—1 「朝臣」ノ左傍ニ「止」（ミセケチ）アリ。
270—1 「マサミツ」ハ追筆假名。
272—1 「セツ」ハ追筆假名。
274—1 「ヨフ」ハ追筆假名。「セフ」ノ上ニ重ネ書ス。
275—1 「チヤウ」ハ追筆假名。上聲點ニハ墨圏點モアリ。
276—1 「レ」ノ朱書モアリ。
277—1 「ウムメイ」ハ追筆假名。
277—2 「業」ノ聲點ハ墨圏點。
278—1 「カタシケ」ハ追筆假名。
279—1 「アニ」ハ朱書。
280—1 「キヨ」ハ追筆假名。
280—2 「ヒ」ハ追筆假名。
281—1 「カム」ハ追筆假名。

281―2 「クウ」ハ追筆假名。
283―1 「ホ」ハ字體「ア」「ロ」ノ誤寫。左傍ノ「／ロ」ハ追筆。
283―2 「ヒン」ハ追筆假名。
283―3 「ヨモキ」ハ追筆假名。
284―1 「シユ」ハ追筆假名。「ス」ニ重ネ書ス。
284―2 「ワラヒ」ハ追筆假名。
284―3 「カタ」ハ追筆假名。
285―1 「シン」ハ追筆假名。
285―2 「ミタラ」「ハウタルコト」ハ追筆假名。
286―1 「シヨク」ハ追筆假名。
287―1 「サシ」ノ「シ」ノ右傍ニ「ル」。
287―2 「ト」ハ重複。
288―1 「タムシム」ハ追筆假名。
289―1 「ヒサ」ハ追筆假名。
290―1 「ノン」ハ追筆假名。
290―2 「サイワイ」ハ追筆假名。
291―1 「セウ」ハ追筆假名。
292―1 「ウツワ」ハ追筆假名。
292―2 平聲點ハ二點アリ、一ツハ墨圏點。
292―3 去聲點ニハ合點アリ。
293―1 「所-謂」ノ合符ハ朱書。
293―2 「オノツカ」ハ追筆假名。
297―1 「ナン」ハ追筆假名。
298―1 左訓ノ「イタ、イテ」ハ追筆假名。
304―1 「トモヤス」ハ朱書。
304―2 「シ」ハモトノママ。
305―1 「テラサスト」ハ追筆假名。コレヲ「フ」（ミセケチ）ニテ抹消ス。
307―1 「以」ハ右傍ニ補入。
309―1 「國王位ニ付給事」ハ朱書。
309―2 「チ」ハ追筆假名。
310―1 「イタツラ」ハ追筆假名。
310―2 「ツカレ」ハ追筆假名。
312―1 「コシツ」ハ追筆假名。
313―1 「イウ」ハ追筆假名。
313―2 「シン」ハ追筆假名。
314―1 「ヨウ」ハ追筆假名。
315―1 「チヤウシ」ハ追筆假名。
320―1 「ヲ」ハ朱書。
327―1 「ヘリ」ハ朱書。
328―1 「シカシヤ」ハ一部蟲損。
330―1 「クニ」ハ追筆假名。
330―2 「ハ」ハ朱書。
331―1 「トウ」ハ追筆假名。
336―1 「イヤシ」ハ追筆假名。
336―2 「ノ」ハ朱書。
336―3 「ノ」ハ朱書。
337―1 「タマ〳〵」ハ追筆假名。
341―1 「インシユン」ハ追筆假名。

345―1 「シチニ」ハ追筆假名。
345―2 「ワツカ」ハ追筆假名。
345―3 「シウ」ハ追筆假名。
346―1 「カイ」ハ追筆假名。
346―2 「カタシケナウ」「シテ」ハ追筆假名。「セリ」ノ合點モ追筆。
347―1 「スヘカラ」ハ追筆假名。
347―2 「シヤウ」ハ追筆假名。
348―1 「キヨ」ハ追筆假名。
349―1 「ツハサ」ハ追筆假名。
358―1 「カン」「ン」ハ追筆假名。
361―1 「例」ハミセケチ。
362―1 「チンタイ」ハ追筆假名。
364―1 「チウ」ハ追筆假名。
365―1 「ヲ」ハ朱書。
365―2 「ニ」ハ朱書。
366―1 「スキ」ハ追筆假名。
366―2 「ツイ」ハ追筆假名。
369―1 「サイホウ」ハ追筆假名。
369―2 「アイレン」ハ追筆假名。
370―1 「マカセ」ハ追筆假名。
381―1 「ヲム」ハ追筆假名。
382―1 「ヘキ」ハ追筆假名。
383―1 「ロク」ハ朱書。
383―2 「イコトヲ」ハ朱書。
385―1 「例」ノ上ニ「佐 イ無」トアリ。
387―1 「コレ」ハ朱書。
388―1 「方今」ハ右傍ニ補入シ「〽」ヲ施セリ。
389―1 「マツリコト」ハ追筆假名。
389―2 「ヨリ」ノ「リ」ハ蟲損。
390―1 「イ」ハ朱書。
390―2 「秋」ノ右傍假名は蟲損ニテ未詳。
391―1 「フク」ハ追筆假名。
392―1 「義」ニ去聲點モアリ、ソレニ合點アリ。
396―1 「レカ」ハ蟲損。
398―1 「ヲ」ハ蟲損。
399―1 「クワタ」ハ追筆假名。
401―1 「則」ハ朱書ニテ右傍ニ補入。
403―1 「ヒ」ハ追筆假名。
404―1 「因」ハ朱書ニテ右傍ニ補入。

（「醍醐寺文化財研究所研究紀要」第十號　平成二年三月）

［補記］

本著作集には寫眞掲載を省いた。

本朝文粹巻第六延慶元年書寫本（坤）

醍醐寺經藏に傳存する重要文化財の「本朝文粹巻第六」一巻は、巻末の「延慶元年十一月十八日依少人之芳命／染禿筆早　执筆沙門禪兼」の書寫識語によって、鎌倉時代の延慶元年（一三〇八）に僧禪兼の書寫したものであることが知られる。その本文には書寫當時の詳密な訓點が全巻にわたって施されている。

本稿は、この延慶元年書寫本を、本文に施された訓點に基づいて訓讀したものであって、前稿を承けて、その後半部に當る。前半部（乾）は、巻首の第一行から第四〇六行までを收め、併せて、その部分の原本寫眞をも掲げたもので、本誌「醍醐寺文化財研究所研究紀要」の前號（第十號、平成二年三月三十日發行）に掲載された。本稿は、後半部（坤）の第四〇七行から巻末の第七七〇行までの訓讀文を收め、併せてこの部分の原本寫眞を掲載［補記］してある。

訓讀文についての凡例は、前號に示した通りであるが、その主な點を左に摘記する。

一、訓讀文の作成に當っては、原本の假名を現行の片假名で示し、私に補讀した語句は片假名を括弧に包んで示した。不讀の漢字は［　］に包んで示し、再讀字の二度目の讀みは《　》に包み、「(再讀)」と注記した。

一、聲點は、原本に從って訓讀文に生かすと共に、當該漢字の下に、それぞれ「(平)」「(平輕)」「(上)」「(去)」「(入輕)」「(入)」、及び「(平濁)」「(平輕濁)」「(上濁)」「(去濁)」「(入輕濁)」「(入濁)」の注記を加えた。

一、原本の行數は、上欄に算用數字で示し、各行の行頭字に「⌐」を附した。又、原本の紙數を「第25張」の如くにして示した。

一、訓讀注を訓讀文の末尾に附した。訓讀注は、原本の漢文をその訓點に従って訓讀し活字で表すに際して必要な注を主とし、特に、追筆假名、朱書の別を注記し、又、原本の蟲損や誤字などを記した。

本朝文粹巻第六延慶元年書寫本とその訓點についての解題は、都合により次號に掲載させて頂く豫定である。

407・408 「正五位下行式部權少輔兼文章博士大江朝臣匡衡　「誠
惶誠恐謹言
殊（ニ）　天恩（ヲ）蒙（リテ）撿非違使（ノ）勞ニ依（リ
409・410 テ）越[1]前尾張「等ノ國ノ[1]守[2]ニ兼[3]任（セラレム）ト「請
（フ）狀
411 「文章博士ノ受領ニ任（セラルル）例
412 「橘公材《キムキ》《1コウセイ》近江守（ニ）任（ス）　巨《コ》°（平）勢《セノ》°（平）°文《フン》（上）
雄《ヲ》°（平）越前守（ニ）任（ス）
413 「菅原清公《トモ》播广守（ニ）任（ス）　春澄《スミノ》善繩《ヨシタ、》伊與守（ニ）
任（ス）
414 「°安《ア》（上）°°倍《ヘノ》（上濁）興《ヲキ》行肥後守（ニ）任（ス）　三善清行
備中守（ニ）任（ス）
415 「藤原佐世《スケヨ》陸奥《ミチノクノ》守（ニ）任（ス）　平篤《アツ》行加賀守（ニ）任
（ス）
416 「策《シャク》°（入輕）°家《ケ》（上）内《ナイ》°（平）官°（平輕）ニ居《キ》テ受領ヲ兼（ヌ）
ル例
417（第25張）「文章博士菅原°是《シ》（去）善°（平）ハ伊豫守（ヲ）兼（ヌ）
418 「式部少輔大江音《1ヲト》°（平輕）人《ント》°°（平濁）（ハ）丹波守（ヲ）兼
（ヌ）
419 「東宮學《ノ》°°（入濁）士°°（平濁）高階《シナノ》成《ナリ》忠ハ大和守（ヲ）兼
（ヌ）
420 「大學頭大江齊《1タ、》°（平）光°（平輕）（ハ）近江守（ヲ）兼（ヌ）
421 「式部權大輔菅原輔《スケ》°正（去）（ハ）大宰大貳（ヲ）兼[1]（ヌ）
422 「左近衛《サコンエノ》權少將大藏權大輔常陸權介藤原佐世陸奥守
（ヲ）兼（ヌ）
423 「右匡衡文章生《ノ》、文章得業生《ノ》ヲ歷　對°（平）策°（入）及
425 第°　撿非違使彈正小弼ヲ「歷テ當職ニ拜‐任ス　敍[1]位
424 ノ勞「十三年、博士（ノ）勞、八箇年[1]°　其（ノ）間辛《シン》°（平
426 輕）艱《カン》°（平）、沈《チン》°（平）‐°滯《タイ》（去）°歎《ナケキ》「深シ°文章博士（ノ）
前°（平）‐蹤《1シヨウ》°°（平輕濁）ヲ墜《ヲト》シテ七年、°兼（去）‐°°官（上濁）ヲ
427 賜《タマ》ハ不　撿「非違使之°後（去）輩《1ハイ》ヲ計フレハ八人、超《コ》
428 エテ受領爲《タ》リ　匡衡「一‐°頃《ケイ》（上）之田ヲモ種《ウ》ヘ不　學°
（入輕）°稼《カ》（上）ヲ積（ミ）テ°口《ノ》（上）‐中《ウチ》°（平輕）之食《シヨク》ト爲ス
429 一枝°（平）「之桑《クワ》ヲモ採《ト》ラ不《ス》　文°°（平濁）章°（平輕）ヲ織《ヲ》テ
身ノ上之衣《コロモ》ト爲（ス）　進《1ス、》ンテ尚°（平輕）書°（平）之閣ヲ望
430 （メ）ハ「[則]、鶴《カク》°（入輕）°°眼《カン》（上濁）疲《ツカ》レテ[而]階《1シタ》ツ可

431 (カラ)不　退《シリソ》イテ。刺(去)-史之車ヲ求(ム)レハ亦羊《ヤウ》。
(平輕)「腸《チヤウ》。。(平濁)。嶮《1ケン》(上)ニシテ[而]推《スイ》。(平)轂《コク》。(入輕)無シ
432 然(ル)間當-今之時《キ》、政　淳《コトシユン》。(平)。素《ソ》(上)ニ返《ヘ》ル　「三-
五之。化《クワ》(去)、漸(ク)ニ彰《アラハ》レテ、。。二(去濁)-八。(入輕)之臣《シン》、
433 (第26張) 舊カ如シ　去年之秋ノ[1]「除目《チモク》ニ、文。。(平濁)-。道(去)成
434 業之人、多ク進《ス、》ム、今-年年之春ノ敍-位ニ、「。亂《ラム》(去)
-階《カイ》。(平)、不次之爵。(入輕)、見《ミ》エ不《ス》　此(ノ)如キハ
435 [則]、澤《タク》。(入輕)。畔《ハム》(去)之蒲《カマ》、「截《キリ》-盡スト雖《フト》　モ久(シ)
ク、五代三。(平輕)餘《ヨ》。(平)之學。(入輕)ニ泥《ナツ》ミ[而]。澗《カム》(去)
436 。底《テイ》(上)之松、老《ヲイ》-「來《キタ》テ幸ニ千。(平輕)年。(平)一-遇《ク》。。(平
濁)之榮《エイ》ヲ期ス　王。(平)-澤。(入輕)ノ温。(平輕)-。。潤《シユン》(去
437 濁)、此(ノ)時ニ「浴《1ヨク》。(入輕)セ不《ス》ハ何《レ》ノ時ニ[2]カ浴。(入輕)
セム、儒。。(平濁)-林。(平輕)ノ光。(平)花。(平)此(ノ)時開
(カ)不《ス》ハ何《レ》ノ時ニカ開カン。抑(モ)撿非違使分ノ[之]
438 受領ヲ「申ス者《ノ》ハ、藤原實《1サネ》。(入輕)。輔《スケ》(上)、同安《ヤス》-
439 「隆《タカ》等(ナリ)[也]　或(イハ)追《ツイ》-捕《フク》之。功《1クウ》(去)ヲ稱《2セウ》シ或
440 (イハ)造作《2サウサク》之賞ヲ募《ツノ》ル　各申(ス)「所謂《イヒ》無(キ)ニハ非
(ス)　然モ猶《ヲ》、匡衡カ鵠《コク》《ク、ヒ》。(入輕)を射ルト實輔《1スケ》(カ)雕《テウ》。

441 (平輕)ヲ射《イ》ル與《(ト)》「文-武之。。藝《1ケイ》(去濁)、其ノ[2]。雌《3シ》。(平輕)(上)
雄《イウ》。(平)ヲ決《4ケツ》。(入)センニ如何《イカン》　匡衡カ百。(入輕)-家《カ》。(平
442 輕)ヲ閲《ミ》タル(ト)「安《1ヤス》隆カ一-屋《2ヲク》ヲ造《ツク》ル與《ト》　國。(入)-。家《ケ》
(上)之。用(去)其ノ。殿(去)取《サイ》。(平)ヲ。論(去)セムニ如何《イカン》
443 彼ノ「。呂《リヨ》(上)-。尚(去)者《1ハ》屠《ト》。(平)-。釣《テウ》(去)之。賤(上)-。老
(上)(ナリ)[也]。文。。(平濁)-韜《タウ》。(平)ヲ說《ト》イテ[而]。禮《レイ》(上)-
444 遇《ク》。。(平濁)「雙《ナラヒナ》無シ、蕭《セウ》。(平輕)-何《カ》。(平)(人名)ハ[者]。翰《カム》
(去)墨《ホク》。(入輕)之柔《シウ》。。(平濁)臣。(平)(ナリ)[也]　。。武《1フ》(上濁)-
445 。將《シヤウ》(去)ヲ超《コ》ヘテ[而]爵。(入輕)-祿《ロク》。(入輕)「第一ナリ
明-王ノ文。。(平濁)。士(上)ヲ拔《1ヌキ》テタマフコト衆。(平)議。。
446 (平濁)ニ憚《2ハ、》カラ不ル者《(モノ)》(ナリ)[也]　方(ニ)今、黃《3クワウ》-
「河《カ》。(平)清《ス》メリト雖(モ)身猶沈ミ、玄。(平)-。渙《クワン》(去)、
447 洽《アマネ》シト雖(モ)獨(リ)耻有リ　。累《1》(上)-祖《ソ》相-「傳之書。
(平)宅荒《イヘア》レテ[而]風。(平輕)-。雨(上)避《サ》リ難(ク)　老-母
448 衰。(平)。邁(去)之命、「官冷《スサマ》シウシテ[而]。水(上)菽《シク》。(入
輕)未タ酬《ム》ヒ《未》(再讀)　文。。(平濁)ヲ上《タフトン》スルカ爲《メ》道ヲ
449 重スルカ爲《メ》ニ必(ス)矜《クキヨウ》。(平)-「。遂《スイ》(去)ノ[之]。惠《メクミ》《イヲ》(去)
ヲ垂(レ)ヨ　望(ミ)請(ハク)　殊(ニ)天-恩ヲ蒙(リ)

450 テ）撿非違使ノ勞、「抃（ニ）儒（平濁）學（入輕濁）之功ニ
依（リ）テ越前尾張等ノ國ノ守ニ兼-任（セ）被（レ）ハ將
451 ニ天（平輕）下（去）之學（入輕濁）-徒《ト》（平）ヲ「勵《ハケマ》サント
《將》《ヲモ》（再讀）フ　情（平）-願《クワン》（去）之至ニ耐《タ》ヘ不　匡衡誠
452（第27張）惶「誠恐謹言
453 「長德二年正月十五日
454・455 「正五位下行式部權大輔兼文章博士大江朝臣「匡衡誠
惶誠恐謹言
特（ニ）　天-恩ヲ蒙（リテ）先-例ニ因（上）修（平）
456 シテ備中ノ介ノ闕ニ兼-任（セラレムト）「請（フ）
狀
457 「右匡衡、伏（シ）テ當（平）-時（上濁）之政（去）-化（去）
458 ヲ見（ル）ニ延喜之「舊《キウ》風ニ寄（ラ）不（ト）イフコト莫《ナ》シ
文（平濁）道（去）、漸（ク）ニ興（リ）テ、賞（上）罰（入濁）
分《フン》明（上）ナリ　天下、幸（上）-甚（去濁）（平濁）ニシテ
459 堯（平濁）ヲ祝《イノ》ル「者《モノ》多シ。爰（ニ）匡《クキヤウ》衡　書（上）-籍《シヤク》（入
輕濁）ヲ業（入輕濁）トシテ[而]貧シ、風（平）-月（入輕濁）
460 ニ携《タツサ》ハテ[而]老（イ）タリ。其ノ經《ヘ》-歷《ヘ》タル「所（ノ）
461 [之]孝《カウ》（去）廉《レム》（平）、茂《ホ》（上濁）-才《サイ》（平）廷《テイ》（去）尉《ヰ》（平）、
憲《ケム》（去）-臺《タイ》、皆是（レ）、「州（平輕）-牧《ホク》（入輕濁）ノ擧《キヨ》
（上）ニ應《キヨウ》ス可キ[之]地（上）（ナリ）[也]　而（ル）ヲ舊《キウ》
（去）-貫（平）ヲ知ラ不ル愚《ク》（平濁）-淺《セン》（去）之人《ノ》、或《ト》（イ）
462 ハ「以《オ》-爲《モハ》ク。獻（去）-策（入輕）之者《ノ》、縱ヒ式部民部ノ丞、
463 藏人、撿「非違使ヲ歷タリト雖（モ）是（レ）儒者（ナリ）
[也]。受-領ニ任（ス）可（カラ）不《ス》ト《以爲》《ヲモ》（再讀）ヘリ
464 之ニ因（リテ）今文（平濁）-道（去）ヲ興《ヲコ》「被《サ》ルト雖（モ）
465 曾テ儒ヲ尙《タト》ヒ師ヲ尊《タト》ヒ書ニ淫《フ》ケリ學ニ耽《フ》ケル「[之]徒《ラ》
無シ　纔（ニ）成-業之名ヲ釣《ツ》テ、多ク出（入輕）身之計
466 ト爲ス　然《シカ》レハ則チ、「三（平輕）-史《シ》（上）文（去）-選
（上濁）師（上）說（入）、漸（ク）ニ絕ヘ詞《シ》（平）華《クワ》（平輕）翰《カン》
467（去）藻《サウ》（上）、人、以テ重《ヲモ》ムセ不《ス》「道之陵《リヨウ》（平）-遲《チ》（平濁）、
茲《コレ》ニ由ラ不（ト）イフコト莫シ　夫《レ》、儒-者ノ受-領ニ任
468（スル）者《ハ》往（上）-「聖（去）、道ヲ重スル[之]時ノ例
（ナリ）[也]　儒者ノ受-領ニ任（セ）不ルハ[者《ハ》]、近
469（第28張）（去）代、文（平濁）（ヲ）「輕《カロン》スル[之]時ノ例（ナリ）[也]。

若（シ）老《ヲ》ヒテ[而]詩（平）ヲ嗜《タシ》ム[之]儒（平濁）、熊《イウ》（平）

470 軾《ショク》(入輕)ニ「乘(ル)可(カラ)不《ス》ト謂《イ》ハ、[則]白樂天寧
(ロ)蘇《ソ》(平)州(平輕)ノ刺《シ》(去)史(上)ニ非(ス)哉 若
471 (シ)「貧シテ[而]書(平輕)ヲ好《コノ》ム[之]。士(去)、隼《スヰン》(上
濁)旗《ヨ》(平)ヲ引《ヒ》ク可(カラ)不ト謂ハ(ハ)亦朱(平輕)
472 買《ハイ》(上濁)臣(平)豈會《クワイ》稽《ケイ》(平輕)ノ大(去)守《シユ》(去)ニ「非
(ス)哉 匡衡 家《カ》(平輕)途《ト》(平)窘《クヰン》(去)急《キフ》(入輕)ニシ
テ老(去)母(上濁)衰(平)危《クキ》(平)セリ 後輩(去)庸(平)
473 才(平)之榮(平)耀(去)ヲ見(ル)「毎ニ未タ曾テ慨《カイ》(去
474 濁)然《セン》トシテ書(平輕)ヲ廢《ス》テ、「[而]歎《ナケ》カ不ハ(アラ)
《未》(再讀) 聖(去)日(入輕濁)之照(去)臨《リン》(平)ヲ戴ク
ニ非(ス)ハ何《ナン》ソ沈《チン》(平)身(平輕)之愁《シウ》(平輕)涙《ルイ》(去)ヲ乾《カハ》
475 カサン 「望(ミ)請(ハク) 天恩件(ノ)國ニ兼-任(セ
476 ラレ)ハ將ニ帝(去)德(入輕)(ノ)[之]古《ヘ》ニ光《テ》リ「文-學
(入輕濁)(ノ)[之]先《サキ》爲《タ》ルコトヲ仰ク《將》(再讀)シ 匡
衡誠惶誠恐謹言
477 「長德二年四月二日
478・479 「正四位式部權大輔兼文章博士大江朝臣匡衡「誠惶誠
恐謹言

特(ニ) 天恩(ヲ)蒙(リテ)尾張國所濟功幷(ニ)
侍(上)讀(入輕)ノ勞ニ依(リテ)美濃守(ノ)闕(ニ)
481・480 拜任(セ)「被(レムト)「請(フ)狀
482 「右 匡衡尾張守ト爲《シ》テ民ヲ撫《ナ》テ國ヲ治メ合《カウ》(入濁)期《コ》
483 (平濁)之勤《メ》ヲ致セリ 功「有(リ)テ過《アヤマチ》無キ[之]由、
484 諸卿僉《セム》議《キ》早(ク)畢《ヌ》(リ)キ 又官(去)符《フ》(平濁)「宣旨ニ
依(リ)テ國分尼《ニ》(上)寺《シ》、神社《シヤ》(上濁)、諸定額《キヤク》(入輕濁)
485 寺(平濁)十二「箇處ヲ修造《シユサウ》ス 官物ヲ申請(ハ)不《ス》 別《ヘチ》
486 ニ、造《サウ》(去濁)伊-勢豐受-宮《トヨウケノミヤ》ノ[之]「料《レウ》-米《マイ》五百斛、造《サウ》(去
濁)宣(平)-耀(去)-殿(去濁)ノ料ノ、准《シユン》(上濁)頴《エイ》(上)十
487(第29張) 餘萬束ヲ進《タテマツ》ル官符ノ宣旨藏人所ノ召《メシ》ニ「依(リテ)
488 交《ケウ》(去)易《ヤク》(入輕)シ進スル所ノ絹二百「餘匹等公《ク》(去
帳(平)ニ立《ルイ》-用セ不《ス》 皆是(レ)諸國ノ吏(ノ)[之]功《コウ》
489 (平輕)ニ誇《ホコ》リ雄《イウ》(平輕)ヲ「稱《セウ》(平輕)スル[之]事(ナリ)
[也] 匡衡唯《タヽ》此レ、而已《ノミ》ニ非(ス)侍《シ》(去)讀《トク》(入輕)之
490 勞(去)「十二年侍(去)讀之書(平輕)三百巻、春(平輕)卿《ケイ》
491 (平輕)カ五(上濁)更(平)之「問《フン》(去濁)ニ應《キヨウ》(去)セシ
萬(去濁)乘(上濁)其ノ門(ニ)臨(平)幸(上濁)シタマフ

子(上)房《ハウ》(平輕)カ一巻之師爲《シタ》ル萬(去濁)戶(上)其ノ賞
492 ヲ「豐《ホウ》(平輕)大(去)ニセリ　承和之侍讀文章博士菅
493 原淸「公(平輕)卿者車(上)馬(上濁)ニ乘《ノ》テ禁(平輕)中
494 (平)ニ出(入)入(入輕濁)シ　應和之侍讀中「納言大江
維(平)時《ノ》(平)卿(去)者帷《ヰ》(平)幄《アク》(入輕)ニ陪《ハムヘ》テ天(平輕)
495 顏(平濁)ニ昵《チツ》(入輕)近(去)セリ　皆是レ倭「漢(去)
之聖(去)主(上)明王(ノ)[之]文ヲ崇《アカ》メ師ヲ嚴《イツク》シウ
(シ)タマフ[之]異《イ》(平)(上)賞(上)殊(平輕)私(平)(ナ
496 リ)「[也]　況乎《イハムヤ》匡衡文章ヲ以テ公ニ奉ル[之]功《コウ》
497 「猶」(ミセケチ)當時ニ於テ他人ニ「異《コト》ナリ[矣]　御《ヲム》元
服《フク》ノ賀(平濁)表《ヘウ》(上)ニハ松(平)筆(入輕)ヲ染《ソ》メテ[而]
498 千(平濁)年(平)ヲ祈リ「大(去)宗《ソウ》(去)國(入)ノ報書
(平輕)ハ竹(入輕)牒《テフ》(入輕)ニ載《ノ》セテ[而]萬里ニ傳フ　望
499 (ミ)請(ハク)殊(ニ)「天恩(ヲ)蒙(リテ)尾張國所濟ノ
500 功幷ニ侍(去)讀(入輕)ノ勞(去)ニ依(リテ)「件ノ國ノ
守ノ闕ニ拜任セ被レハ將ニ稽古《ケイコ》之力《ツトメ》ヲ知ラムト
《將》(オモ)(再讀)フ
501 匡衡誠惶誠恐「謹言

502 「寛弘六年正月十五日
503 「正六位上行近江掾大江朝臣成基誠惶誠恐謹言
殊(ニ)　天恩(ヲ)蒙(リテ)殿(去)上(平濁)舊(去)
505 勞ニ依(リテ)諸司ノ「助ノ闕ニ拜任(セ)被(レム
504(第30張) ト)「請(フ)狀
506・507 「右成基者中納言贈(去濁)從二位維時卿ノ孫《マコ》參「議正
三位左大辨齊《セイ》(平)光ノ卿ノ男(ナリ)[也]　家門(平)
508 久(シ)ク「累葉之儒(平濁)風(平輕)ヲ傳《ツタ》ヘ父(上)祖
(上)共ニ三(去)代(上濁)之侍讀(入輕)ヲ忝《カタシケナ》ウセリ
509 是《コ、》ヲ以テ「成基幼《イウ》(去)日(入輕濁)自(リ)丁(平輕)年
(平)ニ至(ル)マテ入(リ)テハ丹《タン》(平輕)墀《チ》ニ趍《ワシ》リ出(テ)
510 テハ黌(平)舍(上)ニ遊フ　非藏人トイフヲ「以テ侍
(上)中(平輕)ヲ期シ學問料《レウ》トイフヲ以(テ)茂《ホ》(上濁)才
511 (平)ヲ待《マ》ツ　而(ル)ヲ去(去)「年ノ正月ニ不(上)慮
(平)之外ニ當職ニ拜セ被(ル)　兩(上)箇(上)ノ所望一
512 モ相《ヒ》諧《カナ》ハ「不　爰ニ成基カ[之]不(上)幸(去)ヲ愍《アハレ》フ
者《ノ》ハ故《コトサラ》ニ司(平輕)馬(上濁)ト稱セ不《ス》　其ノ愁ヲ增《マ》サ
513 ムカ「爲(ナリ)[也]　成基(カ)數奇《スキ》(平輕)ヲ嘲《アサケ》ル者《ノ》ハ

514 皆呼《ヨハ》テ窮《キウ》◦(平)◦鳥(上)ト曰フ　其ノ耻ヲ示サムカ「為《メ》
(ナリ)[也]　進(ミ)テ星《1セイ》◦(平輕)楡《ユ》◦(平)ニ近カムト欲レ
515 ハ[則]名◦(平)◦字◦(平)(去)巳ニ[于]「仙◦(平)-籍◦(入輕)
之上ニ削《ケツ》ラル　退(キ)テ猶月◦◦(入輕濁)◦桂(去)ヲ思ヘハ
516 亦交《カウ》◦(平輕)遊◦(平)長ク[于]◦孔(上)　「門◦(平)之中《チ》ニ乖《ソム》
ケリ　豈圖(リ)キヤ門◦(平)塵◦(平)忽ニ五代之家ニ絶《タ》
ヘ窓《サウ》◦(平)(平輕)螢《ケイ》◦(平)(平輕)空(シ)ク三秋之役《エキ》◦(入輕)ヲ
517 「逃《ノカ》レムトハ　老母堂◦(平)ノ前《ヘ》ニ且《カツ》ハ泣《1ナ》キテ◦◦紫(上)
518 (去)◦◦笋《シユン》(上濁)ノ[之]「雪ヲ拂フト雖フ1トモ亡◦◦(平濁)
◦父(上)ノ墓《ツカ》ノ側《カタハラ》ニ何ノ顔《オモテ》アテカ更ニ白◦(入輕)楊◦(平)
519 之風ヲ拜セム　師ニ學フル[之]「道(訓)縱(ヒ)遂ケ不
トモ君ニ事《ツカ》フル[之]職《モトイ》猶達(セ)ムト欲フ　望(ミ)請
520 (ハク)　天「恩(ヲ)蒙(リテ)件ノ官ノ闕ニ拜任1(セ)被
(レ)ム　然ラハ則チ一ノ寸《ソン》◦(平輕)焦《2コカ》《ヤクカ》ル、カ如(キ)ナル
521（第31張）心(訓)胷ノ「中ニ火《ヒ》滅《キ》エ、一年乾《カワ》カ不ル[之]涙《タ》袂《ソテ》ノ上《ヘ》
522 ニ雨収《メヲサマ》ラム　懇「欵之至ニ堪(ヘ)不《ス》　成基誠惶誠恐謹
言
523 「正暦五年　月　日　紀齊名作

524 「正五位下行文章博士大江朝臣以言《モチトキ》誠惶誠恐謹言
特(ニ)　天恩(ヲ)蒙(リテ)先例(ニ)因准(シテ)
526 儒◦◦(平濁)學◦(入)(ノ)◦勞(去)(ニ)依(リテ)「辨官
(ノ)闕左右衛門權佐ノ他官ヲ申ス替ニ兼-任(セラ
525 レムト)「請(フ)狀
527 「右　以言長◦◦保(上濁)三年ニ當職ニ任(セ)被(レ)兼官
528 ヲ給ハ不シテ巳ニ七年ニ「及ヘリ　古今之間未(タ)此
529 ノ例有(ラ)《未》(再讀)　以言《モチトキ》昔丁《シ》◦(平輕)「年◦(平)ニ在
(リ)テ早(ク)甲《カフ》◦(入輕)-科《クワ》◦(平)ニ登ル　蓬《1ホウ》宮《キウ因裏》芸《2ウン》◦
(平)閣《カク》◦御書所(入輕)◦宴《3エン》(去)ヲ賜(ヒ)シ4[之]筵《ロ》ニ必(ス)其ノ
530 「徵《チヨウ》◦(平)辟《ヘキ》◦(入輕)ヲ蒙ル　王◦(平)公◦(平輕)卿◦(平輕)-
◦相《1ウ》(去)詩◦(平輕)ヲ言《2イ》《イフ》フシ[之]◦座《3サ》(上)ニ必(ス)其ノ風◦
(平輕)塵ニ列◦(入輕)ス　才◦(平)◦◦望(去濁)之愚《4ク》◦◦(平濁)◦賤《セン》
531 (去)ナルコトヲ「慙《ハ》ツト雖(モ)未タ風月之◦荷《カ》(去)擔《タム》◦
(平)ヲ免(レ)《未》《ス》(再讀)　彼ノ時ニ當(リ)テ◦著《チヨ》◦(平)
532 (去)◦姓《セイ》(去)ニ「非(ス)シテ[而]公ニ奉ル[之]家《ヘ》才◦(平)
名◦(平)銜《フク》ムテ[而]身ヲ立(ツ)ル[之]徒《トモカラ》(訓)其ノ◦子
533 (上)孫《1ソン》◦(平輕)ヲ「誡《イマシ》ムルニ〻(以)言カ[之]青◦(平輕)雲◦

534 (平)之上ニ到ラムト欲《ス》ルヲ以テス　其ノ「聲°(平輕)譽《ヨ》°
(平)ヲ慕《ネカ》フニ〻(以)言カ[之]已ニ白雪°°(入濁)之中《ウチ》ニ和《クワ》
535 スルヲ以(テ)ス　其ノ「°獻(去)策°(入輕)之後官°(平輕)
班《ハン》°(平)ヲ給(ハ)ラ不《ス》シテ空(シ)ク爵°(入輕)級《キウ》ニ預《アツカ》リ當
536 職之中《ウチ》ニ°兼(去)°官(上)ヲ給《タマ》ワ(ラ)「不《ス》　空(シク)多
年ヲ經タルヲ見《ミ》(ルニ)至(ル)ニ及(ヒ)テ子孫《ソン》°(平輕)ヲ
537 誡《イマシ》ムル[之]人「臍《ホソ》ヲ噬《ク》フテ[而]嘲《アサケ》リ辱《ハ》チシメ聲°(平輕)
譽《ヨ》°(平)(ヲ)慕《ネカ》フ[之]者唇《ノクチヒル》ヲ反《カヘ》シテ[而]叱呵《シツカ》不《セス》トイフ
コト莫シ　謹(ミテ)故實(ヲ)撿(フルニ)°文(去)°°章(上
538 濁)「博士　辨官ヲ兼スル儒士左右衛門ノ權ノ佐ニ居《ヲ》
539（第32張）ルコト踵《クヒス》ヲ繼(キ)テ絶(ユル)コト「無(ク)勝《アケ》テ計《カツ》ウル
ニ遑《イトマ》アル可(カラ)不　方ニ今《マ》　聖主文ヲ好《コノ》ムタマヒ
賢°(平)°相(去)°士(上)ヲ擇《エラ》フ文(ヲ)好(ミ)タマフ[之]
540 代ニ遇《ア》ハ「不《ス》ハ[者][則]何ソ愁《ヘ》ト爲《セ》ム　而(ル)ニ今
541 漢帝「好《ム》文《ヲ》之代ニ遇ヘリ　士ヲ擇フ[之]時ヲ得《エ》不《ス》(ハ)
542 [者][則]何ソ恨《ウラミ》ト爲《セ》ム　而(ル)ニ「今周公《シウ》°(平輕)士ヲ
543 擇フ[之]時ヲ得タリ　望(ミ)請（ハク）天恩「件等ノ
官ニ兼‐任(セ)被レハ聊《イサヽカ》榮°(平)花°°(平濁)ヲ[於]°翰《カム》

544 (去)林°(平)之三°(平輕)春°(平輕)ニ發《ヒラ》イテ將ニ故「實
(ヲ)[於]學°(入輕)°稼《カ》(上)ノ[之]°°萬(去濁)°°代(去濁)ニ傳《ツタ》
エムト《將》《ス》(再讀)　以言誠惶誠恐謹言
545 「寛弘四年二月廿三《ニイ》日日
546 「散位從五位下宮道《ミヤチノ》朝臣°°義(去濁)行°(平)誠惶誠恐謹言
特(ニ)　天恩(ヲ)蒙(リテ)先例(ニ)因准(シテ)安
548 房能登「淡路等ノ國ノ守ノ闕ニ拜‐任(セ)被(レム
547 ト)「請(フ)狀
549・550 「右義行天延元年藏人所ニ候《コウ》シ貞°°(平濁)元〻年ニ「木
工允ニ任ス　當時°°造《サウ》(去濁)°宮《ク》(上)日°°(入濁)夕°(入輕)ニ
551 奔°(平輕)營°(平)ス　天元三年ニ大藏ノ丞ニ遷《ウツ》リ「「任
イ无」°永(上)觀°(平)二年ニ適(タマタマ)　榮°(平)爵°°(入輕濁)ニ預
552 ル　諸司之間ニ十一年ヲ「經《ヘ》　榮爵之後《チ》　十三年ヲ送
553 ル　〻(年)來「輔《フ》°(平)°佐《サ》(上)ノ[之]°居《キヨ》(上)攝《セフ》°(入輕)ニ
相‐當(リ)テ頻ニ理°(平)‐運之推《スイ》°(平)°薦《セン》(去)ニ漏《モ》レタ
554 リ　專[國名]°(平)‐城°(平)望《ミ》遙(カ)ナリ「眼(訓)黄°(平)河°
(平)之日ニ穿《ウ》ク劇《ケキ》°°(入輕濁)官《クワン》°(平)(平輕)病《ヒ》(訓)迫《セマ》ル　身《ミ》
555 °上(去)池°(平)之浪ヲ動ス　之(ニ)「因(リテ)湯《タウ》°(平輕)

療《リヨ》。(平)ヲ加(ヘ)ムカ爲ニ暫ク西。(平輕)。海(上)之溫。(平
556(第33張)輕)泉。(平)ニ向フ　然(ル)間鎭《チン》。(平)「。府(上)ノ都《ト》《1大宰帥》。(平
輕)督《トク》。(入輕)政《マツリコトシヤ》　邪。(平)。淫《イム》。(平輕)(上)多シ　忽ニ吹《スイ》。(平)
557 。。毛《ホウ》(去濁)ノ[之]。論(去)ヲ發《2ヲコ》。(入輕)シテ遂ニ「身ヲ陷《1ヲト》
(ス)　機《ハタモノ》。(平)ヲ張《2ハ》ル其ノ虐《キヤク》。。(入輕濁)殘《サム》。(平)ヲ論スレ
ハ。。乳《シウ》(去濁)ー。虎《コ》(上)ハ猶仁。。(平濁)ー心。(平輕)之獸《ケタモノ》(訓)
558 (ナリ)[也]「其ノ狂《ワウ》。(平)欲《ヨク》。(入輕)ヲ挍《クラ》フレハ貪《タム》。(平)
烏《ヲ》。(平輕)ハ則チ廉《レム》。(平)。。讓《シヤウ》(上濁)ノ禽《トリ》(ナリ)[也]
559 義行。。邊《1ヘン》(去)ー土。。(平濁)ニ「冤《1タシナミ》《エンヲ》。(平輕)ヲ受ケ。上(去)ー天。
(平輕)ニ聽《キ、》ヲ隔ツ2　詞ヲ以テ其ノ是《シ》。(平)ー。非《ヒ》(上)ヲ陳3
(ス)可(カラ)不　使ヲ以(テ)其ノ存。(平)亡《ハウ》。。(平濁)ヲ
560 「訴フ可(カラ)不　張。(平)儀。。(平濁)(ノ)[之]楚《1ソ》。(上)ニ
561 囚《トラ》ハレシ　猶春《ヲノ》ー鸎ノ[之]舌ヲ遺《ノコ》シ蘇《ソ》。(平)「。。武(上濁)カ
[之]胡《コ》ニ沒《イ》シ自《ヲ(ノツカラ)》　秋ノ雁ノ[之]書。(平輕)ヲ託《ツ》ケタリ
562 。古(上)來。(平)冤《エン》。(平輕)屈《クツ》。(入輕)ニ遭《ア》ヘル[之]「者《ノ》未タ
義行カ如キナルハ有ラ《未》《ス》(再讀)　爰ニ去(ニ)シ正
563 暦五年十月ニ事《コト》「。叡《エイ》(去)。。聽《テイ》(上)(去)ニ及(ヒ)テ　議群《キ1クン》。
(平)卿《2ケイ》。(平輕)ニ遍《ネ》シ　都《2ト》。(平輕)督《トク》。(入輕)過《アヤマチ》　有テ義行
564 怠《ヲコタリ》　無キ[之]狀《チ》「僉《セム》議已ニ成ル　[于]斯ノ時ニ當(リ)
テ偶《タマ〳〵》　西。(平輕)。海(上)之濁《タク》。。(入輕濁)浪《ハ》。(平輕)ヲ逃《ノカ》レテ
565 纔ニ東。(平輕)洛。(入輕)之。舊(去)。土(上)ニ「歸ル　池。
(平)魚。。(平輕濁)更ニ江。(平輕)湖《コ》。(平)之中《ウチ》ニ游《ヲヨ》キ籠。(平)
566 。烏(上)「再《1フタ、ヒ》　雲。(平)霄《セウ》。(平輕)ノ[之]上《ヘ》ニ翥《ハウフ》ル　方ニ今《マ》
。聖(去)日。。(入濁)新《アラタ》ニ昇《ノホ》リ淳《2シユン》。(平)風。(平輕)忽ニ反《ヘ》ル、官。
567 (平輕)ヲ「設《マウ》ケ爵。(入輕)ヲ分ツコト。。先(去濁)後。。(平濁)之
568 次《ツイテ》　法《ハフ》ヲ守《1マモ》リ　春ノ雨《メ》秋ノ霜《モ》。賞《シヤウ》(上)罰《ハツ》。。(入輕濁)「之
科《クワ》。(平)克《ヨ》ク諧《カナ》ヘリ　而(ル)ヲ去(ニ)シ冬ノ除目《チモク》ニ下
野《1ノ》守ニ議《キ》。。(平濁)定。。(平濁)スル[之]場《ニハ》ニ西。(平)。府《フ》(上)之
569 事《コト》有(リ)ト2「稱シテ數《1ス》年ノ下﨟《ラウモリ》守忠ヲ以テ超《コ》ヘテ。拜
570 (去)「任。(平)(セ)被ル　今案内ヲ撿(フル)ニ諸卿僉《1セン》議《キ》
571 先《2セン》ー年ニ一ー定ス　都。(平輕)督。(入輕)之「。。任(去濁)仍
(テ)以テ解《カイ》。(平)。替《タイ》(去)然レハ則チ法《1ハフ》ヲ犯《ヲカ》ス[之]者《ノ》已
572 ニ。罪《2サイ》(去)過《3クワ》。(平)ニ伏《4フク》ス「冤《エン》。(平輕)ニ遭《ア》ヘル[之]身《ミ》何
(第34張)ソ連。(平)及。(入輕)有(ラ)ム　加之《(シカノミナ)ラス》　[于]守忠ニ至テ
573 者《(ハ)》義行「敍爵之替《カハリ》ニ拜任スル所ノ者《(モノ)》(ナリ)[也]　其
574 (ノ)勤。勞(去)ヲ計《1カソ》ウルニ。。先(去濁)後。。(平濁)懸《2ケン》。(平)「隔《1カク》。。

(入輕濁)ナリ　而(ル)ヲ朝。(平)。選(上)之間越《タ2コ》エテ。勸《3ケン》
575 (去)賞。。(上濁)ニ預《4アツカ》ル　無。。(平濁)偏。(平輕)之。化《5クワ》(上)、「。兆《テウ》
(去)民。(平)ニ及(フ)ト雖(モ)。不(上)。次《シ》(上)ノ[之]恩。
576 (平輕)濫《ミタリカハ》シク一人ニ加《1ハル》フ復大《タ》藏丞自リ敍。。(平濁)「爵。
(入輕)之者年《ノ》ヲ隔テ、官を給ハル　是(レ)則(チ)近年
577 之訛《クワ》。(平)跡《セキ》。(入輕)ナリ　専ラ「。聖(去)代。(平)之流《リウ》。(平)
。例(去)(ニ)非(ス)　望(ミ)請(ハク)殊(ニ)　天恩(ヲ)
578 蒙(リテ)件ノ「國等ノ「守《イ无》」闕ニ拜-任(セ)被レハ
適《タマ〳〵》。就《シウ》(去)日。。(入濁)之恩。(平輕)光。(平)ヲ戴《1タイ》セリ　將ニ
579 多。(平輕)年。(平)之「沈。(平)困《コン》。(平輕)ヲ慰《ヤス》メムト《將(オモ)》
(再讀)フ　義行誠惶誠恐謹言
580 「長徳二年正月廿一日　作者以言云〻
581・582 「從四位上行大學頭兼周防權守文室《フンヤノ》眞《マ》人《ヒト1》如正《2マサ》　「誠惶誠
恐謹言
殊(ニ)　天恩(ヲ)蒙(リテ)先例(ニ)因准(シテ)式
583 部大輔(ノ)闕(ニ)兼任(セラレムト)「請(フ)狀
584 文章ノ生ヲ「經タル者《モノ》　件ノ官ヲ兼任スル例
585 「源保。(上)光。(平輕)　安和二年大輔(ニ)任ス

本官大内《1大辨イ》記
586 「藤原諸蔭《モロカケ》　延喜五年大輔(ニ)任(ス)
本官大内記
587 「同興範《ヲキノリ》　延喜九年大輔(ニ)任(ス)
588 「南淵《ミナフチノ》年名《トシナ》　嘉祥《カシヤウ》三年少輔ニ任(ス)
天安元年大輔(ニ)任(ス)
589 「藤原諸成　承和七年少輔(ニ)任(ス)
嘉祥二年大輔(ニ)任(ス)
590 (第35張)「右如。。(平濁)。正(去)當職之後十-二-箇-年[于]茲《1コ、》ニ。寮《2リヨウ》
591 (上)「試《シ》。(平)ヲ勤。(平)行。。(平濁)シテ學《3》生ヲ簡《カン》-擇《タク》ス　其
(ノ)掌《サト》ル所ヲ儒《ハカセ シユ》。。(平濁)與《ト》謂(ヒ)テ相《ヒ》-竝《ナラ》ヘリ　何《ナン》ノ優《4イウ》
592 劣《レツ》トイフコト无ク「行《ヲコナ》ヒ來ルコト尚《ヒサ》シ[矣]　加之(シカノミナラス)
[於]文章ノ。生(上)(ヨリ)出(テ)テ此ノ職ニ居《ヲ》ル[之]
593 者《ノ》「古今之間已(ニ)其ノ數《カス》有(リ)　其(ノ)例略《ホヽ》[于]右
594 ニ注《シル 1ノセタリ》セリ　亦「非成業之輩ト雖(モ)加《ヘ》-任セ被(ルル)
595 [之《2》]例有(リ)　[于]昔ノ時ニ當(リ)テ碩《セキ》。(入)-「儒。。
(平濁)朝。(平)ニ滿チ才。(平)名。(平)世ニ聒《カマヒス》シ[之]　古猶《ヘ》
596 此ノ如(シ)　今亦古ヲ模《ホ》ス「然(ラハ)則(チ)何(ソ)必

(シ)モ強[1]《アナカチ》ニ群。(平)儒°°(平濁)之中(ニ)求(メム)　何
597 (ソ)必(シモ)非儒°°(平濁)「之輩(ヲ)弃《ス》ツ可キ　亦時之
斟《シム》。(平輕)酌《シヤク》ニ依(リテ)自(ラ)人之用。(平)捨《シヤ》。(平)有(ル)
598 者《(モノ)》(ナリ)[也]「°°如(上濁)正。(平)年來之間。寮[1]《リヨ》(上)中。
(平輕)ヲ。修[2]《シユ》(上)°°治《チ》[3]《シテ》(上濁)スルカ功。(平輕)續[4]《セキ》(續)。(入輕)尤モ
599 高シ　之ヲ「道理《リ》ニ論スルニ。勸《クエン》(去)°°賞(上濁)ヲ蒙ル
可シ　况乎《イワンヤ》蹤跡《シヨウセキ》有(ル)ニ至(リ)テ何ソ優。(平輕)賞
600 無(カラ)ム「乎《ヤ》　方ニ今堯《マケウ》°°(平濁)日°°(入濁)高ク照[1]シテ
傷《シヤウ》。(平輕)。翅《シ》(上)ヲ[於]恩。(平輕)光。(平)之中《ウチ》ニ刷《カイツクロ》ヒ
601 。舜[2]《シユン》(去)「。海(上)廣《ヒロ》ク澤《ウルホ》シテ枯《コ》。(平)鱗《リン》。(平)ヲ[於]德。(入
602 輕)水之末《ヘ》ニ濯《スヽ》カン　望(ミ)請(ハク)特(ニ)　「天恩
(ヲ)蒙(リテ)件(ノ)官ニ兼-任(セ)被(レ)ハ將ニ明。
(平)時。(平)ノ人[1]ヲ知ル[之]。鑒[2]《カン》(去)ヲ仰《アヲ》(キ)テ彌《(イヨイヨ)》　。老
603 (上)。後(去)奉公之節《誠イ》ヲ「勵《ハケマ》サムト《將《(オモ)》》(再讀)フ　如
正誠惶誠恐謹言
604 「寛弘九年十月廿《二イ》　日
605 「散位従五位上源朝臣爲憲誠惶誠恐謹言
殊(ニ)　天恩(ヲ)蒙(リテ)遠江國ノ所。濟[1]《セイ》(上)ノ

607 功《コウ》。(平輕)幷(ニ)成業ノ「勞ニ依(リテ)美濃加賀等
606 國守(ノ)闕(ニ)拜-任(セ)被(レムト)「請(フ)狀
608(第36張)「右。爲(上)憲。(平)去(ニ)シ正暦二年ニ遠江守ニ拜-任
609 シ長德元年ニ「得替解°°(平濁)-任　去年正月　治國ニ
610 依(リテ)　一階ヲ加フ　抑(モ)沿《エン》。(平)「革《カク》。(入輕)宜《キ》ニ
隨ヒ施[1]《抄イ》。(平)張。(平)時有ル者《ハ》明王之。憲(去)法(ナリ)
611 [也]　法有(リ)テ行《ヲコナ》ハレ「不ルハ古自《ヘ》リ[而]无シ[矣]
612 謹(ミテ)案内ヲ撿(フルニ)去(ニシ)長德元年ノ「八月
諸國ニ下《タ》シ給フ官符ニ　偁《(イヘラ)》ク受領之。吏(上)任國ヲ殘[1]《サン》。
613 (平)-「滅《ヘツ》°°(入輕濁)ス可(カ)ラ不《ス》　其ノ°°狀(去濁)迹《セキ》。(入
輕)ニ隨(ヒ)テ。賞(上)罰°°(入濁)ヲ明ラカンス可シ　同
614 (シ)キ年ノ十二月ニ「重(ネ)テ下サ被[1]《ル(ル)》、官符ニ[左訓
官符(ヲ)下(サ)被テ」偁[2]《(イヘラ)》ク去-任之吏二箇年ノ中ニ公
615 事ヲ究[3]《キウ》。(平)「。濟《セイ》(上)(セ)不(ラ)ム[之]輩其ノ子息敍《ソク》°°
616 (平濁)用スルコトヲ得《エ》不者《テイリ》《テイレハ》　朝議「之興《リ》　公ノ爲《(タメ)》國ノ
爲《(タメ)》内ニハ。緩[1]《クワン》。(平)(去)。怠《タイ》。(平)(去)[2]ノ[之]吏《リ》ヲ誡《シ》メ外
617 ニハ窮。(平)。弊《ヘイ》(去)ノ[之]「民ヲ恤《メク1ム》ト(ナリ)[也]
夫(レ)賞罰之道本ヨリ必ス相莅《ヒ》ヘリ　既ニ誡《カイ》。(平)罰《ハツ》°°

618 （入輕濁）ノ［之］新「令《リヤウ》。（平）ヲ下セリ　何ソ勸。賞（上）之
殊。（平輕）恩。（平輕）无（カ）ラム哉　爲憲拜任之國　初《メ》ハ
619 「其レ凋《テウ》。（平）殘《1サム》セリ　僅《ワツカ》ニ治（上濁）略。（入）ヲ廻ラシテ
適《（タマタマ）》興《クヰヨウ》。（平輕）復《フク》（入濁）セ令ム　是（レ）則（チ）前《2セン》司《シ》
620 任。（平）終《シウ》（上濁）ノ「年ハ國。（入）内ノ作田、千二百餘町
621 ナリ《1》　爲憲《2ノリ》カ任。（平）終（上濁）ノ年ハ見《3ケン》（平濁）-作「三
千五百餘町（ナリ）［也］　又件（ノ）起《1キ》請《シヤ》ノ官符《フ》未タ出
622 （サレ）《未》（再讀）（リ）シ「前《キ》任-中正暦五年ノ十二
月ニ。抄《1セウ》（去）帳。（平）ヲ勘《2カンカ》ヘテ惣《3ソウ》返《ヘン》抄《シヨウ》ヲ受（クル）コト
623 「先ニ畢《1ヌ》（リ）タリ　得。（入輕）。替《タイ》（去）長德元年ノ十二月
624 ニ税《サイ》。（平）帳。（平）ヲ勘（ヘ）テ返。（平）「却《キヤク》（入濁）帳。（平）ヲ
受《1ウ》クルコト又早（リ）ヌ　先後之勤《ツトメ》共ニ時《2シ》。（平）議《キ》（平
625 濁）ニ叶《カナ》ヘリ　而（ル）ヲ去年ノ春　度ミノ闕國ニ「及
（ヒ）テ。舊（去）。吏（上）ヲ拜除（スル）コト惣テ七人　勘《カム》-
626（第37張）帳。（平）之期《コ》「皆爲憲於《ヨ》リ先ナル［之］人《ヒト》无シ　撫《1フン》（去濁）
627 。民。（平）（上）之聞《2キコ》ヘ共ニ［於］爲「憲ニ及フ［之］輩无
（シ）　唯《タヽ》　運之未タ及ハ《未》（再讀）ルニ依（リ）テ
628 忝《1カタシケナ》ク法《2ハウ》ノ［之］行《ヲコナ》ハレ不（ル）ニ似タリ　其（ノ）「後起《1キ》
請ヲ愼《ツヽシ》ムテ公文《2クモン》ヲ勘フル者漸（ク）ニ以テ相加《ヒ（ハ）》ヘル　若
629 シ先《3セン》（去濁）勘《カン》「之人ヲ置《1ヲ》イテ後（平濁）勘。（平）之。吏《2リ》（上）
ヲ用ヰ被《3ラ（ママ）》ヘハ爲憲カ拜官　亦何レノ年ヲカ期《4コ》セム哉
630 「重（ネ）テ事ノ情ヲ案（スル）ニ古《ヘ》ノ［之］良。（平）。吏（上）
爲《タ》ル者《ノ》只合《1カウ》（入輕濁）期《コ》（平濁）見《ケン》（平濁）上（平濁）ス　任。
631 （平）國。（入）「不亡《フハウ》之謂《イヒ》（ナリ）［也］　此ノ二ヲ勤《ツト》ムル
者《ノ》　身自《ミミ（ツカ）》（ラ）富（マ）不《1》　古ニ似《ニ》テ［而］貧《2マツシキ》ナル者《モノ》
632 「今　亦爲憲（ナリ）［也］　加之《（シカノミナラス）》　倩《ツラ〳〵》　延喜天暦二。
633 （平）代（上濁）之。故（去）「事。（平輕）ヲ訪《1トフラ》フニ吏ヲ用《モチ》ヰル
［之］道　先ツ功勞《コウラウ》ニ依（ル）　ミミ（功勞）若（シ）又同《ヒト》シ
634 キトキハ成業《2》「非成業之者ヲ辨《1ワキマ》ウ　去（ニ）シ年《2》正月ノ
635 除目ニ。道（去）路《ロ》。（平）謳《ヲウ》。（平輕）歌《カ》。（平）シテ多ク「皇《1クワウ》。（平
輕）。化《クワ》（去）ヲ美《ホ》ム　其ノ中ニ參河守藤原擧直《2タカナヲ》　越前守
636 同爲「時　各　所望之國ニ任（ス）　是（レ）「則《イ无》」其
637 ノ一（ナリ）［也］　彼（ノ）爲時等若《ラ》シ「前《1セン》（去濁）進《シン》。（平）
士《シ》（平濁）トイフヲ以テ別《2コト》ニ。採《3サイ》（上）。用（去）ニ遇《ア》ハヽ［者］
638 爲憲同（シク）其（ノ）業ヲ成セリ矧《4イハム》ヤ久（シ）ク「。道
（去）「之」（ミセケチ）。嶮《ケム》（上）ヲ嘗《ナ》メタルヲ乎《ヤ》　若（シ）舊

639 藏人式部丞《1フノ》トイ《2》フヲ以テ自《ヲ》(ラ)哀《3アイ》。(平輕)憐《レム》。(平)ヲ蒙ラ
640 ハ「[者]爲憲《1ノリ》皆其ノ職ヲ歷《ヘ》タリ　矧《2イワン》ヤ。天(去)祿《ロク》ノ
[之]朝。(平)ニ仕《ツカ》ヘタルヲ乎《(ヤ)》　既(ニ)シテ[而]「「卽《イ无》
(ミセケチ)」任國ヲ興《1コウ》。(平輕)復。。(入濁)スル[之]。治《チ》(上)
641 術《シユツ2》。(入)人。(平)。口《3コウ》(上)自《ヲ》(ラ)傳《4ウ》(ヘ)タリ　公文ヲ勘。
(平)。濟《5セイ》(上)スル年。(平輕)「月。。(入輕濁)帳ノ面ニ既ニ明
(カ)ナリ　一身ヲ以テ三-功ヲ兼(ネ)タル者《ノ》。去今年《1キヨコム》ノ
642 間「爲憲而-已《ナラクノミ》　若(シ)今《コ》ノ春之拜任ニ預《1アツカ》ラハ定テ去
643（第38張）年之「謳《1ヲウ》。(平輕)歌《カ》。(平)ヲ繼《ツ》カム　望(ミ)請(ハク)　天
恩件ノ闕ニ任《2》(セ)被(レ)ハ當時後代ヲ使《シ》テ我カ后《キミ》ノ
644 。吏(上)ヲ擇《エラ》ムタマフ[之]明。鑒《3カン》(去)ヲ「仰カ《使《1シ》》(再
讀)メム　爲憲誠惶誠恐謹言
645 「長德三年正月廿三日　　三條天皇御時
646・647 「從《狄政申官爵イ》五位上行勘解《1ケ》由次《2シ》官三善朝臣道統《トウ》《ムネ》誠惶誠「恐謹言
特(ニ)　恩恤《シユツ》ヲ蒙(リテ)先例ニ因《1》准シテ辨官「右
649 (ミセケチ)衞門權「佐(ノ)闕ニ。擧《1ケウ》(上)達《タツ》。。(入輕濁)
648 (セ)被(レムト)「請(フ)狀
650 「右。道(去)統。(平)謹(ミテ)。史《シ》(上)《史記名1》。漢(去)ヲ披(キ)テ

651 倩《ツラ〳〵》昇《セウ2》。(平輕)沈ヲ見(ル)ニ　。韓《カン》(去)。信(去)ハ昌《シヤウ》。(平
輕)亭《テイ》。(平輕)ノ[之]「。。餓《カ》(上濁)。隷《レイ》(去)ナリ、[也]「點
本巧」(ミセケチ)蕭《1セウ》。(平輕)。相《シヤウ》(去)國。(入輕)ニ遇《2ア》フテ
652 [而]名ヲ知(リ)シヨ《3》リ長。(平)卿《ケイ》。(平輕)ハ臨。(平)「邛《クキヨウ》。。
(平濁)ノ[之]食《シヨク》。(入)-客《カク》。(入輕)ナリ[也]　楊《1ヤウ》。(平)得《トク》。(入
輕)意《イ》。(平)ニ依(リ)テ[而]達《2タツ》スルコト《3》有リ　百。(入輕)
653 。里(上)奚《ケイ》。(平)カ牛。。(平輕濁)「羊《1ヤウ》。(平輕)之甦《ハチ》　主以テ。顯《2ケン》
(上)-。位《イ》(上)ニ進《3ス、》メ東方朔《4サク》カ。虎《5コ》(上)。鼠《ソ》(上)ノ[之]論
654 人「以テ。。美《1ヒ》(上濁)談《タン》。(平)ト爲ス　盖《ケタ》シ是レ知(ル)ト知
ラ不《サ》ルト[與]用(ヰ)ルト用《2モチ》イ不(ル)與《ト》(ナリ)[也]
655 。道(去)「統《1トウ》。(平)再(ヒ)龍。(平)門。(平)ニ登《2ノホ》リ再《3フタ、》ヒ紅《3コウ》。
656 (平)。桂《ケイ》(去)ヲ折《ヲ》ル　天曆七年ニ進《4シン》士《シ》及「第　應和二年
秀《1シウ》才及《2キウ》。(入)-科《クワ》(平)　二《ニ》。省《シヤウ》(上)ノ[之]。勞(去)六年之
657 「內色《チ》〻ノ。公《クウ》(去)務《ム》。(平)一〻ニ懈《ヲコタ》ルニ匪《アラ》ス　敍。(平)用。
658 (平)之後(訓)分《1受領》。(平輕)憂《2イウ》。(平輕)「例ヲ待《マ》ツ　而(ル)ヲ安
和二年ニ故《1コ》。左(上)-。相(去)-。府《フ》(上)薨《コウ》。(平)卒《シユツ》。(入輕)ノ
659（第39張）[之]日《2》　卽チ大「學ノ頭ニ任ス　本望《マウ》遂《ト》ケ不シテ落《1ラク》
660 淚《ルイ》留《2ト、マ》ラ不　天延二年ニ更ニ「當職《1》ニ弃《ス》テラレ讒《サム》。(平)

圖《ハカ》ラ不（ル）ニ出テ、例非《2ヒ》常《シヤウ》（上濁）ニ有（リ）　愁《3シウ》（平
661 輕）｜吟《キム》（平）ノ[之]處ニ蒲《ホ》（上）柳《リウ》（上）「七（入輕）｜秋
（平）荷《カ》（平）裳《シヤク》（平）業ニ非ス　何ソ名ヲ[於]東（平輕）海
662 （上）之東《シ》ニ遁《1ノカ》レム　蘿《ラ》徑《ケイ》（去）深カル「應《ヘ》シ　誰カ跡《1アト》ヲ
[於]北山之北ニ晦《クラ》ウセム　堯舜《シユン》之代《ヨ》ニ生《2ウマ》レタリト雖
663 （モ）「未タ比《1ヒ》（平）屋《ヲク》（入輕）ノ[之]封《ホウ》（平輕）ニ遇《2ア》ワ《未》《ス》
（再讀）夷《イ》（上）齊《セイ》（平輕）ノ[之]廉《レム》（平）ニ非（ス）ト雖
664 （モ）已ニ薇《3ワラヒ》ヲ採《4ト》ル[左訓、採薇《サイヒノ》]「[之]餓《ウヘ》ニ及ヘリ　心
拙《1ナ》ウシテ慮《オモムハカリ》《2ヲモヒヲ》ヲ焦《コカ》ス　北門長（平）鋏《ケフ》（上）ノ[之]歌ヲ
665 學ヒ難シ　身苦《ミクルシ》ムテ「孤《1コウ》（平輕）貧《ヒン》（平）ナリ　唯《タ、》南（平）
山（平濁）短《タン》（上）衣《イ》（平）ノ[之]曲（平輕）ノミ有リ　殿《2テン》
666 （去）下《カ》（平濁）黄（平）陂《ハ》（平）色ヲ潤《3ウルヲ》シ「許《キヨ》（上）｜月（入濁）
光ヲ朗《ホカラカ》ニス　情（平）峯《ホウ》（平輕）之峻《1サカ》シキコト嵩《2ス》（平）衡《カウ》
（去）ニ類《3ルイ》ス　細《セイ》（去）壤《シヤウ》（上濁）ヲ讓《4ユツ》ラ不《ス》　智（去）水
667 （上）「之深《1フカ》キコト江（平濁）海（上）ノ如シ　寧（ロ）纖《セム》
（平）流《リウ》（平）ヲ嫌《2ツタ》ヘムヤ　尺《セキ》（入輕）壁《ヘキ》（入輕）ヲ珍《タカラ》トセ不
668 周《3シウ》（上）公《コウ4》（去）吐《ト》（上）「飡《サム》（平）ノ[之]勞《ラウ》（去）唯《タ、》寸《ソン》（去）
陰《イム》（平輕）ヲ重《ヲモ》ムス　荀《シユン》（平）氏《シ》（上）累《1ルイ》（上）席《セキ》（入輕）之座《サ》
669 （去）、微《ヒ》ヲ拔《ヌキ》イテ「滯《1テイ》（去）ヲ起《ヲコ》ス　鑒《2カン》（去）ノ「拯」（ミセ
ケチ）秋（平輕）毫《3クワウ》（平）ニ極《4キワ》メ善《5セン》（去）ヲ誘《6ス、》メ能《ノウ》ヲ簡《エラ》フ
670 照《7セウ》（去）ヲ曉《8ケウ》（上）｜月ニ明カンス　仍（テ）「布《ホ》（上）鼓《コ》
（上）ノ[之]性《1セイ》（去）ヲ以テ忝《2カタシケナ》ク雷《3ライ》（平）門（平）之聽《キ、》ヲ驚
カス　枯《コ》（平）鱗《リン》（平）（ノ）[之]轍《テツ》ニ臥《フ》セルカ如（シ）
671 心ヲ[於]恩（平輕）波《ハ》（平）ニ「投《トウ》ス窮《1キウ》（平）鳥（上）（ノ）
[之]懷《フトコロ》ニ入ルニ似タリ　思ヲ[於]惠《クヱイ》（去）露《ロ》（去）ニ
672 懸《カ》ク「望（ミ）請（ハク）特（ニ）恩恤《シユツ》（ヲ）蒙（リテ）件ノ
闕ニ擧《キヨ》｜達セハ一顧《コ》（上）ヲ[於]駑《ト》（平濁）蹇《ケン》（上）ニ加ヘ
673 テ「便《1シメ》チ絕《セツ》（入輕）塵《2チン》（平輕）之譽《ホマレ》ヲ傳ヘ餘《3ヨ》（平）慶《ケイ》（去）ヲ
674 [於]子（上）孫《4ソン》（平輕）ニ及シテ須ク高（平輕）門（平）「之
胤《1イン》（去）ヲ期ス《須》（再讀）シ　然（ラハ）則（チ）病《ヘイ》（去）｜
雀《2シヤク》（入輕）花ヲ飡《クラ》フテ羽《3ウ》（上）翼《ヨク》（入輕）ヲ[於]暖《タン》（上濁）
675 雨《ウ》（上）ニ生《ナ》シ寒（平）鶯《アウ》（平輕）谷《4タニ》ヲ「出テ、恩（平輕）
呴《ク》（去）ヲ[於]春ノ風ニ戴《イタ、》カム　道統誠惶誠恐謹言
676 「天元三年正月　日
677（第40張）「申讓爵
678 「従五位下行曆《コヨミノ》　博士賀茂朝臣保憲誠惶誠恐謹言

679・680 殊(ニ)　天慈(ヲ)蒙(リテ)所帶ノ榮爵ヲ以テ。親
(去)。。父(上濁)正六位「上忠行(ニ)讓(ラム)ト「請
(フ)狀
681 「右。父(去)兄《クヱイ》。(平)ニ先《サキタ》テ[而]爵。(入輕)ヲ帶《ヲ》フル　古人
682 之ヲ耻ツ　今モ亦之ヲ耻《1ハ》ツ　「榮。(平)班《1ハン》。(平輕)ヲ推《ヲ》シ
テ[而]親。(平輕)ニ讓ル　賢。(平)。者(上)之ヲ思フ　愚モ
683 亦之ヲ思フ　。親(去)。。父(上濁)忠「行心古今ヲ尋ネ學。
(入輕)。倭(上)唐《1タウ》。(平)ヲ兼(ネ)タリ　七。(入輕)ー略《リヤク》。(入)ヲ
訪《トフラ》フテ[而]門。(平)ー。戸《コ》(上)ヲ叩《タ、》キ　。九(上)ー流。(平)ヲ
684 「渉《1ワタ》テ[而]。淺《2セン》(上)深《シン》。。(平濁)ヲ酌《ク》ム　學。(入輕)ヲ嗜《タシ》フ
685 [之]情老(イ)テ[而]彌《(イヨイヨ)》篤《アツ》シ　。保(上)「。憲(去)庭ヲ
過《ヨキ》ル日淺《1アサ》シ纔《2》ニ推《スイ3》。(平)。歩《ホ》(上)ヲ[於]一。(入)隅《4ク》。。(平濁)ニ
686 窺《ウカ、》フ　。奉(去)公。(平輕)。勞(去)成《ナ》テ「已ニ榮。(平)爵。。(入
輕濁)(ヲ)三。(平輕)朝。(平)ニ忝(ク)セリ　而(ル)ヲ。老
687 (上)。父《フ》(上)齡《ヨハヒ》傾《カタフ》イテ青《セイ》。(平輕)衫《サム》。(平)「[於]柴《サイ》。(平)。扉《ヒ》
(上)ノ[之]裏《ウチ》ニ改《1アラタマ》ラ不　愚《2ク》。。(平濁)。子(上)年少《ワカ》シ　朱《3シウ》。
688 (平輕)衣《イ》。(平)漫《ミタリカハ》シク[於]周《4シウ》。(平輕)行。(平)「之間ニ曳《ヒ》
ク　曉夕ノ溫《ヲン》。(平輕)。淸《セイ》(上)進退歩《1アユミ》(訓)ヲ失《2ウシナ》フ　爰《3コ、》ニ
689 蒲《ホ》。(平)ー。柳(上)秋ヲ經《ヘ》テ[而]「彌《(イヨイヨ)》脆《モロ》ク。水《1孝養之詞》(上)
菽《シク》。(入輕)日ヲ幷《アハ》セテ[而]屢《2シハ、、》(訓)空《3ムナ》シ　忠。(平輕)誠《4セイ》。(平)
690 ヲ[於]天闕ニ盡(サム)[之]「年ハ長ク。孝(去)。養(上)
ヲ[於]私《1シ》。(平)門。(平)ニ致サム[之]日ハ短《2ミシカ》シ　方ニ今
691 。聖(去)。上(去)。上(去)已ニ孝《カウ》ヲ「以(テ)天下ヲ治《ヲサ》メタ1
マフ　臣。(平)。下(去)何ソ孝ヲ忘(レ)テ。心(去)。。中(上濁)
692 ニ留《ト、》メム　望(ミ)請(ハク)　「天。(平輕)慈《1シ》。(平)曲《2マ》ケテ
哀《3アイ》。(平輕)矜《キヨウ》。(平)ヲ降《4クタ》セ　此ノ朝。(平)請《セイ》。(平輕)ノ[之]名
693 ヲ以(テ)今《5》。。暮(去濁)年。(平)「之父《チ、》ニ讓ラム[イ、讓ラ
令メム」　然(ラハ)則(チ)父ハ榮。(平)班《1ハン》。(平輕)ニ登(リ)
694(第41張) テ五品之。號《2ナ》(去)ニ誇《ホコ》ルコトヲ得《エ》　子ハ「初《1ソ》《メ》ノ服《2フク》。(入輕)
ニ返(リ)テ猶　萬。戸(上)之侯《コウ》。(平)ニ勝《マサ》ラム　親《3シン》。(平輕)
695 ヲ思フ[之]志《4コ、ロサシ》ニ勝《タ》ヘ不　保憲「誠惶誠恐謹言
696 「天曆六年四月廿七日　　左大辨大江朝綱作
697 「從四位上藤原朝臣明子誠惶誠恐謹言
殊(ニ)　天恩(ヲ)蒙(リテ)前例(ニ)因准(シテ)所
699 帶ノ爵ヲ停(メ)被(レテ)男「右少辨從五位上藤原
698 朝臣。佐(去)時。(平)ニ一1階ヲ加ヘ令(メ)ムト「請

(フ)牀
700 「右　明子　天慶《1キヤウ》ヨリ以來《コノカタ》　久(シク)先(去)朝(平濁)
701 ニ奉《ツ》ル　青(平輕)閣《カク》ニ遊ムシ自《ヨ》リ紫《シ》(上)臺《タイ》(平)ニ「宴《1エン》
(ス)ルニ至(ル)マテ卅餘箇年幸《2サイワイ》ニ御匣殿《ミクシケ》ノ別當之
702 「號(去)ヲ忝(クスル)コトヲ得タリ[矣]　謙《ケム》(平輕)恭《クキヨウ》
(平)ヲ好《1コノ》ンテ[以《而イ》]衣《モ》貳《2フタツ》ノ采《イロ》無シ　花ヲ剪《キ》リ波《3シワ》ヲ熨《ノ》ス
703 コトヲ罷《ヤ》ムト雖(モ)禮《4レイ》(上)法(上)ヲ「守(リ)テ以《1イ》服《フク》
(入輕)四(去)時《2シ》(平)ニ隨フ　染《セム》(上濁)人(平濁)工《コウ》(平)
704 女(上濁)ヲ弃《3ス》テ難《4カタ》シ叡《エイ》(去)智《チ》(上)ノ照ス「所　其ノ
勤ヲ虚《ムナ》シウセ不《ス》　洪《コウ》(平輕)私《シ》(平)ノ加フル所　漸(ク)
705 ニ此《コ》ノ爵(入輕)ヲ高ウス　内ニハ「槐《1クワイ》(平)門(平)餘《2ヨ》
(平)慶《ケイ》(去)ヲ流《3ナカ》シ外ニハ梧《コ》(平濁)岫《シウ》(去)ノ[之]遣《4イ》(平)
706 恩(平輕)ヲ戴《イタ、》ク　以《モ》テ老《5ヲイ》ヲ終《ヲ》ウ可シ　亦「何《ナニ》ヲカ思
(ハ)ム哉《ヤ》　然而《(シカレトモ)》　妾《セフ》カ生《ウ》ム所ノ男《1ナン》三人有(リ)長(上)
707 子《2シ》(上)佐(去)時(平)「次《ツキ》ノ子佐《スケ》《サ》(去)理《マサ》(上)少(去)子
(上)延《エン》暦寺「僧[1]イ」明《2メイ》(平)照《セウ》(去)是(レナリ)[也]　明[3]
708 照少《ワカ》ウシテ台《タイ》(平)「嶺《レイ》(上)ニ登《ノホ》テ早ク比《ヒ》丘《ク》爲《タ》リ　佐
709 (去)理《1マサ》(上)復《タ》　右兵衛ノ佐ヲ辭《2シ》シテ胥《コシ》ニ龍(平)「泉
(平)ヲ解《ト》キ　心《ロ》鷲《1シユ》(平濁)窟《クツ》(入輕)ニ入ル　報《2ホウ》(平)恩
710 (去)眞實《3シンシツ》之理《コトハリ》ヲ說《4ト》クト雖(モ)至《5シ》(上)孝《カウ》(平)(去)皆白
(入輕)花(平)之篇(平輕)ヲ「忘(レ)タリ　爰(ニ)妾カ
衰邁《スイマイ》ヲ悲シヒ妾(入輕)カ寒(平)溫(平輕)ヲ問フ者《ノ》二
711 (第42張) (去濁)「三(平輕)子(上)之中《カ》ニ獨《リ》佐時而已《(ナラク)ノミ》　老(上)
712 後(去)黷《トク》(入輕)ヲ舐《ネ》フル[之]心　俗《1シヨク》ニ別《ワ》カ「不《ス》ト雖
(モ)而(モ)公《ク》(去)庭《テイ》(上濁)ニ爵(入輕)ヲ讓ル[之]思豈《ヒ》
713 僧ヲ顧《1カヘリ》ミムヤ　加之《(シカノミナ)ラス》　春(平輕)「秋(平輕濁)已ニ七
(入)旬(平)ニ及ヒ晨《シン》(平)昏《コン》(平輕)亦一子ニ携《タツサ》ハル　凍《トウ》
714 (去)梨《リ》(上)ノ膚《1ハタヘ》冷《スサマ》シキ[之]「夜《ヨ》ノ席《ムシロ》更ニ佐時カ鋪《シク》ニ
依(リテ)[而]溫《ヲン》《1アタ、カナルコトヲ》(平輕)ヲ取《ト》ル　水菽《シク》齒《ハ》寒キ[之]朝ノ[2]
715 「飡《サム》(去)常ニ佐時カ勸《ス、メ》ヲ待(チ)テ[而]味《1アチワイ》ヲ兼(ネ)タ
716 リ　嗟呼《ア、》　浮《2フ》(平)生(去)將ニ目ノ「前ニ盡(キ)ナム
ト《將》《ス》(再讀)　若シ目ヲ悅《1ヨロコ》ハシムル[之]恩(平輕)涯《2カイ》
(平輕濁)ヲ隔《3ヘタ》テハ宿念《4テム》(去濁)忘レ不[5]シテ身ノ後ニ恐《6ヲソラク》ハ
717 身ヲ[7]「轉(平)(スル)[之]覺路《ロ》(上)ヲ妨《サマタ》ケムコトヲ
此(ノ)事ヲ思フ毎《コト》ニ夢驚《ヲトロ》ヰテ涕《ナムタ》零《ヲ》ツ　方(ニ)今謹
718 (ミ)テ故實《コ》ヲ「訪《1トフラ》ウニ或(イ)ハ官(平輕)或(イハ)爵

(入輕)。父(去)子遞《タカヒ》ニ「相」(ミセケチ) 讓ル[之]例 古
719 今勝《2アケ》テ數《カソ》フ可(カラ)「不 望(ミ)請(ハク)殊(ニ) 天
恩(ヲ)蒙(リテ)彼《カ1》ノ。例《レイ2》(去)ニ因准シテ早《3ハヤ》ク明子カ
720 [之]四品ヲ「停《ヤ》メテ佐時之一。階(上)ヲ加ヘ被(レ)ム
721 然(ラハ)則チ子ハ「悅《1ヨロコ》ンテ[而]母ヲ見ムコト西《セイ》。(平輕)
｜巴《ハ》。(平)カ林(訓)ニ放《ハナ》シ(シ)[之]麑《2カ》鹿子(上)コ(平濁) ニ異《3コト》ナラ
722 不《ス》 弟《ヲト、》ハ來(リ)テ[而]「兄《コノカミ》ヲ。禮《1レイ》(上)セムコト猶南《2ナン》ニ
翔《カケ》《シヤウカ》リ。塞《サイ》(去)ヲ去ル[之]雁《3カリ》ニ同(シカ)ラム 。悲《ヒ》(上)
723 。愛《アイ》(去)。懇《コン》。(平4輕)(上)篤《トク》。(入輕)(入5)之「情ニ任《1タ》ヘ不《ス》 明
子誠惶誠恐謹言
724 「天延四年正月一日 源順作云〻
725 「申 學問料
726 「從五位上「守」(ミセケチ) 右少辨菅原朝臣文時誠惶誠
恐謹言
殊(ニ) 天恩(ヲ)蒙(リテ)學問料ヲ男。無《ム》(上)位。
727 (平)ノ惟《ヰ》 濈《キ》《1コレヨシヒロ》ニ 給ハ被(ムト)「請(フ)狀
728 (第43張) 「右 文時謬《1アヤマ》テ儒。。(平濁)｜。胤《イン》(去)トイ《2》フヲ以テ叨《ムサホ》テ虛。
(平輕)名。(平)ヲ揚《ア》ク 風《セ》(訓)箕《キ》。(平)裘《3キウ》。(平)ヲ吹《フ》ク 卽

729 チ「。好《1カウ》(上)文。。(平濁)之君ノ惠《メク》ムタ《2》マフ所ナリ 塵《チリ》(訓)
。書《3シヨ》(上)｜籍《シヤク》。。(入濁)ヲ遺《ノコ》ス 。。成(去濁)業之子ニ非スハ誰
730 カ「傳(ヘ)ム。今件(ノ)惟《1コレヨシ》濈。。藝《ケイ》(去濁)｜。圃《ホ》(上)初(メ)
テ耕《タカヘ》シ詞《シ》。(平)｜源《ケン》。。(平濁)漸(ク)ニ討《タウ》ス 其ノ才劣《レツ》。(平)
731 ナリ「[焉] 。至《シ》(去)愚《ク》。。(平濁)之。老(上)｜。父(上)ニ似(タ)
リト雖(モ)其ノ。祖《ソ》(上)顯《アラハ》レタリ[矣] 誠ニ是レ前《1セン》。(平
732 輕)賢。(平)「之末《1ハツ》。。(入輕濁)孫《ソン》。(平輕)ナリ 況(ヤ)此(ノ)
料《2リヨシ》。(平)之始《メ》 當。(平)。家《ケ》(上)自《ヨリ3》リ起《ヲコ》レリ。高(去)。祖(上)
733 。。父(上濁)從「三位淸。(平)公。(平輕)朝臣。兄(去)｜弟。。(平
濁)四人一。(入)時。(平)ニ共《1トモ》ニ給(ハ)ル是レ(ナリ)[也]
734 「望(ミ)請(ハク) 天裁殊ニ恩給《裕ク》ヲ垂《タ》レテ穀《コク》。。倉《サウ》(上濁)
院ノ月《クワツ》 料ヲ賜(ハ)被《レ》ハ彼《カ》ノ。照《セウ》(去)｜松。(平)ノ[之]勤《ツトメ》
735 ヲ資《タス》ケ「令メム 文時誠惶誠恐謹言
736 「天曆十年十一月 日
737・738 「正四位下行式部大輔兼文章博士菅原朝臣文時「誠惶
誠恐謹言
殊(ニ) 天恩(ヲ)蒙(リテ)穀倉院ノ學問料ヲ男無《1》
739 位ノ輔昭《スケテル》ニ給ハ被(ム)ト「請(フ)狀

740 「右　文時爵已ニ四品儒。。(平濁)軄。(入)二ヲ兼(ネ)タリ
741 古來之人　尤(モ)希《1ケウ》-有ナリトスル「所ナリ　是以《(ココヲモ)》テ
文時齡《ヨワヒ》ノ[之]衰。(平)。老(上)セル歎《1ナケ》ク可(シ)ト雖(モ)
742 家之「請《1セイ》(清)。(平輕)虛《キヨ》。(平)ナル愁フ可(シ)ト雖(モ)夙《2シク》夜之
忠。(平輕)ヲ竭《3ツク》サムカ爲ニ猶筆。(入輕)硯《ケン》。。(平濁)ノ[之]
743 「役《ヤク》ニ纏《マツ》ハル　但シ業。。(入輕濁)弓《キウ》。(平輕)裘《キウ》。(平)ニ有リ
未《1》タ子ニ傳(フル)ニ能ハ《未》(再讀)　此ノ一事ヲ念《ヲモ》
744 フニ。。五(上濁)。。內(去濁)聊《ヤス》キコト「無シ　伏(シ)テ案內
ヲ撿(フル)ニ文章得。(入輕)業。。(入輕濁)。生(上)新(タ)ニ
745 給《キフ》-「料。(平)ノ[之]學。生(上)ニ補《フン》(セ)被(レ)ムト欲《ス》
隨(ヒ)テ則(チ)闕有(ル)可(シ)方(ニ)今。輔(上)。昭
746 (第44張) (去)カ風月。。(入濁)之才父ニ「似《ニ》テ灝《アサ》シト雖モ文時カ。旦
747 (去)暮。。(平濁)之淚《1ナンタ》　子ヲ思フニ彌《(イヨイヨ)》　深《フカ2》シ去年「豫《アラカシ》メ
。懇《コン》。(平輕)《1》(上)望。。(平濁)ヲ企《2クワタ》テ、中。(平輕)。懷《クワイ》(去)ヲ。上
(去)-聞《4フン》。。(平濁)スルコト早ク畢(リ)ヌ　同《5トウ》。(平)房《ハウ》。。(平濁)
748 諸儒。。(平濁)(ノ)[之]各其ノ子ヲ「言《イ》フ者《ノ》猶亦連署《1シヨ》。。(平
濁)シテ擧奏《2ケウソウ》スル所(ナリ)[也]　望(ミ)請(ハク)　鴻《コウ》
749 恩「殊(ニ)憐《レン》。(平)恤《シユツ》。(入輕)ヲ垂(レ)テ件ノ輔昭ヲ以テ

750 宣旨ヲ下(サ)被テ彼《カ》ノ院「料ヲ給(ハ)ラハ門風。(平輕)
ヲ扇(カ)令《シ》メム　文時誠惶誠恐謹言
751 「康保二年　月　日
752・753 「正四位下行式部權大輔兼文章博士大江朝臣匡衡「誠
惶誠恐謹言
穀倉院ノ學問料ヲ給ハ被テ六代ノ業ヲ男蔭《ヲン》。(平)
755 孫《ソン》。。(平輕濁)「。無《ム》(上)位。(平)ノ能公ニ《トモニ》繼《ツ》カ令(メ)ム
754 ト「請(フ)狀
756 「右　伏(シ)テ故實ヲ撿(フル)ニ菅原大江。兩《1リヤウ》(上)。氏《シ》
757 (上)文章院ヲ建立《2コンリウ》シテ東西曹《サウ》。。(平濁)司《シ》。(平)ヲ「分《1フン》-別《ヘツ》セ
リ　其ノ門徒《ト(ト)》、爲《シ》テ儒學。(入輕)ヲ習ヒ。氏(上)姓《2セイ》。(入輕)
758 ヲ著《アラ》ハス「者《ノ》。濟《1セイ》(上)。。〻(上濁)トシテ[于]今《2イマ》ニ絕《タ》ヘ不
斯ニ因(リ)テ此ノ兩家ノ[之]門。(平)業。。(入輕濁)ヲ傳ウ
759 ル才不才ヲ論(セ)「不　年。(平輕)。齒《シ》(上)ニ拘《カ、ハ》ラ不《ス》　菅
760 原爲紀《ノリ》　七代トイ《1》フヲ以テ。擧(去)ニ「。應《キヨウ》(去)ス　其
(ノ)時高岳《タカヲカノスケ》　相。(平)如《ユキ》。。(平濁)賀茂保胤《1タネ》トイ《2》フ者《ノ》有リ
761 「才ニ當《ト》メリト雖(モ)爭《アラソ》ハ不　大江。定(去)基。(平)五代
762 トイ《1》フヲ以(テ)仁ニ當ル　其ノ時《キ》　田「口齊《ノセイ》。(平輕)

763（第45張）名《メイ》。(平)弓削《ユケノ》。。(平濁)。以(上)言。。(平濁)トイフ1者《ノ》有(リ) 文
ニ工《タクミ》ナリト雖(モ)競《キヲ》ハ不[矣] 夫《カクノ ソレ》然《コトキ シカレハ》ハ「則チ。累《1ルイ》
(上)代ノ者《ノ》ハ重《ヲモ》ムセ見《ラ》レ起《キ》-家《ケ》ノ者(ハ)輕《2カロン》(セ)見ル
764 (、)コト明(ナリ)[矣] 方(ニ)今能《ヨシ》「公《トモ》窓《1マト》ニ聚《アツ》ムル
[之]螢《ホタル》漸(ク)ニ。蠹《ト》(上)簡《カン》。(平)ヲ照ス庭(ヲ)過《2ヨキ》ル[之]
765 鯉《リ》志《シ》龍「門ニ在リ 若《1モ》シ吹《スイ》。(平)噓《キヨ》。(平輕)セ不《ス》ハ何ソ
成《2セイ》。(平)-立《リウ》。(入)ヲ期セム 望(ミ)請(ハク)鴻。(平)-慈。
766 (平)(ヲ)蒙(リテ)「。先(去)。例(上)ニ因准(シ)テ早ク。1
燈(去)燭《シヨク 2ソク》。(入)(ノ)料(ヲ)賜ハテ箕裘《キキウ》ノ[之]業。。(入輕濁)
767 ヲ繼《3ツ》カ令《4シ》メム 懇《コン》「欵《クワン》ノ[之]至ニ勝《タ》ヘ不 匡衡誠惶誠
恐謹言
768 「長保四年五月廿七日大江匡衡
769 (一行分空白)
770 「本朝文粹巻第六
(奥書) 延慶元年十一月十八日依少人之芳命
染禿筆早　　狱筆沙門禪兼
(別筆)「長春丸之」

訓讀注

409—1 「越前尾張」一部蟲損。
410—1 「ノ」一部蟲損。
410—2 「國守」ノ下ニ「闕」アリ、左傍ニ縱線ヲ施シ、「イ無」トアル。訓點ニ據リ「闕」ヲ除イテ訓讀ス。
410—3 「兼任」一部蟲損。
412—1 「コウセイ」ハ朱書。
418—1 「ヲトント」ニ朱合點アリ。
420—1 「齊タ、」ノ右傍「齊」。
421—1 「兼」は右傍補入。
424—1 「敍位」「勞」一部蟲損。
425—1 「箇」ノ左傍ニ縱線ヲ施シテ「イ無」トアリ。
426—1 「シヨ」ハ追筆假名。「シヨ」はモトノママ。
427—1 「ハイ」ハ追筆假名。
429—1 「ス、ンテ」ノ踊字ハ追筆。
430—1 「シタツ」ハ一部蟲損。
431—1 「ケン」は追筆假名。
432—1 「ノ」ハ朱書。

437—1「ヨク」ハ追筆假名。

437—2「ニカ」一部蟲損。

438—1「サネスケ」ハ追筆假名。

439—1「クウ」ハ追筆假名。

439—2「セウ」ハ追筆假名。

439—3「サウサク」ハ追筆假名。

440—1「スケ」一部蟲損。

441—1「ケイ」ハ追筆假名。

441—2「ノ」ハ追筆假名。

441—3「シイウ」ハ追筆假名。「雌」ニ平聲經點ト上聲點トアリ、上聲點ニ合點アリ。

441—4「ケツセンニ」ハ追筆假名。

442—1「ヤス」ハ追筆假名。

442—2「ヲク」ハ追筆假名。

443—1「ハ」一部蟲損。

444—1「フシヤウ」ハ追筆假名。

445—1「ヌキテタマフコト」ハ追筆假名。「タマフ」ハ原本「玉」。「拔」ノ左傍ニ縦線アリ、上欄ニ追筆ニテ「擢《ヌキテ》玉事」トアリ。

445—2「ハ、カ」ハ追筆假名。

445—3「クワウ」ノ「ウ」ハ「カ」ニ重ネ書。

446—1「累」ニ去聲點ラシキアリ朱汚カ。

450—1「并」ノ訓法ハ古クハ「アハセテ」ナレド、鎌倉時代ノ當時ハ「ナラビニ」ガ一般的デアリ、499「并ニ」トアルノニ依ル。

450—2「學」ノ入聲濁點ハ點三ツアリ。

451—1「情。(平)」ハモトノママ。

458—1「寄」ノ左傍ニ「イ無」(朱書)トアリ。

458—2「イフコト」ハ原本「云事」。

459—1「シヤク」ハ追筆假名。

463—1「歴タリト」ハ右傍補入。

464—1「師」ノ下「之者」アリ、各字左傍ニ縦線ヲ施シテ「イ無」トアリ。

466—1「翰」ノ左傍ニ縦線ヲ施シ、上欄ニ「幹イ」トアリ。

466—2「ム」ハ某假名ノ上ニ重ネ書。

467—1「イフコト」ハ原本「云事」。

468—1「ハ」ハ重複。

470—1「哉」は「也」ヲ擦消シ、ソノ上ニ書ケリ。

471—1「ト」ハ朱書。

471—2「ハ」ノ下ハ蟲損。踊字アリシカ。

471—3「ハイ」ハ朱書。

471—4「クワイケイ」ハ朱書。

472—1「セリ」(左傍)ハ朱書。

473—1「セントシテ」ノ「ン」ハ蟲損。

474―1 「チン」ハ追筆假名。
474―2 「シウ」ハ追筆假名。
482―1 「カウコ」ハ追筆假名。
483―1 「キ」一部蟲損。
483―2 「ヌ」ハ追筆假名。
484―1 「ニシ」ハ追筆假名。
485―1 「シユサウ」ハ追筆假名。
486―1 「レウマイ」ハ追筆假名。
486―2 「ノ」ハ朱書。
486―3 「ノ」ハ朱書。
487―1 「ス」一部蟲損。
487―2 「ノ」一部蟲損。
488―1 「ク」ハ朱書。
488―2 「ルイ」ハ追筆假名。「ルイ」ハモトノママ。
489―1 「セウ」ハ追筆假名。
489―2 「トク」ハ朱書。
491―1 「ニ」一部蟲損。
491―2 「タマフ」ハ原本「給」。
492―1 「ニセリ」一部蟲損。
494―1 「大江」ハ右傍補入。
494―2 「倭」ノ左傍ニ縦線ヲ施シ、朱書「和イ」トアリ。
495―1 「イ」ハ朱書。
497―1 「コト」ハ追筆假名。
497―2 「フク」ハ追筆假名。
497―3 「ヘウ」ハ追筆假名。
497―4 「ソメ」ハ追筆假名。
498―1 「テフニ」ノ「ニ」一部蟲損。
508―1 「ツタ」ハ追筆假名。
508―2 讀點ハモトノママ。
509―1 「テハ」一部蟲損。
509―2 「イフ」ハ原本「云」。
510―1 「イフ」ハ原本「云」。
514―1 「テ」一部蟲損。
517―1 「ナキ」ハ追筆假名。
518―1 「フ」ハ追筆假名。
520―1 「任」ノ左傍ニ縦線ヲ施シ朱書「イ無」トアリ。
520―2 「コカル、カ」ニ朱合點アリ、左訓「ヤクカ」ハ朱書。
529―1 「ホウキウ」ハ追筆假名。「因裏」ハ朱書。「因」ハモトノママ。
529―2 「ウンカク」ハ追筆假名。「カク」一部蟲損。「御書所」ハ朱書。
529―3 「ヱン」ハ追筆假名。
529―4 「シ」ハ追筆假名。
530―1 「ウ」ノ上ハ蟲損。
530―2 「イフシ」ノ「シ」一部蟲損。左傍「イフ」ニ合點アリ、共ニ朱書。
530―3 「サ」ハ一部蟲損。
530―4 「ク」ハ追筆假名。
532―1 「ソン」ハ追筆假名。

535—1「タマワ」ハ一部蟲損。
536—1「イマシ」ハ追筆假名。
537—1「イフコト」ハ原本「云事」。
537—2「謹撿故實」ノ四字ハ右傍補入。
539—1「勝《アケテ》」ハ右傍補入。
539—2「タマフ」ハ原本朱書「下」。
539—3「ニ」一部蟲損。
541—1「エ」一部蟲損。
541—2「ニ」ハ朱書。
542—1「シウ」ハ追筆假名。
544—1「ツタエ」ハ追筆假名。
546—1「ミヤチノ」ハ朱書。
549—1「コウ」ハ追筆假名。
550—1「サウク」ハ追筆假名。
550—2「ウツ」ハ追筆假名。
553—1「モレ」ハ追筆假名。
553—2「國名」ハ朱書。
555—1「タウリヨ」ハ追筆假名。「リヨ」ハモトノママ。
556—1「大宰帥」ハ朱書。
556—2「ヲ」一部蟲損。
557—1「ヲト」一部蟲損。
557—2「ハ」ハ追筆假名。
558—1「ヘン」ハ追筆假名。
559—1「タシナミ」ニ朱合點アリ、「ヌンヲ」ハ朱書。
559—2「ツ」一部蟲損。
559—3「陳」ハ右傍補入。
560—1「ソ」ハ朱書。
563—1「クン」ハ朱書。
563—2「ト」ハ朱書。「督」の左傍朱書「昬」。
566—1「フタヽ」ハ追筆假名。
566—2「シユン」ハ追筆假名。
567—1「マモ」ハ追筆假名。
568—1「ノ」一部蟲損。
568—2「ト」一部蟲損。
569—1「ス」一部蟲損。
570—1「センキ」ハ追筆假名。
570—2「セン」ハ朱書。
571—1「ハフ」一部蟲損。
571—2「サイ」一部蟲損。
571—3「クワ」ハ追筆假名。
571—4「フク」ハ追筆假名。
573—1「カソウル」ハ追筆假名。
573—2「ケン」ハ朱書。
574—1「カク」ハ追筆假名。
574—2「コヱ」ハ追筆假名。
574—3「ケン」ハ追筆假名。
574—4「アツカ」ハ追筆假名。
574—5「クワ」ハ朱書。
575—1「ハル」ハ朱書。
578—1「タイ」ハ追筆假名。「セリ」一部蟲損。

581—1 「ヒト」ノ「ヒ」ハ蟲損。「ト」一部蟲損。

581—2 「如」ノ假名ハ蟲損ニテ不明。

585—1 「大辨イ」ハ朱書。

590—1 「コ、ニ」ハ追筆假名。

590—2 「リヨウ」ハ追筆假名。

591—3 「シテ」ハ追筆假名。

591—4 「イウレツ」ノ「ウレ」ハ蟲損。「イフコト」ハ原本「云事」。

593—1 「ノセタリ」ハ朱書。

594—1 「之」ハ「例」ノ下ニ誤記シ顚倒符ニテ訂セルニ從イテ正ス。

596—1 「アナカチニ」ハ追筆假名。

598—1 「リヨ」ハ追筆假名。「ウ」ナシ。

598—2 「シユ」ハ追筆假名。

598—3 「シテ」ハ追筆假名。

598—4 「續」ハモトノママ。

600—1 「ク」一部蟲損。

600—2 「シユン」ハ追筆假名。

602—1 「ノ」ハ朱書。

602—2 「カン」ハ追筆假名。

605—1 「セイ」ハ追筆假名。

610—1 「抄」ニ去聲點アリ。

612—1 「サン」ハ追筆假名。

614—1 「サ」ハ朱書。

614—2 「テ」ハ朱書。朱合點アリ。

614—3 「キウセイ」ハ追筆假名。

616—1 「緩」ノ平聲點ニ合點アリ。

616—2 「怠」ノ去聲點ニ合點アリ。

617—1 「ム」（右傍）ハ朱書。

619—1 「サム」ノ「サ」一部蟲損。

619—2 「センシ」ハ追筆假名。

620—1 「ナリ」ハ朱書。

620—2 「ノリ」ハ追筆假名。

620—3 「ケン」ハ追筆假名。

621—1 「キシヤ」ハ追筆假名。「ウ」ナシ。

622—1 「セウ」ハ追筆假名。

622—2 「カンカヘ」ハ追筆假名。

622—3 「ソウヘンシヨウ」ハ追筆假名。

623—1 「ヌ」ハ朱書。

624—1 「ウクル」ハ追筆假名。

624—2 「シキ」ハ追筆假名。

626—1 「フン」ハ追筆假名。

626—2 「キコ」ハ追筆假名。

627—1 「カタシケナ」ハ追筆假名。

627—2 「ハウ」ハ追筆假名。

628—1 「キ」ハ朱書。

628—2 「クモン」ハ追筆假名。

628—3 「センカン」ハ追筆假名。

629—1 「ヲイ」ハ追筆假名。

629—2 「リ」ハ追筆假名。

629—3 「ラヘハ」ノ「ヘ」ハモトノママ。

629—4「コ」ハ追筆假名。
630—1「カウコケン」ハ追筆假名。
631—1「不」ノ右傍假名ハ蟲損ノタメ不明。
631—2「マツシキ」ハ追筆假名。
633—1「トフラフ」ハ追筆假名。
633—2「トキ」ハ原本「時」。
634—1「ワキマ」ハ追筆假名。
634—2「シ」ハ朱書。
635—1「クワウクワ」ハ追筆假名。
635—2「タカナヲ」ノ「タ」ノ下蟲損。
637—1「センシンシトイフヲ」ハ追筆假名。「イフ」ハ原本「云」。
637—2「コト」ハ追筆假名。
637—3「サイ」ハ追筆假名。
637—4「矧《イハンヤ》」ハ右傍補入。
638—1「フノ」ハ朱書。
638—2「イフ」ハ原本「云」。
638—3「アイレム」ハ追筆假名。
639—1「ノリ」ハ朱書。
639—2「イワン」ハ追筆假名。
640—1「コウ」ハ追筆假名。
640—2「術」ノ入聲點ハ一部蟲損。雙點カ。
640—3「コウ」ハ朱書。
640—4「ウ」ハ朱書。
640—5「セイ」ハ追筆假名。
641—1「キヨコム」ハ追筆假名。
642—1「アツカラ」ハ追筆假名。
643—1「ヲウカ」ハ追筆假名。
643—2「ニ」一部蟲損。
643—3「カン」ハ追筆假名。
644—1「シ」ハ追筆假名。
646—1「ケ」ハ追筆假名。
646—2「シ」ハ追筆假名。
647—1「因」ハ右傍補入。
649—1「ケウタツ」ハ追筆假名。
650—1「史記名」ハ朱書。
650—2「セウ」ハ追筆假名。
651—1「セウシヤウ」ハ追筆假名。
651—2「アフ」ハ追筆假名。
651—3「シヨリ」ハ追筆假名。
652—1「ヤウトクイ」ハ追筆假名。
652—2「タツ」ハ追筆假名。
652—3「コト」ハ原本「事」。
653—1「ヤウ」ハ追筆假名。
653—2「ケンイ」ハ追筆假名。
653—3「スヽ」ハ追筆假名。
653—4「サク」ハ追筆假名。
653—5「コ」ハ追筆假名。
654—1「ヒタン」ハ追筆假名。
654—2「モチイ」ハ追筆假名。
655—1「トウ」ハ追筆假名。
655—2「ノホ」ハ追筆假名。

655—3「コウケイ」ハ追筆假名。
655—4「シンシ」ハ追筆假名。
656—1「シウ」ハ追筆假名。
656—2「キウクワ」ハ追筆假名。
657—1「受領」ハ朱書。
657—2「イウ」ハ追筆假名。
658—1「コ」ハ追筆假名。一部蟲損。
658—2「日」ハ右傍補入。
659—1「ラクルイ」ハ追筆假名。
659—2「ト、マ」ハ追筆假名。
660—1「ニ」殆ド蟲損。
660—2「ヒシヤウ」ハ追筆假名。
660—3「シウ」ハ追筆假名。
661—1「ノカ」ハ追筆假名。
662—1「アト」ハ追筆假名。「跡」ト「晦」トノ間、雁點ヲ抹消ス。
662—2「生」ノ右傍「ウマレタリト」(別筆假名)ヲ書キテ抹消ス。左傍ノ「ウマレタリト」ハ追筆假名。
663—1「ヒ」ハ朱書。
663—2「アワ」ハ追筆假名。
663—3「ワラヒ」ニ朱合點アリ。
663—4「トル」ニ朱合點アリ。
664—1「ナウシテ」ノ上ハ蟲損。
664—2「ヲモヒヲ」ハ朱書。朱合點アリ。
665—1「コウヒン」ハ追筆假名。
665—2「テンカ」ハ追筆假名。
665—3「ウルヲシ」ハ追筆假名。
666—1「之」ハ右傍補入。
666—2「コト」ハ朱書。左傍ニアリ。
666—3「ルイ」ハ追筆假名。
666—4「ユツ」ハ追筆假名。
667—1「フカ」ハ追筆假名。
667—2「ツタヘ」ハ追筆假名。
667—3「シウ」ハ追筆假名。
667—4「コウ」ハ追筆假名。
668—1「ルイセキ」ハ追筆假名。
669—1「テイ」ハ追筆假名。
669—2「カン」ハ追筆假名。
669—3「クワウ」ハ追筆假名。
669—4「キワ」ハ追筆假名。
669—5「セン」ハ追筆假名。
669—6「ス、メ」一部蟲損。
669—7「セウ」ハ追筆假名。
669—8「ケウ」ハ追筆假名。
670—1「セイ」ハ追筆假名。
670—2「カタシケナク」ハ追筆假名。
670—3「ライ」ハ追筆假名。「イ」ハ蟲損。
671—1「キウ」ハ追筆假名。
673—1「シメ」ハ朱書。「便」ヲ「使」ト見タモノ。
673—2「チン」ハ追筆假名。

673—3「ヨケイ」ハ追筆假名。
673—4「ソン」ハ追筆假名。
674—1「イン」ハ追筆假名。
674—2「シヤク」ハ追筆假名。
674—3「ウヨク」ハ追筆假名。
674—4「タニ」ハ追筆假名。
681—1「ハ」ハ追筆假名。
682—1「ハン」ハ追筆假名。
683—1「タウ」ハ追筆假名。
684—1「ワ」ハ追筆假名。
684—2「センシン」ハ追筆假名。
685—1「アサ」ハ追筆假名。
685—2「ニ」一部蟲損。
685—3「スイホ」ハ追筆假名。
685—4「ク」ノ上ニ「ク」ト書キテ擦消ス。
687—1「アラタ」ハ追筆假名。
687—2「ク」ハ追筆假名。
687—3「シウイ」ハ追筆假名。
687—4「シウ」ハ追筆假名。
688—1「アユミ」ハ追筆假名。
688—2「ウシナ」ハ追筆假名。
688—3「コ、」ハ追筆假名。
689—1「孝養之詞」ハ朱書。「シク」ハ追筆假名。
689—2「シハ、、」ハ追筆假名。
689—3「ムナ」ハ追筆假名。
689—4「セイ」ハ追筆假名。
690—1「シ」ハ追筆假名。
690—2「ミシカ」ハ追筆假名。
691—1「タマフ」ハ原本「給」。
692—1「シ」ハ追筆假名。
692—2「マケ」ハ追筆假名。
692—3「アイ」ハ追筆假名。
692—4「クタ」ハ追筆假名。
692—5「今」ハ右傍「今ィ」ニヨル。「讓ラ令メム」ハ「ラ」ガ左訓、「令メム」ハ本文ノ字ナリ。
693—1「ハン」ハ追筆假名。
693—2「ナ」ハ追筆假名。
694—1「ソ」ハ追筆假名。
694—2「フク」ハ追筆假名。
694—3「シン」ハ追筆假名。
694—4「コ、ロサシ」ハ追筆假名。
699—1「ニ」ハ朱書。
700—1「キヤウ」ハ追筆假名。
701—1「エン」ハ追筆假名。
701—2「サイワイ」ハ追筆假名。
702—1「コノン」ハ追筆假名。
702—3「シワ」ハ追筆假名。
702—4「レイ」ハ追筆假名。
703—1「イ」ハ追筆假名。
703—2「シ」ハ追筆假名。
703—3「ステ」ハ追筆假名。

703—4 「カタ」ハ追筆假名。
705—1 「クワイ」ハ追筆假名。
705—2 「ヨケイ」ハ追筆假名。
705—3 「ナカ」ハ追筆假名。
705—4 「イ」ハ朱書。
705—5 「ヲイ」ハ追筆假名。
706—1 「ナン」ハ追筆假名。
706—2 「シ」ハ追筆假名。
707—1 「僧イ」ハ朱書、右傍補入。
707—2 「メイセウ」ハ追筆假名。
707—3 「明照」ハ右傍補入。
708—1 「マサ」ハ朱書。
708—2 「シ」ハ追筆假名。
709—1 「シユ」ハ追筆假名。
709—2 「ホウ」ハ追筆假名。
709—3 「シンシツ」ハ追筆假名。
709—4 「ト」ハ追筆假名。
709—5 「シカウ」ハ追筆假名。
711—1 「シヨク」ハ追筆假名。
712—1 「カヘリミ」ハ追筆假名。
713—1 「ノ」ハ追筆假名。
714—1 「アタ、カナルコトヲ」ハ朱書。「コト」ハ原本「事」。
714—2 「ノ」ハ朱書。
715—1 「アチワイ」ハ追筆假名。
715—2 「フ」ハ朱書。
716—1 「ヨロコハシムル」ハ追筆假名。
716—2 「カイ」ハ追筆假名。
716—3 「ヘタテ」ハ追筆假名。
716—4 「テム」ハ追筆假名。
716—5 「不」ノ左傍朱書「難イ」トアリ。
716—6 「ヲソラク」ハ追筆假名。
716—7 「ヲ」ハ追筆假名、「身ノ」ノ「ノ」ノ右傍ニアリ。
718—1 「トフラウ」ハ追筆假名。
718—2 「アケテ」ハ追筆假名。「テ」ハ「カ」ニ重ネ書。
719—1 「ノ」ハ朱書ニテ重ネ書。
719—2 「レイ」ハ追筆假名。
719—3 「ハヤク」ハ追筆假名。
721—1 「ヨロコン」ハ追筆假名。
721—2 「カ（上）コ（平濁）」ノ聲點アリ。左傍朱書「鹿子」。
721—3 「コト」ハ追筆假名。
722—1 「レイ」ハ追筆假名。
722—2 「ナンシヤウカ」ハ朱書。
722—3 「カリ」ハ追筆假名。
722—4 「懇」ノ平聲輕點ニ合點アリ。
722—5 「篤」ノ入聲點ニ合點アリ。
723—1 「タ」ハ追筆假名。
726—1 「コレ」ト「ヨシ」トニソレゾレ合點アリ。
728—1 「アヤ」ハ追筆假名。

728—2　「イフ」ハ原本「云」。
728—3　「キウヲ」ハ追筆假名。
729—1　「カウ」ハ追筆假名。
729—2　「タマフ」ハ原本「下」。
729—3　「シヨシヤク」ハ追筆假名。
730—1　「コレヨシ」ハ追筆假名。
731—1　「セン」ハ追筆假名。
732—1　「ハツソン」ハ追筆假名。
732—2　「リヨ」ハ追筆假名。
732—3　「ヨリ」ハ重複セリ。
733—1　「トモ」ハ追筆假名。
738—1　「男」ハ右傍補入。
740—1　「ケウ」ハ追筆假名。
741—1　「ナケ」ハ追筆假名。
742—1　「セイキヨ」ハ追筆假名。
742—2　「シク」ハ追筆假名。
742—3　「ツク」ハ追筆假名。
743—1　「タ」ハ朱書。
746—1　「ナン」ハ追筆假名。
746—2　「フカ」ハ追筆假名。
747—1　「貇」ノ平聲輕點ニ合點アリ。
747—2　「クワタ」ハ追筆假名。
747—3　「クワイ」ハ追筆假名。
747—4　「フン」ハ追筆假名。
747—5　「トウハウ」ハ追筆假名。
748—1　「シヨ」ハ追筆假名。
748—2　「ケウソウ」ハ追筆假名。
756—1　「リヤウシ」ハ追筆假名。
756—2　「コンリウ」ハ追筆假名。
757—1　「フンヘツ」ハ追筆假名。
757—2　「セイ」ハ追筆假名。入聲輕點ハモトノママ。
758—1　「セイ」ハ追筆假名。
758—2　「イマニ」ハ追筆假名。
759—1　「イフ」ハ原本「云」。
760—1　「タネ」ハ追筆假名。
760—2　「イフ」ハ原本「云」。
761—1　「イフ」ハ原本「云」。
762—1　「イフ」ハ原本「云」。
763—1　「ルイ」ハ追筆假名。
763—2　「カロン」ハ朱書。右傍假名ハ蟲損ニテ不明。
764—1　「マト」ハ追筆假名。
764—2　「ヨキ」ハ追筆假名。
765—1　「モシ」ハ追筆假名。
765—2　「セイリウ」ハ追筆假名。
766—1　「ク」ハ朱書。
766—2　「ソク」ハ朱書。
766—3　「ツ」ハ追筆假名。
766—4　「シメ」ハ追筆假名。

［補記］

本著作集には寫眞掲載を省いた。

醍醐寺藏本朝文粹巻第六延慶元年書寫本の訓點について

一、醍醐寺藏本朝文粹巻第六延慶元年書寫本について

藤原明衡（九八九―一〇六六）編述の本朝文粹十四巻は、宋の姚鉉の『唐文粹』に倣って、我が國の弘仁―長元（八一〇―一〇三七）の間の漢詩文の精粹四二七編を收めたものである。そこには、秀句と共に當時の種々の文體が收錄されているので、朗詠や唱導を通して人々に賞翫され、後人の文章作成の參考ともなり、後代文學に及ぼした影響は廣範圍にわたっている。

本朝文粹が、中世社會においても、古典の一として重んぜられたことは、古目錄や現存古寫本によってそのことを知ることが出來る。古目錄では、鎌倉時代成立の「本朝書籍目錄」に、

本朝文粹　十四巻明衡撰

とあり、「仁和寺所藏故宰相阿闍梨法文目錄」（『本朝書籍目錄考證』所引）には、

本朝文粹二弓十三、十四

とあり、又、高山寺藏で鎌倉中期書寫の「高山寺聖敎目錄」（建長目錄）にも、

本朝文粹二卷（第九十八乙）

とあり、同經藏には、現に、鎌倉中期書寫の卷第七の卷子本斷簡が表紙のみ一葉（第四部第一九四函十號）、傳存している。外題の「本朝文粹卷第七」の下に「九十八箱」とあるので、「高山寺聖敎目錄」（建長目錄）に載せられた二卷の中の一卷であったと見られる。

これらから窺われるように、鎌倉時代には多くが盛行したらしく、古寫本の今日に傳存するものも惠まれている。今、鎌倉時代書寫本で傳存するものを擧げると、次の諸本がある。(1)

1　宮內廳書陵部藏卷第六　一卷
鎌倉初期書寫、墨假名（鎌倉初期）

2　お茶の水圖書館藏（成簣堂文庫舊藏）卷第七　一卷
鎌倉初期書寫、訓點あり、高山寺舊藏（恐らく建長目錄所載の本で、高山寺經藏に表紙のみ現存する本の本體であろう）

3　眞福寺藏卷第十四　一册　重文
建保五年（一二一七）書寫、貞圓筆、訓點あり。

4　石山寺藏卷第六　一卷　重文
鎌倉初期書寫、訓點なし、通行諸本の卷第五と卷第七に相當するが順序が一致せず、諸本に見えない詩文もある。紙背に貞應元年（一二二二）權律師深賢著の八十七科宗要問答（鎌倉中期寫）がある。

5　大河內海豪氏藏卷第十三、卷第十四　六卷　重文
鎌倉初期書寫、長谷寺能滿院傳來、通行本と順序が異なる。

6　神田喜一郎博士舊藏卷第六　一卷　重文
寛喜二年（一二三〇）書寫、寛實加點、朱ヲコト點（紀傳點）墨假名（寛喜二年）

7　身延山久遠寺藏卷第二—卷第十四　十三卷（卷第一缺）重文
建治二年（一二七六）書寫、朱點墨訓、清原敎隆加點

8　金澤文庫藏卷第一　一帖
建治三年（一二七七）書寫、映心筆、朱點墨訓（建治

三年）

9 眞福寺藏巻第十二、巻第十四　二巻　重文
弘安三年（一二八〇）書寫、幸順筆、朱點墨訓、「正應元年夷則九日以家說授／申已訖／散木藤淳範」の奥書がある。

10 天理圖書館藏巻第十三　一巻
鎌倉中期書寫、墨假名

11 梅澤記念館藏巻第十三　一巻　重文
正安元年（一二九九）書寫、朱點墨訓

12 醍醐寺藏巻第六　一巻　重文
延慶元年（一三〇八）書寫、禪兼筆、朱聲點墨訓（延慶元年頃）

13 高野山寶壽院藏巻第六　一巻
鎌倉時代書寫、朱點墨假名

14 猿投神社藏巻第二　一册
鎌倉後期書寫、訓點なし。

15 同神社藏巻第十三（殘巻）一巻
鎌倉時代書寫、墨假名

16 同神社藏巻第十三（殘巻）一巻
鎌倉時代書寫、墨假名、

17 同神社藏巻第十三　一帖
鎌倉時代書寫

この他、所在未詳の書本に、金剛寺舊藏巻第十三、保阪潤治氏舊藏巻第二、菅孝次郎氏舊藏巻第二の、各鎌倉時代書寫本が知られている。[2]

以上の如く、鎌倉時代の書寫本が多く、平安時代の古鈔本の傳存するを聞かず、室町時代以降の書寫本も少ないのは、鎌倉時代における本朝文粹の盛行を反映するものであろう。

その中で全十四巻を完存するものは無く、わずかに久遠寺藏本が、巻第一を闕く十三巻を傳存するに過ぎない。他は、一巻又は二巻の零本として傳わっている。その中では、巻第六と巻第十三とが比較的多く傳存している。巻第六は各種の奏狀を收めており、巻第十三は願文・祭文を收めているので、特にこれらの巻が重んぜられた爲であろう。

醍醐寺藏の本朝文粋一巻は、巻第六の奏狀を收めており、鎌倉時代後期の延慶元年（一三〇八）に、僧禪兼が書寫したものである。そのことは、尾題に續く、巻末奥書で知られる。卽ち、

（奥書）延慶元年十一月十八日依少人之芳命

染禿筆早　　狄筆沙門禪兼

（別筆）「長春丸之」

とある。執筆者の僧、禪兼については知る所がない。醍醐寺藏「傳法灌頂師資相承血脈」には、勸修寺流の實範の弟子に「禪兼」があり、「大法師、能登守基兼ー」「同日（永久四年四月十九日壬午）」と注記されているが、年代が合わないので、同名異人である。本書の傳來事情から考えると、勸修寺、醍醐寺邊の小野流の僧であろう。尙、「長春丸」は所持者であろう。

本書は、巻第六奏狀の巻首の、大江朝綱の「申官爵」の一首を缺くが、第二首目の橘直幹の「請被特蒙天恩兼任民部大輔闕狀」以下、巻第六の巻末に至る本文七六八行を存し、一行おいて尾題「本朝文粋巻第六」を記して、更に三行おいて奥書を誌している。巻首を缺く爲に內題は無い。巻子本一軸で、料紙は楮交り斐紙を用い、雲母を引いている。印記も見られない。本文は墨界線を施し、一行に十六字を書く。法量は、天地二八・八糎、界高二三・六糎、界幅二・八糎、一紙十七行で一紙長四八・五糎前後、全四十六紙を用いる。このうち一紙のみ一一・四糎の料紙を交える。

蟲損が全巻に及び、假名の一部に筆畫を損失せるものがあるが、全文の解讀に大きな支障はない。全巻裏打修補を施し、新茶地表紙に、新八雙、新紐を附し、軸も漆塗の新裝としている。軸附補紙二九・〇糎がある。新表紙には外題に當る所に次の墨書を貼附している。

「本朝文粋　巻第六巻首缺

巻尾云延慶元年十一月十八日依少人之芳命
染禿筆了　執筆　沙門禪兼
長春丸之」

これが、新木箱に納められている。

本書には、全巻にわたり、詳密な訓點が施されている。その内容は左のようである。

㈠ 墨假名、第一次筆

本文書寫と殆ど同時の加點で、全巻に施され、訓點の基調となっている。

㈡ 墨假名、追筆假名

第一次筆の假名を補うべく追筆されたもので、字體・筆跡は第一次筆と同じと見られる。恐らく第一次筆と同一人が、時を接して追筆したものであろう。この追筆假名には、少なくとも三種が認められる。第一種は薄墨色のもの、第二種は濃墨色のもので筆の先が割れたもの、第三種はやや小ぶりの小字假名のものであるが、これらを全巻について峻別すること

醍醐寺藏本朝文粹巻第六延慶元年書寫本の假名字體表

（各欄トモ上段ハ第一次墨筆假名、中段ハ朱筆假名、下段ハ追筆假名）

は難しいので、解讀文では單に「追筆假名」として注記するに止めた。同一人が何回かにわたって追筆しつつ讀解したと見られる。

㈢　朱　筆

朱筆には假名（散在）の他、聲點（六聲、清濁を單點と雙點とで區別する。胡麻點と圈點とを使用）と、返點とが全卷に施されている。聲點には、稀に、和訓に差聲したものがある。

假名字體と聲點・返點等は前頁と上の表に歸納して示した。ヲコト點は全く用いられていない。

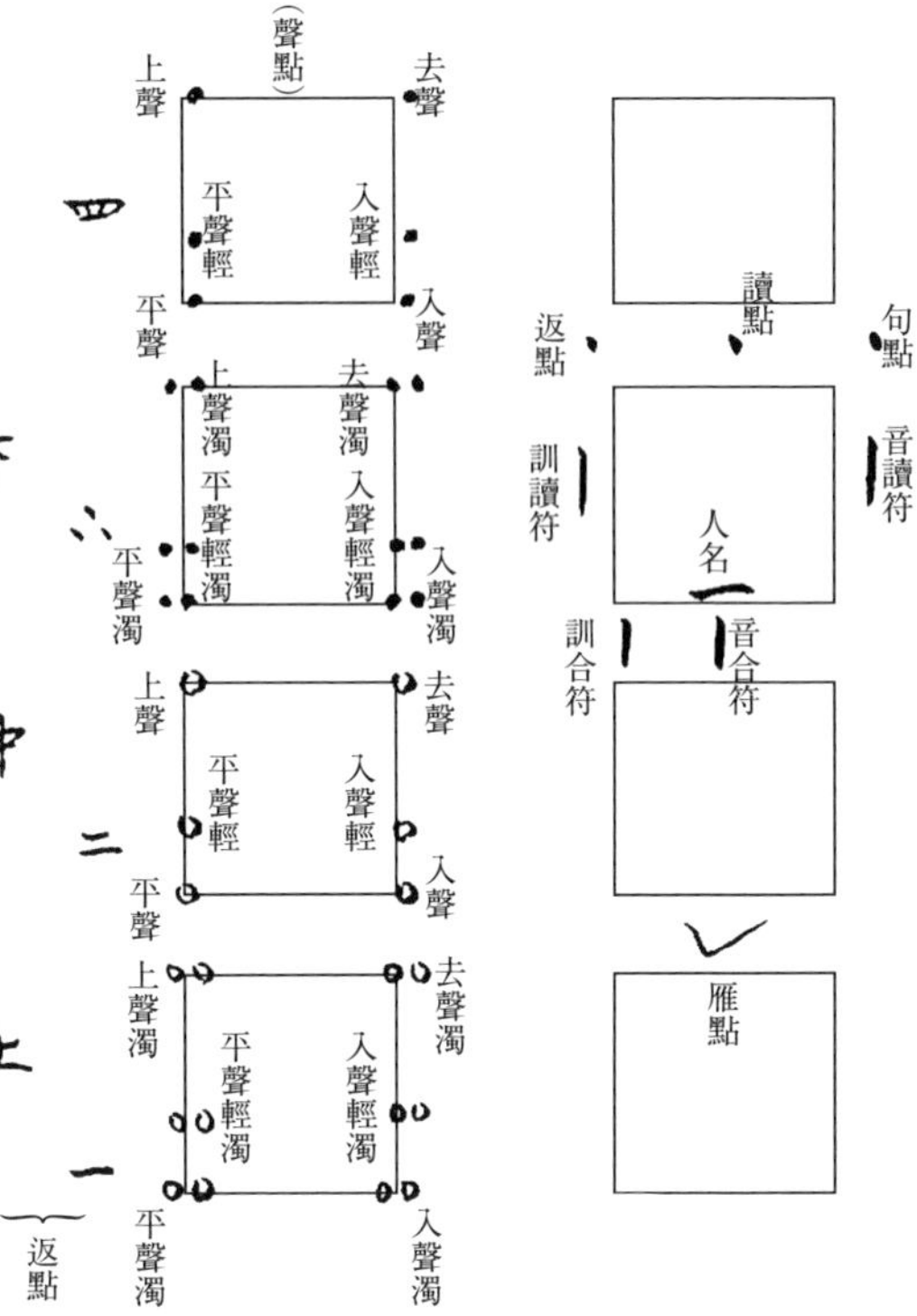

以上の詳密な訓點によって、國語史上の諸事象が知られる。それらを、「中世語の事象について」「訓讀法」「人名の讀み方について」「特に和泉往來との關係」「本朝文粹の訓讀の系統」の諸事項について、以下に述べることにする。

二、中世語の事象について

卷第六の全卷に施された詳密な訓點には、延慶元年書寫の當時の發音が知られる。その中には、中世になって變質・變化した、諸事象が多く拾われる。漢字音と國語音とに分け、それぞれ示す。

㈠　漢字音

漢字音では、尾子音について、(1)喉內入聲音の促音化、(2)脣內入聲音の促音化、體母音について、(3)合拗音、(4)オ段拗長音、(5)オ段拗長音の短音化、(6)長音化、(7)鼻音の介入、連音上の問題として、(8)連濁について取上げる。

(1)　喉內入聲音の促音化

三內入聲音のうち、喉內入聲音は「ク」「キ」で表記され、その音價は假名の示す通りの母音を持った開音節になったと見られるが、熟字の上位字となり下位字の無聲子音に續く際には、促音化したと見られる例がある（算用數字は原本の行數。「追」は追筆假名）。

學《カツ》。(入)ｌ。海(上)(42)
爵《シヤツ》。(入輕)ｌ級《キフ》。(入輕)(64追)
德《トツ》。化《クワ》(去)(72追)

假名の「ツ」は促音を表したものと見られる。

(2)　脣內入聲音の促音化

脣內入聲音が促音化した例も、無聲子音に續く場合に見られる。

玄《クエム》。(平)ｌ。遠《エン》(上)答《タツ》シ難ク（49）

「答《タフ》」がサ行變格活用動詞「ス」を伴って漢語(3)サ變動詞を構成した例である。

(1)と(2)の事象は、鎌倉時代の他文獻にも見られるところである。

(3)　合拗音

合拗音のうち、「クヰ」「クヱ」は毛筆文獻によると、鎌倉中期を境として、「キ」「ケ」と表記される例が見られ出し、原字音の差に基づく區別が次第に失われて行く。類似の事象として、唇內撥音を「ム」で表し、舌內撥音を「ン」で表していた區別が鎌倉中期以降に次第に失われることも指摘されている。

本資料の訓點でも、唇內撥音を「臨時《リン》」(102)のように「ン」で表したり、舌內撥音を「漚《ヲム》(平輕)潤《シュム》(去濁)」のように「ム」で表したりしていて、既に區別が失われている。

合拗音では、「クヰ」は原音に對應した表記をしているものが多い。

危《クヰ》(平)セリ(472)　匡《クヰヤウ》衡(459)　矜《クヰヨウ》(平)–遂《スイ》(去)(448)

興《クヰヨウ》(平輕)復《フク》(入濁)(619)　局《クヰヨク》(入輕)(98)

興《キヨウ》(平輕)亡(平濁)(335)

これに對して、「クヱ」は原音に對應した表記と「ケ」の表記をしたものとがある。

勸《クヱン》(去)賞(上濁)(599)　葉《セフ》(入輕)縣《クヱン》(274)

勸《ケン》(去)賞(上濁)(574追)　決《ケツ》(入)センニ(441追)　鳳《ホウ》(去)–闕《ケツ》(入輕)(205)

縣《ケン》(平)隔《カク》(入輕濁)(573「ケン」は朱筆)

「ケ」表記は追筆假名や朱筆に多く見られるが、第一次假名にも例がある。

(4) オ段拗長音

效韻字の「抄」は字音假名遣では「セウ」と表される。本書にもこの表記があるが、

抄《セウ》(去)悵(平)ヲ勘《カンカ》へテ物返抄《ソウヘンシヨウ》ヲ受(クル)コト(622)

「物返抄《ソウヘンシヨウ》」のように「シヨウ」と表した例がある。類例として、

。寮《リヨウ》（上）試《シ》。（平）（590追）がある。

一方、字音假名遣で「シヨウ」と表される蒸韻字を「セウ」と表記した例もある。

稱《セウ》シ（439追）・稱《セウ》。（平輕）スル（252 489追）

昇《セウ》。（平輕）沈（650追）

このように、蒸韻字「㋑ヨウ」を「㋓ウ」と表し、反對に、效韻字の「㋓ウ」を「㋑ヨウ」で表すことの背景には、兩韻に所屬する字が共に、日本字音としては、二重母音に基づく、オ段拗長音になっていたことを示している。この現象は、既に院政初期から見られ、多數の例が拾われている。(4)

(5) オ段拗長音の短音化

このオ段拗長音を表したと見られる音の中には、長音を表す「ウ」を表記しない例が幾つか拾われる。

當寮《リヨ》（61追）　。寮《リヨ》（上）中。（平輕）（598追）

湯《クウ》。（平輕）療《リヨ》。（平）（555追）

料《リヨシ》。（平）之始《メ》（732追）

前。（平）—蹤《シヨ》。。（平輕濁）（426追）

いずれも追筆假名の場合である。これらは「リヨウ」「シヨウ」の「ウ」を省記したか誤脱したかという單なる表記の上の事柄と考える餘地もあるが、これだけの例が拾われることからすれば、單なる偶然のことではなさそうである。

名目抄（陽明文庫藏甲本）にも、

還《クワムジヨ》昇 濁也 本音ハシヨウ也而名目ハシヨ又（八丁オ。乙本も同じ、但し乙本には聲點あり）

還昇《クワンシヨ》常音ハシヨウ也シヨ名目也又上ニ引レテ濁也 （十二丁オ）

見證《ケンシヨ》常音シヨウ也依名目シヨ也又上ニ引レテ濁也 （十二丁ウ。乙本も同じ。但し乙本には聲點あり）

先蹤《センシヨ》正音ハシヨウ也然而シヨハ名目也 （十四丁オ。乙本も同じ。但し乙本には聲點あり）

とある。名目抄の成立は本書の書寫時期よりも後であるが、名目讀みとして固定する前段階には、このような讀みがその以前に行われていた筈である。特に、本書の「前。（平）-蹤《シヨ》。。（平輕濁）」は、名目抄の「先蹤《センシヨ》」と同義で同事象の語である。

⑹ 長音化

このオ段拗長音に關聯して、オ段の合拗音「キヨ」が長音化したと見られる例がある。

。擧《ケウ》（上）達《タツ》。。（入輕濁）（649追）

擧《ケウ》奏スル （748追）

「擧」は魚韻であるから、字音假名遣では「キヨ」で表される字である。現に、第一次假名では、

擧《キヨ》-達セハ （672）

と表されている。同じ語を追筆假名で「ケウタツ」と表したのは、「キヨ」が長音化して「キヨウ」のように發音されたものを、⑷のオ段拗長音と同事象で、「ケウ」と表記されたものであろう。

梁塵祕抄巻二 （天理圖書館藏竹柏園舊藏本） に、

びんでう （美女） うちみれば （三四二番）

びんでう （美女） まりえぬひとりふし （三八二番）

とある「びんでう」（美女）の「でう（女）」は「ぢよ」が長音化して、「ぢよう」のオ段拗長音となり、それを「でう」と表記した語例と見られる。

本朝文粹の「擧達《ケウタツ》」「擧奏《ケウ》」の例は、「びんでう」と同じ現象であり、江戸時代書寫の梁塵祕抄が成立時に既にこのように發音されていたことを考えしめる證例となるものである。

尚、一音節の字が長音に表記されたと見られる例も次のようにある。

。吏(上)途《トウ》。(平)(331追)

。斗《トウ》(上)叔《シク》。(入)之水 (348)

孤《コウ》。(平輕)貧《ヒン》。(平)ナリ (665追)

いずれも、オ段音の場合である。

(7) 鼻音の介入

梁塵祕抄の「びんでう」(美女)の「びん」は「美」の漢音讀み「び」がダ行音に續く際に鼻音「ん」が介入した發音を示すと見られる。

この本朝文粹卷第六の訓點にも、

°°撫《フン》(去濁)。民。(平)(上)(626追)

がある。「ぶん」は「ぶ」が「民」に續く際に鼻音「ん」の介入した發音を示している。尚、

學。生(上)ニ補《フン》(セ)被(レ)ムト欲《ス》(745)

の「補《ブン》」も鼻音の介入であろう。

(8) 連濁

本朝文粹卷第六延慶元年寫本には詳密な假名と共に詳細な聲點が施されており、清音は單點、濁音は雙點で區別されている。

この聲點によって、多くの連濁例を拾うことが出來る。

(イ)　上接字が去聲調のもの

°進(去)-退°°(平濁)(23)
°°賢(去濁)-聖《シヤウ》°°(平濁)(69追)
°天(去)慶°°(平濁)(83)
°官(去)符《フ》°°(平濁)(483)
°殿《テン》(去)下《カ》°°(平濁)(665追)
°先(去)朝°°(平濁)(700)
°心(去)°°中(上濁)(691)
°公《ク》(去)°°庭《テイ》(上濁)(721)
°勸《クエン》(去)°°賞(上濁)(599)　°勸《ケン》(去)°°賞(上濁)(574追)

(ロ)　上接字が平聲調・上聲調のもの

昇《シヨウ》°(平輕)進°°(平濁)(29)
勤《キム》°(平)-公《コウ》°°(平輕濁)(65)
勤°(平)-°°仕(上濁)ス(100)
任°(平)-°°中(上濁)(196)
臨°(平)°°幸(上濁)シタマフ(491)
榮°(平)爵°°(入輕濁)(551)
興《クキヨウ》°(平輕)復《フク》°°(入濁)(619)　興《コウ》°(平輕)復°°(入濁)(640)
任°(平)°°終《シウ》(上濁)(619)
返°(平)却《キヤク》°°(入濁)帳°(平)(624)
蔭《ヲン》°(平)孫《ソン》°°(平輕濁)(753)
連°(平)暑《シヨ》°°(署)(平濁)シテ(221)　連署《シヨ》°°(平濁)シテ(748追)
°往(上)-°°古(上濁)(14)
°撰《セン》(上)-式《シキ》°°(入輕濁)-所°(平)(100)
°往《ワウ》(上)古《コ》°°(平濁)(109)
°淺《セン》(上)深《シン》°°(平濁)(684)

(ハ)　上接字の聲調を示す聲點がなく聲調未詳のもの

本-朝°°(平濁)(72)
唐-國°°(入濁)(73)
長°°保(上濁)三年(527)
定額《キヤク》°°(入輕濁)寺°°(平濁)(484)

(イ)(ロ)(ハ)は皆、上接字が鼻音字である。そのうち、上接字の聲調が去聲調及び平聲調のものに連濁する例が多い。

尙、上接字が鼻音でない場合にも連濁した例が少ない乍ら見られる。

白雪°°（入濁）（534）

穀《コク》°°倉《サウ》（上濁）院（734）

二例とも上接字は喉内入聲音である。連濁が鼻音字の下以外でも行われ出した状況を窺わせる。

(二) 國語音

國語音では、(1)母音交替、(2)語中における母音脱落、(3)音便について取上げる。

(1) 母音交替

母音の[o]を[u]に交替させた例として「カズフ」がある。

勝《ア》ケテ計《カス》フ可（カラ）不（296）

一方では（カゾフ）も見られる。

勝《ア》ケテ計《カソ》フ可（カラ）不（14）

尙、交替例ではないが、母音に關して言及すべきものに「ユハユル」がある。

所《ユハ》-謂《ユル》（293）

下の「ユル」に引かれて「ユハ」と誤記した可能性が大きい。しかし、別の見方もある。

金澤文庫本解脱門義聽集記の鎌倉末期寫本に、

必ス相順シテコ、ユハレタリト思テ

と、「言はれ」を「ユハレ」と表した例がある。「言《い》ふ」を「ユウ」と表記した例は、既に、鎌倉初期書寫加點の京都大學附屬圖書館藏御注孝經に「法-言トユフは」とあり、觀應元年の高野山文書にも「ナムトキタリトユウトモ」、斯道文庫藏帝範應安元年點に「云《ユ》こと」とあるから、「言《イ》ウ」という連母音の場合は長音化して「ユウ」という發音の存在していたことが知られる。(5) さすれば、「言《い》ふ」の語幹を「ユ」と誤認して「ユハユル」と發音したことも考えられる。

(2) 語中における母音脱落

母音の「イ」が語中で脱落したと見られる例がある。

蹈《ヲチ》リンタルコトヲ (38)

拔《ヌキテタマフコト》 (445追)

前者は「オチイリ」の「イ」の脱落したものである。後者は上欄にも追筆にて「擢《ヌキテ》玉事」とある。「拔キイデ」の「イ」の脱落した例である。

「ヌケデヌ」の例は、平安初期加點の飯室切金光明最勝王經註釋古點に、

苦ヲ拔《ヌケ》テヌ (巻六)

とあることが知られる。(6) 從って、後者の事象は中世に新たに生じたものではないが、併せて取上げておく。

尚、中世語の事象として指摘された「ダク」の語頭の狭母音音節が脱落した例は見られず、本書では、

抱《イタ》イテ (207) 抱《イタ》ケリ (239)

と用いられている。

(3) 音便

音便には、イ音便、ウ音便、促音便、撥音便があるが、ここでは、ハ行四段活用動詞の促音便と、撥音便に觸れる。

ハ行四段活用動詞の促音便かと見られるものがある。

對《ムカ》テハ (234追) 呼《ヨハ》テ (513)

當該の音便は表記されていない。「ヨハヒテ」の「ヒ」の誤脱とすれば音便の例にならないが、この訓點では促音便が、

胡《コ》ニ沒《イ》シ（561）　乘《ノ》テ（493）　待《マ》テ（240追）

のように零表記されていることからすれば、ハ行四段活用動詞の促音便の可能性もある。ハ行四段活用動詞の音便は、他の箇所では、

逐《ヲ》フテ（227・325）　對《ムカ》フテ（236）　市《カ》フテ（293）　叶《カナ》フテ（324）　慕《ネカ》フテ（337）　噬《ク》フテ（537）　遇《ア》フテ（651）　湌《クラ》フテ（674）
訪《トフラ》フテ（683）

のように「―フテ」で表されている。この「フ」が、ハ行轉呼音に基づくウ音便を表すものか、或いは唇音的な促音を表すものかは、検討を要する所である。いずれにせよ、「呼《ヨハ》テ」の例はそれとは異なり、注目せられるものである。

撥音便のうち、マ行・バ行に基づくものは「ム」で表記され、

編《ア》ムテ（289）　銜《フク》ムテ（532）　好《コノ》ムタマヒ（539）　愼《ツヽシ》ムテ（628）　苦《クルシ》ムテ（664）
青。（平輕）閣《カク》ニ遊ムシ自《ヨ》リ（700）　喚《ヨ》ムテ（129）　擇《エラ》ムタマフ（643）

一方、ナ・ラ行に基づくものは「ン」で表記されるが、

去《イ》ンシ夏（93）
頃《シキンノトシ》年（166）　遺《ノコン》ノ日（241）

この區別を亂した例もある。

飲《ノ》ンテ（290追）　恤《メク》ンテ（290）　莅《ノソ》ンタマフテ（388）　進《スヽ》ンテ（429）　好《コノ》ンテ（702追）
悅《ヨロコ》ンテ（720）

漢字音でも唇內撥音と舌內撥音との區別が無くなっていることに見合せられる。

三、訓 讀 法

醍醐寺藏本朝文粋の訓讀法は、筆者の分類(7)による第五類、卽ち國書の訓讀の特徴を持っている。先ず、「者《テイリ》《テイレハ》」「者《テヘリ》」が次のように用いられている。

重(ネ)テ下サ被《ル》、官符ニ偁ク「去-任之吏二箇年ノ中ニ（中略）其ノ子息《ソク》敍。。(平濁)用スルコトヲ得《エ》不」者《テイル》《テイレハ》（615）

其(レ)暫(ク)三品之末ニ加(ハ)ランコト纔ニ一-。瞬《シユム》(去)之間ニ在《ア》ル可《ヘ》シ者《(テ)》ヘリ（178）

各奉公之忠節ヲ盡《ツク》サム者《テヘ》リ（244）

又、文頭の「而」字は、「シカルヲ」「シカルニ」と讀まれて、逆接用法である。

而《シカル》ヲ故三善文《ノ》。(平)明《アキラ》《メイ》。(平)三統《ムネノ》元夏等者《ラ》皆《ハ》是(レ)直幹カ[之]下臈《ラウ》末座(ナリ)[也]（15）

而(ル)ヲ直幹涯《カイ》。。(平濁)-。。分(去濁)ヲ量《ハカ》ラ不《ス》謬テ大業。。(入濁)之名ヲ竊《ヌス》メリ（21）

而(ル)ニ衰。(平)。老(上)シテ[而]。旦(去)-暮。(平)彌迫《セマ》リ（167）

而(ル)ニ順、苟クモ三。(平輕)。事(去)ヲ兼(ネ)テ徒ニ。九(上)年。(平)ヲ過《ス》キタリ（365）

又、「況」には「ヲヤ」「ムヤ」で結ぶ一方、呼應語を缺く例もある。

況乎匡衡文章ヲ以テ公ニ奉ル[之]功《コウ》當時ニ於テ他人ニ異《コト》ナリ[矣]（496―497）

再讀字には、「將《(マサ)ニ》《ス》」（715）「當《マサニ》《ヘシ》」（37）、「須《ク》《ヘシ》」（116）、「未《タ》《ス》」（663）、「以爲《オモハク》《ヲモヘリ》」（462）があるが、「將」の呼應には、

將ニ。帝(去)德。(入輕)ノ[之]古ニ光《ヘ》リ文《テ》-學。。(入輕濁)ノ[之]先爲《サキタ》ルコトヲ仰ク《將《(ヘ)》》シ（475）

將ニ天。(平輕)。下(去)之學。。(入輕濁)-徒《ト》。(平)ヲ勵《ハケマ》サント《將《ヲモ》》フ（450）

のように「將《マサニベシ》」「將《マサニオモフ》」とする訓法もある。

文末の助字では、「而已《ナラクノミ》」がある。

猶、明‐時之衷。（平輕）憐《レン》。（平輕）ヲ仰ク而已《ナラクノミ》（369）

一身ヲ以テ三‐功ヲ兼（ネ）タル者去今年《ノキヨコム》ノ間爲憲而‐已《ナラクノミ》（642）

又、副詞の呼應は、「寧《ロ》――ムヤ」「恐ラクハ――ムコトヲ」「望請スラク――ム」のように用いられる。

寧（ロ）纖《セム》。（平）流《リウ》。（平）ヲ嫌《ツタ》ヘムヤ（667）

恐《ヲソラク》ハ身ヲ轉。（平）（スル）[之]覺。路《ロ》（上）ヲ妨《サマタ》ケムコトヲ（717）

望請スラク（中略）淹《エム》。（平輕）屈《クツ》。（入輕）之愁ヲ慰《ヤス》メム（54）

次に、敬語の「御」の字の讀み方が分るものがある。

御《ヲム》元服《フク》（497）

御匣《ミクシケ》殿（701）

文法に關しては、格助詞「ガ」と「ノ」の尊卑による使い分けについて觸れる。

奏狀の作成者が、文章中で自らの名を擧げたり、自らについて述べる場合には、

文時カ逢《ア》フニ遭《ア》ヘル[之]秋《トキ》（ナリ）[也]（128）

爲憲カ任《ノリ》。（平）。。終（上濁）ノ年ハ（620）

爲憲カ拜官　亦何レノ年ヲカ期《コ》セム哉（629）

妾《セフ》カ生《ウ》ム所ノ男《ナン》三‐人有（リ）（706）

のように「ガ」を用いる。これに對して、敬意の相手等を述べる場合には、

。好《カウ》(上)文。。(平濁)之君ノ|惠《メク》ムタマフ所ナリ(729)

のように「ノ」を用いている。

尊卑の差によって「ガ」と「ノ」とを訓み分けていることが分る。

四、人名の讀み方について

一般に、古人の人名は漢字で書かれても、その讀み方の確かでないものが多い。僧侶は字音で讀むのが普通であるが、俗人になると、音讀か訓讀かの別や、訓讀するとしても如何なる訓であるか判然としない場合がある。

本朝文粹には、所收の各文章の撰者を始めとして、儒者を中心に多くの人名が出て來る。この巻第六でも同樣である。幸い、醍醐寺藏本には豐富な讀み假名や聲點が施されているので、それらの人名の讀み方が知られる。それによると、同一人の讀み方に一定の傾向が認められる。

例えば、「三善清行」は次のように讀まれる。

三善《ノ》清。(平)行。(平輕)(89)

三善清。(平)行。(平輕)(147)

このように、常に字音で讀まれている。これに對して、「藤原國光」は、

藤原國《クム》光《テル》(16)

藤原國光《テル》(87)

のように常に和訓で讀まれる。一方、「大江齊光」は、

右大辨齊《タヽ》《セイ》。(平)光《ミツ》《クワウ》。(平輕)(160)
大江齊《タヽ》。(平)光。(平輕)(420)
左大辨齊《セイ》《タヽ》。(平)光 (507)

のように字音讀みと和訓讀みの兩方がある。そこで、この醍醐寺藏本の卷第六の人名について、その訓點によって整理して示すと、次のようになる(姓名のうち名の讀み方により五十音順に竝べて示す)。

(一) 字音で讀まれるもの

弓削《ユケノ》。。(平濁)。以(上)言。。(平濁)(762)
平伊《イ》望。。(平濁)(148)
宮道朝臣《ミヤチノ》。。義(去濁)行。(平)(546)
(大江) 匡衡《クヰヤウ》 (459)
藤原元方《ケムハウ》 (90) 藤原元。。(平濁)方。。(平輕濁)(146)
藤原朝臣。佐(去)時。(平)(699) 。佐(去)時。(平)(706)
菅原。是《シ》(去)善。(平)(417)
三善清《ノ》。(平)行。(平輕)(89) 三善清。(平)行。(平輕)(147)
田口齊《セイ》。(平輕)名《メイ》。(平)(761)
橘朝臣忠《チウ》-信《シム》 (245)
(橘) 直幹《カン》 (17)
大江。定(去)基。(平)(761)

(藤原) 篤《トク》。(入輕)茂《ホ》。。(平濁)(271) 篤茂《トクホ》 (278) 篤《トク》-茂《ホ》 (288)
巨《コ》。(平)勢《セノ》。(平)。文《フン》(上)雄《ヲ》。(平)(412)
(源)。保(上)。憲(去)(684)
源。保(上)光。(平輕)(585)
延暦寺《エン》「僧」明《メイ》。(平)。照《セウ》(去)(707)

(二) 和訓で讀まれるもの

平篤《アツ》行 (415)
藤原興範《ヲキノリ》 (149)
。安《ア》(上)。。倍《ヘノ》(上濁)興《ヲキ》行 (414)
藤原朝臣兼《カネ》三 (63)
藤原《フチ》國光《クムテル》 (16) 藤原國光《テル》 (87)
藤原國均《マサ》 (98)
紀《キノ》朝臣伊輔《コレスケ》 (268)

藤原《フチ》菅根《スカネ》（385）
藤原佐世《スケヨ》（415）
藤原擧直《タカナヲ》（635）
菅原爲紀《ノリ》（759）
南淵《ミナフチノ》年名《トシナ》（588）
惟宗《コレムネノ》公方《トモカタ》（387）
小野奉時《トモトキ》（98）
高階《シナノ》成《ナリ》忠（419）
紀《ノ》長《ハ》谷《セ》雄《ヲ》（114）
源方光《マサミツ》（270）
秦《ノ》身《ミ》高《タカ》（394）
大江朝臣以言《モチトキ》（524）　以言《モチトキ》（528）
下﨟《ラウ》守《モリ》忠（569）
三統《ネノ》元夏《モトナツ》（5）
藤原諸蔭《モロカケ》（295）
（藤原）安《ヤス》-隆《タカ》（438）　安《ヤス》隆（442）
加茂《ノ》保胤《タネ》（760）
春澄《スミノ》善繩《ヨシタ、》（413）

無位ノ能公《トモ》（755）

㈢　字音讀みと和訓讀みと兩方があるもの

紀《ノ》。在（去）昌《マサ》。（平）（12）
菅原《スカワラノ》在躬《アリミ》。（平）（13）
大江音《ヲト》。（平輕）人《ント》。。（平濁）（418）
菅原清公。（平輕）（493）——清《セイ》。（平）公《コウ》。（平輕）（117）——清。（平）
公。（平輕）（155）——菅原清公《トモ》（413）
橘公材《キムキ》《コウセイ》（412）
藤原國。（入輕）章《ノリ》。（平輕）（152）　國《コク》。（入輕）-章《シヤウ》《ノリ》。（平輕）（171）
橘朝臣惟《コレ》《ヰ》風。（平）（63）
大江維《コレ》《ヰ》。（平）時《トキ》《シ》。（平）（10）——大江維。（平）時。（平）（494）
（菅原）惟凞《ヰキ》《コレヨシ》（726）
藤原實《サネ》。（入輕）。輔《スケ》（上）（438）
（菅原）輔照《スケテル》（738）——。輔（上）。照（去）（745）
（橘）高《スケ》《カウ》-臣《ヒト》《シム》（246）
左中辨。輔《スケ》《フ》（上）。正《マサ》《シヤウ》（去）（161）　菅原輔《スケ》。正（去）（421）
（藤原）。佐《スケ》《サ》（去）。理《マサ》（上）（707）　。佐（去）。理《マサ》（上）（708）
高岳《タカヲカノ》相《スケ》。（平）如《ユキ》。。（平濁）（760）

右大辨齊《タ、》《セイ》。(平)光《ミツ》《クワウ》。(平輕)(160)　大江齊《タ、》。(平)光。(平輕)(420)
左大辨齊《セイ》《タ、》。(平)光(507)
(源)。爲(上)憲。(平)(608)――爲憲《ノリ》(620 639)
藤原朝臣倫寧《トモヤス》(301)――倫寧《トモヤス》(304)

三善文《ノ》。(平)明《アキラ》《メイ》。(平)(15)
三善朝臣道統《トウ》《ムネ》(646)――。道(去)統。(平)(650)
文室眞人《フンヤノマヒト》如正《マサ》(581)――如。。(平濁)。正(去)(590)

これらに對して、全く訓點の施されていない人名もある。例えば、大江文時は、79行以下746行に至る十數例があるが、讀み假名も聲點も全く施されていない。このような人名には次のようなものがある。

大江文時　小野道風　平兼盛　源順　大江朝綱　大友兼時　大江成基　藤原爲時　賀茂忠行

比較的に著名な人物が多い。このような著名人の讀み方は自ら明らかなので讀みを示さなかったと思われる。尚、訓點を施して讀みを示した先掲の人物でも、二回以上用いられる際に再出以降には訓點を附さないものがあるが、これは訓點の實用性によるものであって、それとこれとは問題が別である。

これに基づいて、訓點を施したものについて檢討するに、㈠の常に字音讀みされるものと、㈡の常に和訓讀みされるものとを比べると、㈠の常に字音讀みされるものの方が、比較的に知名度の高い人物が多い。「大江匡衡《クヰヤウ》」「菅原是善《シ》」「三善清行」「橘直幹《カン》」「巨勢文雄」「源保憲」等が含まれている。これに對して、㈡の常に和訓讀みされるものにも「紀長谷《ノハセ》雄《ヲ》」「春澄《スミノ》善繩《ヨシタ、》」などが含まれるものの、「下﨟守《ラウモリ》忠」「無位ノ能公《トモ》」のような身分の低いものや知名度の低いものが多い。㈢の字音讀みと和訓讀みと兩方があるものには、(イ)「橘公材《キムキ》《コウセイ》」のように、同一箇所に兩方の讀みが施されたものと、(ロ)「菅原清。(平)公。(平輕)(155)」「菅原清公《トモ》(413)」のように、一箇所は字音讀み又は和訓讀みであるが、巻第六全巻を通じてみると、同一人が字音讀みされたり和訓讀みされたりするものとがある。(ロ)は、「菅原淸公」「源爲憲」「文室如正」「菅原輔照」の四人だけであって、(イ)の場合が多い。同一人物に字音讀みと和訓讀みとの兩方を示す意圖は未詳である。

いずれにせよ、醍醐寺藏本の加點者は、人名の讀み方について、一定の方針を持っていたと見られる。但し、このことは醍醐寺本についてのみ言えることであって、本朝文粹の他系統の訓點本についてまでは及ばない。

尙、日本の年號についてもその讀み方が知られるものがある。次に掲げておく。

嘉祥《カシヤウ》三年（588）　°天(去)慶°°(平濁)五年（83）　°天(去)慶°°(平濁)之初（156）

元《クワン》 慶（113追）　天慶《キヤウ》（700）

昌泰《シヤウタイ》°°(平濁)（114）　康保《カウホウ》元年（85）

延喜《エムキ》（114）　天祿°(入)四年（300）　天祿《ロク》二年（360）

貞°°(平濁)觀°°(平濁)（115）　長°°保(上濁)三年（527）

延°(平)長°(平)之初（82）　貞°°(平濁)元〻年（549）

承°(平)平°(平)之末ヘ（82）

五、特に和泉往來との關係

本朝文粹の字句が、同時代以降の他作品に影響していることは、既に知られる所であるが、ここでは和泉往來との關係に觸れる。高野山西南院藏の和泉往來の文治二年（一一八六）寫本に本朝文粹と酷似する字句の存することは、植垣節也氏が指摘され、(8) 更に山田忠雄氏が續本朝文粹も併せて總合的に表示された。(9) 本朝文粹の巻第六については、和泉往來の正月の往狀と復狀とにわたって次の例が擧げられる。

㈠　不《ス》三耕《カヘサ》二一頑《元》(頃)之田《ヲ》一積《モツウテカウ》二學稼《カヲ》一而《シカモ》 爲《ス》二膳《セント》一不《シテ》三採《トラ》二一葉之桑《チヨウ》一裁《ヲテ》二文《フン》-織《ソクヲ》一而爲《ス》レ服《キモノトス、》 進而《マウトスレハナシ》 无二公祿《ロク》一退而《シリソカウト》□ 有《リ》二私《ワタクシノ》 歎《キ》一（和

泉往來正月5行～7行）

(二)　爰《コヽニ》諸-國受領《スリヤウイヱ》稱二其功-勞一《ノクラウ(ヲ)(ハ)》者或《ハ》馬鞍《ノクラヲ》未《イマタ》レ解《サルニトカ》早《ハヤク》策《フチウチウン》二雲山之驛《マヤニ》一或舟檝《シフイウ》未《イマタ》レ乾《カハカサルニ》　忽棹《ニサヲサス》二煙浪《エンラウ》之渚《トマリニ》一（和泉往來7行～9行）

(三)　有勞《イウラウ(ノ)》諸司《ソシ》遷《セン》二任《ニウスルコト》　分憂《フンイウニ》一其來《ソノキタルコト》　尚《ヒサシ》矣不《ス》二敢《アヘテ》毛擧《モウコ(セ)》一或《ハ》弱冠《火ニ》値《アヒ》レ恩《ヲンニ》　或《ハ》成立《セイリウ》蒙《カフル生ヲ》レ賞拜《ハイ》二任《ニンスルニ》　一-國《ニ》一榮《エイ》-樂《ラク》且《タン》千《センナリ》　而頃《ヲコロ》レ年《トシ》之間拜除《タハイチヨヲ》　如《シ》レ忘《ワスル、》　流跡《カリウセキ》似《タリ》レ絶《タヘタルニ》　空《シク》計《カスヘテ》二日-月之光蔭《火ンイウニ》一徒漏《イタモル》二雨露《ウロノ》之潤溽《ニンソクヲ》一偏《ヒトヘニ》　馮《タノ》二勤《テツトメテ》　公之節《ヲ》一忌　抛《ミタリテナケタリ》二顧私《コシ》之藝《ヲキテヲ》一（和泉往來16行～20行）

(一)と(二)は和泉往來の正月往狀、(三)は正月復狀である。これと酷似する字句が、醍醐寺藏本巻第六では、次のようにある。

(四)　匡衡不レ種《ウヘ》二一-。頃《ケイ》(上)之田一積《ヲモテ》二學。(入輕)。稼《ヲ》一(上)爲《ス》二。口《ノ》(上)-中《ウチ》。(平輕)之食《ショクトス》一不レ採《トラ》二一枝。(平)之桑《クワヲモヲテ》一織二文。。(平濁)章《ヲ》。(平輕)一爲二身上衣《ノ》一進《コロモトス、ンテ》　望《(メ)ハ》二尚。(平輕)書。(平)之閣《ヲ》一則鶴《カク》。(入輕)。。眼《カン》(上濁)疲《ツカレテ》　而不レ可レ階《シタッシ》　退《リソイテ》　求《(ム)レハ》二。刺(去)-史之車《ヲ》一亦羊《ヤウ》。(平輕)腸《チヤウ》。。(平濁)。嶮《ケンニシテ》(上)而無《シ》二推《スイ》。(平)轂《コク》一。(入輕)（427行～431行）
〔長德二年正月十五日　大江匡衡奏狀〕

(五)　何況　諸國《ノ》受領　稱《セウスル》。二(平輕)其功《(ノ)クウヲ》一者《ノ》。。馬(上濁)-鞍《アン》。(平)未《タ》レ解《トカルニ》早鞭《クムチウチツ》二　重。(平)-。。山(上濁)之雲《ニ》一舟《シウ》。(平輕)-檝《イフ》。(入輕)未《タ》レ乾《カワカルニ》　急《タチマチニサホサステウ》　棹二　疊。(平)-。浪《ラウ》(去)之岸《ニ》一（251行～253行）
〔天元二年七月二十三日、平兼盛奏狀〕

(六)　有榮《ノ》諸司遷《セン》。二(平)-任《ニムスル》。(平)受-領《ニ》一之例、其來《ノ》　尚《レルコトヒサシ》　矣。而項《ヲケイ》(上)-年《カウトシコロ》之間。拜(去)-除《チヨ》。(平)如《シ》レ忘《(レ)タルカ》　蹤《シヨウ》。(平)-跡《セキ》。(入輕)已《ニ》絶《タヘタリ》　徒積《ニツミテ》二日月之光。(平輕)-陰《ヲ》。一(平)久漏《クモ(レ)タリ》二　。雨(上)-露之渥《アク》。(入輕)澤《タクニ》。(入輕)一　(中略)　偏馮《ニテ》二。奉(去)-公。(平輕)之節《ヲ》一空忘《ク(レ)タリ》二顧《ミルワタクシヲ》レ私　之慮《ヲモヒヲ》一　(中略)　方今或弱《ハ》-冠《ニシテ》　承《ケ》レ恩《ヲ》。(平輕)或。壯《サウ》(去)-年《ニシテ》。(平)蒙《フル》レ賞《ヲ》。(上)（221行～230行）
〔天元二年七月二十三日　平兼盛奏狀〕

㈣は長德二年（九九六）正月十五日の大江匡衡の奏狀、㈤と㈥とは天元二年（九七九）七月二十三日の平兼盛の奏狀である。それぞれを和泉往來と比べてみると、和泉往來の㈠㈡㈢とも傍線の語句に異同はあるが（和泉往來の方に撰者の手が加えられたものであろう）、深い關係のあることは明らかである。植垣氏は「正月の章は平兼盛の文と大江匡衡の文とを巧みに混成させて組立てたものである」とされ、山田氏は「本往來の編者が「本朝文粹」を自家藥籠中の物と爲し了せた人であった事が判明して見れば、「本朝文粹」を閲讀する利便の有った人の中で本往來の編輯の機會に最も惠まれた」として兩者の關係を編者の面から言及されている。兩者とも、比較考察に當っては、漢文の字句の比較に終り、訓點にまでは言及されていない。しかし、子細に見ると、

㈠　一頑之田《ヲモ》積《ツウテ》二學稼《カウカヲ》一――　㈣　一ー頃《ケイ》(上)之田《ヲモ》一積《テ》二學。(入輕)。稼《ヲ》一(上)

㈡　未《タ》レ解《トカ》早《ハヤク》策《ムチウチ》――　㈤　未《タ》レ解《トカ》早鞭《クムチウチツ》二

　　未《イマタ》レ乾《カハカサルニ》　忽棹《ニサヲサス》二――　未《タ》レ乾《カワカタチマチニサホサス》急　棹二

㈢　有勞《イウラウ(ノ)》　諸《ソ》司《シ》遷《セン》二任《ニウスルコト》――　㈥　有勞《ノ》諸司遷《セン》。二(平)ー任《ニムスル》。(平)

　　其來《ソノキタルコトヒサシ》　尚矣――　其來《ノレルコトヒサシ》　尚矣

　　或《ハ》弱冠《ニアヒ》火《ヲ》値レ恩《ヲンニ》…蒙レ賞《カフル生ヲ》――　或《ハ》弱ー冠《ニシテ》　承《ケ》レ恩《ヲ》。(平輕)…蒙《フル》レ。賞《ヲ》(上)

の傍線部のように讀み方まで良く一致している。さすれば、和泉往來の撰者は、本朝文粹をその訓點本を通して受容したことも考えてみる必要がある。その場合には、和泉往來の成立は、本朝文粹の所收漢文の加點が爲されるようになってからということになる。それが、何時からであるかは今後の課題である。

和泉往來には、前掲例のような文としての密接な關係ほどではないが、本朝文粹の語句と一致するものが少なくはない。

例えば、和泉往來の「恪勤《カクコンノ》諸司《ソ》」(正月、9行)は、本朝文粹巻第六の醍醐寺藏本にも用いられており、次のように讀まれている。

。有《イウ》(上)。勞《ラウ》(去)恪。(入)勤。。(平濁)ノ諸司 (217)

。有(上)。勞(去)恪《カク》-勤《コン》。。(平濁)之諸-司 (264)

次下には、兩文獻に共通する語句を漢語について擧げる。上段が和泉往來の例、下段は醍醐寺藏本朝文粹巻第六の例である。

謂《フ》二人之偏頗《ヘンハト》一 (188)
進《ン》退《タイ》《ス、ミシリソク》 惟《コ、ニキワマリ》 谷 (142)
雨《ウ》露《ロノ》之潤溽《ニンソク》 (19)
遷《セン》二任《ニウスルコトフンイウニ》 分憂一 (17)
溫《タツヌルニ》二 故實《コシツヲ》一 (16)
内《ハ》任《ス》二天-運《ウンニ》一 (26)
鱗甲世路《リンカウセイロニ》尤勝《タリ》 (61)
遷《セン》二任《ニウスルコトフンイウニ》 分憂一 (17)
拜《ハイ》二任《ニンスルニ》 一-國《ニ》一 (18)
拜除《ハイチヨヲ》 如《シ》レ忘《ワスル、カ》 (19)
未《セス》レ長二螢《ケイ》雪之業《ニ》一 (111)
佛-神哀鱗《アイリンシテ》 (72)

偏《ヘン》。(平)-。頗《ハ》(上)ニ似タリト雖モ (7)
。進(去)-退。。(平濁)惟《コレ》《コ、ニ》谷《キハマル》《レリ》 (23)
。雨(去)露。(平)ヲ降《クタ》セハ (74)
分《フム》。(平)憂《イウ》。(平輕)之袾《チツ》。。(入濁)ヲ (75)
故實《コシツ》ヲ撿(フル)ニ (312追)
天。(平輕)。運《ウン》(去)之限《カキリ》 有(ル)コト (200)
鱗《リム》。(平)-甲《カフ》。(入輕)皆。踊《ヨウ》(上)躍《ヤク》。(入輕)之情《コ、ロサシ》 ヲ逞《タクマシ》ウス (213)
闕-國《ク》ニ遷《セン》。(平)-任《ニム》。(平)(セ)被《ラ》レハ (244)
牧《ホク》。。(入輕濁)掌《宰サイ》ニ拜《ハイ》-任《ニム》スル[之]輩《トモカラ》 (248)
頻《シキリニ》。拜(去)-除。(平)(セ)被《ラ》ル、者《ノ》 (251)
螢《ケイ》。(平)雪《セツ》。(入輕)ヲ共ニシ (272)
明《メイ》。(平)-時《シ》。(平)哀《アイ》。(平輕)-憐《レン》。(平)ニシテ (288)

覺《マネハシ》二 脩《ス》良《ラヲ》一 (232)
調子拍子分明《フミヤウニ》 (96)
但州《タンシウノ》 刺史《ハンシ》 (237)
特《(マ)コトニ》　賜《タマヘ》二斟《シン》酌《(シ)ヤクヲ》《クミクム》一 (167)
老《ラウ》-若《シャク》 自《コトニヲノツカラ》　以採《サイ》用《ヲ》一 (174)
遊《アソテ》二恩《ヲン》波《ハ》之潤《ウルヲヒニ》一 (110)
晨昏《シンコン》是至《レイタリ》 (100)

何《ナン》ソ必(ス)シモ修《シュ》。(平輕)良《リヤウ》。(平)ヲ擇《エラ》ハム (297)
。賞(上)罰。。(入濁)分《フン》。明(上)ナリ (458)
蘇《ソ》。(平)州。(平輕)ノ。刺《シ》(去)。史(上) (470)
時之斟《シム》。(平輕)酌《シャク》 ニ依(リテ) (597)
別《コト》ニ。採《サイ》(上)。用(去)ニ遇《ア》ハ、[者] (637)
心ヲ [於] 恩。(平輕)波《ハ》。(平)ニ投《トウ》ス (670)
晨《シン》。(平)昏《コン》。(平輕)亦一子ニ携《タツサ》ハル (713)

和泉往來が、用語の面でも本朝文粹と深い關係を持っていることが考えられる。

尙、醍醐寺藏本朝文粹巻第六の漢語には、その訓點によって、清濁や漢音呉音の別などが判明し、同時代の延慶本平家物語などの作品の讀みを定めうる資料も少なくはない。その二、三を擧げておく。

。殿(去)上。。(平濁)(503)
仙。(平)-籍。(入輕)之上ニ削《ケツ》ラル (515)
昇。(平)。。殿(去濁)(50)
詔《セウ》。。(平濁)-勅《チョク》。(入)宣《セム》。(平)命《ミャウ》。(平)(99)
。文(去)。。章(上濁)博士 (383 537)

六、本朝文粹の訓讀の系統

本朝文粹の訓讀は、「尺素往來」によれば、漢籍と同様に博士家の所管であった。現存本から訓讀の素姓の知られるのは、次の三系統である。

(1)清原敎隆點。久遠寺藏本がこれである。本奥書によると、敎隆が北條時賴の命によって加點した本に據っている。

(2)藤原南家點。眞福寺藏巻第十四の弘安三年（一二八〇）寫本によると、正應元年（一二八八）に藤原淳範が自らの南家の家説を傳授している。淳範は、書陵部藏貞觀政要巻第一の建治三年（一二七七）點の奥書によると、父經範より南家の累代の説を受けている。

(3)菅原家點。所在不明の巻第十四には、正應五年に菅原爲長卿の祕本を以て移點した奥書を傳えている。

この他の博士家、例えば大江家などの訓讀もあったと考えられるが、具體的にその全容を知ることが出來ない。現存本の本文及び訓讀法を相互に比較するに、全體としては基本的にはよく共通するが、子細に見ると少異がある。それも個様々な訓讀をするのではなく、三系統ほどの訓讀に整理出來るようであって、本朝文粹の訓讀が、本來、博士家の三家ほどの訓説から出ていることを窺わせる。但し、鎌倉時代には、その書寫・加點は殆ど僧侶の手に委ねられるようになる。その僧侶は、平安時代の博士家の訓點本に基づき、所定の博士家の訓讀を基調としながらも、部分的に他系統の説をも取捨するようになる。このことは漢籍の訓讀において具體的に知られる所であり(10)、本朝文粹についても同趣と見られる。

本朝文粹の現存本は、第一節に述べたように、鎌倉時代のものが大部分であり、平安時代の寫本は管見に入っていない。その書寫・加點者は、久遠寺藏本の清原敎隆を除けば、他は殆ど僧侶である。

醍醐寺藏本朝文粹と同じ巻第六の訓讀を傳える鎌倉時代の古寫本には、久遠寺藏の清原教隆加點本の他に、神田喜一郎博士舊藏の寛喜二年（一二三〇）に勸修寺僧の寛實が加點した本と、宮內廳書陵部藏の鎌倉初期書寫本（奥書なし、加點者未詳）と、高野山寶壽院藏の鎌倉時代書寫本（奥書なし）とがある。このうち寶壽院藏本は筆者未見である。

先ず、醍醐寺藏本の訓讀を、素姓の判明する清原教隆加點の久遠寺藏本の訓讀と比較してみる。他の二本の訓讀よりも共通するものが多いことが分る。

(1)〔醍醐寺藏本〕是レ文時之《カ》。手《シユ》(去)。書《シヨ》(上)(ナリ)[也]（97）
〔久遠寺藏本〕是レ文-時か手-書ナリ[也]

……………………………………

〔寛喜二年本〕是レ文時手《テツカ》ラ書《カ》ケル(ナリ)[也]
〔書陵部藏本〕是《コ》レ文《フン》-時《シ》カ手《シユ》《カラ。》(平)-書《シヨ》《カケル。》(上)也《ナリ》

(2)〔醍醐寺藏本〕愁ヲ抱(キ)テ［而］止《ヤ》ムヌ（94）
〔久遠寺藏本〕愁（訓）を抱《イタ》イ而《て》止《ヤ》ンヌ

……………………………………

〔寛喜二年本〕愁を抱《ウタ》《イタイ》イ而《て》止《ヤ》ミヌ
〔書陵部藏本〕愁《ウレヘ》ヲ抱《イタ》イテ［而］止《ヤ》ミヌ

(3)〔醍醐寺藏本〕文時生《イ》ケリト雖フトモ死《シ》ヌト雖(フトモ)（130）
〔久遠寺藏本〕文時生《イ》ケリと雖(フトモ)死(ヌ)と雖(フトモ)

……………………………………

〔寛喜二年本〕文時生《イ》キ(タリ)と雖(トモ)死《シスト》(ニ)タリと雖(トモ)
〔書陵部藏本〕文《フン》時《シ》《フントキ》生《イ》ケリト雖《イフ》ヘトモ死《シ》スト雖トモ

(4)
〔醍醐寺藏本〕[於]文時ヨリ先《サキ》ナルハ莫《ナ》シ[者《モノ》][矣]（86）
〔久遠寺藏本〕文時於《ヨ》リ先《サキ》ナル者《モノ》は莫シ[矣]

……………………………………
〔寛喜二年本〕文時ヨリモ先《サキ》タテル者は莫《ナ》シ[矣]
〔書陵部藏本〕文《フン》。。-時《シ》。於《(ヨ)》(リモ)先《サキ》タテルハ［者《モノ》］莫《ナ》シ

醍醐寺藏本と久遠寺藏本が字音で讀むのに對して、寛喜二年本と書陵部藏本は和訓に讀む（(1)の例)。醍醐寺藏本と久遠寺藏本が音便に讀むのに對して、寛喜二年本と書陵部藏本は音便でない原活用形で讀む（(2)の例)。醍醐寺藏本と久遠寺藏本が完了の助動詞「リ」を用いるのに對して、寛喜二年本は助動詞「タリ」を用いる（書陵部藏本は「リ」を用いる）(3)の例)。醍醐寺藏本と久遠寺藏本が、「先《サキ》」と卽字的に讀むのに對して、寛喜二年本と書陵部藏本は「先《サキ》タテル」と讀む。このような訓讀法の相違は、醍醐寺藏本と久遠寺藏本が、他の二本よりも訓讀調の勝った訓法であったことを知らしめる。

しかし、醍醐寺藏本は久遠寺藏本と全同ではなく、差異もある。

(5)
〔醍醐寺藏本〕龍。(平)-顔《カン》。。(平濁)之。聖(去)。主(上)ニ奉《ツカ》ウマツリ（66）

……………………………………
〔久遠寺藏本〕龍-顔之聖-主に奉(音)シ
〔寛喜二年本〕龍。(平)-顔。。(平濁)之。聖(去)-。主(上)に奉《ツカフマツ》リ
〔書陵部藏本〕龍顔《レウカ》之聖主《セイシウ》ニ奉《ツカウマツ》ル

(6)〔醍醐寺藏本〕臨《リン》-時ニ勅ヲ奉ケタマハルコト(70)

…………

〔久遠寺藏本〕臨-時の奉-勅《チヨク》

〔寛喜二年本〕°臨(去)-°°時(上濁)に勅°(入)を奉《ウ》ケタマハルこと

〔書陵部藏本〕臨時ニ勅《チヨク》ヲ奉《ウ》ケタマハルコト

(7)〔醍醐寺藏本〕衣《モ》貳《フタツ》ノ采《イロ》無シ(702)

…………

〔久遠寺藏本〕衣(訓)°°貳(去濁)-采《サイ》無シ

〔寛喜二年本〕衣貳《フタツのイロ》 采〔°貳(上)采°(平)〕無《ナ》シ

〔書陵部藏本〕貳《フタツ》ノ采《イロ》〔°°貳(上濁)采《サイ》〕无シ

(8)〔醍醐寺藏本〕妾《セフ》カ生《ウ》ム所ノ男《ナン》(706)

…………

〔久遠寺藏本〕妾《セウ》か生メル所ノ男(音)

〔寛喜二年本〕妾《セフ》°(入輕)か生《ム》メル所の〔所°生(去)ノ〕男

〔書陵部藏本〕妾《セウ》カ所-生ノ°男(去)

(5)(6)(7)のように醍醐寺藏本が和訓で讀む所を、久遠寺藏本は字音で讀み、又、(8)のように醍醐寺藏本に對して久遠寺藏本は完了の助動詞「リ」を讀添えている。

これらの訓讀の相違によれば、久遠寺藏本が清原家の訓讀法を示すのに對して、醍醐寺藏本は紀傳道の中でも訓讀調の勝った訓讀法を持つ、菅原家の訓説を傳えたものであろうと推定せられる。尚、寛喜二年本の訓讀法は、⑴⑵⑶⑷の相違から考えれば、紀傳道の中で、藤原家の訓讀法に通ずると見られる。

以上は、訓點についてその訓讀法の相違を見たのであるが、本文の字句については、事情が右とは異なるようである。

⑼〔醍醐寺藏本〕頻《シキリ》ニ恩渙《クワン》ニ漏《モ》レタリ（65）
〔寛喜二年本〕頻に。渙（去）渥《アク》。（入輕）〔「恩渙」ノ「恩」ヲミセケチ、「渥」ハ補入〕に漏《モ》レンたり
〔書陵部藏本〕頻《シキリ》ニ 恩渙（ミセケチ）〔（上欄）。渙（去）渥《アク》ニ〕漏《モ》レタリ
〔久遠寺藏本〕頻に渙渥《クワムアク》に漏《モ》ル

⑽〔醍醐寺藏本〕俗《ショク》ニ別《ワ》カ不《ス》ト雖（モ）……豈僧ヲ顧《カヘリ》ミムヤ（712―713）
〔寛喜二年本〕俗。。（入濁）（入輕）を別《ワ》カ不《す》ト雖（モ）豈《に》僧を顧（ミ）むヤ
〔書陵部藏本〕止道俗ヲ別《ワカ》タ不ト雖（モ）……止豈《アニ》巖僧ヲ顧《カヘリ》ミムヤ
〔久遠寺藏本〕道俗。。（入濁）を別《ワ》カ不《ス》ト雖トモ・……豈巖。僧を顧《カヘリ》ミンヤ

本文の字句においては、⑼⑽によると、醍醐寺藏本が寛喜二年本と同系のものであり、久遠寺藏本とは別系であることが知られる。但し、⑼では寛喜二年本は「恩」をミセケチとし「渥《アク》。」を補入して久遠寺藏本と同じにし、書陵部藏本でも同じように扱っている。⑽では醍醐寺藏本と寛喜二年本とが本文を同じくし、書陵部藏本は「道俗」「巖僧」の「道」「巖」をミセケチとして醍醐寺藏本と寛喜二年本とに合わせている。

寛喜二年本の加點者の寛實が勸修寺の榮然の弟子聖範の資と見られるなら、醍醐寺藏本の禪兼と、宗派上近い關係にあって、本文は共に同系のものに據ったことも考えられる。但し、訓讀においては據る系統を異にするというような事情があったかも知れないのである。

注

（1）阿部隆一「本朝文粋傳本考―身延本を中心として―」（汲古書院刊『重要文化財本朝文粋』解題）。

（2）注（1）文獻「傳存諸本」の項。

（3）拙稿「中世片假名文の國語史的研究」第三章「尾子音」（「廣島大學文學部紀要」特輯號3、昭和四十六年三月）。本著作集第一巻所收。

（4）注（3）文獻、第三章の「體母音」。

（5）注（3）文獻。第二章の「母音」。

（6）春日政治「金光明最勝王經註釋の古點について」（『古訓點の研究』再收）。

（7）拙著『平安鎌倉時代に於ける漢籍訓讀の國語史的研究』序章第三節。

（8）植垣節也「高野山西南院藏『和泉往來』の原作者をめぐって」（「訓點語と訓點資料」第二十四輯、昭和三十七年十二月）。

（9）山田忠雄「高野山西南院藏和泉往來解説」（貴重古典籍刊行會「和泉往來」）。

（10）注（7）拙著。

（「醍醐寺文化財研究所研究紀要」第十二號　平成四年三月）

防府天滿宮藏妙法蓮華經八巻の訓點

一、はじめに

防府天滿宮藏の妙法蓮華經八巻は、古來、菅丞相道眞公の眞筆とする傳承があり(1)、慶長十二年(一六〇七)に毛利氏の重臣佐世長門守元嘉の寄進するところとなった經巻である。本文は平安時代の院政初期の書寫と見られ、これに室町初期に書加えた訓點及び遵が存する(2)。訓點には、朱訓點と墨書假名との二種が存し、それがそれぞれ鎌倉時代に眞言宗小野流と天台宗山門派の僧によって加點されたものを移寫したものであることが、巻第一の奥書と訓點の讀法とから知られる。このように同一經巻の中に、異なる系統の訓點が併存することは注目せられる現象であり、それぞれの訓點と訓讀語は、漢文訓讀語史上、妙法蓮華經の訓讀史を考察する上でも、又、國語史の研究資料としても、重要な資料を提供するものである。

本稿は、この妙法蓮華經八巻の訓點についての調査報告である。次節の第二節の書誌・訓點を小林芳規、第三節の訓讀と遵についてを松本光隆が執筆分擔した。

二、防府天満宮藏妙法蓮華經の書誌と訓點

防府天満宮藏の妙法蓮華經は八巻一具として現藏せられる。巻子本仕立であるが、一時折本装にされたことがあるらしく、本文五行目に折目が殘っている。料紙は楮紙（斐交り）で墨界を施し、これに一行十七字の本文を書寫する。印記は見られない。紙背は金銀の切箔を散らしている。表紙は紺地に金泥で刷毛目を施し、松樹・梅花樹を描き、下方に茅草、上面に雲形を棚引かせ、金銀の切箔砂子を蒔く。見返は、金紙地で全面に蓮華・蓮實・蓮葉などの生える蓮池を地文としている。圖柄は各巻に少異がある。題簽は、金色の別紙に「法華經巻第一（〜八）」と墨書する。軸は杉材で合せ軸、軸頭に八角形の水晶を附する。

以上の八軸を桐材で漆塗の箱に納め、蓋表に金泥で「大乘妙典」と書する。別に、寄進狀一巻を添える。

次に、各巻の法量は左の如くである。

（巻第一）天地二六・四糎、界高二〇・二糎、界幅一・八糎、一紙長四七・八糎、紙數二十紙、一紙二十七行、一行十七字
（巻第二）天地二六・五糎、界高二〇・三糎、界幅一・八糎、一紙長四八・二糎、紙數二十三紙、一紙二十七行、一行十七字
（巻第三）天地二六・四糎、界高二〇・三糎、界幅一・八糎、一紙長四八・四糎、紙數二十二紙、一紙二十七行、一行十七字
（巻第四）天地二六・五糎、界高二〇・三糎、界幅一・八糎、一紙長四八・二糎、紙數十九紙、一紙二十七行、一行十七字
（巻第五）天地二六・一糎、界高二〇・二糎、界幅一・八糎、一紙長四八・四糎、紙數二十紙、一紙二十七行、一行十七字
（巻第六）天地二六・五糎、界高二〇・二糎、界幅一・八糎、一紙長四六・三糎、紙數二十紙、一紙二十七行、一行十七字
（巻第七）天地二六・五糎、界高二〇・三糎、界幅一・八糎、一紙長四八・〇糎、紙數十八紙、一紙二十七行、一行十七字

〈巻第八〉天地二六・五糎、界高二〇・三糎、界幅一・八糎、一紙長四八・二糎、紙數十六紙、一紙二十七行、一行十七字

訓點及び遃の書入れ状況を巻別に表示すると左のようになる。

	（朱訓點）	（墨假名）	（別墨假名）	（遃）
〈巻第一〉	假名・ヲコト點（全巻）	アリ	アリ	アリ
〈巻第二〉	假名・ヲコト點（巻首ノミ）	アリ	アリ	アリ
〈巻第三〉	句切點ノミ	アリ	アリ	ナシ
〈巻第四〉	句切點ノミ	アリ	アリ	ナシ
〈巻第五〉	句切點ノミ	アリ	アリ	ナシ
〈巻第六〉	句切點ノミ	アリ	アリ	ナシ
〈巻第七〉	句切點ノミ	アリ	アリ	ナシ
〈巻第八〉	句切點ノミ	アリ	アリ（少々）	アリ

外題は、題簽を貼附し、それに各巻共に、「法華經巻第一（〜八）」と墨書する。昭高院法親王（後水尾天皇の御弟）の添え状（後掲）によれば、この外題の墨書は後水尾天皇の宸筆であるという。

內題は、各巻の巻頭にそれぞれ左のようにある。

〈巻第一〉妙法蓮華經序品第一

〈巻第二〉妙法蓮華經譬喩品第三　二

〈巻第三〉妙法蓮華經藥草喩品第五　三

〈巻第四〉妙法蓮華經五百弟子受記品第八　四

（巻第五）妙法蓮華經提婆達多品第十二　五
（巻第六）妙法蓮華經如來壽量品第十六　六
（巻第七）妙法蓮華經不輕菩薩品第二十　七
（巻第八）妙法蓮華經観世音菩薩普門品第二十五　八

尾題は、各巻それぞれに次のようにある。

（巻第一）妙法蓮華經巻第一
（巻第二）妙法蓮華經巻第二
（巻第三）妙法蓮華經巻第三
（巻第四）妙法蓮華經巻第四
（巻第五）妙法蓮華經巻第五
（巻第六）妙法蓮華經巻第六
（巻第七）妙法蓮華經巻第七
（巻第八）妙法蓮華經巻第八

奥書は、八巻のうち巻第一と巻第七・巻第八との三巻に、左のようにあり、他の五巻には見られない。

（巻第一）（巻末墨書）
天台／爲一具加墨點了同句
古本云
建長八年丙辰八月十四日以禪忍房導本於尊光院寫之執筆堯遍四十歳
防府天満宮藏妙法蓮華經八巻の訓點

生〻世〻値遇修學　面ノ上下注ヲ裏ニ書了

寫本云

嘉祿三年九月五日遵了六ヶ日安貞二年五月十七日至十九日三ヶ日間

於尺迦堂讀了聽宂十餘人

嘉禎二年五月卅日於文殊堂讀了　寛元三年八月廿七日玄贊讀了

乘心　茾院圓輪於四人聽宂

應永廿五年戊戌五月十六日讀了讀日首尾五十餘日於新淨土寺聽宂五人

堯春公　於唐院加點　明尊物覺俗法十三夏

大安寺讀師

（以上一筆）

（巻第七）（巻末墨書）

奉持比丘誓順

（巻第八）（巻末墨書）

天神御筆代〻相傳之傳狀五通有之慈日房等ノ也應永廿五年戊戌八月一日

明尊（花押）法十三夏

このうち、本資料の訓點の素姓を知る上で重要なものは、巻第一の奥書である。その奥書には、本奥書として、二種のそれぞれ異なる系統の本の奥書が併記されている。第一種は、「古本云」として建長八年に堯遍が書寫した本の奥書を移寫したものであり、第二種は、「寫本云」として嘉祿三年以下寛元三年に至る「遵了」や「讀了」等の奥書を移寫したものである。そこでこの二種の本奥書の內容を検討する。

第一種の「古本云」とある中の、「堯遍」は、醍醐寺藏本傳法灌頂師資相承血脈の鎌倉後期寫本(3)によると、醍醐山座主成賢（一一六二―一二三一）の弟子四傑の一人の道教（一二〇〇―一二三六）の弟子に「堯遍卿僧都」とある僧と見られる。又、堯遍は、京都栂尾の高山寺藏の左の文獻にもその名が見られる。

○求聞持私記（高山寺聖教類第四部七三函10號〔12〕、貞享四年快存寫本）

（巻中識語）建長七年十月自十六日於葛木石清水／以此次第修之十二月十日亥時令蝕乳／佛而如二清水一而少在氣三品

悉地之下歟／此本尤仰信〻〻　金剛堯遍

尚、高山寺聖教類第四部八九函5號〔30〕求聞持私記の延寶三年覺圓寫本にも、ほぼ同文の堯遍の奥書を傳えている。建長七年（一二五五）は、防府天滿宮藏妙法蓮華經巻第一の奥書の「古本云」にある、堯遍の書寫したという「建長八年」の前年である。更に、堯遍は、高山寺聖教類第二部7號の倶舍論頌疏の建久二年（一一九一）寫本十八帖の奥書に、後から加筆した奥書の中にもその名が見られる。例えば巻第一の奥書は次のようである。

建久二年八月十八日酉尅許於神護寺／書寫畢　　三挍了

（別筆）「偏爲佛法興隆往生極樂也

沙門堯遍之本生年十八」

堯遍が加筆した年紀は明示されていないが、妙法蓮華經の堯遍と同一人とすれば、建長八年に四十歳であったから、十八歳は文暦元年（一二三四）となり、師の道教の入滅する二年前となる。

防府天滿宮藏妙法蓮華經巻第一の奥書の「古本云」にある、「禪忍房遵本」の「禪忍房」は、高山寺明惠上人の弟子の一人である明信と見られる。禪忍房の名は、高山寺藏本の中に屢々見られる。「梅尾說戒日記」（第四部四八函8號、寛文九

年寫）には、

自寛喜二年（一二三〇）二月中旬依御不例無説戒事　自／二月晦日至七月晦日兩三度圓道房勤仕其後／相次禪淨房勤仕自同八月十五日上人御説戒／始時尅衆會等如常■（墨消）彼著座衆／正達房　義林房　圓道房　禪淨房　法智房　／義淵房禪忍房（以下十名の僧名あり）　長圓

とあり、又、長圓が明恵上人の教訓・談話を筆録した「却癈忘記」（第一部280號、長圓自筆本）の中にも、

或時、禪忍房、長圓等、參二禪堂院御房一、仰云

などと出ており、「明恵上人歌集」によれば「明信禪忍房」として三加禪の草庵で明恵に返歌している。更に「禪忍坊聖教目錄」（第一部249號、鎌倉初期寫）が高山寺經藏に現存している。その他の書寫本もある。(4)

防府天滿宮藏妙法蓮華經卷第一の奥書の「古本云」には、この禪忍房の導本を以て、堯遍が寫したというから、堯遍も高山寺に關係ある眞言宗の僧と考えられる。先揭の高山寺藏俱舍論頌疏が建久二年に明恵ゆかりの神護寺で書寫されており、それに堯遍が加筆したもので、現に高山寺經藏に傳わっているのも一證である。

次に、妙法蓮華經卷第一の本奥書のうち、第二種の「寫本云」を見ると、安貞二年（一二二八）に尺迦堂で聽衆十餘人に對して訓讀を終えたという「尺迦堂」は、天台宗の比叡山の塔頭の一つである。叡岳要記（群書類従所收）によると、

釋迦堂奉レ安二置半金色釋迦佛像一軀一

とあり、又、嘉禎二年（一二三六）に乘心が讀んだという「文殊堂」も、叡岳要記に、

文殊堂北二間。今云二毘沙門堂一本尊文殊普賢彌勒各居高三尺

元弘二年四月十二日丑尅焼失

とある。元弘二年（一三三二）は嘉禎二年より九十六年後である。これらによると、「寫本云」の方は、天台宗の比叡山で

妙法蓮華經が讀み繼がれていた本の奥書を傳えたものであることが知られる。

ところで、防府天滿宮藏妙法蓮華經卷第一の奥書の最後にある「應永廿五年戊戌五月十六日讀了」以下の字句は、室町初期の應永二十五年（一四一八）五月十六日に五十餘日を費して新淨土寺において聽衆五人に對して妙法蓮華經が讀まれ、その折の讀師が大安寺讀師堯春公であったという。これを明尊が唐院で加點したとある。唐院は比叡山（前唐院）竝びに三井寺（後唐院）にあり聖教法器を收めた建物である。叡岳要記(5)には、「前唐院」が「淨土院」と共に左のように記されている。

前唐院安二置慈覺大師新從レ唐所レ渡眞言祕敎曼荼羅道具幷天台敎迹戒律坐禪諸宗章疏一

淨土院傳敎大師建立等身阿彌陀坐像

山門堂舍記(6)にも記されている。奥書の「新淨土寺」はこの淨土院と關係があるかも知れない。「明尊」については未詳であるが、天台宗の僧で、恐らく比叡山に係る者であろう。さすれば、「寫本云」にある「尺迦堂」「文殊堂」が比叡山の塔頭であることに併せて、嘉祿三年（一二二七）、安貞二年（一二二八）、嘉禎二年（一二三六）、寛元三年（一二四五）の識語は、比叡山で妙法蓮華經が讀み繼がれたことを反映するものであり、この本を參勘しつつ、應永二十五年（一四一八）以後に、同じ比叡山で、天台宗の僧明尊が、この妙法蓮華經に加點したものとなる。この明尊の奥書は、卷第八にもあり、そこには「應永二十五年戊戌八月一日」の日附と明尊の花押とがあるから、防府天滿宮藏妙法蓮華經の訓點等の加點者は、明尊であるとなる。卷第一の「古本云」の奥書も筆跡が同じと見られるから、明尊が、別宗派の眞言宗の堯遍が書寫した本の訓點とその奥書をも移寫したものであろう。

さて、目を轉じて、この妙法蓮華經八卷の本文を見るに、「如是我聞」から始まる漢文の本文そのものは、平安時代の寫本であるから、平安時代には白文として傳わったものであり、これに遵や訓點が加えられたのは、恐らく應永二十五年

第一圖　妙法蓮華經の朱書の假名字體

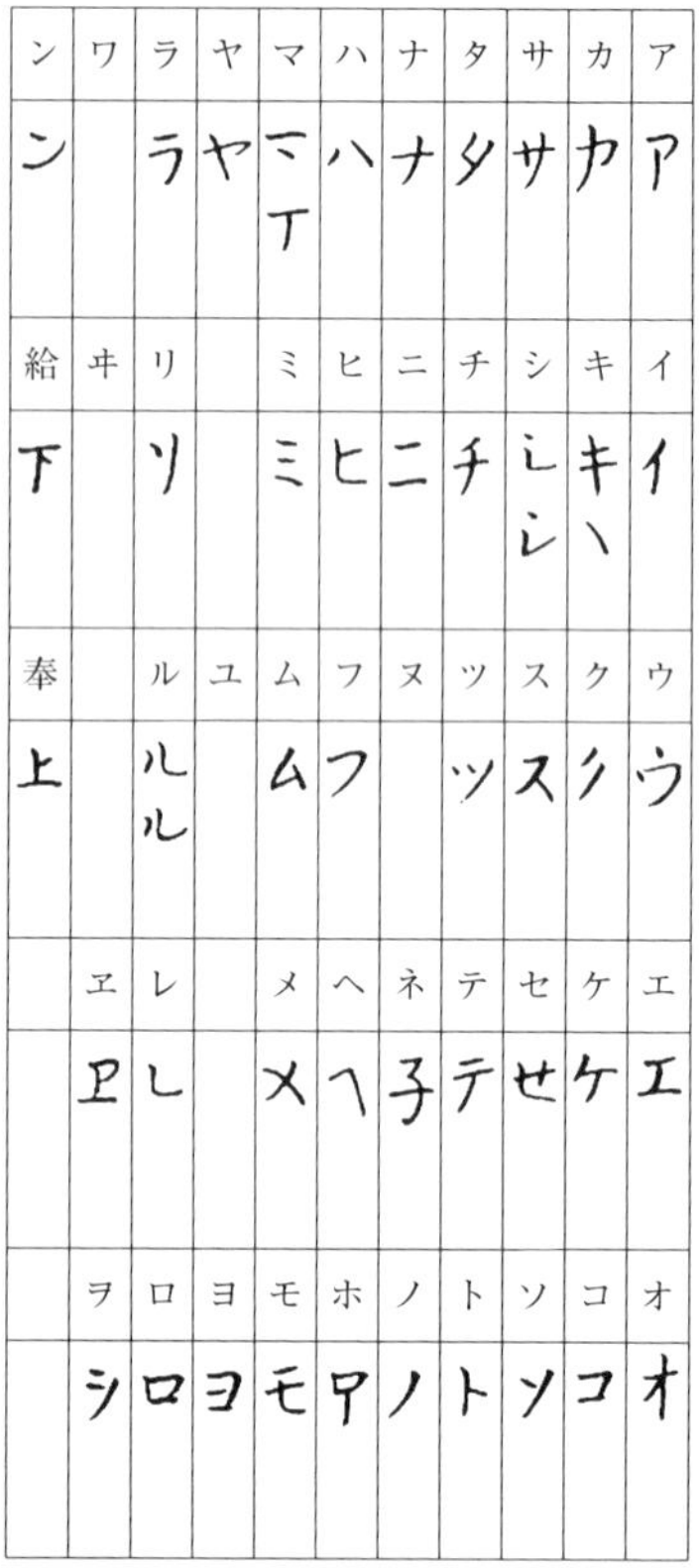

朱書のヲコト點圖

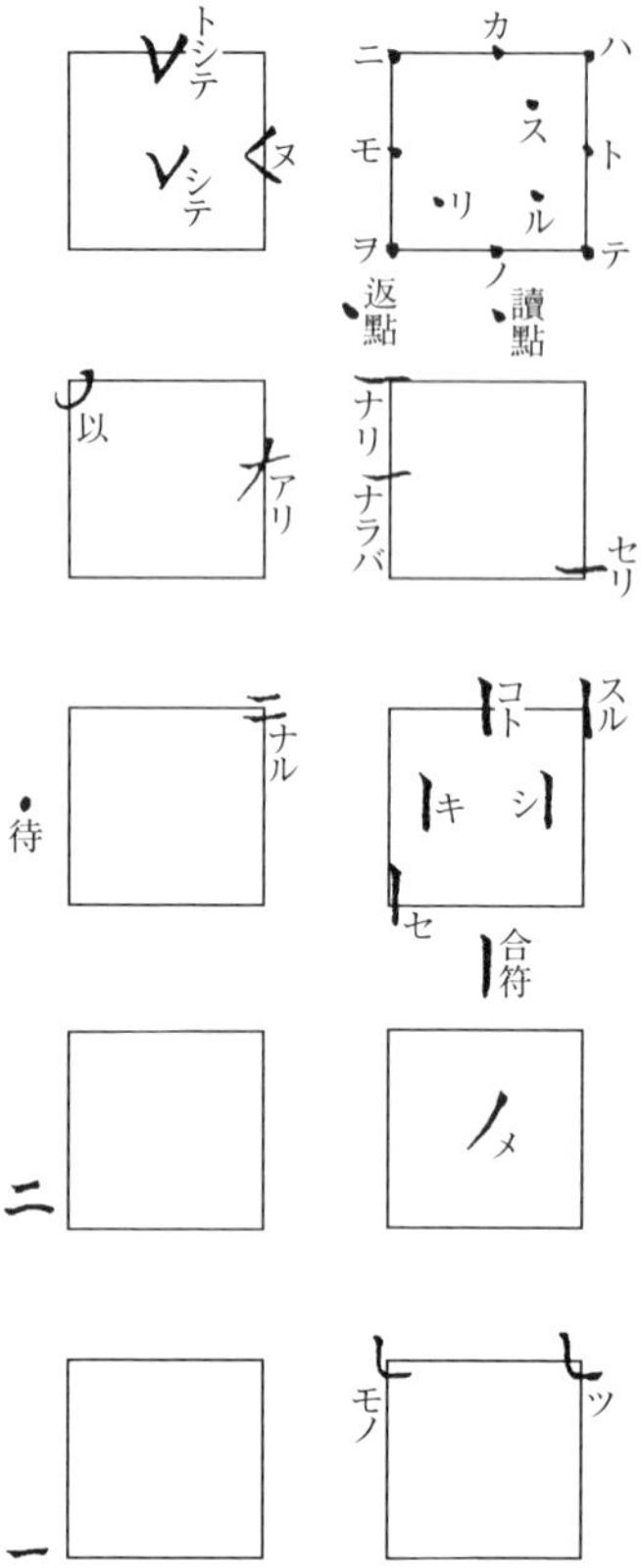

であったのであろう。訓點は、三種類があり、その一は朱書の假名とヲコト點であり、その二は墨書の假名・返點等であり、その三は薄墨の假名である。第一の朱書の假名とヲコト點とは、巻第一の全巻と第二の巻首に施され、それ以後の巻には見られない。その假名字體とヲコト點とは第一圖のように歸納せられる。ヲコト點法は、喜多院《きたのいん》點と呼ばれる形式である。院政期・鎌倉時代の當時、この形式のヲコト點を使用したのは、主に眞言宗小野流の醍醐寺や勸修寺等の僧であるから、巻第一の奥書のうち、「古本云」の堯遍が醍醐寺の道教の弟子であり、高山寺に關係があった僧であったのに照應する。恐らく明尊は、「古本」にあった訓點を朱書で移寫し、その奥書を「古本云」以下に記したものであろう。

第二は、墨書の假名・返點と朱句切であ

り、八巻全巻にわたって書入れられている。その假名字體は第二圖のように歸納せられる。字體は、第一の朱書の假名と同じで、共に室町時代初期の様相を示している。この墨書の假名と朱句切點は、巻第一の奥書の最初に、「天台／為一具加墨點了同句」に照應するものであり、更に「寫本云」の嘉祿三年以下寛元三年の奥書が天台宗の讀みを反映するのに對應するものと考えられる。

第三の薄墨の假名は、第二の墨假名の訓讀を補う形で、八巻の各巻に散在するものである。或いは應永二十五年五月十六日の大安寺讀師の堯春公の訓讀を記したものか。

以上によれば、防府天滿宮藏の妙法蓮華經の訓點は、鎌倉時代における眞言宗の訓讀と天台宗比叡山の訓讀とを同一巻の中に併せ記したものであることが知られる。眞言宗と天台宗とは共に平安新興佛教であるが、宗派としては異なり、相違點があり、その聖教も訓讀も大きく異なるものである。從って、平安時代には、同一經典の中にこの二つの異種の訓讀が共存することは極めて珍しいことである。この妙法蓮華經に二つの異種の訓讀が共存していることは、時代が降るとはいえ、注目せられることである。

第二圖　妙法蓮華經の墨書の假名字體

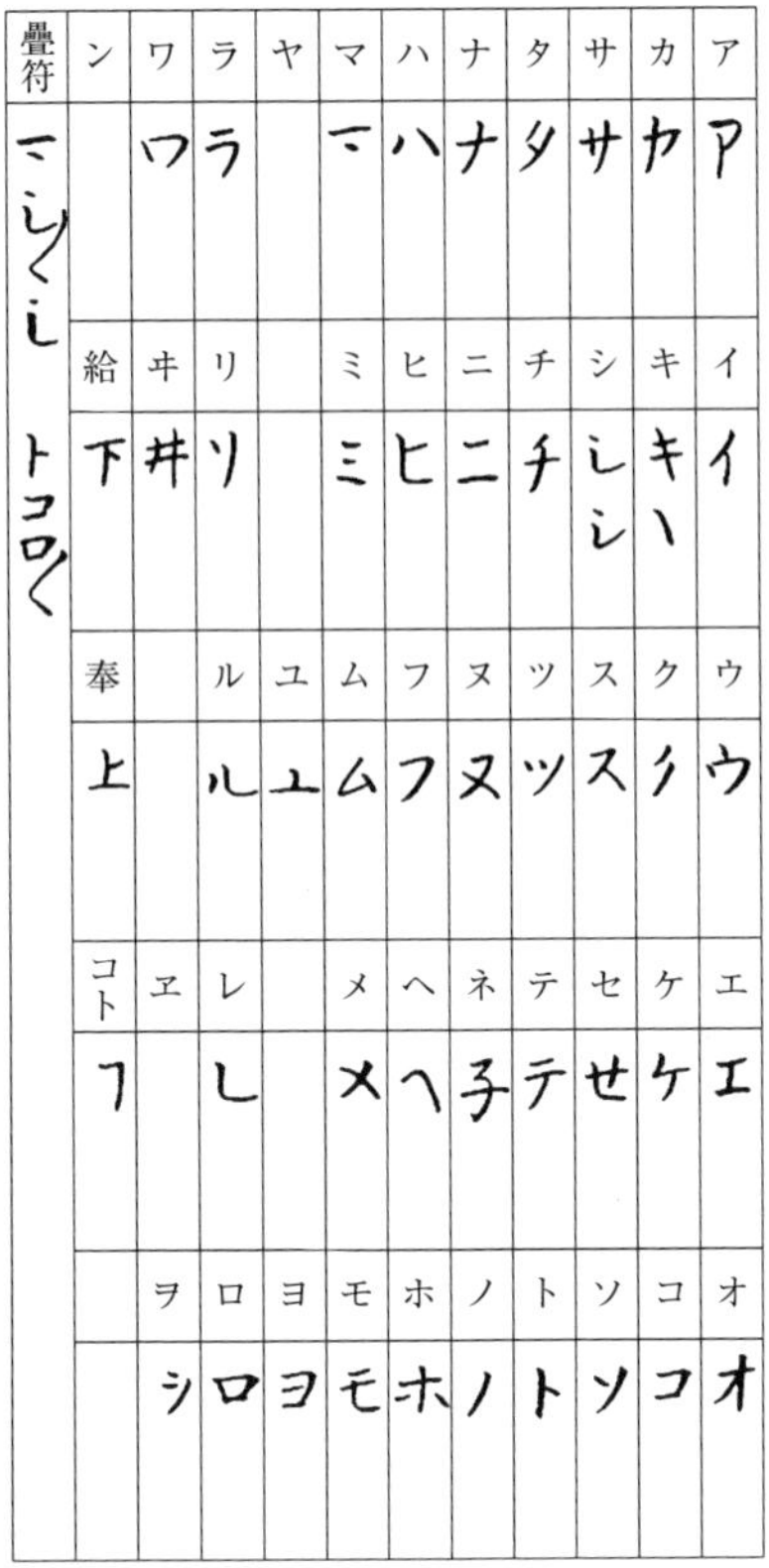

平安鎌倉時代の妙法蓮華經の訓讀において、眞言宗小野流と天台宗比叡山との間で相違の存することは、既に明らかにされている。(7) 防

府天滿宮藏の妙法蓮華經における、朱書の眞言宗の訓讀と、墨書の天台宗の訓讀とが、平安鎌倉における兩宗派の訓讀の相違と對應するかどうかの具體的な檢討は次項に述べる所である。

防府天滿宮藏の妙法蓮華經の訓讀に用いられた語は、國語史上、鎌倉時代及び室町初期の資料として注目すべき事象をも提供している。その二、三を取上げて見よう。

(1)學《セハ》得《ム》レ見《ミエルコトヲ》二恒沙《ノ》佛《ヲ》一　(卷第四)
(2)有《シキ》レ佛號《シテ》曰《ユイ上ル》二多寶《ト》一　(卷第四)
(3)諂誑邪僞《キノ》心《ヲ》　(卷第五)

(1)は下二段活用の連體形の「ミユル」を下一段活用の「ミエル」と表し、(2)は國語音の「イヒ」を「ユイ」と發音しており、(3)は漢字音の合拗音「クヰ」を直音の「キ」と表記している。これらは、いずれも鎌倉時代になると口頭音で變化し始めたものであり、その反映として新しい例を提供している。但し、(1)は「ミ上ル」の誤寫とも考えられるが、その場合にもその誤寫の生ずる背景に「ミエル」の存したことが知られる。

尚、この經卷の傳來については、先ず卷第八の奥書に、明尊が記しているところによれば、本文が天神菅原道眞の御眞筆であるという傳承が古くからあり、應永二十五年の時點で既に代々相傳の傳狀が五通あったという。この傳承が、慶長十二年(一六〇七)になって防府天滿宮に毛利氏の重臣佐世長門守元嘉の寄進することになる力として働いたものと推察される。應永二十五年から慶長十二年までの約百九十年間の經緯については、未詳である。

以下に、本經卷に添えられた寄進狀を掲げておく。寄進狀は、卷子本で料紙は楮紙を用い、界線も無く、印記もない。天地は十五・八糎、紙數六紙、一紙長四九・三糎で、一行に七字程度を記している。佐世長門守書狀一通、昭高院法親王の添狀一通、霖齋あて如齋書狀一通、計三通を收める。

㈠此八軸聖廟御／筆之由無比類至／寶不可過之候然者／外題之事承候憚／之上之憚何共難計／儀候間此比御法事／聴聞參上之刻存／出候間　勅筆之儀／內〻申入御同心候間／只今申出如斯候／愚身是上隨分之／思案と存計候／勿天神奉納之由候／哉尤之儀末代迄／名譽之隨一候／謹言

六月廿三日　（花押）

佐世石見入道殿

㈡一昨日以來於／八條殿論義共候て／昨日者入講以後大の酒にて及晩　歸院候樣に　彼是此中には　不得隙いとど無　音千萬非所存候／（上部書入）先日法花外題之／義非　宸筆者／不可相應之旨依相存／御法事之刻を幸と／申入卽成就之段尤／本望候北野之儀者／餘無比類儀ニ付田舍者／今は尤候へ五百年後は／何とて成行も不知儀と／傍〻申候故公界說を其／儘以次申上候つる沾候更／愚意候微志ニもあらす候／殊去年肝心之節社納候／儀候へハ旁以無余儀候／次　勅書之事誰〻／申候哉事外之虛說候／外題被遊樣種〻有之候間／眞筆行以下可爲伺哉と／御尋候時〻女房奉書候キ／被染　宸筆候後者／新宮沾參候間此度は／一切不及　勅書候沙汰ニ候／一此一卷まて候無障／中〻希妙之儀不及是／非候靜一覽之後猶／可申込候元村も只今最／前之傳語申屆候　謹言

七月四日　如齋

霖齋

㈢　猶以右之分奉／憑候以上

此已前致社／納候法華八／軸之儀天神／御眞筆之由／昭高院樣御／狀候外題之儀／者被染　／震《ママ》筆之旨相／見尊書之
中候／其節令紛／失只今求得／候之間進獻之候／彼御經ニ相添／候は可然候恐〻／謹言

佐世長門守

卯月廿一日　了庵（花押）

大千坊
延樂坊
中

三、防府天満宮藏妙法蓮華經の書入導と訓讀法の系統

㈠　書入導の検討

防府天満宮藏妙法蓮華經には、巻第一と巻第二の全巻、巻第八の觀世音菩薩普門品、陀羅尼品、普賢菩薩勸發品の陀羅尼部分に墨書の書入導が存している。この墨書書入導には二筆が存するようであり、巻第一・巻第二と巻第八の觀世音菩薩普門品に書入れられた墨書はやや太めのもので、巻第八の觀世音菩薩普門品、陀羅尼品、普賢菩薩勸發品に書入れられている墨書は、それに比較すると細目のものである。

巻第一・巻第二に書入れられたやや太めの導は大概は唐窺基撰の妙法蓮華經玄贊の引用であり、例えば、巻第一巻頭の

上欄に書入れられた、

○論説序品／有七種成／就〻〻者／曰大定圓滿義

とあるのは、妙法蓮華經玄贊卷第一末の一部であり、右の文に續いて、玄贊には、

○欲明序中具足七義。七義圓滿餘經無故。

として以下に七種の成就について解説を加えている部分である。又、同じく卷第一に、

○𠫤云爲者使也被也（16行上欄）

とある例がある。「𠫤云」と冠されていることで法華義疏からの引用の如くにも見えるが、法華義疏には當該文は見當らず、妙法蓮華經玄贊卷第二本に、

○殖種也積也立也。衆通平去二音。五斷一切疑不退轉。常爲諸佛之所稱歎。爲者使也被也。由諸菩薩八地已上位。至斷
於理事疑盡。煩惱所知二疑倶盡。

とあるのに從って導を書き入れたものであることが理解されるのである。

右の如く、卷第一・卷第二の導は妙法蓮華經玄贊に依って書入れたものである。このことは、當該資料卷第一の奥書に、

○寛元三年八月廿七日玄贊讀了
　芿院圓輪於四人聽衆

とあることからも首肯される事實である。

卷第八の觀世音菩薩普門品に書入れられた導の內、卷第一・卷第二に書入れられた導の筆跡と同じものであると認められる書入導には、

○禾禾大《ハ》貌《ナルカタチナリ》（三十一行上欄）

の如きものが存し、これは、卷第一・卷第二の書入遵と同樣に、

○結告威神。巍巍大貌。（妙法蓮華經玄贊卷第十末）

から引用された妙法蓮華經玄贊出典の遵であることが理解される。又、

○二併《ツナラヒタルヲ》　舫《ト云》（十一行上欄）

の如き書入遵も、

○舫音有二府妄反補浪反。玉篇亦舟也。併兩舟爲舫。（妙法蓮華經玄贊卷第十末）

から引用されたものであろうと考えられる。しかし、一方では、

○胎《ノ》九尊之漢語《ノ》五字《ノ》金五位也（四行上欄）

の如き書入遵が存し、これらの出典は未詳である。

右の他に、觀世音菩薩普門品には、別筆の書入注が存しており、いずれも行間に書入れられている。例えば、

○在山也（十一行「金銀」右傍）

○右中有《ニ》（十一行「瑠璃」右傍）

○海中有（十一行「車渠」右傍）

○右中有《リ》其色紅也（十一行「馬腦」左傍）

の如きものである。これらの遵の出典は未詳である。

卷第八には、陀羅尼品と普賢菩薩勸發品に卷第一・卷第二の書入遵とは別筆の書入遵が存する。主として陀羅尼部分であり、陀羅尼部分以外には一條を認めるのみである。例えば、

○安《アン》尒《ニ》／□□□《ニハ》云《ク》此《ニハ》云奇異聞《ト》達註曰安尒等《ノ》句《ニ》四十三《ノ》句《アリ》／呪是諸佛《ノ》寶語密默治惡惡自消散不可解釋文云々

の注が存する。「□□□《ニハ》云《ク》此《ニハ》云奇異《ト》」とある部分は、法華義疏巻第十二の「安尓」の注に、

○正法華云此云奇異

とあり、これを引いたものであると思われる。

○云所思（一三五行「曼尓」左傍）

○云憶念（一三五行「摩祢」左傍）

なども法華義疏より引用したものであると考えられる。先掲の注の「聞達註曰」以下の部分は、未勘であるが、聞達著の法華經句解よりの引用であろうと考えられる。

○毗沙（一三五行「曼尓」右傍）

○迦葉佛（一三六「睒哶」右傍）

右の如き注も存しているが、これらについては未勘である。

以上、防府天満宮藏妙法蓮華經に書入れられた釋には二筆が認められ、一筆は主として妙法蓮華經玄贊を引用し、別筆には法華義疏・妙法蓮華經句解などから引用しているものと理解される。

(二) 防府天滿宮藏妙法蓮華經における朱點と墨點との訓讀法の異同

防府天滿宮藏妙法蓮華經には、全八巻にわたる墨點と巻第一全巻と巻第二の巻頭より三六行までに加えられた朱の喜多院點とが存する。朱點は巻第二の三六行目以降、句切點のみとなる。この二種の訓點の訓讀法の異同について以下に考察を加えることとする。

兩者の異同は、例えば、（以下用例の返點は私に補ったところがある）

防府天滿宮藏妙法蓮華經八卷の訓點

（朱點）

○如《きことを》　是我聞下《へき》

○諸漏已盡《にセリ》二無得《の》煩惱《を》一逮《オヨヒき》レ得《るに》二己《か》利《を》一

（墨點）

○如《ク》レ是我《ノ》　聞キ

○諸-漏已盡《シテ》《ニ》　無《シ》三復煩惱一、逮二得《シ》己-利《ヲ》一

などの異同例を認めることができる。前者は、讀添え語の異同、後者は、文の斷續・返讀・音讀訓讀などの異同である。

右の如き朱點と墨點との訓讀法の異同を整理してみる。

(1)　文の斷續

兩者の間の文の斷續に關する異同は、左の如きものが認められる。

（朱點）

○佛住下《ヒき》二　王舍城《の》耆闍崛山中《のに》一

○得《タリ》二陀羅尼《を》一

○散《しき》二　佛上《のミウへ》　及諸《の》大衆《に》一

（墨點）

○佛住《シテ》下二　王舍城耆闍崛山中《ノチニ》一　（卷一）

○得《テ》二陀羅尼《ヲ》一　（卷一）

○散《シテ》二佛上及諸《ヒノ》大衆《ニ》一　（卷一）

などの如く、朱點が終止して文を切るところを、墨點では接續助詞「テ」を讀添えるなどして文を切らない例が存する。

これとは逆に、

○轉《して》二不退轉法《の》輪《を》一

○轉《ス》二不-退-轉法《ノ》輪《ヲ》一　（卷一）

の如く朱點で文を切らないで、墨點では文を切るという例も認められるが、量的には非常に少なく、朱點が文を切り、墨點が文を續けるという異同が壓倒的に多い。

(2)　語序の異同

次に語序についての異同を檢討する。

○常《にタリキ》爲《保也》三諸佛《に》之所《ラレ上こと》二　稱歎一
○常爲二諸佛《ノ》一之所《ル》二稱歎《セラ》一　（巻一）

○說三　下《ヒき》大乘經名《ルを》二無量義敎菩薩法佛所護念《なりと》一
○說二大乘經《ヲ》一名《ク》二無量義敎菩薩法佛所護-念《ト》一　（巻一）

○演-說《下》二經典《の》微妙第一《なるを》一
○演二說《コト》　經典《ヲ》一微妙第一《ナリ》　（巻一）

○敎《ヲシヘ下》二　諸《の》菩薩《の》無數億萬《ナルを》一
○敎《コト》二諸《ノ》菩薩《ヲ》一無數億萬《ナリ》　（巻一）

右の如く朱點は比較的長く文を訓讀した後に返讀するが、これに對して墨點では、朱點の訓讀に比べ短く訓讀した後に返讀するという傾向を見て取ることができる。但し、語序の異同には、

○又見《レは》二佛子《を》一造《ことノ》二諸塔廟《を》一無數恆沙《にして》　嚴二-飾國界《を》一
○又見《ル》下佛子《ノ》造《ルコトノ》　諸塔廟《ヲ》一無數恆沙《シテ》　嚴中飾《スルヲ》　國界《ヲ》上　（巻一）

の如く、朱點の方が短く訓讀してから返讀した例も認められるが、全體的には、朱點の訓讀の方が長く訓讀した後に返讀する傾向にあると認められる。

（3）　實詞の訓の異同

實詞の訓の異同には、左の如き例が認められる。

○幷《て》《合也》　見二彼《の》諸《の》比丘比丘尼優婆塞優婆夷《の》諸《の》脩行《し》得道《するモノを》　者一
○幷《ニ》見二彼《ノ》諸《ノ》比丘比丘尼優婆塞優婆夷《ノ》諸《ノ》脩-行《シ》得道《スル》　者一　（巻一）

○未《て》二甞《ムカシヨリ》　睡-眠一
○未《ソ》二甞《テ》睡眠《セ》一　（巻一）

○諸佛子等爲《以也》《と》レ供《するを》二　舍利《を》一
○諸佛子等爲《ニ》レ供《セムカ》二　舍利《ヲ》一　（巻一）

○爲《定也》欲《てヲホスか》レ　說《と》レ此《を定也》爲《て》　當《に》授記《シ下ハムトヤ》
○爲レ欲《トヤ》三說《キ下ハムトヤ》二　此《ヲ》一爲《セム》レ當《ニ》二《ヘ□トヤ》　授記《ス》一　（巻一）

○爲《て定也て》說二何《下ヘイカンノコトキソ》　等一
○爲說《ニ》二何《イカンシテカ》-　等一　（巻一）

○雨《フリて》二大法雨《のを》一
○雨《ラシ》二大法雨一　（巻一）

○號《をは》　曰《て》爲《ケム》名也二淨身《ト》一　　○號《シテ》　曰《テ》爲《サム》二淨身《ト》一（巻一）

などの如きである。「爲」字の訓等を検討すると、墨點の訓は卽字的であると判断されるのに對して、朱點の訓は文意に従った訓が附されていると認められる。

(4)　音讀・訓讀の異同

音讀と訓讀との訓讀法の異同例は、

○逮《オヨヒき》レ　得《るに》二己利《かを》一　　○逮二得《シ》己-利《ヲ》一（巻一）

○歡喜合《し》掌《し》一《して》レ心觀《をミ上き》レ佛《を》　　○歡喜合《シ》掌《シテ》一心《ニ》觀レ佛《ヲ》（巻一）

○寶《をもて》　飾《カサレル》　輦《と》輿《と》　　○寶-飾《ノ》輦輿《ヲモテ》（巻一）

○合《て》レ掌　　○合掌《シテ》（巻一）

○惡《ニクミノリウチウツテ》　罵捶打　　○惡-罵-捶-打《スレトモ》（巻一）

○寶鈴和《ヤハラキナル》　鳴　　○寶鈴和鳴《ス》（巻一）

○號《ケき》二日月燈明《と》一　　○號《シ上ル》二　日月燈明《ト》一（巻一）

の如く朱點が訓讀し、墨點が音讀する傾向が認められるが、しかし逆に、

○攝《して》二念《ヒを》　山林《に》一　　○攝《ヲサムルコト》二　念《ヲ》山林《ニ》一（巻一）

○心《に》懷《て》踊《し》躍《し》　　○心懷《ニ》　踊《ヒテアカル也》　躍《ヲトル也》（巻二）

などの例が認められ、朱點の音讀に對して、墨點は訓讀したものと考えられる例も存している。

(5)　助字の訓讀法

助字の訓讀法の異同には、次の如きものが認められる。

○［於］諸佛《のミモト(二)して》所　○於《テ》二諸佛所《ニ》一（巻一）
○［於］此《の》世界《にして》　○於《テ》二此《ノ》世界《ニ》一（巻一）
○各《ノ》［於］世界《にして》　○各《ノ》於《ニシテ》二世界一（巻一）
○復見《る》下菩薩《の》身内手足《と》［及］妻子《と》施《て》求《を》中佛《の》智恵《を》上　○復見《ル》下菩薩《ノ》身内手足及《ヒ》妻子《ヲ》施《コシテ》求《ルヲ》中佛《ノ》智恵《ヲ》上（巻一）
○離《て》二諸《の》戲《と》笑《と》［及］癡《と》眷屬《とを》一　○離《テ》二諸《ノ》戲笑及《ヒ》癡《ナル》眷屬《ヲ》一（巻一）
○令《下》二人《をして》樂レ聞《か(ム)と》　○令《ソ》《シメ》一レ人《ヲ》樂《カハ》レ聞《カムト》（巻一）
○當《に》以《て》問《ハム》レ唯《にか》誰《か》能《ク》答《ヘム》者　○當《ニ》《ヘキ》二以《テ》問レ唯《カ》誰《レカ》｜能答｜者《ノ》（巻一）

前五例は、朱點が不讀の助字を、墨點では訓を充てて讀んだ例であり、後二例は朱點は再讀をせず、墨點が再讀した例である。助字については、

○我於《て》《シタカヒ上テ》過去諸佛《のミモトに》一　○我於《テ》二過去《ノ》諸佛一（巻一）

の如く朱點で實詞の訓を充てた例なども存在する。

(6)　讀添語

讀添語の異同は、朱點が多種の語を讀添えるのに對して、墨點は何も讀添えない場合が多例を占める。

○復有《き》二學《と》無學《と》二千人《の》一　○復有《リ》二學無學《ノ》二千人一（巻一）
○退《て》坐《せりき》二一面《に》一　○退《テ》坐《ス》二一｜面《ニ》一（巻一）
○如《きことを》レ是《の》我聞《タマへき》　○如《ク》レ是《ノ》我｜聞（巻一）
○悉見《クミシメ下と》二彼《の》佛《の》國《の》界莊嚴《を》一　○悉見《ル》二彼《ノ》｜佛《ノ》國界《ノ》莊嚴《ヲ》一（巻一）

右の如く、朱點が多様な讀添えをするのに對して墨點は讀添えない例を認める。

朱點と墨點との讀添語の異同には次の如きものがある。

○種種《の》相貌《とをもて》
○梵行《の》之相《ありき》
○盡《ツクサシム》二　諸《の》苦際《を》一
○眉間《の》白毫《の》大《なる》光《り》普《ク》照《シ》下
○如《き》レ是等《の》施《の》種種微妙《なるを》　歡喜《て》無《て》レ厭《フこと》

○種種《ノ》相貌《アリテ》　（巻一）
○梵行《ノ》之相《ナリ》　（巻一）
○盡二下　諸《ノ》苦際《ヲ》一　（巻一）
○眉間《ノ》白毫《ヨリ》　大光普照　（巻一）
○如《キ》レ是《ノ》等《ヲ》施《セ》種種微妙《ニシテ》　歡喜無《クソ》レ厭《イトフコト》　（巻一）

などの異同が認められる。

以上、朱點と墨點との訓讀法の異同について、その一端を例示して比較したが、右の比較により、

一、朱點は墨點に比べ一文が短い傾向にある。
一、朱點は墨點に比べ比較的長く訓讀した後に返讀する傾向がある。
一、朱點の訓は文意に従った附訓であると認められるが、墨點の訓は卽字的なものが認められる。
一、朱點が訓讀する部分を墨點は音讀する傾向が存する。
一、助字の訓讀では、朱點が不讀とするものを墨點は卽字的に訓讀したり、朱點が再讀しないものを墨點が再讀するものがある。
一、朱點の多様な讀添語に對して墨點は讀添えないという傾向がある。

右の如き訓讀法の異同の特徴は、墨點に比べて朱點の訓讀は古態を保ったものであり、これに對して墨點の訓讀は後世的な要素を多く含んだ訓讀であると考えられよう。

以下では、朱點の訓讀と墨點の訓讀との系統について、他の妙法蓮華經の訓點資料と比較し考察を加えることとする。

㈢　防府天満宮藏妙法蓮華經の訓點と立本寺藏妙法蓮華經寛治點との比較

立本寺藏妙法蓮華經は、卷第一・三・四・五・七・八の六巻に白點が存し、その點法は喜多院點である。他に朱點が存しており、一部墨點も存する。この白點は、興福寺僧經朝が、寛治元年・二年（一〇八七・八八）にわたって法相宗興福寺僧赤穂珣照聖人の訓點を移點したもので、院政初期の南都法相宗の訓讀を傳えたものであると考えられる。例えば、卷第三の奥書を例示しておく。

（白書）「寛治元年戈次丁卯五月十四日移點了但以赤穂珣照聖人／訓點經爲其本而已　末學沙門經朝」
（朱書）「同二年正月之比以元興寺明詮僧都御〇自筆點遵本爲其本大都移點了」
（墨書）「墨點者以興福寺壽慶聖人點爲其本耳」

右の如き奥書が存する。朱點については、平安初期の明詮の訓讀を傳えたものであるという。(8) 立本寺藏妙法蓮華經の訓點と防府天満宮藏妙法蓮華經の訓點との比較を試みようとするのであるが、ここで比較の對象とするのは、立本寺藏本の白點と防府天満宮藏本の朱點とである。立本寺藏本は卷第二が缺けるので卷第一に關して比較すると、兩者は非常に良く一致する。假名やヲコト點の加點狀況まで類似しており、防府天満宮藏本の朱點の訓點は南都法相宗の訓讀を出自とするものと考えて良いようである。つまり、南都法相宗で行われていた妙法蓮華經の訓讀が何らかの形で、眞言宗に受け繼がれたものであろう。この點について次項で檢討を加えることとする。

㈣　龍光院藏妙法蓮華經明算點と防府天満宮藏妙法蓮華經朱點との比較

先に、防府天満宮藏本朱點は、南都法相宗の訓讀の系統と一致することを述べたが、防府天満宮藏本の奥書を檢討すると、朱點は眞言宗と關係するらしい事が想起されるので、眞言宗の妙法蓮華經の訓讀例である龍光院藏明算點と比較を試みることとする。

(1)　文の斷續

文の斷續に關しての異同は

（防府天滿宮藏本）　　（龍光院藏本）(9)

○轉《して》二不退轉法《の》輪《を》一
○不退轉の法輪を轉しき（巻一）

○普聞《クキコエテ》二無量《の》世界《に》一
○普く無量の世界に聞（エ）たり（巻一）

○入《下へり》二于三昧《に》一
○三昧（に）［于］入（リ）て（巻一）

の如く、防府天滿宮藏本の文が短い場合も逆に長い場合も存する。異同例はさほどに多くはない。

(2)　語序の異同

○復見《る》三菩薩《の》身肉手足《と》及妻子《とを》施求《ても（トムル）を》二無上道《を》一
○復（タ）菩薩を見（レ）は、身肉手足と及（ヒ）妻子を施（シ）て無上道を求む。（巻一）

○不《るを》二以《て》爲レ喜《なりと》一
○爲《是也》を以（テ）喜（ヒ）不（巻一）

語序に關する異同例も多くはない。初掲例については、同一の類型文については全て掲例の如く異同する。

(3)　實詞の訓

實詞の異同例は次の如きものが存する。

○而被《キル》二法服《のコロモを》一
○［而］法の服《（キ）もの》を被《キ》ル（巻一）

○未二嘗《ムカシヨリ》　睡-眠一
○嘗《試》にも睡眠（セ）不（シ）て（巻一）

○皆為《作也き》レ法師《を》已《に》於千萬《の》佛所《ミモトにして》　○皆法師と為(リ)已(リ)て千萬の佛のみ所に於て　(巻一)

○號《をは》曰《き》二求名《と》一　○號て求名と曰き　(巻一)

などが認められる。

(4)　音讀・訓讀の異同

○結伽趺生《て》　○趺を結ひ跏《重也》(ネ)て坐(シ)て　(巻一)

○一心《に》　○心を一(ニシ)て　(巻一)

○大《なる》光《り》普《ク》照《し》下　○大光の普(ク)照(シ)たまふ　(巻一)

○惡罵《ニクミノリ》捶打《ウチウツヲ》　○惡罵し捶打するを　(巻一)

右の如く防府天滿宮藏本が音讀にする場合も訓讀にする場合も存する。

(5)　助字の訓讀法

助字の訓讀法の異同には、

○［於］此《の》世界《にして》　○此の世界に於て　(巻一)

○於《して》二大衆《の》中《に》一　○大衆の中に(シ)て［於］　(巻一)

○當《ヘシト》《に》レ問上《ル》　○當に問(ハ)む　(巻一)

○見二諸佛《の》般涅槃《し》下者《モノを》一　○諸佛の般涅槃(シ)たまふを［者］見き　(巻一)

○而《して》此《の》世界　○而も此の世界　(巻一)

などが存する。

(6)　讀添語

兩者の異同例の中では、讀添語の異同例が多數を占めている。

○皆是阿羅漢《なり》　　○皆是阿羅漢なりき（巻一）
○八萬《の》人《ありき》　　○八萬の人あり（巻一）
○通達《する》大智《あり》　　○通達の大智あり（巻一）
○盡《ツクサシム》二諸《の》苦際《を》一　　○諸の苦際を盡(サシ)めたまふ（巻一）
○何《の》所《あり(テ)か》二饒益《する》一　　○何の饒益(シ)たまふ所アラムとか（巻一）
○姓《を》頗羅墮《トイヒき》　　○姓は頗羅墮なり。（巻一）
○捨《て》二王《の》位《を》一　　○王たるへき位を捨て（巻一）

などである。

以上比較を試みて來たが、異同例についての傾向性は必ずしも明確ではない。兩者の訓讀を比較すると、その兩者は近いものであると理解されるのであり、防府天満宮藏本朱點の訓讀と龍光院藏本の訓點とは、比較的近い關係にあるのではないかと想定される。

古來、眞言宗と南都との關係は非常に近密であった事實を考慮すれば、防府天満宮藏本朱點の法相宗の系統を引く訓讀と龍光院藏本の眞言宗の訓讀とが近いことも理解されるところである。

㈤　防府天満宮藏妙法蓮華經の墨點と五島美術館藏藤原南家經妙法蓮華經平安後期點との比較

防府天満宮藏妙法蓮華經の墨點を五島美術館藏藤原南家經の訓點と比較することとする。藤原南家經は、奥書を有してはいないが、本文に加えられた訓點の點法が西墓點であることから、天台宗寺門派・三井寺關係の資料であろうと推定されるものである。

兩者の訓讀法における文の斷續に關する異同には左の如きものが存する。

(1) 文の斷續

（防府天滿宮藏本）　　（藤原南家經）

○委《マカセテ》二 政《マツリコトヲ》 太子《ニ》一　　○委《せき》二政《を》太子《に》一（巻五）

○于《トキ》‐時《ニ》奉‐事《スルコト》 經《テ》二於千歳《ヲ》一　　○于時、奉事《すること》 逕《き》二於千歳《を》一（巻五）

○勤求《シテ》 獲《テ》二此法《ヲ》一　　○勤《め》求《て》獲《たり》二此法《を》一（巻五）

○智惠利根《ニシテ》　　○智慧利根《なり》（巻五）

など防府天滿宮藏本墨點が文を切らない部分を藤原南家經では文を切る例は枚擧に遑がない。ただ、偈などの部分に例外が存し、右の異同とは逆に、藤原南家經で文を切らない部分を防府天滿宮藏本で文を終止する例が認められる。

○坐《下ヘリ》二 於菩提樹《ニ》一尒《ヨリ》‐來尙《タナヲ》未《タ》《ス》レ久《ラ》　　○坐《たまひて》二 於菩提樹《に》一尒《より》 來《た》尙未《す》レ久。（巻五）

などが認められるが、用例は少ない。

(2) 語序の異同

防府天滿宮藏本墨點と藤原南家經との語序の異同例は、その例をほとんど認めない。例えば、

○價直三千大千世界《ナリ》　　○價直《ひる》二三千大千世界《に》一（巻五）

○且待《クマチ》二須史《ヲ》一自《オノツカラニ》 當《ニ》《シ》レ有二證知一　　○且‐待《て》須‐史自《くら》當レ有《す》二證‐知一（巻五）

など數例を認めるのみである。これらの異同例は、先に比較した防府天滿宮藏本の朱點・墨點間の語序の異同例に比較すれば、本文の解釋等の讀解の本質に關わる異同例は認め難く、述部の訓讀の異同と直結した問題であると考えられる。つ

まり、右の異同が本文の解釋の本質的な異同から生じた異同ではないとすれば、藤原南家經の訓讀と防府天満宮藏本墨點の訓讀は、同一の訓讀の系統上に存在すると考える事に矛盾を提さない事となる。

(3)　實詞の訓

○當《ニ》《シ》二爲《メニ》　宣說《ス》一　　○當レ爲二宣說《すること》一　（巻五）
○採《トリテタキ、》二薪　及果《ヒコノミクサノミヲ》　蓏一　　○採《て》二薪及果《コノミカツラノミを》　蓏一　（巻五）
○未《タ》下ス曾《テ》止｜息《し》上《下ハ》　　○未《き》二曾《にも》　止｜息《たまは》一　（巻五）
○有《リ》二一《ノ》寶珠一　　○有《もたり》二一《の》寶珠《を》一　（巻五）
○龍女謂《カタテ》二智積菩薩尊者舍利弗《ニ》一言《イク》　　○龍女謂《カタラ(ヒ)て》二　智積菩薩、尊者舍利弗《に》一言　（巻五）
○善根轉《イヨ〳〵》　少《シテ》　　○善根轉《た》少《して》　（巻五）
○心安《クシテ》　具足《シヌ》　　○心安《す(ラカ)にして》　具足《しぬ》　（巻五）

など異同例が認められる。藤原南家經に比べて、防府天満宮藏本墨點の訓は、後世的要素を有していることが指摘できそうである。

(4)　音讀・訓讀の異同

音讀・訓讀の異同には、左の如きものがある。

○遂致《イタセリウルコトヲ》レ　得二　成佛《スルコトヲ》一　　○遂《に》致《せり》レ得《ことを》レ　成レ佛《ことに》　（巻五）
○宣二說《ス》妙法華經《ヲ》一　　○宣《へ》二說《と(キ)き》　妙法華經《を》一　（巻五）
○難行苦行《シテ》　　○難《を》レ行《ひネムコロに》苦　行《ひ》　（巻五）
○當《ニ》《シ》レ得二作｜佛《スルヿヲ》一　　○當レ得レ作《こと》レ佛《を》　（巻五）

など、防府天滿宮藏本墨點が音讀し、藤原南家經は訓讀をしている。右の「成佛」の類例は他に多數が存し、「演說」・「出家」・「發心」等の如きも防府天滿宮藏本墨點が音讀し、藤原南家經では訓讀をしている。

(5) 助字の訓讀法

助字の訓讀法の異同には、次の如きものが認められる。

○我於《テ》二海中《ニ》一　○我〔於〕海‐中《にして》（卷五）

○爲《メノ》二〔於〕法《ノ》一　○爲《の》レ於《の》レ法《に》（卷五）

右の如く「於」の訓讀法に異同が認められる。

(6) 讀添語

讀添語の異同の傾向は、藤原南家經が、多樣な語を讀添える部分に、防府天滿宮藏本墨點では讀添えないというものである。左に例示する。

○終《ヲウルマテ》レ身　○終《までに》レ身《を》（卷五）

○令《シム》レ無《ラ》レ所《ロ》レ乏《トモシキ》　○令《し（メ）き》レ無レ所レ乏《し（キ）》（卷五）

○住二在《ス》虛空《ニ》一　○住二在《せり》虛空《に》一（卷五）

○無《シヤオモフコト》レ謂　○無《らむや》レ謂《こと》（卷五）

○於《テ》レ海《ニ》教‐化《セルコト》　其事如《シ》レ此　○〔於〕海《にして》　教化《せること》　其事如《しと》レ此（卷五）

○疾《トシヤイナヤ》不　○疾《や》不《やと》（卷五）

例示したものの內、後二例は、會話末の呼應語「ト」の有無である。過去・完了の助動詞類や接續助詞「ト」など藤原南家經の方が古態を示していると判斷されよう。

右の逆の例を例示する。

○得《テ》㆒未曾有《ナルヿヲ》㆒　○得《う》㆓未曾有《なること》㆒（巻五）
○無量《ノ》衆生得《エ》㆑受《クルコトヲ》㆓道《ノ》記㆒　○無量《の》衆生《は》得《む》㆑受《こと》㆓道《の》記㆒（巻五）
○徧照《クシ下フ》㆓於十方《ヲ》㆒　○徧照《くす》㆓於十方《を》㆒（巻五）
○化㆓-度《シ下ヘリ》無量《ノ》衆《ヲ》㆒　○化㆓度《せり》無量《の》衆《を》㆒（巻五）

前掲の二例は、格助詞「ヲ」の有無である。古くは「得」に續く場合、格助詞の「ヲ」を必要としなかった故、藤原南家經が古態を示している。後二例は尊敬の補助動詞「タマフ」の有無である。

次に、兩者の異同例を掲げておく。

○在《テ》㆓虚空中《ニ》㆒説《ヲ》㆓聲聞《ノ》行《ヲ》㆒　○在《て》《ルハ》㆓虚空《の》中《に》㆒説《きつトモ》《シカトモ》㆓聲聞《の》行《を》㆒（巻五）
○我見《上レハ》㆓釋迦如來《ヲ》㆒　○我見《上るに》㆓釋迦如來《を》㆒（巻五）
○得《下ヘリ》㆑成《スルコトヲ》　○得《たまひたり》㆑成《こと》（巻五）
○耶智《アテ》心《ロ》諂曲《ナラム》　○耶智《にして》心諂-曲（巻五）
○倶爲《ニラム》㆓法師《ト》㆒　○倶《に》爲《へし》㆓法師《と》㆒（巻五）
○種種《ニ》供養《セム(ニ)》　○種種《に》供養《たてまつらむに》（巻五）
○龍女《カ》忽然《ノ》之間《ニ》變《シテ》　○龍女《の》忽然之間《に》變《して》（巻五）

などの異同が認められる。

以上の比較により、

一、藤原南家經の方が、一文が短い傾向がある。

一、語序の異同例は少なく、文脈の解釋の異同を原因としない。
一、訓は、藤原南家經が古態を有している。
一、藤原南家經が訓讀するところを、防府天滿宮藏本墨點が音讀する傾向がある。
一、讀添語の異同例において藤原南家經の方が古態を示している。

などの點が指摘される。以上の比較の結果に基づき、防府天滿宮藏本墨點の出自を考えると、藤原南家經と同源ではないかと推測される。つまり、防府天滿宮藏本墨點の訓讀は、天台宗の系統の訓讀を傳えたものであり、藤原南家經との異同は、專ら同一系統上での時代差、實際の加點年代が二百年餘も隔っているという事實に起因するものであろうと考えられる。

㈥　まとめ

以上、防府天滿宮藏本の朱點と墨點との系統について考察を加えて來たが、次の點が判明した。

防府天滿宮藏本朱點は、平安時代後期の法相宗の訓讀の影響を引く眞言宗の訓讀の系統のものであろうと推定されるが、當時の眞言宗の妙法蓮華經の訓讀については、別に論ずるべき必要があるものと考えられる。つまり、法相宗の訓讀と一致した訓讀が眞言宗內部で行われていたとすると、こうした傳統の經緯等解明すべき問題點が存するものと考えられるからである。

一方、墨點は、天台宗の系統の訓讀を傳えたものであるが、後世的要素を多く含み、應永年間當時の天台宗の訓讀を傳えたものであろうと推定される。

注

(1) 本經卷の卷第八の奥書に、應永二十五年明尊の書加えがあり、「天神御筆」として代々相傳した由の書狀が五通あったことを記している。第二節參照。

(2) 本經卷に添えられた佐世長門守の寄進狀一卷による。第二節參照。

(3) 「醍醐寺文化財研究所研究紀要」第一號(昭和五十三年十一月)所收。

(4) 奥田勳『明恵遍歴と夢』(昭和五十三年十一月)一八七頁參照。

(5) 群書類從卷四百三十九。

(6) 群書類從卷四百三十八。

(7) 拙稿「訓讀法の變遷—平安時代の妙法蓮華經の古點本を例として—」(『漢文教育の理論と指導』昭和四十七年二月、大修館書店、所收)。

(8) 同右。

(9) 大坪併治『訓點資料の研究』(昭和四十三年六月、風間書房)。

(「內海文化研究紀要」第十二號　昭和五十九年九月)

(松本光隆氏と共著)

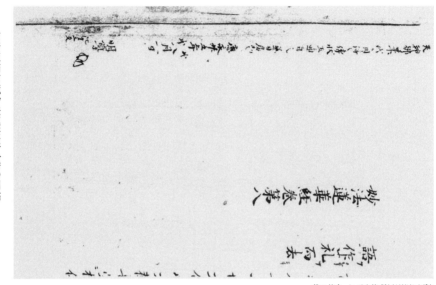

妙法蓮華經卷第八（卷尾）

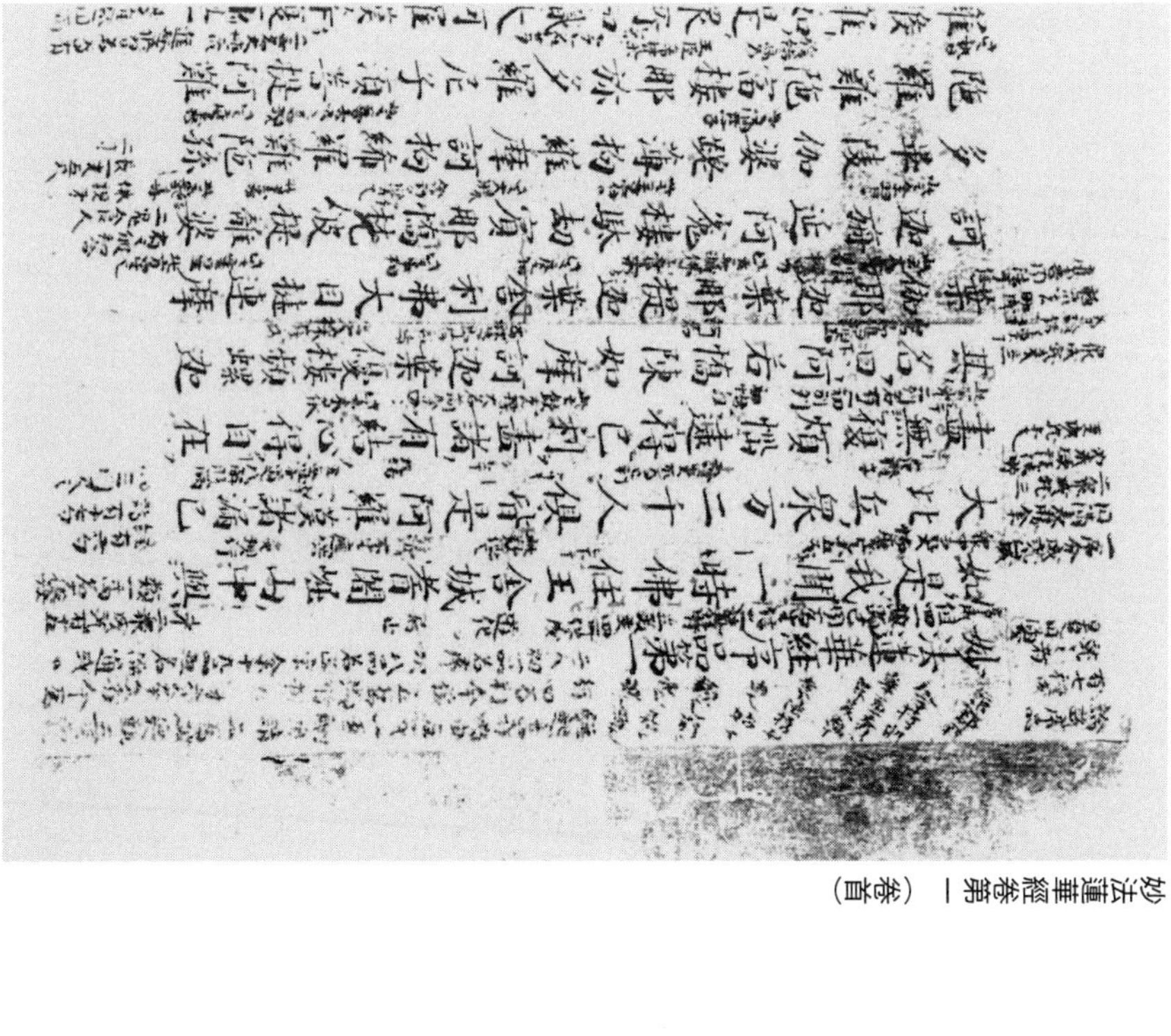

妙法蓮華經卷第一（卷首）

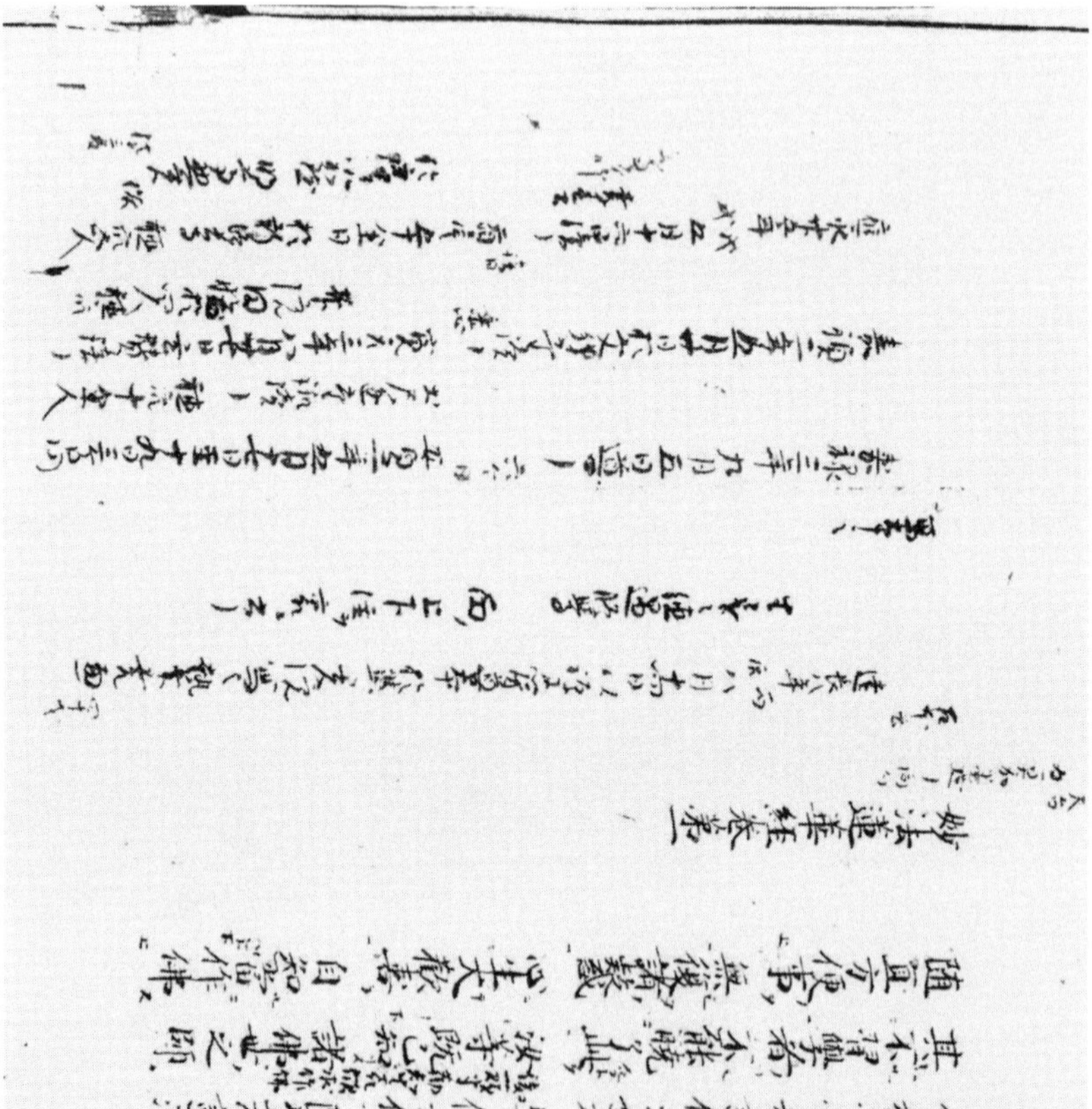

妙法蓮華經卷第一（卷尾）

仁和寺藏後鳥羽天皇御作無常講式の訓點

一、訓點の性格

仁和寺藏無常講式一巻には、全巻にわたって墨書の訓點が稠密に施されている。訓點は、片假名の和訓と字音、聲點（少量）、返點、合符であり、これが本文と同筆で書かれている。

この訓點の性格について二つの問題がある。訓點が、無常講式の本文の漢文に何時加點されたかが第一の問題であり、本文の漢字に加點する方式に一定のきまりがあったか否かが第二の問題である。

第一の問題を考えるには、本書の巻末奥書の記文が據り所となる。巻末は左の如くである。

（尾題）無常試　[1]陰岐法皇御筆

（一行分空白）

[2]正月九日　帝王萠（崩）御同月廿日

（三行分空白）

　[3]建長元年七月十三日於雲林院書寫了

これらの文字は、同じ筆蹟であり、本文と同一である。從って、⑶の「建長元年七月十三日於雲林院書寫了」は、文字通り書寫奥書となる。本文の筆致や訓點（後述）が鎌倉中期と見られるから、本奥書ではなく、この時の書寫と見られる。

次に、⑴の「陰岐法皇御筆」は、この無常講式が隱岐に配流された後鳥羽上皇の御作であることを注記した文字である。後鳥羽上皇の御作とすれば、上皇は延應元年（一二三九）二月に隱岐で崩御されたから、無常講式の本文の成立はそれ以前であり、「陰岐法皇御筆」は、成立後、建長元年までの間に他人の手に依って書入れられたものである。上皇崩御から建長元年までは十年の經過がある。

次に、⑵の「正月九日　帝王崩御同月廿日」の記文は、四條天皇の治病祈願法要の日と崩御の日を示している。四條天皇は仁治三年（一二四二）正月七日に發病（百錬鈔第十四）、正月九日には治癒祈願のために「諸社被レ進二御誦經一」（百錬鈔第十四）されている。しかし、同月廿日には崩御されている。御年十二歳であった。

無常講式の本文に訓點が加點された時機としては、右の記文に卽して考えると、㈠御鳥羽上皇が無常講式の本文を御製作された折、㈡仁治三年正月九日に四條天皇病氣治癒祈願の法要の折、㈢建長元年七月十三日に仁和寺藏本書寫の折、の三つの機會が擧げられる。この他にも、右の時期以外の折に加點したことも考えられるが、本書の巻末奥書に基づいて考えるのが順當であろう。

先ず、三つの機會のうち、㈢建長元年七月十三日に本文を書寫した折に、新たに訓點を施したとすることは、次節に述べる如く、漢字の誤寫や訓點の誤寫から見て、考え難いことである。例えば、「船柢《センハツ》」（12～13）の「柢」は「栰（イカダ）」の誤寫と見られるが、振假名の「ハツ」は文脈上この方が正しく、既に親本にこの振假名とそれに對應する「栰」とがあったと考えられる。又、「爲《ナル》二伴-侶《リヨリ》一」（64）の「侶《リヨリ》」の下の「リ」は「ト」の誤寫であり、「リ」と「ト」との字形の類似によって生じた寫し誤りと見られるから、親本に既に「侶《リヨト》」という訓點が施されていたと考えられるのである。

次に、㈠御鳥羽上皇が無常講式の本文の漢文を製作された折に、訓點を施されたかどうかについては定かでない。しかし、明恵上人撰述の四座講式について見るに、嘉祿二年（一二二六）二月十二日に栂尾住房で喜海が書寫した、高山寺藏涅槃會法式一巻（重文第二部二〇四號）には訓點の假名が施されていない。假名の加點が見られるのは後の寫本であることから考えると、後鳥羽上皇自らは加點されなかったと見るのが穩當である。御自身にとってはその必要は恐らくなかったのであろう。

更に、假名が稠密であると共に、後述のように一定の方式で施されていることは、本文の漢字の一字一字の讀み方に配慮した結果と考えられる。このことは撰述者の所爲というよりも、それを讀み上げる第三者の心配りと見られるのである。殘る㈢仁治三年正月九日に四條天皇病氣治療祈願の法要の折に新たに加點されたかどうかについても確證はない。しかし、右に述べた如き加點方式の上の配慮は、このような國家的な公式の場における心配りとしては首肯されるところである。ただこれも狀況證據に過ぎないが、右の三つの時機のうちでは最も可能性がある。

なお、建長元年に本書を書寫した雲林院は、京都の紫野にあった天台宗の寺院であったから、その折の書寫者はその關係僧かも知れないが、訓點の加點者については未詳である。

第二の問題は、右に觸れた加點方式についてである。これは第一の問題を解く鍵にもなる。

この無常講式に施された假名が稠密であることは、一見して明らかであり、それが好箇の國語史料ともなっている。その假名の加點方式を見るに、漢字漢語の全音節を省略なく振假名を施すものが大多數であるが、仔細に見ると、全く振假名のない漢字漢語もあり、又、振假名を一部しか施さない漢字もある。これらが混然としているのではなく、一定の方式によっているのである。これを三種に分けて検討することにする。

(A)漢字漢語の全音節について振假名を施す

これが全巻の大多數であり、和訓・字音にわたっている。しかも、語中の音節を省略したり、語尾の音節を省略することは、音便の零表記を除けば、全くない。

(B)全く振假名のない漢字

これを類別して掲げる（用例の配列は原則として出現順）。

(イ)常用の和訓で讀まれるもの（訓漢字）

頭（二例）　耳　尾（二例）　牙（二例）　心（二例）　鈴　病（二例）　枕　朝〻　今　上　年〻　霜　墓　野　朝　涙　命

眼（二例）　人（二例）　鼻　所〻　春（二例）　程　昔　月　玉　時（三例）　身　事　水沫泡焰（恐らく和訓であろう）（以上名詞）

我等　何　誰《カ》・誰《ヲカ》　我　彼（以上代名詞）

有　云　失（四例）　至《テ》　飛集《アツマル》　住　垂　依　見《マツリ》　得（以上動詞）

無　无　近《ニ》　青蠅《ハヘ》　難　亦　皆（三例）　如（三例）　如是　不　可　應

(ロ)助字

之　也　于　哉（三例）　而　者　於　云〻（二例）

(ハ)漢語サ變動詞の語幹

念《シ》　期《シ》　愛《スルコト》　修《セ》・修（二例）　臥《シテ》　生《ス》　死《スル》・死《ス》　信《スル》

往生《セン》

(ニ)數を示す漢字

百年（二例）　三十四十　五十六十　七十　千載《サイ》　一日　六日　一念　七日　千歳　五欲《ヨク》　一朝〔期〕　百媚《コヒ》　一兩《リヤウ》

日《ニチ》　三五里《リ》　二道《タウ》　四支《シ》　四方《ハウ》　十二節《フシ》　五藏　五尺　一期・一期《コ》（二例）　六道　三千　一生（三例）　二十八將《シヤウ》

二世　一天　四海　十二縁《エン》　九品《ホン》　二十五億　五衰《スイ》　八萬四千　廿五卅　四十一地賢聖

(ホ)佛教關係語

次第　法則　無常（三例）　彌陀（三例）　道場　五道六道　淨刹　前佛　後佛　悲願　衆生　算　來世　黑闇泥梨　苦海

生老病死（二例）　五塵六欲　貪染　弟子　念佛　往生　南無阿彌陀佛（三例）　中間　一切　所止　觀菩薩坐〔聖〕衆　本誓　今生　生死　天女　轉輪聖王　觀音勢至　普賢文殊　四十一地賢聖　淨土　戒　施　放逸　命終　无量壽佛　无邊功德　佛　安樂國

(イ)(ロ)(ハ)に對して(ニ)(ホ)は字音を表しているが、共にその讀み方が振假名を施さなくても明らかなものであり、(イ)に併せて振假名の必要がないと見られるものである。

(C)漢字の一部を附訓、又は漢語の一字に振假名を施す

(ヘ)老《ヒ》　心《ロ》　朝《タ》　者《ノ》　今《マ》　（以上名詞）

汝《チ》　何《カ》　（以上代名詞）

豈《ニ》（二例）　已《ニ》　當《ニ》《ヘシ》　將《ニ》《ス》　亦《タ》　未《タ》《ス》　願《ハ》　大《キニ》　獨《リ》（三例）　則《ハチ》　或《ヒハ》

(ト)唱《ヨ》　在《リ》　來《ル》　生《レテ》　出《テ、》　契《キル》　馮《ム》

如《シ》（二例）　可《シ》

(チ)年事《シ》　刀《タウ》風　湯《タウ》火　阿輸《シユ》柯《カ》王　梅《セン》陀羅　牢《ラウ》固　手《シユ》足　白樂《ハクラク》天　閻《エン》广《マ》王　凡夫《フ》　菜《サイ》〔采〕女　呉《コ》〔吳〕王　秦《シン》王　天帝《タイ》　臨《リン》

命終《シユ》　王位《キ》　今《コン》世《セ》後《コ》世

(ヘ)は和語の活用のない語であり、その最後の音節又は終りの二音節を送る、所謂捨て假名である。(ト)は活用語で、その活用語尾又は活用語尾を含む終りの二音節を送っている。(ヘ)(ト)共に、同じ語が(B)の(イ)に「心」「今」「何」「亦」「如」

「可」とあるから、加點の機能としては相通ずるものと見られる。
(チ)は二字又は三字以上から成る字音語であり、そのうちの一字又は二字に振假名がないものである。振假名の施されていない漢字は「年」「風」「火」「阿」「王」等であって、平易な字音語と見られる。和訓における訓漢字に通ずるものと見られる。
以上、(A)(B)(C)を併せて見るに、本書においては振假名を加點するのに一定の方式に基づいて行われたと考えられるのである。
以下には、これらの振假名に據って、本書に現れた主な問題點を取上げて、表記上の問題、音韻、訓法・文法、語詞・語彙に分けて述べることにする。

二、表記上の問題

表記上の問題として、轉寫に係る誤寫と、片假名の字體及び假名遣を取上げる。

1、轉寫に係る誤寫

本文は丹念な寫本であるが、まま誤寫が存し、本書が轉寫本であることを示している（算用數字は原本の行數を示す。以下同じ）。

［漢字］

船柢《センハツ》（12~13）——「柢」は、旁が「氏」の「通字」（干祿字書）として點を加えた字形に最も近い。「柢」は觀智院本類聚名義抄に「柢 是支桃、又 確柄」（佛下本一一六）とあるように、音も意味もこの文脈に合わない。振假名からも分るように、ここでは「いかだ（筏）」の意味であり、振假名の「ハツ」に適った漢字でなければならない。觀智院本類聚名義抄によると、「筏《ハチ》《イカタ》 伐 谷栰（上上上濁）」（僧上六三）があり「筏」の俗字として「栰」が擧っている。無常講式の「柢」は、この俗字と字形が似通っており、恐らく親本にあったこの俗字體の漢字を轉寫に際して誤寫したものであろう。

可㆓急㆒者念（23）――この四字は、本文の漢字二字乃至三字分を擦消して、その上にやや小字で書入れている。誤脫に氣附いて後から抹消し加筆書入れたものと見られる。

一‐朝《コ》（29）――「一期」の誤寫であろう。

菜《サイ》女（50）――「采女」の誤寫であろう。

鉤《ツリ》（51）――「釣」の誤寫であろう。

旅《リヨ》容《ウカク》（6）・雲《ウン》容《カク》（51～52）・三千容《ノカク》（53）――「客」字はすべて「容」に書いている。「容」と「客」とは字形が類似しており古寫本には屢々存するから筆癖と見る餘地もあるが、轉寫の際の誤寫と考えられる。

［假名］

海《アマ》人《ヒト》垂《ヒト》㆓鉤《ツリヲ》㆒（51）――「垂」の右傍に「ヒト」とあるのは、直上の漢字「人《ヒト》」の訓を見誤って重ねて施したものであろう。

伴《ハン》‐侶《リヨリ》（64）――「リヨリ」の下の「リ」は、親本の「ト」を「リ」に誤記したものであろう。

以上の諸例が主なものである。本書が草稿本でないことは一見して明らかであり、撰述者の淨書本では、右揭の誤記は起り難い事柄であるから、これは轉寫に際して生じたものと見るのが穩當である。

2、片假名の字體

訓點の片假名の字體は、次頁に揭げた假名字體表のように歸納せられる。

その字體は、鎌倉中期の特徴を顯著に示している。「ウ」「ツ」「テ」「ミ」「ル」「レ」「ワ」等にそれを見てとることが出來る。

假名字體表

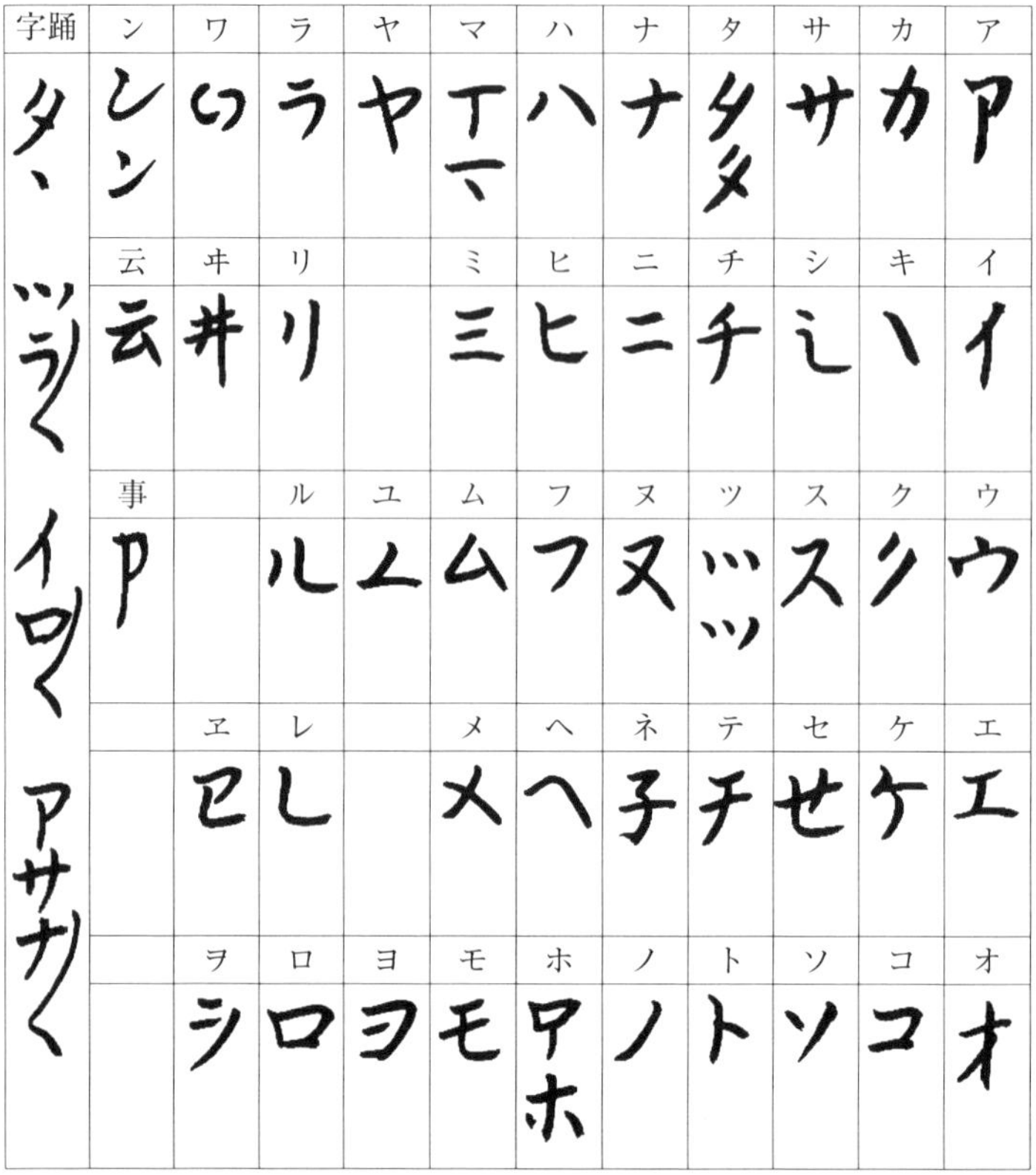

又、踊字のうち、二字踊字又は三字踊字は、總て一筆書であり、その起筆の位置は、

倩ツラ〱（5）　悉コト〱（35）

色〻イロ〱（38）　肅〻セウ〱タル（56）

眹〻カウ〱タル（56）

諸モロ〱ノ（64）　朝アサナ〱（17）

のように、下の假名の右傍で右肩の邊にあるか、又は、

倩ツラ〱（18）　年〻トシ〱（41）

のように、下の假名の右傍で眞中よりやや上寄りの位置にある。むしろ前者の方が用例數が多い。踊字の形態も亦、鎌倉中期の特徴を現している。（1）

これらにより、本書の訓點の施された時期が、奥書の書寫年紀の建長元年と見て矛盾しないのである。

3、假名遣

ハ行轉呼音を反映する表記や、オとヲとが古用に合わない假名遣の存することは、鎌倉中期という時期から見て當然であるが、「或（あるいは）」の假名遣が注目せられる。

或《アルヒハ》昨-日《キノウ》已埋《ニウツンテ》襟《ノコウ》涙《ヲ》於墓下《ハカノモトニ》之者《モノアリ》（27）

或《ヒハ》今夜《コヨヒ》欲《ホシテ》送《ヲクラムト》泣別《ナクワカレヲ》棺前《クワンノマヘニ》之人《ヒトモアリ》（28）

「或」は二例とも「アルヒ|ハ」「（アル）ヒ|ハ」と「ヒ」の假名で表記されている。「あるいは」の歴史的假名遣は、和字正濫鈔に「あるひは」とされ、語源を「あるいひは」と考えられることがあったが、春日政治博士が「ある」に助詞「い」「は」の附いた語形と正されたことは周知のことである。鎌倉中期には、語中の「ヒ」と「イ」とが假名遣上の區別を失っているから「ヒ」と表記されても異とするに足りないが、二例とも和字正濫鈔に掲げる「アルヒハ」で表されているのが注目せられる。

なお、「老（おい）」も、「老《ヒ》」（8・55）、「老《ヲヒテ》」（18）のように「ヒ」で表されている。

三、音韻について

音韻では、國語音のうち、音便と助動詞「む」の音價とを取上げ、漢字音については、韻尾の脣內撥音と舌內撥音、長音を問題とする。

［國語音］

1、音便

活用語の音便には、イ音便・促音便・撥音便とハ行四段活用動詞の音便とがある。

イ音便――急《イソイテモ》（23）築《ツイテ》（33）

促音便――去《サテ》（13）眠《ネフテ》（14）擧《コソテ》（27）在《アテ》（31）爲《ナテ》（41）契《チキテモ》（47）已《ヲハテ》（65）

撥音便――a去《サンナムト》（7）去《サンヌ》（59）成《ナンヌ》（39）垂《ナンヌレハ》（8）

b埋《ウツンテ》（28）

c馮《タノテモ》（47）

ハ行の音便――d遭《アフテハ》（15）欣《ネカフテ》（57）

e猒《イトテ》（4・62）

（參考）以《ヲモンミレハ》（5・18）

促音便は、ラ行の例のみで、總てが無表記である。撥音便は、aラ行四段活用動詞が完了の助動詞「ヌ」に續いた例で、「ン」で表記されている。bはマ行四段活用動詞から撥音便となったもので「ン」で表記される。鎌倉初期までは、撥音便のうちナ行ラ行に基づくものを「ン」で表し、マ行バ行に基づくものを「ム」で表して區別する原則があったが、この訓點ではその區別の失われていることを反映すると見られる（後掲、助動詞「む」の音價、及び韻尾の唇內撥音と舌內撥音の項參照）。cもマ行四段活用動詞の音便となったものであるが、無表記である。一例だけであるので、「ン」の誤脫か、或はnと同音となったものが表記されなかったのか定かではない。

ハ行四段活用動詞の音便のうち、dの「アフテハ」「ネカフテ」は「フ」がハ行轉呼音のuを表しているとすれば、ウ音便となり、eの「イトテ」と同種の音便とすれば、促音的な音便となる。

2、助動詞「む」の音價

助動詞「む」は、「ム」で表される所と「ン」で表される所とがある。

［ム］去《サンナム》（7）送《ヲクラムト》（28）見《タテマツラム》（64）

［ン］眠《ネフランヤ》（9）寄《ヨセン》（13）待《マタンヤ》（13）脱《ノカレンコトヲ》（14）斷《キラン云ヲ》（14）如《ナランヤ》（19）起《ヲキンヤ》（21）保《タモタン》（31）近《チカツカント》（43）

往《ユカント》（43）隨《シタカハン》（49）生《セン》（66）

「ム」表記は、巻首と巻尾とに各一例と巻中途に一例あるのみで、他は「ン」で表記されている。これによれば、助動詞「む」の音價は、mではなく既にnになっていたと考えられる。マ行の撥音便が「ウツンテ」と表記されたことが顧みられる。又、「以《ヲモンミレハ》」（5・18）や「汝等《ナンタチ》」（25）も參考となる。

mとnとは、鎌倉中期以降は表記規範力の働いた文獻でも區別が失われて行くから[2]、本書の訓點が鎌倉中期の加點であることの傍證ともなる。

［漢字音］

1、韻尾の唇內撥音と舌內撥音

唇內撥音を「ム」で表し、舌內撥音を「ン」で表して區別することは、鎌倉初期までの訓點では原則として保たれていた。本書の訓點ではその區別が失われている。

唇內撥音

［ム］（用例ナシ）

［ン］暗然《アンセントシテ》（9）愍《イウ》〔悠〕深《シンニシテ》（12）猒離《エンリ》（25）閻广《エンマ》王（43）九品《ホン》（57）臨《リン》命終《シユ》（60）草菴《サウアン》（61）金剛不壞《コンカウフヱ》（62）

臨命 終《リンミヤウシユ》（63）今世《コンセ》（63）

舌內撥音

［ム］天《テム》（3）　紫震《シシム》（50）

［ン］閑居《カンキヨ》（3）　安養《アンヤウ》（4）　員《ヰン》（7）　寒氷《カンヘウ》（9）　紅蓮《クレン》（9）　綿邈《メンハクトシテ》（12）　船柢《センハツ》〔栰〕（12）　安然《アンセントシテ》（13）　酸痛《シユンツウ》（13）

野干《ヤカン》（14）　梅陁羅《セン》（16）　六旬《リクスユン》（20）　邊《ヘンニカ》（22）　半偈《ハンケ》（22）　棺《クワン》（29）　萬歳《ハンセイ》（30）　百年《ネン》（31）　厚《クエン》〔原〕野《ヤ》（32）

墳墓《フンホ》（33）　雲鬢《ウンヒン》《ヒン》（34）　便利《ヘンリ》（36）　野干《ヤカン》（37）　雲鬢《ウンヒン》（39）　顔色《カンシヨク》（42）　先路《センロ》（43）　貧賤《ヒンセン》（49）　亂世《ランセイ》（49）　民煙《ミンエン》（51）　雲容《ウンカク》〔客〕（51）　槐門《クワイフン》（52）　孟甞君《マウシヤウクン》（52）　漢《カン》（53）　秦王《シン》（54）　上陽人《シヤウヤウシン》（55）　李夫人《リフシン》（55）　千萬《センハン》（55〜56）

十二縁《エン》（57）　觀《クワン》（57）　蓮臺《レンタイ》（61）　萬劫《マンコウ》（62）　珎寶《チンホウ》（62）　伴侶《ハンリヨ》（64）

脣内撥音を「ム」で表した例を見ず、逆に舌内撥音を「ム」で表した二例があるのみで、他は、脣内も舌内も撥音を「ン」で表している。

このことは、國語音において、マ行四段活用動詞の撥音便を「ン」で表し、又、助動詞「む」が主に「ン」で表されていて、mとnとの音韻としての區別が失われていたことに關聯して、漢字音でも同樣の現象であったことを示している。

2、長音

似《ニタリ》二旅容《リヨウカクノ》〔客〕宿《ヤトルニ》一（6）

「旅」は、別に「旅宿《リヨシユク》」（3）ともあり、遇攝の字としてはこの方が字音假名遣に卽した假名表記である。これを「リヨウ」と表すのは、オ段の拗長音に發音されたことを示すものであろう。

和泉往來文治二年（一一八六）寫本に、

特《マコトニ》　賜《タマハテ》二　賢慮《ケンリヨウヲ》一（10）

とある「賢慮《ケンリヨウ》」も、熟字の下位にあるものの、同種の發音を示すものであろう。

「女」が、「女房」「女子」のように熟字の上位に來た場合に、オ段拗長音に發音され、それを「ネウ」と表記した例が、

ねうはう（女房）の御こゝろ（高野山文書、春日局消息、安元三年六月廿二日）

ねうし（女子）ありわうこせんにゆつりをハぬ（岩手縣中世文書上、尼たうしやう讓狀、かけん三ねん正月卅日）

とあるのも類例と見られる。又「如法經」を、

ねうほうきやう（石清水文書之六、菊大路家文書、永仁五年六月）

と表すのも同種である。

なお、長音に關しての次の語が問題となる。

今生亦富貴《タフククヰ》之間《アヒタ》也（49）

「富貴《フククヰ》」の「フク」は「ク」の假名に間違いない。「フウ」の誤寫とすれば長音化した例となるが、假名の通りであるとすると、音轉化して「フツキ」（明應五年本節用集等）の促音に通ずるもので、「フク」の「ク」は子音のkを表したとも考えられる。

四、訓法・文法

漢文の訓法としては、鎌倉時代の佛書の訓讀に通ずるものであって、取立てて述べるものは少ない。

當《ニ》《ヘシト云ヲ》死《シス》一（17）　未聞《イマタキカ》《ス》一（30）　將近《ニチカツカント》《ス》二閻广《エンマ》王《ニ》一（43）

故《カルカユヘニ》（23）　然則《シカレハチ》（56）　戒及施不《トヒトサルト》放逸《セ》一（63）

のような再讀字の再讀表現や接續語の訓法は、當時としては通常のものである。

その中で、「欲」を「ムトホツス」と訓じた、

仁和寺藏後鳥羽天皇御作無常講式の訓點

或《ヒハ》今《コヨ》夜《ヒ》欲《ホシテ》レ送《ヲクラムト》　泣《ナク》二別《ワカレヲ》　棺《クワンノ》　前《マヘニ》一（28）

の例は、佛書に頻用される「ムト欲《ス》」の訓法が漢籍訓讀の「マク欲《ホッス》」「ムコトヲ欲《ホッス》」と混淆して成立した新訓法であって、古例（3）としての、

怨《ウ》不《テス》レ欲《ホッセ》レ徙《ウツラムと》　（高山寺藏殷本紀建暦元年點）

と共に、鎌倉時代の例となる。

文法の面では、「うづむ」が、「埋《ウツンテ》」（28）、「埋《ウツメハ》　爲《ナル》土《ツチト》二」（33）のように四段活用であること、「擧《コソテ》世《ヨ》一」（27）が、助詞「ヲ」を用いないらしく、又、「急《キウニ》聞《キ、テ》三斷《キラン云ヲ》二　頭《ヲ》一」（14）の「キラン云ヲ」が助詞「ト」を用いないらしいことが注目される。後二者は、「ヲ」「ト」の誤脱と見るならば問題にはならない。

五、語詞・語彙

1、和語の漢字表記

無常講式の文章中には、漢文として中國本土で成立した語彙だけでなく、日本において和文の中で成立したり、日本語として用いられた語を漢字で表したものも交え用いられている。

「はかなし」を「無レ墓」として次のように用いている。

凡《ヲヨソ》　無《ナキ》墓《ハカ》一者《モノハ》　人《ヒトノ》　始《シ》○○（平濁）中《チウ》終《シウ》如《コトクナル》　幻《マホロシノ》一　者《ハ》一-朝《コノ》〔期〕過《スクル》　程《ホト》也（29〜30）

「無墓」は宛字とされるものである。

又、「生《い》け頸」を「生頸」として、

切《キラレ》二生頸《イケクヒヲ》於他卿《タケイノ》〔郷〕之雲《クモニ》一（52）

のように用いている。

2、漢語

無常講式の文章中には、多くの漢語が用いられており、それの讀みが稠密な訓點によって知られる。その中には、佛教關係の漢語として吳音讀みのものだけでなく、漢音讀みの語も用いられている。

閑居《カンキョ》（3）旅客《リョウカク》（6）暗然《アンセントシテ》（9）安然《アンセントシテ》（13）六旬《リクスユン》（20）猒離《エンリ》（25）萬歲《ハンセイ》（30）和《クワシテ》（41）百草《ハクサウ》（42）亂《ラン》世《セイ》（49）雲容《ウンカク》〔客〕（51）他卿《タケイ》〔郷〕（52）槐門《クワイフン》（52）紅淚《コウルイ》（52）三千容《ノカク》〔客〕（53）千萬《センハン》（55）後宮《コウキウ》（59）

固有名詞の「西施《セイシ》（42）」「明帝《メイテイ》（53）」「上陽人《シヤウヤウシン》（55）」「李夫人《リフシン》（55）」を漢音讀みにするのはともかくとして、右のような普通名詞で、しかも佛教關係に縁遠い語が、法會の願文の用語の中に交え用いられていることは、吳音を用いる場と漢音を用いる場とが嚴密に區別されず、交流が生じていたことの反映と見られ、鎌倉中期における漢語使用の實態を知る一材料となるのである。

注

（1）拙稿「踊字の沿革續貂」（「廣島大學文學部紀要」第二十七卷一號、昭和四十二年十二月）。

（2）拙稿『中世片假名文の國語史的研究』（「廣島大學文學部紀要」特輯號3、昭和四十六年三月單刊）。本著作集第一卷所收。

（3）拙著『平安鎌倉時代に於ける漢籍訓讀の國語史的研究』三六八頁（昭和四十二年三月）。

（「鎌倉時代語研究」第十一輯　昭和六十三年八月）

六地藏寺藏『江都督納言願文集』の訓點について

一、訓點の性格

六地藏寺藏『江都督納言願文集』には、現存の五册全卷にわたって、墨書の訓點が詳密に施されている。訓點は、片假名の和訓と字音、聲點、返點、合符であり、これが本文と同筆で書かれている。本文の書寫は、卷第一・卷第二・卷第五が同じ手であり、卷第三と卷第六とはそれぞれ別の手で、三筆の寄合書と見受けられるが、訓點においては五册を通じて異なる事象が認められず同一種と考えられる。本文書寫については、卷第三と卷第五との卷末に、それぞれ本文と同筆で書かれた左の奥書によって、その時期が知られる。

（卷第三）（奥書）永享七年七月拾貳日

（卷第五）（奥書）永享七年　仲秋廿八日

卽ち、室町時代初期の永享七年（一四三五）七月に書寫され、その時に訓點も同時に寫されている。訓點の片假名字體は、次頁のように歸納せられ、室町時代初期の樣相を示している。返點も同樣である。卷第六も、本文・訓點が同期の樣相を示している。恐らくこの年の七月中に、少なくとも三筆の寄合書によって、本文と訓點とが移寫されたものであろう。又、巻第六の奥書には、本文と同筆の墨書で、左の本奥書がある。

(巻第六)(奥書) 本云明徳二委(季)(マヽ)辛未十□(破損)廿一日 八代念西御本以書寫畢鑁天

明徳二年(一三九一)は、南北朝時代末で、永享七年より四十四年前である。巻第一から巻第三まで竝びに巻第五には、この本奥書がないが、五冊を通じて本文・訓點が同質である所からすれば、五冊に共通する本奥書と見られる。

六地藏寺藏本江都督納言願文集の假名字體表(巻第一による)

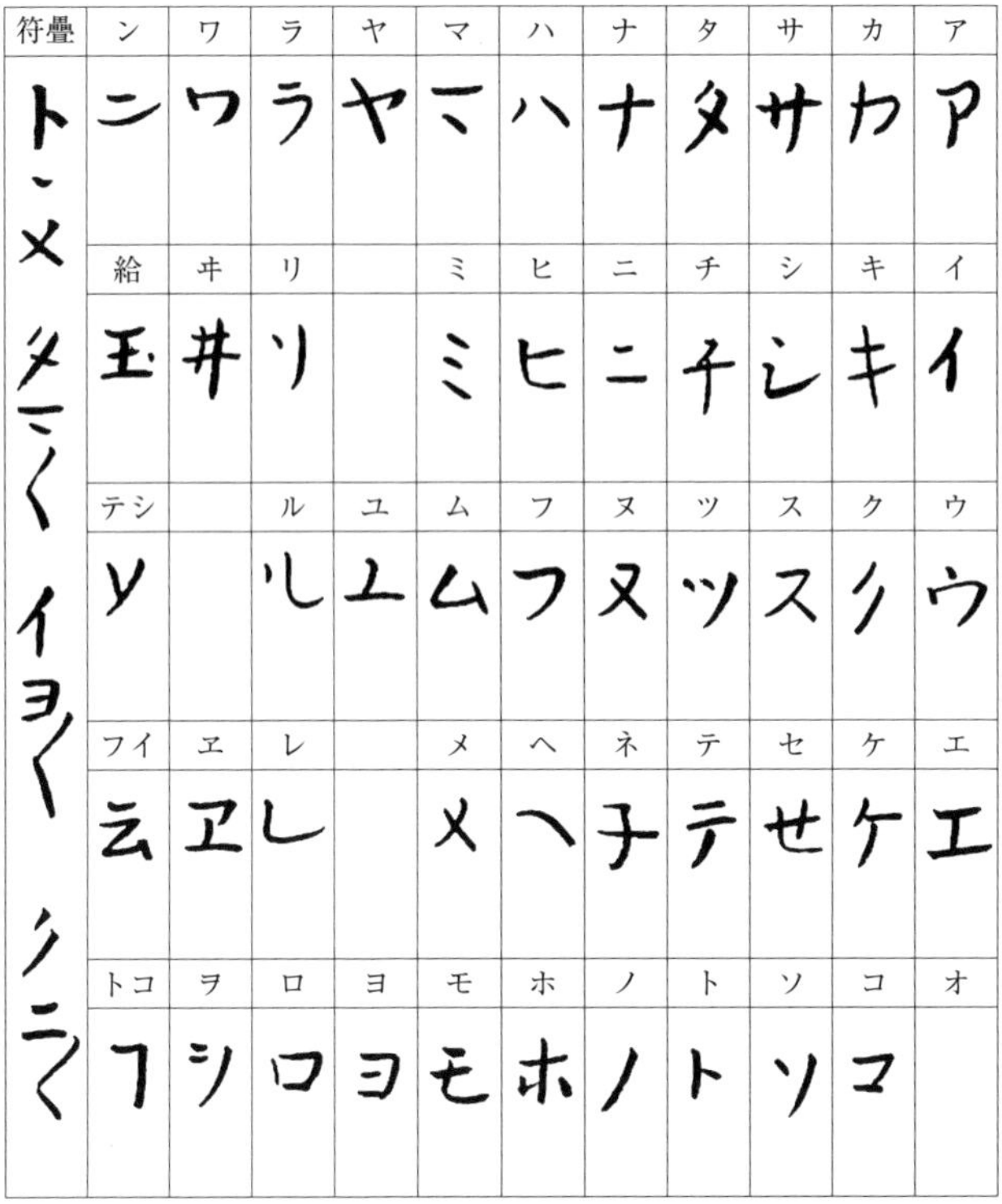

六地藏寺藏本が轉寫本であることは、轉寫によって生ずる誤寫や不明箇所などが、五冊にそれぞれ存することで明らかである。例えば、巻第一の12頁に、

孰与《イッシ》。永(上)寧ムシクイ古《ニ》 (1行)

基跡《キセキ》之空ミレムシクイ地《ニ》 (2行)

五層《ソウ》之世ムシクイ二年《ニツ》而 (3行)

とあるのは、1行から3行までのこの箇所が親本では「ムシクイ」(蟲損)であるために文字を轉寫し得ないことを示している。1行目の「孰与《イッシ》」も「イツレ」の誤寫であろう。又、次のような例を見るに(所在の算用數字は影印本の頁數を示す。以下同じ)、

墜《ツチテ》於下《カ》泉《ニ》 (巻第五281)

。。牡《ア》(上濁)丹《タンノ》。(平)之無心《キヲロ》 (巻第六344)

同　聲點・返點・合符

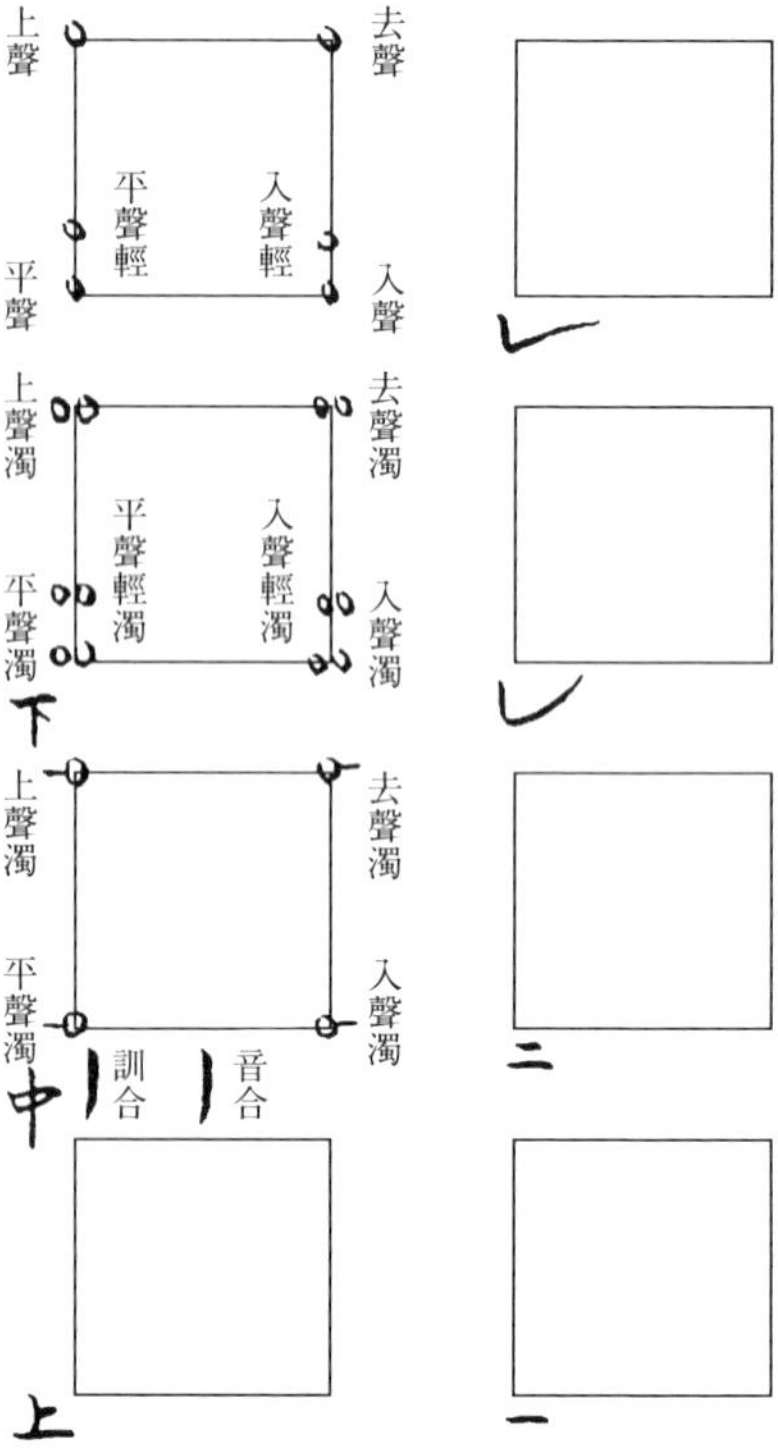

前者は、片假名の「ヲ」を「ツ」に見誤り、後者は、六地藏寺藏本では「ホ」の假名を使っているので、親本の古體假名「〓」を「ア」に見誤った結果として生じたもので、轉寫に際してまゝ起り勝ちな現象である。この六地藏寺藏本が轉寫するに際して親本としたのが、巻第六の本奥書にある明德二年に鑁天が書寫したものと見るのが自然であろう。從って、明德二年書寫本にも片假名の訓點が施されていたことが知られる。

この鑁天については未詳であるが、鑁天が親本とした「八代念西御本」とは如何なる性格の本であったのであろうか。「念西」という僧名を持った僧は、一兩人ならず存したであろうが、鎌倉時代書寫の醍醐寺藏傳法灌頂師資相承血脈によると、唯一人、小野僧正仁海の流で、仁意（天承元年〈一一三一〉二月五日入壇）の弟子に「念西」がいる。又、石山寺一切經には、勸進僧念西の名が久安四年（一一四八）から保元二年（一一五七）にかけて屢々出て來る。例えば、石山寺一切經第四十五函五十三號の雜阿含經巻第三の奥書には、

佛子自去久安四年七月爲自他法界出離得道／發一切經論書寫大願之後或勸進槐市舊□／求新帋或相語松門禪徒誂書
寫其內今經／觀音寺住侶本小野住僧字大輔公依弟子勸進書寫也（略）
保元元年十一月廿五日調巻次願主／念西記之

とある。念西の勸進により一切經を書寫した僧俗は、諸宗派、諸氏に及ぶが、「醍醐寺住侶大夫公」「醍醐住侶法性房」「上醍醐禪侶尊聖房」「醍醐住侶乘養」「醍醐寺住侶緣覺房」「醍醐寺住侶備後阿闍梨」「勸修寺住侶證明房」「日野住侶勝義房」など、醍醐寺とその周邊の僧が目立つ。この念西と仁意の弟子の念西とが同一僧であるかどうか詳かにし難いが、時代が合い、共に眞言宗小野流の僧であることから同一僧の可能性がある。山崎誠氏は、六地藏寺の恵範上人が醍醐寺に學び傳法灌頂を授與され、蒐書に努めたことから、本書が醍醐寺周邊に由緣を持つものかと推定される。六地藏寺藏江都督納言願文集巻第六奥書の「八代念西」が右述の眞言僧念西に同定し得るならば、本書の訓點の性格を考える上で、方向が定まるのであるが、現時點では確定し得ない。ただ、六地藏寺藏本の訓讀法は、俗家のものでなく僧侶のものであることが、次の諸點から判明する。

1「欲」を「ムトオモフ」と訓讀すること。

欲《ヲモフ》レ供《セント》二葉上之蓮眼一　（巻第一59）
子欲《ヲモヘトモ》レ養《ハント》　親《ヲヤ》不《ス》レ待《タ》　（巻第六357）

2「則」を「スナハチ」と訓讀すること。

良-家《カノ》。(平)女《ムスメ》　今則《ハチ》草庵《アン》。(平)發心。。求(去濁)道之比丘也　（巻第五278）
夫《レ》賀茂皇《クワウ》大神者外《ハ》　則《ニハチ》應《シ》二醮祭《サイ》。(平)之。尚《シヤウ》(去)。饗《キヤウニ》一(上)　（巻第六377）

平安鎌倉時代の訓讀において、「欲」を漢籍讀では、「ムトス」「ムトホッス」と訓讀するのに對して、佛家讀では「ムトオモフ」と訓じ、「則」を漢籍讀では不讀とするのに對して、佛家讀では「スナハチ」と訓ずる。(1)その他、文末の「之」を不讀にせずに「コレ」と讀むことや、「盡《ク》」(漢籍讀は「コトゴトクニ」)なども佛家讀を示している。論語等で「舍《ステ》諸《メヤ》」と訓み傳えられている字句を、本書では、「豈其《ニソレ》捨《テンヤ》　諸」(巻第二94)と佛書一般の訓讀にしているのである。

二、訓點の時代性

六地藏寺藏『江都督納言願文集』の訓點が、親本の明德二年寫本のものを傳えたことは、先述の通りであるが、その訓點は何時代を傳えているのであろうか。抑ゝ大江匡房の原作の文章には、訓點が當初から施されていたのであろうか。この問題を考えるために、先ず、六地藏寺藏本の訓點の中から、時代性を考える材料となる事象を取上げることにする。

(一)鎌倉時代以降の言語事象

本書の訓點には、次のような鎌倉時代以降の言語事象が存している。

(1)撥音便mとn、及び漢字音の韻尾mとnとの區別がないこと。

撥音便のうち、ナ行・ラ行に基づく音便を「ン」で表すのは無論、マ行・バ行に基づく音便も殆ど「ン」で表されて、全く區別が無くなっている。

前《スヽンテ》（巻第一24）　薊《シホンテ》（巻第一27）　奉《ヲン》-爲《タメナリ》（巻第三176）　擇《エランテ》（巻第三200）　酌《クンテ》（巻第五287）　履《フンテ》（巻第六364）

漢字音でも、n韻尾・m韻尾ともに殆ど「ン」で表されて、全く區別が見られない。

露-膽《タンス》（巻第一10）　素。。念《テン》(去濁)（巻第二90）　音容《イン》（巻第三222）　。釼《ケン》(去)-佩《ハイ》（巻第五310）

mとnとの二音の區別が無くなるのは、鎌倉中期から後期にかけてである。(2)

(2)語頭におけるヱとエ、ヰとイの混用

語頭のヱとエ、ヰとイとは、次下のように區別を失っている。

醉《エヽルカ》（巻第五287）

擇《エランテ》（巻第三200） 得《ヱ》（巻第五239 239） 何益《ナンノヱキカアラン》（巻第五314）
遠空《エンコウ》°（平輕）（巻第一12） 遠忌《ヲンキ》《エントモ》（巻第五276）
叡哲《ヱイテウ》（マヽ）°（入）（巻第一67） 內衣《ナイヱ》（巻第三215） 映《ヱイシ》（巻第六348）

同一字がエともヱとも表されるものもある。

唐捐《タウエンス》（巻第二108）・唐捐《ヱンス》（巻第三153） 榮路《エイロ》（巻第五254）・桓《クハン》°（平）榮《ヱイ》°（平）（巻第三173）

ヰとイの場合も同様である。

禪院《イン》（巻第一53）・廟°°（平濁）院《ヰン》°（平）（巻第三174）

語頭における、ヱとエ、ヰとイがそれぞれ同音となるのは鎌倉時代であり、その中期以降に一般化すると見られる。

(3)漢字音の唇內入聲音が、無聲子音に續く場合に促音化する。

漢字音の熟字で、唇內入聲音が無聲子音に續く場合に「ツ」で表される例が見られる。

奉摺《シツ》寫㆒（巻第一9） 十《シツ》°（入）全《セン》（巻第三151） 鴫《カツ》°（入）水（巻第五293） 雜色《ツキ》（巻第六399）

尙、漢語サ變動詞の場合にも見られる。

接《セッス》（巻第一46） 答《タッス》（巻第六356）

(4)漢字音の喉內入聲音が、無聲子音に續く場合に促音化する。

漢字音の熟字で、喉內入聲音が無聲子音に續く場合に「ツ」で表される例が見られる。

六宮《リッ》（巻第一29） 蜀江《ショッカウ》（巻第一40）
折《セッ》°（入）-說（巻第六349）

漢字音の唇內入聲音や喉內入聲音が無聲子音の直前で促音化する現象は、毛筆で書かれた文獻では、鎌倉初期以降に見

られる。(3)

(5)「ツマビラカナリ」の和訓

「ツマビラカナリ」の和訓が用いられている。

詳《ツマビラカナリ》二於前《キニ》一（巻第一31）

詳《ツマビラカナリ》二前記《ニ》一（巻第一35）

この語は、平安時代には「ツバヒラカ」であり、「ツマビラカ」に變るのは、鎌倉中期からとされる。(4)

右の(1)~(5)の諸事象は、いずれも鎌倉時代以降の現象に適う。このうち、(1)・(2)は單なる表記の問題であり明德二年乃至永享七年等の轉寫の際に、その時の表記に變えてしまったものと見る餘地もあるが、(3)・(4)の音韻や(5)の語詞についてはこれまでも濫りに變改することは、本書のような訓點の場合は起り難いと思われる。後述のように、本書においては合拗音の表記や疊符の形態が鎌倉時代以前の古形を傳えていることからすれば、(1)・(2)の表記も親本の姿を傳えていると見るのが穩當であろう。さすれば、親本の訓點自體が、(1)~(5)については、鎌倉時代の事象を示していることになる。

(二)院政期にも見られる中世語事象

(6)連體形の用法

雖レ處《ヲルト》二上九之位《ニ》一（巻第一62）

平安時代の規範では終止形の「ヲリ」とすべき所を、連體形の「ヲル」を用い、助詞「ト」に續いている。この語法は、院政期には既に見られる所である。(5)

(7)「見セシム」の語法

不令《メ》二シテ下他人《ヲ》一先看《ツミセ》中池。（平）蓮《ノ》。（平）夏宮《ツキウ》。（平）槐《ノ》。（平）秋《キ》上（巻第二99）

「見る」が使役の「シム」に續く場合には、「ミンム」が古用であって、これを「ミセシム」とするのは中世の新しい用法である。しかし、院政期には他にもこの語法が見られる。將門記承徳三年點本に「令レ見《メムトセ》二彼方之氣色一」（162行）、法華百座聞書抄の「クスシヲメシテ、ミセシメタマフニ」（裏177行）などが知られている。(6)

(8)ヤ行動詞の語尾をハ行・ア行に表す。

ヤ行下二段活用動詞の語尾をア行に表し、ヤ行上一段活用動詞の語尾をハ行に表した例がある。

无《ク》レ銷《キウルコト》　（巻第三175）

眉《マユ》月老《キヲフルニ》　（巻第五321）

ヤ行下二段活用動詞の話尾をハ行に表した例は、中山法華經寺本三教指歸注に「榮後(ト)云ハマコヒニ(脱アルカ)至ルマテサカヘルト云意也」（五十二丁裏）とある。

(9)接尾語「かす」

弟子收《メ》レ涙焦《ヲコカラカシテ》レ　思右《ヲトテ》レ筆《フテヲ》　敬白　（巻第三194）

「焦げる」の他動形「コガラカス」は、日葡辭書に「炒る」の意で出ているが、ここでは「思」という精神的なものについて用いている。この語と同様に「―かす」が附いて構成された語は、院政期にも、打聞集の「思メクラカシテ」、法華百座聞書抄の「スベラカシテ」（表270行）など知られる所である。(7)

(10)奪《バ》フ

不レ奪《ハヽレフ》二浮囊《ナウヲ》。(平)於波旬《ニ》一　（巻第二119）

「奪フ」は古く「ウバフ」「ムバフ」であって、語頭音を脱落させて「バフ」とするのは、毛筆で書かれた文獻では、院政初期前後から見られる。不空羂索神呪心經寛徳二年點（一〇四五）に「吸奪《スヒハヽレ》」とあり、楊守敬舊藏本將門記には「被《レテ》レ奪《ハヽ》二一‐任之公解《クンコヲ》二」等八例の附訓例が總て「バフ」の形である。[8]

右の⑹～⑽の諸事象は、鎌倉時代の言語現象の反映とも見られるが、原作が成立した院政期にも存したと見ることの出來るものである。

㈢鎌倉時代以前の言語事象

本書の訓點の合拗音の表記は、假名では「クワ」の他、「クヰ」「クヱ」が主となっている。

魏文皇《クヰフンクワウ》帝（巻第一9）　一簣《クヰ》（巻第二110）　松。（平）‐鈞《クヰン》。（平）（巻第五298）　貴。種《クヰ　シヨウ》（上）（巻第六355）

。頊《クヰヤウ》（頊）（上）年（巻第二107）　妙《ヘウ》。。（平濁）曲《クヰヨク》（巻第三147）　胷　陂《クヰヨウヒ》。（平）（巻第五233）

蕙　態《クヱイタイ》（巻第二119）　變化《クヱ》（巻第三154）　悔《クヱ》（巻第五231）

鳳闕《ホウクヱツ》（巻第一10）　懸《クヱン》（巻第一20）　元《クヱン》。。（平濁）二《シ》。。（平濁）（巻第六386）

但し、「興」「曲」については「キー」が見られる。

中興《キヨウ》（巻第一8）　。中（去）興《キヨウ》。（平）（巻第一25）

妙。（平）曲《キヨク》（巻第一41）　勾曲《コウキヨク》。（入）（巻第一46）　音曲《インキヨク》（巻第二91）

なお、諄準椁韻（第十八合）三四等に屬する字も「シヰー」「スヰー」と表される。

香脣《カウシヰン》。（平）（巻第一10）

紫筍《シヰン》（巻第三165）

李舜《リスヰン》（巻第三207）

一方、合拗音が漢字「火」「鬼」で表されることもある。

再化《サイ火》。（平）（巻第一36）

。恠《火イ》（去）（巻第一38）　魁《火イ》。（平）柄《ヘイ》（巻第一52）　煨《火イ》。（平）燼（巻第二122）　五廻《火イ》（巻第三152）

皇《火ウ》王。（平）（巻第一48）　黄《火ウ》山（巻第二116）　郭《火ク》。（平）况《クヰヤウ》（巻第六378）

關西《火ンセイ》（巻第三147）

蕢《キ鬼》桴《フ》。（平）（巻第二103）

「鬼」で表されるのは、この一例のみで、しかも「キ」の假名もある。合拗音の「クヰ」「クヱ」が「キ」「ケ」と同音化するのが一般的となるのは、鎌倉中期以降であり、(9)室町時代には拗音性を失っている。一方、漢字「火」で表記するのは、一般には院政期までであり、鎌倉時代には、古辭書などの保守性の強い資料に殘る程度である。これによれば、本書の訓點の合拗音の表記は、鎌倉時代以前の事象を傳えていることになる。

なお、オ段長音の開合の亂れた例や所謂四つ假名の誤用例の殆ど見られないのも、(10)消極的ながら、本書の訓點が室町時代の書寫當時のものでないことを示している。

更に、二字疊符の形態にも、この問題を考えるのに參考となるものがある。二字の疊符の起筆位置は、

忽‐ミコツ〱。。尒《シトツ》（上濁）（巻第六357）

のように、二字目の假名の下にあるものがある。これは、このような符號の場合には、書寫當時の形に改められることが多いことの結果と考えられる。しかし、中には、

月ツキヽ　（巻第五276）

泣ナク〱　（巻第六384）

國クニ〱　（巻第一47）

のように、二字目の假名の右傍の眞中邊より起筆するか、二字目の假名の右傍下端より起筆するものもある。この形態は、

鎌倉中期から後期に一般的なものであるから、(11) 右の例は親本の形態を忠實に傳えた可能性が大きく、そうであるならば、本書の訓點の源は鎌倉中・後期迄溯りうることになる。

以上の、(一)(二)(三)の言語事象を綜合して考えるに、若し、これらの訓點が或る特定の時機に一時に加點されたものを傳えているとするならば、その時期は鎌倉中期から後期の頃ということになる。これに對して、これらの訓點が本文成立時から書寫時までに何次かにわたって書加えられたものであるとするならば、第一次の加點は、本文書寫時の院政期に施され、第二次の加點は、少なくとも鎌倉中・後期には行われたと考えられる。

一體、大江匡房の原作になる本文そのものには訓點が施されていたのであろうか。

六地藏寺藏本『江都督納言願文集』の中には、卷第一の「院於法勝寺千僧千部仁王經」(56~58)のように冒頭の一部を除いて大部分は、訓點が施されていないものがある。但し、身延文庫藏卷第一鎌倉中期寫本には、訓點があり、逆に、身延文庫藏本の「鳥羽御塔擬作」の後半部には訓點が施されていない。これによると、『江都督納言願文集』に収められた願文の中には、訓點の殆ど施されなかったものもあったかも知れない。

『高山寺本表白集』一卷は鎌倉初期寫で院政期の表白文を集めたものであるが、文中には、訓讀を示す僅かな訓點を見る程度で、他には殆ど訓點が施されていない。又、高山寺藏『表白四種栂尾』一帖の寶治二年(一二四八)仁眞書寫本の「求聞持表白」には全く訓點が施されていない。このような例によると、院政期の願文にも全く訓點が無いか又は僅かしか存しないものもあったであろう。山崎誠氏は、藤原師通の寛治二年(一〇八八)の自筆願文には訓點がなく、宗性上人結集の願文集(長暦より嘉承に至る願文七通)にも訓點のないものと訓點のあるものとが存することを指摘されている(筆者原本未見)。『江都督納言願文集』に収められた願文に製作當時から原文に訓點があったかどうかは未詳であるが、右の諸資料からすれば、願文の中には訓點のなかったものも含まれ、又訓點があるものも部分的に難字などに施される程度であったかも知れない。

『本朝文粋』も、石山寺藏巻第六の鎌倉初期寫本には訓點がないが、特に願文を收めた巻第十三、巻第十四の鎌倉中期・後期の寫本には、詳細な訓點が施されるに至っている。例えば、身延山久遠寺藏本朝文粋十三巻は、本奥書によると、清原教隆が北條時頼の命によって加點したものである。六地藏寺藏『江都督納言願文集』の訓點も、鎌倉中・後期に、書加えられた訓點を多く含んでいるかも知れない。

たゞ、田中穰氏舊藏（國保管）『江都督納言願文集』巻第三、巻第六の鎌倉初期乃至平安時代寫本には、本文と同期とされる訓點があるらしい。(12) 若しそうであるならば、『江都督納言願文集』においては、當時既に訓點が存したことになるが、この訓點が製作當時のものであるかどうかも檢討をしなければならず、六地藏寺藏本との關係も究明する必要がある。いずれ後日の原本調査の機に俟ちたいと思う。

身延山久遠寺にも『江都督納言願文集』巻第一の鎌倉中期書寫本が藏せられ、これにも同期の訓點が施されている。六地藏寺藏本と比べると所收願文に多少の出入りがあるが、同文の願文についてその訓讀を比較するに、

(イ)居《キテ》二北辰《ニ》一而理《リス》レ政《マツリコトヲ》（六地藏寺本8）——居《テ》二北。(入)辰。(平)一理《(ヲ)サム》レ政（久遠寺本二十五丁オ）

(ロ)薜蘿《ヘイラ》接《セツスキンヲ》レ襟（同右46）——薜蘿接《マシフ》レ襟《ヲ》（同右四十三丁オ）

(ハ)春氷欲《ヘウス》レ泮《トケント》二於萬里之跡《トニ》一（同右64）——春氷欲《ス》レ泮《トケナント》二於萬里路一（同右八丁ウ）

(ニ)明《メイ》。(平)王始廻《テメクラススイクワ》二翠華。(平)之駕《ヲ》一（同右19）——明王始廻《ラシ玉フ》二翠花之駕《ヲ》一（同右十八丁オ）

(ホ)賢刧之尊隨《カヘンカタヲ》二肩千佛《ニ》一（同右24）——賢刧之尊定隨《タマウラン》二千佛一（同右五丁オ）

(ヘ)祐《ヒラキ》(祏)二四境《ケイ》於。。宛《カイ》(亥)(去濁)。歩《ホ》(上)之外《カニ》一（同右8）——祐《ヒラク》二四-境於亥歩《カイノ》之外一（同右二十五丁オ）

(ト)慙《ハチ》。種《シヨウ》（上）族《ソクヲ》。（入）於齊《セイ》。（平）。楚《ソ》（上）之風《ニ》一（同右22）——慙《ツ》。種（上）族。（入輕）於齊。（平）-。楚（上）之風《ニ》一（同右三丁ウ）

(チ)不《ス》レ倩《アツラヘ》二千里之面目《ニ》一（同右22）——不レ倩《ヤトハ》《モトメ》。千（去）。里（上）之面目《ヲ》一（同右三丁ウ）

のように訓法が異なっている。そこで、巻第一の訓點全體について六地藏寺藏本と久遠寺藏本と比較して、それを相違の型として整理すると、凡そ、

a、六地藏寺藏本が字音に讀む語を、久遠寺藏本は和訓に讀む（イ）（ロ）の例等）。

b、六地藏寺藏本が助動詞や敬語などのない所に、久遠寺藏本はそれらを讀添える（ハ）（ニ）（ホ）の例等）。

c、對句の上句の終りを、六地藏寺藏本が中止形として、下句と共に一文に訓讀するのに對して、久遠寺藏本は終止形として下句とそれぞれ二文に訓讀する（ヘ）（ト）の例等）。

d、六地藏寺藏本と久遠寺藏本とで、和訓やテニヲハに相違がある（チ）の例等）。

となる。中には例外もあるが全體としては右の傾向が見てとれる。このような相違は、訓讀語史上、六地藏寺藏本の方が久遠寺藏本に對してより新しい訓法を反映していることを窺わしめる。

六地藏寺藏本と、田中穰氏舊藏本（國保管）巻第二、巻第六との間にも、訓點の相違があるらしいが、田中本未見のために後日に譲ることにする。

いずれにせよ、現存諸本の間で、訓讀上の相違が存することは、逆に匡房の原文章には所定の訓點が施されていなかったことを示すものとも考えられるのである。

三、訓點の地方性の問題

本書において、ハ行四段活用動詞の連用形が、助詞「テ」等に續いて生じた音便は、促音便と見られる。

遂（逐）虚舟《ヲツテキヨシウヲ》而（巻第一50）

追《ヲツテ》往事《ヲ》（巻第二130）

追《ヲツテ》大椿《ツキンヲ》　於上古《ニ》（巻第五294）

のように、「ツ」で表されていることで知られる。この他に、(イ)「ン」で表されたり、(ロ)無表記であったりする。

(イ)「ン」で表される例

掃《ハランテ》（巻第一29、巻第二130、巻第五286 307 326）遂（逐）《ヲンテ》（巻第二126、巻第五246 277 318）隨《カンテ》（巻第三173、巻第五309）向《カンテ》（巻第三222、巻第六384）對《ムカンテ》（巻第五233）訪《ランテ》（巻第五253）纏《マツンテ》（巻第五306）裝《ヨソンテ》（巻第五306）行《ヲコナンテ》（巻五320）嫌《キランテ》（巻第六348）

叶《カナンテ》（巻第六348）遇《アンテ》（巻第六349）償《ツクノンテ》（巻第六356）思《ヲモンテ》（巻第六412）

從《シタカンシ》（巻第五298）

(ロ)無表記の例

掃《ハラテ》（巻第一9、巻第五236）訪《トフラテ》（巻第一12）猒《イトテ》（巻第一50、巻第五252 271）振《フルテ》（巻第二94）訪《ラテ》（巻第三159）拂《ハラテ》（巻第三191）慕《ネカテ》（巻第三222、巻第五271 288）拭《ノコテ》（巻第五291）向《カテ》（巻第五292）

(イ)の「遂（逐）《ヲンテ》」は、同じ語が「遂（逐）《ヲツテ》」と「ツ」で表されている。又、同一語を「尊《タツトシ》」（巻第一30）、「貴《タントシ》」（巻第五311）とも、「答《タツス》」（巻第六356）、「答《タンス》」（巻第六359）とも表している所から見ると、(イ)も促音便と解していたと考えられる。(ロ)の諸語には、「掃《ハラテ》」のように(イ)で「掃《ハランテ》」とも表される語と重なるものが多い。又、ラ行四段活用動詞の促音便を、「張《ハツテ》」（巻第五249）のように「ツ」表記でも、「乘《ノンテ》」（巻第五283 317）のように「ン」表記でも、「乘《ノテ》」（巻第一12）のように無表記でも、三様に表している所から見ると、(ロ)も促音の無表記せられたものと考えられる。

ハ行四段活用動詞の連用形の音便には、少ないながらも、「フ」で表されたものがある。

逢《アフテ》（巻第二86）　裝《ヨソフテ》（巻第二101）　傚《ナラフテ》（巻第三221）

などであるが、親本の表記に引かれたものかとも考えられる。タ行四段活用の音便を「斷《タフテ》」（巻第二130）と表している所によると、右の「フ」も促音の表記かも知れない。しかし、誤寫の餘地もあり、少ないながら「掩《ヲ、ウテ》」（巻第六367）「竟《キヲウテ》（競）」（巻第三186）なども別に存する所によると、ウ音便の混在したと見る餘地もある。

いずれにしても、本書においては、ハ行四段活用動詞の連用形の音便は、促音便が多数を占めており、促音便本位であったと見られる。

こう見ると、本書が六地藏寺という東國の古寺に傳存したこととの關係を考えてみる必要がある。ハ行四段活用動詞の音便が、現代語において、關東方言では促音便であり、關西方言のウ音便と對立を示しており、この對立が溯って鎌倉時代においても認められそうであるからである(13)。しかし、本書が惠範上人生誕以前に書寫されたものであり、既述の如く、醍醐寺邊から蒐書されたものであるとするならば、本書の訓點が東國とは必ずしも關係を持たなくなる。醍醐寺邊において東國出身者が加點したというような事情も考えねばならない。又、促音便とウ音便との地方的對立が、中世以前に溯りうるかどうかも再檢討の餘地があろう。高山寺本古往來にも「追《ヲツテ》」の例が存し、角筆文獻では、石山寺藏沙彌十戒威儀經平安中期點がハ行四段活用動詞の音便をすべて促音便にしているという事實もあるからである(14)。

或は又、本書が東國で書寫加點され、東國に傳來したということも考えてみる必要がある。

四、國語史資料としての六地藏寺藏本の訓點

六地藏寺藏『江都督納言願文集』の訓點が、前述のように、鎌倉時代以前の親本のそれを傳えたものと見られるならば、國語史上、中世前半期語の資料を提供することになる。既に、第二節訓點の時代性と第三節訓點の地方性の問題とにおいて取上げた諸事象が、その資料の一部となっているのであるが、本節では、その他の諸事象の中から幾つかを取上げることにする。

㈠國語音のｉ母音の脱落

國語音のｉ母音が、複合語の中にあって脱落したと見られるものがある。

拔《ヌケテタリ》（巻第三193）

抽《ヌキテ、》（巻第三195）　拔《ヌキテ、》（巻第三200）

「拔ケ」又は「拔キ」に「イヅ」の重なった複合語で、「イヅ」の語頭のｉ母音が脱落したことを示している。

㈡漢字音とその連濁

漢字音は、呉音系と漢音系とが混っている。呉音系と漢音系とは語による相違とも見られるが、中には、同一語で、呉音にも漢音にも讀まれるものがある。

遠忌《ヲンキ》《エントモ》（巻第五276）　遠忌《エンキ》（巻第三170）

婦《フ》。（平）人。。（平濁）（巻第五267）　婦《フ》。。（平濁）人（巻第五304）

のような例である。

漢字音では、差された聲點によって連濁を生じていたことの知られるものがある。

。髣《ハウ》（上）髴《ヒタリ》（平濁）（巻第二81）　髣《ハウ》髴《ヒタリ》（去濁）（巻第五240）

董修（上濁）（巻第二79）　尊星《シヤウ》（上濁）（巻第二83）　曾《ソウ》（平）祖《ソ》（上濁）（巻第三216）　先祖（平濁）（巻第六393）

寒（平）-心《ス》（平濁）（巻五287）

「寒-心」の連濁は、前田本色葉字類抄にも登載されているので、この語の連濁が一般化していたことを知らしめる。

㈢名詞の送假名の方式

名詞の送假名には、最終音節の假名を送る方式があったらしく、目立っている。巻第一から例示する。

林《シ》・種《ネ》・旨《ネ》・水《ツ》・風《セ》（11）　佛《ケ》（14）　音《ヱ》（17）　底《コ》（18）　國《ニ》・人《ト》（20）　春《ル》（21）　㞍《ミ》（22）　波《ミ》（23）　後《ロ》（30）　門《ト》・道《チ》（37）　花《ナ》（38）　君《ミ》（40）　力《ラ》（59）　風《セ》（61）　霞《ミ》・雪《キ》（65）

のようである。他の巻の場合も同様である。

㈣語法・語詞

訓點の中には、語法上注目されるものがある。

而用《モモチヰラン》　均妄《ハウ》（平濁）失《シツヲ》（入）於千秋《シウノ》　之跡《アトニ》一（巻第三208）（「均」は本文「㘦」をミセケチとしその右傍に書けり）

「モチヰラン」は誤寫・誤脱の惧れもあるが、表記の通りとすれば「ラン」が上一段活用動詞の連用形（又は未然形）に附いた用法となる。鎌倉時代の古文書等には、終止形附屬の助動詞が連用形に附いた例がまゝ見られる。(15)

嫌《キラウラクハ》　未《ス》レ遇《ハ》二播龍《ハンノ》（平）之水《ニ》一（巻第三183）

「キラウラクハ」は、「ラク」が四段活用の「キラフ」に附いている。

与《ヨリハツカラサン》レ疲二　追孝之思《ヒヲ》一（巻第五285）

疲《ツカラシテ》二微《ヒ》○○（平濁）軀《クヲ》○（平）一以貢《テカカリ》二法會之儀《ヲ》一（巻第五302）

「ツカラス」はサ行四段活用の動詞として用いている。

語詞では、

去《イシ》レ月七日《キナヌカノヒ》（巻第二132）

五月八日《ヤウカノヒ》（巻第六369）

爲《タラクテイ》レ躰（巻第六389）

などが注目せられる。

㈤特に漢語

本書には、願文という文章の性格上、多くの漢語が用いられている。その中には、色葉字類抄に登載されている語と一致するものが少なくはない。

先《サキタテ》二銅馬《トウハ》一而前《セン》-駈《クウス》(駆)（巻第二129）

の「前駈」は、前田本色葉字類抄に、

前•（平）駈•（平）僕從分 センクウ（下一一ウ、疊字）

とあり、しかも「駈」を「クウ」と長音化した訛音まで一致している。以下、色葉字類抄にも登載されている語を例示する。

［本書の用例］　　［色葉字類抄］（無記は前田本）

涼《リヤウ》熯《イク》（巻第三155）　　涼《ス、》熯《シクアツシ》時節分 リヤウイク（上七四オ、疊字）

寒暑《カンシヨ》（巻第三164）　　寒《サムク》•（平）•暑《アツシ》（上）同（天部） カンシヨ（上一〇六ウ、疊字）

草創《サウ》（卷第三170）　•草（上）•創（去）同（伎藝卩）始也サウサウ（下五二ウ、疊字）

鄭《テイ》重《ナル》（卷第三173）　•鄭（去）重•（平）同（人情卩）テイチウ（下二二オ、疊字）

經《ケイ》°（平）°緯《ヰ》（上）（卷第三195）　經緯ケイヰ（黑川本、中一〇〇ウ、疊字）

老耄《モウ》（卷第三200）　老耄｜｜（人倫）卩ラウモウ（黑川本、中四一オ、疊字）

不｜日°°（入濁）（卷第三210）　不日伎藝卩工匠分（黑川本、中一〇七オ、疊字、フ部）

°爪《サウ》（上）牙《カ》°°（平濁）（卷第三213）　爪牙人躰サウカ（下五二オ、疊字）

°柱《チウ》（去）｜石《セキ》（卷第五281）　柱•（平）石•（入）公卿卩チウセキ輔翼分（上六九ウ、疊字）

寒°（平）｜心《ス》°°（平濁）（卷第五287）　寒•（平）••心（上濁）カンシム賀怨極也（上一一〇オ、疊字）

°枕《シン》（上）席《セキ》°（入）（卷第五296）　•枕（上）席•（入）シムセキ（下八五オ、疊字）

花《クワ》｜洛《ラク》（卷第五298）　花洛郷里分（黑川本、中七九オ、疊字、ク部）

匪《ヒ》石《セキ》之心《ロ》（卷第五314）　•匪（上）石•（入）ヒセキ（下九八オ、疊字）

視《シ》｜°聽《テイ》（上）（卷第六340）　視•（平）•聽（去）シテイ（下八五オ、疊字）

綺｜羅雲《ノ如ニ》　集《マル》（卷第六345）　綺羅同（衣裳卩）キラ又帷幕名（下六三オ、疊字）

貴《クヰ》°種《シヨウ》（上）（卷第六355）　貴種同（尊者卩）（黑川本、中八〇オ、疊字、ク部）

雄《イウ》｜飛《ヒス》°（平）（卷第六374）　雄•（平）飛•（平）イウヒ（上一三オ、疊字）

農桑《ノウサウ》（卷第六401）　農桑ノウサウ同（民俗分）（黑川本、中六一オ、疊字）

蕭〻《セウ〳〵タリ》（卷第六413）　蕭〻セウ〳〵ヒユ（下一一〇オ、重點）

これらの漢語の讀みを色葉字類抄と比較することによって確認することが出來る上に、その具體的な使用の例を本書で知ることが出來る。

㈥和化漢文の用法とその訓點

本書の文章は、和化した漢文であり、この種の文章に特有の敬語や措辭がある。それらは、それぞれ次のように訓讀されている。

一時《ヒトモ》來《タ》(未)《ス》レ離《レ》二御傍《ヲンカタハラヲ》一（卷第五248）
忝待《クマテ》二彌陀之御《ヲン》迎《ヘヲ》一（卷第五324）
奉《ル》二造立一金色阿彌陀佛觀音勢至像各一躰（卷第一9）
將《ヲモフレニ》餝《ラント》二蓮座之露《ヲ》一者《ヘリ》（卷第二133）
然《ル》間《ニ》幽儀去年初冬十月上旬早《ク》離《レテ》二自界之垢塵《ヲ》一（卷第三220）
然《ル》間世《タセイ》途不《ス》レ遙《ハルカナラ》　寄《ヨス》二身《ミヲ》於石火之光《リニ》一矣（卷第五301）

措辭は、正格漢文と同じであるが、訓讀が和化漢文のそれに通ずるものもある。

善根楚越之竹不《ス》レ能《ハ》レ記《スルニ》（卷第五237）
新《ラタナル》　別《レ》似《タリ》レ不《ルニ》レ能《ハ》レ辨《ワキマウルニ》二日°(入濁)月°(入濁)之。運(去)。轉《ヲ》一(上)（卷第五288）

漢籍や佛書の訓讀では「コト能ハ不」が普通であり、「ニ能ハ不」は和化漢文の訓法である。(16)

㈦人名の讀み方

本書には、平安時代の文人の人名が出ており、訓點によってその讀み方の知られるものがある。本書の書名にも係る、大江匡房については次のようにある。

都督《トトクヲ、》大江《ヘノ》朝臣匡房《マサフサ》（巻第三172）
是江《レカウ》°°（平濁）氏《シノ》草創《サウ》納言是。枝《シ》（上）別°°（入濁）也（巻第三170）

大江家の他の人名についても、次のようにある。

江《カウ》°°（平濁）—家兆朕《ノテウチン》（略）參—議音—人《ヲトンノ》卿《キヤウ》（巻第三187）
二男玉淵《タマフチノ》朝臣（同右）
中納言維時《キシノ》卿（同右）

その他の人名についても次のように讀まれている。

爲房《タメフサ》（巻第六343）師時《モロトキ》（巻第六354）敦基《アツモト》（巻第六367）丹後守正盛《ノカミマサモリ》（巻第六373）季清《スヘキヨ》（巻第六387）兼方《カネカタ》（巻第六412）

尚、和訓讀みと字音讀みとの兩用をしているものもある。

定子《テイシ》《サタコ》（巻第五248）

その他、本書の訓點は國語史上多くの資料を提供しているのである。

注

（1）拙著『平安鎌倉時代に於ける漢籍訓讀の國語史的研究』第一章第二節。
（2）拙稿『中世片假名文の國語史的研究』（「廣島大學文學部紀要」特輯號3、昭和四十六年三月單刊）。本著作集第一巻所收。
（3）注（2）文獻。但し角筆で書かれた文獻では、溯って院政初期の神田喜一郎博士藏白氏文集天永四年（一一一三）角筆點に「喋《テツ》ゝ」（巻第四）とある。
（4）築島裕『平安時代の漢文訓讀語につきての研究』五一八頁。

(5) 注(2)文獻一一九頁參照。

(6) 注(2)文獻一三〇頁參照。

(7) 注(2)文獻一五八頁參照。

(8) 「バフ」の例は他にも、毛筆の文獻では院政期以降に見られる。しかし角筆文獻では、溯って平安中期（天暦頃）加點の石山寺藏漢書高帝紀下に「奪《ハフ》二其軍一」等がある。

(9) 注(2)文獻一〇七頁參照。

(10) 一例「薜納《ヘイノフ》」（巻第一15）がある。別に漢音の「納《タウ》。(入)日納《タウ》。(入)月。。(入濁)」があるから「納《ノフ》」は開合の誤用例と見られる。但し、高山寺藏論語巻第七鎌倉初期點にも、「能《ナウ》。(平)」（84行）と「能《ノウ》」（83行）とがあるから、個別的には鎌倉時代にも誤用の存したことが考えられる。

(11) 拙稿「踊字の沿革續貂」（『廣島大學文學部紀要』第二十七巻一號、昭和四十二年十二月）。

(12) 川瀬一馬『田中教忠藏書目錄』では鎌倉初期寫とされ、毎日新聞社（文化廳監修）『重要文化財Ⅰ』では平安時代寫とされる。

(13) 拙稿「國語史研究資料としての中山法華經寺本三教指歸注」（『中山法華經寺藏本三教指歸注總索引及び研究』）。同「猿投神社藏古文孝經建久六年點における地方語的性格」（『藤原與一先生古稀記念論集方言學論叢Ⅱ』）。共に本著作集第二巻所收。

(14) 拙稿「石山寺藏沙彌十戒威儀經平安中期角筆點」（『廣島大學文學部紀要』第三十五巻、昭和五十一年一月）。

(15) 注(2)文獻一二四頁參照。

(16) 注(1)文獻一四七頁參照。

（『江都督納言願文集』六地藏寺善本叢刊第三巻　昭和五十九年七月）

一切經音義解題

宮內廳書陵部藏
廣島大學藏
天理圖書館藏

一、玄應撰一切經音義について

海彼の中國大陸で作成された佛書の音義のうち、釋玄應撰の一切經音義は、大藏經の渡來と共に夙に本邦に傳來し、奈良時代には盛に書寫せられた記事があるばかりでなく現に當時書寫の零卷が存し、平安時代に入ると法隆寺一切經竝びに石山寺一切經の古鈔本などが現存している。又、古辭書、古音義の成立の典據となるなど重要な役割を果し、一方、諸寺における聖教の讀解にも屢々活用せられて引用の跡を所々に留めている。正に、玄應一切經音義が我が古代の學問ひいては文化史の上に持つ影響は極めて大なるものがある。

玄應撰の一切經音義の名稱は、本書序によれば「大唐衆經音義」とあり、又、唐書藝文志卷三にも「玄應大唐衆經音義二十五卷」と揭げられている。これが恐らく正稱であろう。「一切經音義」の呼稱は、奈良時代の正倉院文書もこれを用い、平安時代の古鈔本の題名も一様に「一切經音義」であつて、これが廣く行われた通稱であったと見られる。一方、諸書に引用されたものには、「一切經玄應音義」（醍醐寺藏法華經釋文）とも書かれ、略稱として「玄應經音義」「玄應音義」（東寺藏大日經疏演奧抄、賢寶本）などと呼ばれることもあった。

玄應撰の一切經音義の巻數については、本書序には「結成三帙」とあるのみであるが、西山崇福寺沙門智昇撰の開元釋教錄によれば、

沙門釋玄應一部二十五巻經音義

一切經音義二十五巻見内典錄／右一部二十五巻其本見在

とあり、又唐書藝文志にも、右述のように「二十五巻」とある。本邦の古寫本の大治本も二十五巻の形態であり、高麗藏本も亦二十五巻である。これが原初よりの形態であったらしい。正倉院文書の中には、

一切經音議（義）廿五巻　一切經音義廿四巻沙門釋玄應撰（天平十九年六月七日寫疏所解）

のように「二十五巻」と記される一方、「二十四巻」を始めとして、次のように二十五巻未滿の巻數を掲げるものも諸所にある。

一切經音議（義）十巻五巻者黄唐本也五巻今所寫也（天平十九年三月七日常疏寫納幷櫃乘次第帳）

これらは、右の例の注記からも知られるように、完本ではなく零本であったことを語り、玄應撰一切經音義の構成としての巻數を示すものではない。なお、正倉院文書の小乘經納櫃目錄に「二十六巻」とあるのは、山田孝雄博士の指摘された如く[1]、編成の異なるのによるものであろう。

玄應一切經音義の成立については、本書序に「貞觀末曆、勅召參傳、綜經正緯、咨爲實錄」（高麗藏本）とあり、開元釋教錄にも同種の文があり、

因譯尋閲、捃拾藏經、爲之音義、注釋訓解、援引群籍、證據卓明、煥然可領、

と記している。卽ち唐の貞觀（六二七―六四九）の末年に、勅命によって、藏經を拾ってその音義を爲し、群籍を援引して注釋を施したものというのである。これについて、神田喜一郎博士は、玄應の示寂を顯慶年間（六五六～六六一）と推定さ

れ、「貞觀末曆」という書き方はこの序が貞觀以後の作であることを示し、一切經音義の完成も、示寂の年の顯慶年間のこととせられた。[2]

撰者が玄應であることは、右掲の諸書の記事からも知られる上に、本書序に「翻經沙門玄應撰」とあって、明らかである。玄應の傳については、開元釋敎錄、竝びに續高僧傳卷三十釋智果傳之末文によってその一端が知られる。且つ神田博士の引かれた大菩薩藏經などの譯場列位によると、貞觀の頃、大總持寺に住し後に大慈恩寺に轉じた翻經沙門であり、「博聞強記、鏡林苑之宏標」（本書序・釋敎錄）とされ、又、續高僧傳卷三十釋智果傳の末尾に、玄應と同時代の道宣が、

京師沙門玄應者、亦以二字學之富一皂素所レ推、通造經音、甚有二科據一矣

と誌し、本書序・釋敎錄に「眞可レ謂二文字之鴻圖、言音之龜鏡一者也」というのによると、當時稀有の學者であったことが分る。なお、釋敎錄は「恨敍綴纔了未レ及二覆疎一、遂從二物故一、惜哉」と記して、稿後、覆刻するに及ばずして入寂したことが述べられている。

釋敎錄は又、本書以前に佛敎の音義を注したものがあり、高齊の沙門釋道慧の一切經音があったが、それは「自二前代一所レ出經論諸音依レ字直反、曾無二追顧一、致レ失二敎義一、寔迷レ匡レ俗」というものであって、玄應よりも劣っていたらしく、これに對して玄應の一切經音義は、

應所レ作者全異二恆倫一、徵二覆本據一、務存二實錄一、卽萬代之師宗、亦當朝之難偶也

と高く評している。

本書の內容は、唐初の一切經五百五拾餘部[3]について、各經ごとに所出順に字句を抽出して掲げ、それぞれに音注、義注及び字體注を加えたものである。經文の中から抽出された被注の字句は、二字を主とする。本邦の古寫本を始め諸版本ともにこれを大字で掲出し、それに音注、義注及び字體注などの注文を小字雙行を以て注記するのが原則的な書式である。

音注は反切注を主とし類音字注をも交える。義注には「廣雅」「說文」「蒼頡篇」などの出典を冠するのが普通である。出典名は、時に、音注に「字苑初眼反」のように冠することもある。字體注は、「古文某」「今作某」「或作某」「字體作某」「字書或作某」の形式で始り、經文の字體にも言及し「經文作某非也」などで終る形式が多い。注文の順序は、概ね、字體注→音注→義注→經文字體注などとなっている。例えば、

降注 之喩反說文注灌也瀉也 經文從雨作霔非也 （卷一、大方等大集經第一卷）

熡燁 于匪反下爲獵反說文熡盛明皃也 方言燁盛也經文作樓燁非體也 （卷一、同經第八卷）

怡懌 古文嫛同翼之反下以石反爾雅 怡懌樂也經文作津液ゝ液非也 （卷一、同經第十五卷）

のようである。本書に見られる反切等音注の索引については山田孝雄博士「一切經音義索引」（大正十四年）があり、引用書については周法高の「玄應一切經音義引用書索引」があって、その全容を知るに便利である。その反切は中國の古漢字音を窺わしめる。又、その引用書の中には「蒼頡篇」「三蒼」「韻略」「切韻」など既に佚書となっているものを多く含んでいるからその片鱗を窺う資となり、又今日に傳わっている書物においても傳寫の誤や後人の改竄などの手の加わる以前の古態を窺う資ともなるものであって、このことは既に先學の指摘しているところである。(4)

玄應一切經音義の傳播を見るに、本邦においては、既に奈良時代以來多くの資料が存してその盛であったことを知ることが出來る。即ち、奈良時代に屢々書寫せられ讀誦考究されたことは正倉院文書から窺われ、(5)現に正倉院聖語藏には天平書寫の卷第六殘簡が傳わっている。平安時代にも諸寺でこれを寫し藏していた。東域傳燈目錄によれば、興福寺沙門永超は、八十一歲の寛治八年（一〇九四）に自ら校正し青蓮院に謹獻している。その中に、

一切經音義 未聞卷數

とある。法隆寺では大治三年（一一二八）に一切經音義の書寫を同寺僧の覺嚴・隆暹らが行い、現にその五帖十九卷が書

陵部に藏せられている。石山寺でも安元年間（一一七五―七七）、承安五年等に一切經音義の書寫を行い、その數巻が廣島大學・天理圖書館・大東急記念文庫等に現藏せられる。正倉院聖語藏には平安時代書寫の巻四、十七、十八、十九、二十、二十一、二十二の七巻が現存している。書陵部にも平安初期寫の四分律音義一巻がある。(6)

鎌倉時代における高山寺の經藏にもこれが存したことは、同寺藏の高山寺聖教目録（建長目録）（重文第一部二四號）に、

一切經音義雙紙四十三帖巻物十六巻（第九十四乙）

とあることにより知られる。この目録の書寫は建長二年（一二五〇）と見られる。又、鎌倉時代後期書寫の巻十八の一巻が天理圖書館に現存する。一方、新撰字鏡を始めとして原型本類聚名義抄などの成立に重要な資料となり、信行大般若經音義や中算法華經釋文などの出典ともなり、又、平安・鎌倉時代の聖教には、後述のように、その字句の讀解のために一切經音義が屢々引かれ、その跡を留めている。

以上の諸資料は、玄應一切經音義が本邦において廣く行われていたことを語るものであろう。

これらは書寫せられたものであるが刊本としては、宋版、高麗版があり、更に元版、明版がある。本邦においては、黄檗版の鐵眼の一切經、慶安四年天海僧正木活字版一切經に收められ、明治十八年刊の縮刷藏經に收録されている。このように大藏經に收められ、板行せられたことは、本書が今日ある一因となっている。

加えて、元和二年（八〇七）に成った慧琳一切經音義一百巻に、玄應音義がそのまま組込まれ、高麗版やこれに基づく大正新脩大藏經に收録されて、後世に傳わったことによる所もその一因であろう。慧琳は唐都長安の西明寺の僧であり、その一切經音義は、玄應一切經音義二十五巻に、慧苑の新華嚴經音義二巻、基師の妙法蓮華經音義などを包容し、更に多くの佛典音義を加えて成ったものである。この音義の音注については、その索引が神尾弌春氏の「慧琳一切經音義反切索引」（昭和五十一年、私家版）、「同補正録」（昭和五十二年、私家版）として出され、又その考察が黄淬伯の「慧琳一切經音義

反切考」（中華民國二十年六月、國立中央研究院）として出されている。その音注はこの音義によったものである。

二、本集成所收の古寫本の書誌

この古辭書音義集成には、玄應一切經音義の平安時代の主要な古寫本である、法隆寺一切經の大治本と石山寺一切經本とを中心に、これを三冊に配して收めた。即ち、大治本の現存十九卷を「一切經音義㊤」「一切經音義㊥」の二冊に收め、石山寺一切經本を中心とする諸本を「一切經音義㊦」の一冊に收めた。これをもう少し詳しく示すと次のようになる。［補記］

「一切經音義㊤」（古辭書音義集成第七卷）

法隆寺一切經で大治三年書寫本（大治本と略稱）の第一帖（卷第一・卷第二）と第二帖（卷第九・卷第十・卷第十一・卷第十二・卷第十三）を收載。

「一切經音義㊥」（古辭書音義集成第八卷）

大治本の第三帖（卷第十四・卷第十五・卷第十六・卷第十七）と第四帖（卷第十八・卷第十九・卷第二十・卷第二十一）と第五帖（卷第二十二・卷第二十三・卷第二十四・卷第二十五）を收載。

「一切經音義㊦」（古辭書音義集成第九卷）

石山寺一切經本の現存本のうち、廣島大學藏の卷第二・卷第三・卷第四・卷第五の四卷と、天理圖書館藏の卷第九の一卷を收載。併せて天理圖書館藏で鎌倉後期書寫の卷第十八の一卷を收載。

なお、附載として、大治本に缺ける卷第三から卷第八までの六卷を高麗藏本の板本で補い、收めた。このうち、卷第六から卷第八までの三卷は、右の古寫本のいずれにも缺ける卷である。

以下、ここに收載した古寫本の書誌について略述する。

㈠、法隆寺一切經　大治三年書寫本　五帖十九卷　宮內廳書陵部藏

書陵部所藏の一切經音義（五五九函二九號）は、粘葉裝五帖（七帖のうち二帖缺）、料紙は白楮紙を用い、押界を施す。本文は一頁に八行を書き、掲出字を界內一行に、注文を小字雙行界內二行に割書によって記している。各帖とも首尾を存し、濃茶地原表紙も存し、各帖の卷頭上部に「宮內省／圖書印」の單廓朱方印（一邊四・〇糎）の印記がある。近時、全帖の修理が成り、小蟲損も一々に穴埋めされ、茶色の新表紙で覆われることになった。

本文は各帖內一筆であり、五帖はそれぞれ別人の手に成るが、平安時代の大治三年（一一二八）の書寫であることが奥書によって知られる。

各帖の法量は左の如くである。

〔第一帖〕縱三〇・四糎、横二五・九糎、界高二五・六糎、界幅二一・八糎（目錄部二一・〇糎）、紙數六十九丁（表紙別）、
〔第二帖〕縱二八・五糎、横二六・〇糎、界高二五・六糎、界幅二一・八糎、紙數九十二丁（表紙別）、
〔第三帖〕縱三〇・四糎、横二六・〇糎、界高二五・六糎、界幅二一・八糎、紙數七十二丁（表紙別）、
〔第四帖〕縱三〇・〇糎、横二六・〇糎、界高二五・六糎、界幅二一・八糎、紙數五十八丁（表紙別）、
〔第五帖〕縱三〇・六糎、横二六・〇糎、界高二五・六糎、界幅二一・八糎、紙數六十六丁（表紙別）、

次に、各帖の外題はそれぞれ表紙中央に左のようにある。

〔第一帖〕一切經音義第一第二
〔第二帖〕一切經音義第九第十第十一　十二　十三
〔第三帖〕一切經音義第十四　十五　十六　十七

〔第四帖〕　一切經音義第十八　十九　二十　廿一

〔第五帖〕　一切經音義第廿二　廿三　廿四　廿五

その各帖には、外題に示すように二巻乃至四巻が納められており、各巻の內題と尾題とは次のようである。

〔第一帖〕

(目錄內題)(一オ)　一切經音義目錄第一第二　沙門玄應撰

(〃尾題)(一一オ)　一切經音義目錄

(巻第一內題)(一二オ)　一切經音義　沙門玄應撰

(〃尾題)(四九ウ)　一切經音義第一

(巻第二內題)(五〇オ)　一切經音義第二　沙門玄應撰

(〃尾題)(六九ウ)　一切經音義巻第二畢

〔第二帖〕

(巻第九內題)(一オ)　一切經音義巻第九第十十一十二十三　沙門玄應撰

(〃尾題)(一六ウ)　一切經音義巻第九

(巻第十內題)(一六ウ)　一切經音義巻第十大乘論　沙門玄應撰

(〃尾題)(ナシ)

(巻第十一內題)(三三ウ)一切經音義巻第十一小乘本　沙門玄應撰

(〃尾題)(ナシ)

(巻第十二內題)(五〇ウ)一切經音義巻第十三　沙門玄應撰

（〃尾題）（ナシ）

（卷第十三內題）（六七ウ）一切經音義卷第十三　沙門玄應撰

（〃尾題）（九二ウ）一切經音義卷第十三

〔第三帖〕

（卷第十四內題）（一オ）一切經音義卷第十四十五十六十七　沙門玄應撰

（〃尾題）（二三オ）一切經音義卷第十四

（卷第十五內題）（三三オ）一切經音義卷第十五　沙門玄應撰

（〃尾題）（三八ウ）一切經音義卷第十五

（卷第十六內題）（三九オ）一切經音義第十六小乘律論　沙門玄應撰

（〃尾題）（五四オ）一切經音義卷第十六

（卷第十七內題）（五四ウ）一切經音義卷第十七小乘論　沙門玄應撰

（〃尾題）（七二ウ）一切經音義卷第十七

〔第四帖〕

（卷第十八內題）（一オ）一切經音義卷第十八十九廿廿一

（〃尾題）（一七ウ）一切經音義卷第十八

（卷第十九內題）（一八オ）一切經音義卷第十九賢聖集傳　沙門玄應撰

（〃尾題）（三〇ウ）一切經音義卷第十九

（卷第二十內題）（三〇ウ）一切經音義卷第廿賢聖集傳　沙門玄應撰

(〃尾題)(四五ウ)一切經音義卷第廿

(卷第二十一內題)(四五ウ)一切經音義卷第廿一大乘經　翻經沙門玄應撰

(〃尾題)(五八オ)一切經音義卷第廿一

〔第五帖〕

(卷第二十二內題)(一オ)一切經音義第複第廿二廿三廿四廿五 大乘論十部小乘二部　沙門玄應撰

(〃尾題)(二三ウ)一切經音義卷第廿二　大唐新譯

(卷第二十三內題)(二三ウ)一切經音義卷第廿三　太慈恩寺釋玄應撰

(〃尾題)(四三オ)一切經音義卷第廿三

(卷第二十四內題)(四三オ)一切經音義卷第廿四小乘論　翻經沙門玄應撰

(〃尾題)(五六オ)一切經音義卷第廿四

(卷第二十五內題)(五六オ)一切經音義卷第二十五小乘論　翻經沙門玄應撰

(〃尾題)(六六ウ)一切經音義卷第廿五

(六七オ)□□□(經)□(音)義第七帖

以上の內題と尾題とから分るように、この大治本は本來七帖から成っていたものであって、その第二帖と第三帖の二帖(卷第三〜卷第八の六卷)が逸せられて、五帖(十九卷)が現存したものである。

次に、各帖の奥書及び識語は左の通りである。

〔第一帖〕

(目錄尾題下)　卽以書本一校了

（奥書）　以書本同比挍畢
［　　　　　］（一行擦消）
願以此功德過去二親等出離三有海共生安樂國
大治參年戊申五月十八日敬奉書寫畢

〔第二帖〕
（奥書）一挍了［　　　　　］（切取）
𦬇殊（右補入）・勵身心至忠節所書寫也
信　喜

〔第三帖〕
（奥書）大治三年六月一日［　　］寫了　挍了

〔第四帖〕
（奥書）　六月十日一交之了同法覺嚴之
大治三年五月廿四日甲（申）時許寫之一切經音義一帖四卷
奉書寫之爲令法久住往生極樂
僧覺嚴敬白

〔第五帖〕
（奥書）大治三年戊申五月十一日未時書了
依聖人勸進滿衆徒各一帖奉請爲上求𦬇下化衆生所奉書

寫也筆師□(擦消カ)僧隆暹　　挍了

これによると、大治三年（一一二八）の五月から六月にかけて、法隆寺僧らが聖人の勧進により一帖ずつ書寫したものであって、覺嚴（第四帖）・隆暹（第五帖）・信喜（第二帖）の名が見られる。

この覺嚴は、天治本新撰字鏡（現書陵部藏）の巻五の筆者であって、その奥書に、

天治元年四月廿九、爲令法久住法隆寺一切經藏料書寫㧕筆僧覺嚴之／一交了

とあるのと同一僧であり、その筆跡も料紙も相通じている。又、隆暹も、天治本新撰字鏡の巻第八の筆者であって、その奥書に、

天治元年甲辰四月廿六日書寫畢爲弘法利生結縁助成敬白㧕筆僧隆暹／法隆寺之一切經之料滿寺學輩各〔×之〕一巻書之

とあるのと同一僧であり、筆跡も亦相通じている。「法隆寺一切經」の古印のある、この新撰字鏡は巻二の奥書に「法隆寺一切經音義料也」とあるように、法隆寺における一切經書寫の折、音義の參考として衆僧により一巻ずつ書寫されたものである。その中の僧が、四年後に又、この一切經音義を書寫したわけである。大治本の一切經音義のうち、第一帖と第三帖とは筆者名がない。しかし新撰字鏡を書寫した僧の筆跡と比べると、筆者は第一帖が靜因に、第三帖が覺印に通ずるかと思われるが、確證はない。

なお、大治本の一切經音義の巻第一の巻末に新華嚴經音義が附載せられている。第一帖二九丁表の二行目から四四丁表一行目（但し四三丁〜四四丁は則天文字）までがこれである。これは八十巻の新譯華嚴經についての巻音義であって、その祖本が小川本新譯花嚴經音義私記の土臺の一となったと考えられるものであり、漢文の注文の他に「倭言」として萬葉假名の和訓を十四項二十語持っており、撰述者が邦人か歸化人であろうと考えられる。(7) 玄應の一切經音義には華嚴經は巻第一の始に舊譯が既に載っている。従って八十巻の新譯本は玄應本には存しないものであって、恐らく大治書寫の際かその

親本書寫の折などに、後から便宜、補加したものであろう。

大治本の一切經音義五帖十九巻は、昭和七年に山田孝雄博士の編にかかる凸版の影印複製が刊行された。その缺巻・缺損部については、高麗藏本・聖語藏古寫本で補われた。その際、大治本の巻廿の後半部（六度集經第五巻「愪悒」以降）と巻廿一の前半部（大菩薩藏經第三十巻「牟尼仙」まで）の十六丁分が缺失していた。ところが、この部分は岡田眞氏が藏せられており、今般、書陵部の藏に歸し、修理が加えられて、再び原本の姿に復することが出來た。これで巻廿、巻二十一ともに本文を完存することになったわけで、本集成がこの第四帖を完本の姿で複製することが出來たのは誠に幸いなことであった。本集成「一切經音義㊥」第四帖三七丁表から五二丁裏までの十六丁がこれであり、三七丁表第一行下方には、舊藏者の「岡田眞之藏書」という朱印の藏書印がある。

㈡、石山寺一切經　安元年間書寫本　巻第二・三・四・五計四巻　廣島大學國語學研究室藏

廣島大學文學部國語學研究室藏の一切經音義は巻子本で、巻第二、巻第三、巻第四、巻第五の四巻を存し、料紙は楮紙（斐交り）を用い、墨界を施す。（巻五のみは天地横界線の間に上方にもう一本の横線を施し、この間に掲出字を書くようにしてある。）もと折本裝であったものを巻子本に再改裝したものらしく、四行置きに折本裝であった時の折目が殘っている。本文は掲出字を界内一行に、注文を小字雙行界内二行に割書によって記している。各巻とも首尾を存し、濃茶地古表紙を縱長方形（縱二四・〇糎、横九・〇糎前後）に切取り古外題の書かれた題簽を巻首又は表紙に貼附している。近時、四巻とも修理を終えることが出來、裏打紙を附し、新表紙・新軸を添附した。

本文は各巻一筆乃至二筆であり、四巻はそれぞれに別人の手に成るが、書寫年代は院政時代と見られ、巻第三奥書に「安元年」の書寫奥書があるので、安元年間（一一七五—七六）かその頃と見られる。

本文は墨書であるが、巻第五に三箇所、朱書の補筆が次のようにある。

（一八九頁「草蔡」の注文）「滐」を朱で抹消し左傍に「藻」と訂し、「蘆」を朱で抹消し右傍に「蘆」と訂す。
（二六〇頁）「浮啚此云聚相謂黒石等高」（施燈功德經）を朱書補入。
（二二五頁「邪旬」の注文）朱筆で「同一義也」を補入。

各巻の法量は左の如くである。

〔第二巻〕天地二四・〇糎、界高二〇・一糎、界幅二・〇糎、一紙長五五・七糎、紙數二十一紙、一紙二十七行、
〔第三巻〕天地二四・〇糎、界高二〇・二糎、界幅二・〇糎、一紙長五五・〇糎、紙數二十四紙、一紙二十八行、
〔第四巻〕天地二四・〇糎、界高二〇・五糎、界幅二・〇糎、一紙長五六・〇糎、紙數二十紙、一紙二十八行、
〔第五巻〕天地二四・三糎、界高（長）二〇・一糎、（短）一六・七糎、界幅二・〇糎、一紙長五五・七糎、紙數二十一紙、一紙二十九行、

次に、各巻の古外題は左のようである。

〔第二巻〕一切經音義巻第二
〔第三巻〕一切經音義巻第□（三カ）
〔第四巻〕一切經音義巻第四
〔第五巻〕一切經音義巻第五

又、各巻の內題と尾題は次のようになっている。

〔第二巻〕
（內題）一切經音義巻第二　沙門玄應撰
（尾題）一切經音義巻第二

〔第三巻〕
（内題）一切經音義巻第三
（尾題）一切經音義巻第三
〔第四巻〕
（内題）一切經音義巻第四　沙門玄應撰
（尾題）一切經音義巻第四
〔第五巻〕
（内題）一切經音義巻第五　沙門玄應撰
（尾題）一切經音義巻第五

次に、各巻の奥書及び識語は左の通りである。

〔第二巻〕
（奥書）　　　　　　　一交了
〔第三巻〕
（奥書）安元年八月廿一日未尅於春峰寺／書了
　　　　　　　（別筆）「一交了」
〔第四巻〕
（奥書）　　　　　　　一交了
〔第五巻〕

（奥書）文字尤謬以勝本可比挍・也（「了」ノ上「也」）
（別筆）「二交了」（「二」は「一」の上に補筆）
（巻末紙背）「紙ツヤ〳〵なる書寫哉」（後筆、南北朝時代頃筆か）

巻第三奥書の「安元年」は、本經巻の書寫年時を知る重要な文字であるが、安元の何年か未詳である。安元は元年と二年だけであり翌年は治承元年とある。恐らく「安元、年」の「、」を筆畫として明確に入れなかったものであろう。尙、大東急記念文庫藏の巻第二十五も石山寺一切經舊藏本であり、その奥書は「承安五年」の書寫である。承安五年は丁度安元元年に當るから、石山寺の一切經音義は安元元年を中心に書寫された可能性が大である。

廣島大學藏本の巻第二・三・四・五の四巻が石山寺一切經であったことを示す徵表は、現存の形狀からは得られない。しかし、次の諸點からこれを證することが出來る。第一は、古表紙題簽に書かれた古外題を四巻とも存することである。この古表紙・古外題の題簽は、石山寺豐淨殿に現藏せられる、石山寺一切經の四千餘巻に等しく認められるもの(8)であって、江戶時代の石山僧尊賢が天明七年（一七八七）に一切經を修補するに當り、巻子本を折本に改裝するに際して、もとの巻子本の表紙と外題を切取り、新折本裝の表紙又は見返に題簽として貼附したものである。第二に、廣島大學藏本の四巻とも、もと折本であったことを示す四行目毎の折目の跡は、天明の改裝の痕跡であって、現形態はこれを再び巻子本に改裝し直したものであることを語っている。第三に本文の筆跡の中には、巻第三のように一見石山寺朗澄風を思わせるものがあり、この書風が石山寺に現藏する一切經の他巻にも屢々見られる。第四に、奥書にある「一交了」の文字の筆跡は、石山寺に現藏する一切經の他巻のそれに通ずる。第五に、本文の字句の誤寫等の內容が、次節に述べるように、天理圖書館藏で石山寺一切經印のある一切經音義巻第九に通ずることが擧げられる。最後に、廣島大學藏本には「石山寺一切經」の古印を缺いているが、これは現形態が四巻とも內題の直前を切斷してあり、巻子本再改裝の折に切取られてしまった可能性が大きい。「石山寺一切經」の無廓黑印は、巻首の內題の前行の下方に押捺されているのが普通である。

廣島大學藏の一切經音義四巻は、十餘年前に東京の古書肆を通じて購入する好機を得たものであって、多少の破損もあったが、更に近年修補を終える好遇に恵まれたものである。寫眞複製として公刊するのは今回が最初である。

廣島大學藏本は大治本に缺けている、巻三、巻四、巻五を存しており、このうち巻三と巻五とは、古寫本の他所に藏することを聞かないから、平安時代の古鈔本として、古態を知るのに重要である。


㈢、石山寺一切經　院政期書寫本　巻第九　一帖　天理圖書館藏

天理圖書館藏の一切經音義巻第九は折本裝（巻子本改裝）一帖で、料紙は楮紙（斐交り）を用い、墨界を施す。一頁四行で、本文は掲出字を界內一行に、注文を小字雙行界內二行に割書によって記している。全帖一筆であるが、朱書校合を加える。首尾を存し、巻首の內題の前行下部に「石山寺一切經」の無廓墨印を押捺し、內題上部に「天理圖書館」の朱印を押捺している。

表紙は木版朱刷雲龍文で、「一切經音義巻第九」の題簽を貼り、見返には、濃茶地古表紙に古外題の書かれたものを長方形に切取り貼附している。これは天明七年の改裝の折になされたものである。これらを更に新帙に収めている。

本文は全帖一筆で、書寫年代は未詳であるが院政時代と認められ、恐らく安元の頃と考えられる。

法量は、縱二四・一糎、横八・〇糎、界高一九・九糎、界幅一・九糎で、全四十七折（表紙別）から成る。標題は左のようにある。

（古外題）一切經音義巻第九大智度論
（內題）一切經音義巻第九　沙門玄應撰
（尾題）一切經音義巻第九

奥書は次の如くあるのみである。

二交了（「一」の上に朱書で「二」と重書す）／祢

右の書誌によれば、本帖が石山寺一切經の一つであったことが分る。

本書の朱書校合は左の通りである。

(二八〇頁「廓然」注)「郭反廣雅空也方」の各字左方に朱點のミセケチ符あり、右方に朱書「張小使大謂云廓イ本」。

(二八〇頁「蚫［虫＋欠］」注)「又作」の「又」は「反」の上に朱書「又」。

(二八一頁「沼㕞」注)「說文刷」の「文」は「欠」の上に朱書「文」。

(二八一同右)「同所劣反設文刷」の各字上に朱點のミセケチ符あり、右傍「雅刷習也」の上に朱書「雅刷習也イ本」。

(二八一頁「脯時」注)「補胡」の下に朱書「◦《反》」。

(二八二頁「抧開」)掲出字「枳」の右傍に朱書「扣」。

(同右注)「扒擊也」の「扒」の旁は「几」の上に朱書「口」。

(二八二頁「眼睞」注)「又作」の下の字を朱線により朱書「睫」を下欄に訂す。

(〃)「周子」の上の字を朱線により朱書「懸」に訂す。

(〃)「說文」の上の字は「又《止》」の上に朱書「及」。

(二八三頁「呵膢」注)「同力侯反依」の各字上に朱點を施してミセケチとし、その右傍に朱書「八月祭名也イ本」。

(二八六頁「襤褸」注)「力甘反」の下、朱書「古文襤褸謂衣」。

(同右)「濫同力草也」の「濫」に草冠を朱補加、「同力」の各字左傍に朱點ミセケチ符を施し、右傍朱書「染」。

(二八七頁「戶棑」注)「謂」と「闔」の間に朱書「◦《木》」。

（二八七頁「親親」注）「爲吾」の下、朱書「以」。

（二八七頁「倓然」注）「倓惜也」の「惜」は「恬」の上に朱書「惜」。

（二八七頁「以肅」注）「嚴」と「謂」の間に朱書「○也」。

（二八七頁「草芥」注）「芥是也」の「芥」は「本」の上に朱書「芥」。

（二八八頁「營從」注）「蒼頡」の上に朱書丸。

（二八八頁「朝宗」注）「朝夏」の下に朱書「○見」。

（二八八頁「姑利」注）「依字南」の下、「茛」を朱斜線で消し、朱線により下欄に朱書「燕」と訂す。

（二八九頁「鐵鍱」注）「説文」の下、某字を朱斜線で消し、朱書「齊鏶」。

（二八九頁「僶俛」注）「力也」の上、某字擦消して朱書「強」。

（二八九頁「毫氂」注）「不失」の次に朱書「毫氂魚康注云毫毼毫」。

（二九〇頁「豪傑」注）「胡」の補入を示す線は朱書。

（同右）「案」の上及び「非此義也」の上にそれぞれ朱線により、朱書「傑」を補入。

（二九一頁「賙救」注）「周禮五」の下に朱書「○黨」。

（二九一頁「艇舟」注）「已上同」の下、朱書「艇」。

（同右）「云曰謂禮」を朱縦線で抹消、朱書「鄭玄曰賙謂禮物不備相給足也」を補入。

（二九一頁「安措」注）「石也厝禹」を朱縦線で抹消、朱書「厝厲石也」を補入。

（二九一頁「自替」注）「替邑」の下の字を朱抹消、朱書「廢」とす。

（〃）「去之」の下、朱書「廢」補入。

(二九二頁「蜫蟲」注)「記」「鄭」「蜫」「蜫」「魂」「動」の補入を示す線は朱書。

(二九二頁「穿窬」注) 以下の補入字と補入符「。」及び線は朱書。「⿰口窬」「音」「華」「圭」「⿰口窬」「⿰口窬」「穿」の穴冠、

「墻」「圭是」「踰」「踰」。

(二九三頁「姪佚」注)「與」の下、「雅」の下の「。」は朱書。

(同右)「佚」の下の補入を示す線は朱書。

(二九三頁「不睦」注)「同」の下「已」を朱斜線で抹消、右傍「三」の上に朱書「三」。

(同右)「莫」を朱斜線で抹消、右傍朱書「英」。

(同右)「二反」の下の補入を示す線は朱書。

(二九三頁「宗族」注)「宗族也」の「宗族」を朱書ミセケチ。

(同右)「周禮曰」の下に朱書「宗族藂祿反強類」を補入。

(同右)「郭之」の各字を朱斜線で抹消、左傍に朱書「鄭玄」。

(二九三頁「第十六巻」の下)「斐亹孚尾亡匪反如有也文皃也亹〻猶微〻也」を朱筆補入。

(二九三頁「恬澹」注)「徒」と「反」の間に朱書「。」、下欄に朱書「濫」。

(二九四頁「秋穫」注)「草曰」の下の字を朱ミセケチとし、右傍朱書「刈」。

(二九五頁「福煮」注)「二形」の下の字を朱ミセケチとし、右傍朱書「同」。

(三〇〇頁「鐵杙」注)「余」の下「織」を朱斜線で抹消、右傍朱書「𥿢」。

(同右)「爾雅」の下の字を朱斜線で抹消、左傍に朱書「樴」。

(同右)「杙杙」の下、朱書「檕」補入。

（同右）「傳」の下、朱書「寫誤也樴徒得反」。

（三〇二頁「尺蠖」注）次の補入の字は朱書「篗」「摸」「蜘蛾」。

（三〇四頁「歔然」注）「作書」の下、朱書「○躍」。

（三〇六頁「謇吃」注）「氣跛寒也」の行の右傍、朱書「重言　通俗之言不通利謂之㓷吃イ本」。

（三〇八頁「雷霆」注）「辟」の下朱書「○」、「也」の下朱書「靂」。

（三〇八頁「參倍」注）「參云」の「云」の右傍「之」の上に朱書「三」。

（同右）「方言參」の下に朱書「分」補入。

（三〇九頁「溝艖」注）「陵反」の上「主」の右傍朱書「示」。

（三一一頁「駑馬」注）「謂馬中」を朱書「〻」でミセケチとし、右傍に朱書「就中」。

（三一二頁「胞胎」の前）朱書「第卌二巻」補入。

（三一二頁「牝牡」注）「牡」の下、朱書「莫吉反」。

（同右）「莫曰碓走曰牡至」の各字を朱書「〻」でミセケチとし、右傍に朱書「說本畜文也イ本」。

（三一三頁「姣輸」の前）朱書「第五十八巻」補入。

（三一三頁「第五十五巻」の下）朱書「診病字林除刄反診視也聲類診驗也謂者脉候也」。

（三一四頁「箭鏑」注）「說文」の下、「矢」の上に朱書「夫」。

（三一七頁「橈色」注）注文右行の下に朱書「也說文挍擾也」を補加。

（三一七頁「橈色」の左）掲出字「迂廻丨」を朱書補加。その注、第一字目「也」の上に朱書「禹」。この注「避」の下に、朱書「也邊也亦廣大也」補入。

（三一八頁「旂窒」注）「依字」の下、朱筆を加えて「空」と訂す。

㈣、一切經音義巻第十八　鎌倉後期書寫本　一巻　天理圖書館藏

岡田眞氏舊藏本。この巻第十八は、巻子本一巻で、料紙は楮交り斐紙（黄色）を用い、墨界を施す。本文は掲出字を界内一行に、注文を小字雙行界内二行に割書によって記している。首尾を存し、巻頭下部に「岡田眞之藏書」の朱印と巻首上部に「天理圖書館藏」の朱印を押捺し、見返に天理圖書館の朱印を押捺している。合せ軸の原軸（黒漆塗、木口朱）に、後補表紙を附している。

本文は全巻一筆で、書寫年代を示す奥書を缺くが、鎌倉後期の書寫と認められる。法量は、天地二六・一糎、界高二〇・七糎、界幅一・八糎で、一紙長四一・五糎、紙數十九紙、一紙二十四乃至二十五行である。

標題は左のようにある。

（外題）一切經音義巻第十八

（内題）一切經音義巻第十八（「經」は補入）

（尾題）一切經音義巻第十八

尾題の後に奥書が次のようにある。

（奥書）一交了

本書が岡田眞氏所有以前に如何なる經路を歴て傳來されたものか未詳である。

㈤、高麗藏本　巻第三・四・五・六・七・八　六帖　韓國東洋出版社刊

本集成に收錄した、大治本十九巻、石山寺一切經本五巻、及び鎌倉後期書寫本一巻は、重複する巻もあるが、これらの

諸本を合せても、二十五巻のうち、巻第六、巻第七、巻第八の三巻は缺巻となる。そこで、この三巻及び大治本に缺ける巻第三、巻第四、巻第五の計六巻を高麗藏本を以て補うこととし、これを附載した。刊本の諸本のうち、高麗藏本が平安時代の古寫本により近い系列のものであることは山田孝雄博士の指摘せられたところである。(9) 大治本・石山寺一切經本と高麗藏本との本文比較は次節に述べる通りであって、子細に見るならば相互に誤寫・誤脱などがあるが、他本よりは近い關係にあることが知られる。從って大治本の缺巻六巻を高麗藏本を以て補うことは次善の策と考えられる。

高麗藏本一切經音義は、韓國東洋出版社「高麗大藏經」第三十五巻（一九七四年九月刊）の一五四頁―二四一頁によった。

以上の諸本の他に、古寫本として敦煌本殘簡、(補注) 石山寺一切經本巻二十五（大東急記念文庫藏、承安五年書寫本）、正倉院聖語藏巻第四・十七・十八・十九・二十・二十一・二十二の七巻があるが、これらは都合によって、本集成には收録し得なかった。聖語藏本の巻四・巻二十・巻二十一は山田孝雄博士によって複製公刊せられている。

最後に、一切經音義の各巻々初にある所收經典の目録と實際の中味との關係について言及しておく。所收經典の經名については、目録と中味とで異同のあるものが屢々認められ、又順序不同のものもある。しかし目録・中味のいずれか一方にあって他を缺くものは次の諸經に過ぎない。

○目録にあって中味を缺くもの

石山寺本巻五　月明菩薩經（高麗藏本にはあり）

〃　巻五　除恐灾横經（高麗藏本にはあり）

大治本巻十三　龍王兄弟經（但し經名のみ缺、揭出字、注文はあり）

〃　巻二十　孛經鈔（但し經名のみ缺、揭出字、注文はあり）

○中味はあるが目録に揭げてないもの

大治本卷十三　自愛經
〃　　　　　摩登伽經
〃　　　　　梵摩喩經
〃　卷十八　十八部論

三、大治本と石山寺本との本文比較

本叢書には、平安時代書寫の二種類の一切經音義の古鈔本が收められているがそれぞれに缺卷がある。その中で幸いにも卷二と卷九とはそれぞれの本文が現存しているので、比較してその異同を知ることが出來る。ここでは、本書所收の古寫本間の異同を明らかにして利用上の留意點とするのが目的であって、一切經音義の現存諸本間の系統等については上田正氏の詳細な調査があるので、それに讓ることにする。[10] 廣島大學藏卷第二と天理圖書館藏卷第九とを「石山寺本」と稱することにする。

先ず、卷二についてみよう。

大治本卷二には異本による校異がある。

玩器(坻)下江反説文似罌長頸受十升也(異本斗)　（第一帖六六ウ、一三四頁）

これは異本には「十斗也」とある意である。この箇所は、石山寺本卷二では、

玩器意也經文作飼俗字也　（五七頁）

とある。この注文の「意…也」の九字は、前項「餧飤」の注文の末尾に入るべき九字が誤入されたものであるから、「玩

器」は掲出字のみあって注文を缺くことになる。從って石山寺本との關係はこの部分からは分らない。因みに高麗藏本は大治本と同文で異文注記はない。

さて、大治本と石山寺本とを比較すると、掲出字・注文ともに全體的には通じ合い、甚しい異文を持つ所はないことが分る。但し、相互に誤字・誤脱・衍字が存する。卷二の冒頭の語句について見るに、

○大治本卷二、第一帖五〇オ、一〇一頁

壽命 視友反案壽亦卽命也壽取一期之名命取人之生分但異名耳說文壽久也釋名云生已久遠氣終盡也又音視溜反上壽也溜音力救反

○石山寺本卷二、　三頁

壽命 視柳反柒壽亦卽命也壽取一期之名命取人之生分但其名耳說文壽久也釋名云名云生已久遠氣終盡也又音視溜反上壽也溜音力救反

のように「友—柳」「異—其」の異同、大治本「案」を石山寺本が誤寫（字にならず）し、石山寺本に「名云」の衍字がある。なお、高麗藏本は大治本に大同であるが「視柳反」の異なりがある。

誤字・衍字・脱字は總じて石山寺本の方に多いが、大治本にも存する。幾つかを例示する。

1石山寺本が誤字

晨伸也（大治本一〇二頁）—晨仲也（石山寺本四頁）—晨伸也（高麗藏本）

黎力奚反（〃）—黎力受反（〃四頁）—黎力奚反（〃）

號虎聲（大治本一〇二頁）—號序聲（石山寺本五頁）—號虎聲（高麗藏本）

足猶止也（〃一〇三頁）—是猶心也（〃六頁）—足猶止也（〃）

一日行也（〃）—百行也（〃七頁）—一日行也（〃）

惡猶憎也（〃一〇四頁）—惡猶增也（〃八頁）—惡猶憎也（〃）

惆悵失志也（〃）―惆悵炎心也（〃八頁）―惆悵失志也（〃）

南北曰縦（〃）―南北曰從（〃九頁）―南北曰縦（〃）

古今注云（〃一〇六頁）―古今經云（〃一一頁）―古今注云（〃）

2石山寺本が衍字

氷化爲頗梨（大治本一〇二頁）―氷化化爲頗梨（石山寺本四頁）―氷化爲頗黎（高麗藏本）

周易震動也（〃）―周易易震動也（〃五頁）―周易震動也（〃）

釋名云（〃一〇四頁）―萬釋名云（〃八頁）―釋名云（〃）

子尒反（〃）―子尒足反（〃八頁）―子尒反（〃）

獻良馬（〃）―獻良良馬（〃九頁）―獻良馬（〃）

3石山寺本が脱字、脱文

而皮青白葉甚光潤四樹（〃一〇一頁）―而四樹（〃三頁）―而皮青白葉甚光潤四樹（〃）

説文噎飲窒也（〃一〇二頁）―（ナシ）（〃五頁）―説文噎飯窒也（〃）

悵望恨也（〃一〇四頁）―悵恨也（〃八頁）―悵望恨也（〃）

經文作宛又作登一月反二形竝非字體（〃一二九頁）―經文作（以下ナシ）（〃四九頁）―經文作宛又作登一月反二形竝非字體（〃）

4大治本が誤寫、脱字

音其清旦日光復伸見也（大治本一〇二頁）―言其清旦日光復伸見也（石山寺本四頁）―言其清旦日光復伸見也（高麗藏本）

下（瑰）朝魁反（〃一〇七頁）―下胡魁反（〃一四頁）―下胡魁反（〃）

石山窟中（〃一〇二頁）—山石窟中（〃四頁）—山石窟中（〃）

塡塞滿也（〃一〇三頁）—塡塞也滿也（〃七頁）—塡塞也滿也（〃）

欬逆 咳謂嬰兒也 咳非今用（〃一二六頁）—欬逆 枯戴反説文欬逆氣也字林欬癩也 經文多作咳胡束反咳謂嬰兒也咳非今用（石山寺本四四頁。高麗藏本「束作來」）

次の例は、同一注文の中で大治本・石山寺本・高麗藏本がそれぞれに誤字を持つ例であり、

鴛鴦 字林於袁 烏郎反（大治本一〇五頁）—鴛鴦 字林於來 烏廓反（石山寺本一〇頁）—鴛鴦 字林於袁反 下烏廓反（高麗藏本）

これは三本を相互に見合せることによって、誤を訂しうるものである。

右は注文について見たのであるが、掲出字についても誤寫・誤脱が認められる。

5掲出字の誤寫・衍字

林微尼（大治本一一三頁）—林微（石山寺本一三頁）—林微（高麗藏本）

劈裂（〃一一三頁）—劈力裂（〃三九頁）—劈裂（〃）

擲石（〃一一三頁）—擲右（〃四二頁）—擲石（〃）

開部（〃一一七頁）—開剖（〃四五頁）—開剖（〃）

无行般（〃一三九頁）—行般（〃六五頁）—行般（〃）

6石山寺本に掲出字が缺けるもの

無所 師呂反三蒼 所處也(略)（大治本一一〇頁）—石山寺本「無所」ナシ、但シ「師呂反」以下ノ注文ハ前項「責索」ノ注文ニ誤入ス

藥傳 方務反漢書 皆傳(略)（〃一一四頁）—石山寺本「藥傳」ナシ、但シ「方務反」以下ノ注文ハ前項「卷縮」ノ注文ニ誤入ス

愞弱 三蒼奴課反 愞亦弱也（〃一一八頁）—石山寺本「愞弱」ナシ、但シ「三蒼」以下ノ注文ハ前項「大舶」ノ注文ニ誤入ス

橈濁 乃飽乃校 二反(略)（大治本一三一頁）—石山寺本「橈濁」ナシ、但シ「乃飽」以下ノ注文ハアリ

判合古文胖(略)(〃一三二頁)—石山寺本「判合」ナシ、但シ「古文胖」以下ノ注文ハアリ

立柜其呂反(略)(〃一三五頁)—石山寺本「立柜」ナシ、但シ「其呂反」以下ノ注文ハアリ

賈客公戸反(略)(〃一三七頁)—石山寺本「賈客」ナシ、但シ「公戸反」以下ノ注文ハアリ

麁獷古猛反(略)穬非字義(〃一四〇頁)—石山寺本「麁獷」ナシ、但シ注文ノ大部分モ缺クガ「穬非字義」ガ前項ノ「法厲」ノ注文ニ誤入ス

賴締徒計反(略)(〃一四〇頁)—石山寺本「賴締」ナシ、但シ「徒計反」ノ注文ハ前項「婆嵐」ノ注文ニ誤入ス

これらは石山寺本の掲出字が缺けて、注文のみが存したり、注文が前項に誤入しているものである。

7大治本で掲出字・注文ともに缺くもの

「極及」と「先已」(大治本一〇八頁)の間に石山寺本(高麗藏本も同じ)は次の掲出字と注文がある。

消化呼瓜呼霜干反說文化變也謂變化无常也 (高麗藏本「霜干作霸二」「无作無」「也ナシ」)

8大治本で掲出字の位置を誤ったもの

大治本「髖骨」(一二六頁)は石山寺本(高麗藏本も同じ)では、この注文「非其體」と「或作髖」との間にあり、この位置が正しい。

大治本「編椽」(一三〇頁)は石山寺本(高麗藏本も同じ)では、前項「唯仰」の注文「望也」と「卑綿反」との間にあり、この位置が正しい。

次に、巻九についてみよう。

石山寺本巻九には異本による朱筆校異がある。

呵膢古久禱同力侯反依字三蒼「同力侯反依」(朱ミセケチ)「八月祭名也イ本」(右傍朱書)(石山寺本二八三頁)

朱ミセケチの「同力侯反依」の五字は同じ注文の前行の同文の五字を誤記したものであって、大治本には朱書傍記と同文の「八月祭名也」とあり、この方が通ずる。

　呵膢古文禱同力侯反依字三蒼八月祭名也（第二帖三オ、一四九頁）

石山寺本の誤記は、石山寺本がその親本から轉寫する過程で生じたと見るより、親本に既に誤記があり、それを別本で朱書にて訂正したとすべきであろう。「イ本」とはその別本を指すものであろう。石山寺本にはこのような誤記を正すのに朱書による「イ本」の注記が諸所にあるが、いずれも、機械的な誤記を正す場合であって、異文を示すものではない。

次の例も同種のものである。

　廓然口郭反廣雅空也方言「郭反廣雅空也方」（朱ミセケチ）「張小　使大謂云廓イ本」（朱書下空白書入）（石山寺本二八〇頁）

　廓然口郭反廣雅廓空也方言張小使大謂之廓也（大治本、第二帖二オ、一四七頁）

　さて、巻九においても、大治本と石山寺本とでは掲出字・注文ともに全體的に通じ合い、甚しい異文を持つ所はない。但し、相互に誤字・誤脱・衍字が存する。この點では巻二の場合と同様である。巻九の冒頭の語句について見るに、

○大治本巻九、第二帖一オ、一四五頁

　貿庵莫候反三蒼貿換易也謂交易物爲貿也

○石山寺本巻二、二七七頁

　貿庵莫候反三蒼貿像易也謂交易物爲貿也

のように、石山寺本に「像（換）」の誤寫がある。字形の似ることによる誤寫である。

　この種の誤寫は總じて石山寺本の方に多い。

下（踢）徒盍反（大治本一四六頁）—下徒臺反（石山寺本二七八頁）—下徒盍反（高麗藏本）

谿谷苦奚古木反（〃一四七頁）―谿谷若奚古木反（〃二八〇頁）―谿谷若奚古木反（〃）

音於葉反（大治本一五八頁）―音於世木反（石山寺本二九五頁）―音於葉反（高麗藏本）

瘘熱（略）謂黄病（〃一六八頁）―瘘熱（略）謂莫痛也（〃三一〇頁）―瘘熱（略）謂黄病也（〃）

又、石山寺本には次のような脱文もある。

○石山寺本巻九、二七七頁

幻術侯辨反説文幻相詐惑也案幻謂相欺眩以亂人目也術法也亦道藝也

○大治本巻九、第二帖一オ、一四五頁

幻術侯辨反説文幻相詐惑也案幻謂相欺眩以亂人目也術法也術亦道藝也又邑中大道名術〻道四通今術亦尒無所不通也（「術法也」は補入）（高麗藏本も同文）

石山寺本の注文には「又邑中」以下二十字を缺き、「亦」の上に「術」字を脱している。

○石山寺本巻九、二七七頁

嬰咳於盈反蒼頡篇女曰嬰男曰兒釋名云胷前曰嬰投之嬰前以乳養之故曰嬰兒咳古文孫同來反説文咳小兒咲也論文有從女作孩字林古才反孩大數也

○大治本巻九、第二帖一オ、一四五頁

嬰咳於盈反嬰猶嫛婗也蒼頡篇女曰嬰男曰兒釋名云胷前曰嬰投之嬰前以乳養之故曰嬰兒咳古文孩同胡來反説文咳小兒咲咳雉小也禮記世子生三月父執子之手咳而名之是也論文有從女作孩字林古才反孩大數也孩非此用嫛音鳴奚反婗五奚反（「記世…論文有」の二十字は補入）（高麗藏本も大同）

石山寺本の注文には、大治本の傍線の語句を缺いている。

○石山寺本巻九、二七七頁

乳哺蒲路反哺含食也口中嚼食也今亦作餔也

○大治本巻九、第二帖一オ、一四五頁

乳哺　蒲路反哺含食也淮南子云含哺而與許叔重曰口中嚼食也今亦作餔（高麗藏本同文）

石山寺本の注文には、大治本の傍線の語句を欠いている。

逆に大治本に脱字のある場合もある。

○大治本巻九、第二帖五ウ、一五四頁

毫氂　古文氂㲨二形今作耗同力反漢書律曆志云不失毫氂孟康注云毫莵毫也曰氂三蒼氂毛也論文作氂亦古字通用也

○石山寺本二八九頁

毫氂　古文氂深二形今作秏　同力之反漢書律曆志云不失「毫氂魚康注云毫莵毫」（朱）也十毫曰氂三蒼氂毛也論文作氂　古字通用也　（高麗藏本大同、但し「深（㲨）」「秏（耗）」「律（律）」「魚（孟）」は括弧内に作り、「古字」の上に「亦」あり）

大治本は、石山寺本の傍線の二字を缺いている。

右は注文について見たのであるが、掲出字についても誤寫・誤脱が認められる。

1掲出字の誤字・衍字

禦寒…禦止也…（大治本一五二頁）―御寒…禦止也…（石山寺本二八七頁）―禦寒…禦止也…（高麗藏本）

堅著（〃一六六頁、但し小字）―堅者（〃三〇六頁）―堅着（〃）

及其…級次也…（〃一七四頁）―級其…級次也…（〃三一六頁）―級其…級次也…（〃）

食以又作…（〃一六二頁）―食以又作…（〃三〇二頁）―食以又作…（〃）

石山寺本にも「御（禦）」「者（着）」のように、大治本にも「及（級）」「又」（注文を掲出字に誤る）のように誤字・衍字が見られる。

2大治本に掲出字を缺くもの

（揭出字ナシ）古文覺同…（大治本一五三頁）―營從…古文覺同（石山寺本二八八頁）―營從…古文覺同（高麗藏本）

大治本は注文のみで揭出字を缺いている。

3揭出字を小字として前項の注文に誤入したもの

○大治本卷九、第二帖二ウ、一四八頁

晡時補胡反淮南云日行至于悲谷爲晡時謂加申時也扣開袪後反廣雅加擧也加擊也

植樹又作櫃同時職反植猶根生之屬也勞櫌如紹反說文櫌煩也廣雅櫌亂也

○石山寺本卷九、二八一頁―二八二頁（高麗藏本、大同）

晡時補胡反淮南云日行至于悲谷爲晡時謂加申時也（「反」は朱書補入）

抧《扣》開袪後反廣雅扒擧也扣擊也（「扣」は朱書右傍、「扒」は「扣」の誤寫）

植樹又作櫃同時職反植猶根生之屬也（「櫃」は「樞」、「植」は「種」と見ゆ）

勞櫌如沼反說文櫌煩也廣雅櫌亂也（「煩」の上一字ミセケチ）（高麗藏本「沼作紹」）

右のように、大治本では、「扣開」を前項「晡時」の注文に小字として誤入し、「勞櫌」を前項「植樹」の注文に小字として誤入している。

○大治本卷九、第二帖三オ、一四九頁

抒大除呂時汝二反說文抒挹也挹酌也廣雅抒渫也通俗文汲出謂之抒也內慼又作慽同且的反廣雅慼近也詩傳曰相親也板稱又作攀㪺二形同普姦布姦二反字林板引也釋名云攀翻也連翻上及之言也五炮蒲孝反論文作麭疱二形未見所出

右の傍線部の「抒大」「內慼」「板稱」「五炮」はそれぞれ揭出字であるが小字としたために、右全體が一つの注文のようになっている。石山寺本ではこれらを大字で書き揭出字として扱っている。高麗藏本も大字である。

○大治本卷九、第二帖三オ、一四九頁

可膢古文樓同力侯反依字三蒼八月祭名也忮（羅之）鼓反依字詩傳云忮害也說文忮恨也　（「羅之」脱）

「忮羅」は掲出字であるが、前項の「可膢」に續けて小字書としたために前項の注文のようになっている。石山寺本は大字で書き掲出字として扱っている。高麗藏本も大字である。

大治本一五二頁の「以肅」（「黜而」の項に小字誤入）、一六六頁の「堅着」（「深濬」の項に小字誤入）一六七頁の「慴伏」（「萎爛」の項に小字誤入）も同種である。

4注文中の語句を大字に書き掲出字と誤認したもの

○大治本巻九、第二帖一ウ、一四六頁

服御扶福反……廣雅御進也侍也蔡

斷獨雍曰凡衣服加於身飲食入於口妃妾寢皆曰御〻之所親愛則曰辛

○石山寺本、二七八頁

服御決福反……廣雅御進也侍也蔡雍獨斷曰凡衣服加於身飲食入於口妃妾接於寢皆曰御〻之所親愛則曰幸也

大治本の「斷獨」は「獨斷」の誤記であり、しかも「服御」の注文の中の字句であって掲出字ではない。

○大治本巻九、第二帖一〇オ、一六三頁

骨幹字體作骭同歌旦反骭助也亦體也骸骨也

○石山寺本、三〇三頁

骨幹字體作骭同歌旦反骭助也亦體也骸骨也

大治本の「骭助」は「骨幹」の注文の中の字句であって掲出字ではないものを、誤って大字としている。

5掲出字の順序の異同

○大治本巻九、第二帖二ウ、一四八頁

剖敝…　蕃息…　罄竭…

○石山寺本、二八一頁

蕃息…　涓敝…　罄竭

高麗藏本も、石山寺本と同じ順序である。

最後に、大治本と石山寺本との異同に關して、和訓の有無の問題がある。大治本巻二の中に一箇所だけ、「和言加由之」の和訓があることである。石山寺本にはこれがない。この事については、後述する。

以上、大治本と石山寺本との異同を注文と掲出字とについて巻二・巻九ごとに見て來た。注文は一部の例を示したものであるが、大治本にも石山寺本にも、誤寫・誤脱等が存しているから、相互に見合せて利用することが必要である。巻二・巻九以外の巻についても、この兩巻において見られた誤記等が存するのはいうまでもない。例えば、大治本巻十について見るに、地持論第七巻の「偸婆」(第二帖二八オ、一九九頁)の「經中」以下の注文が掲出字と同じく大字で書かれており、以下、「支提」「朮朮羅香」から「率意」「迦私」に至る間、すべて掲出字と注文とが同じく大字で書かれている。又、百論上巻の「儈佉」(第二帖、三一オ、二〇五頁)以下、三具足論の「礓石」に至る間も同様である。

平安時代の古鈔本二本の異同は、私意による改竄を經たというよりも、文意を十二分に解せぬままに親本の字形を機械的に書寫したために生じた誤記が主となっている。従って校訂を加えるならば却って親本における姿を推定することも可能となるものもある。ともあれ、古鈔本は古態を傳えているのであって、古鈔本相互や高麗藏本などとの校訂を經るならば、その資料性は更に高まるであろう。

四、和訓の混入について

大治本巻一の巻末に附載された「新華嚴經音義」（一切經音義㊤五九頁―八九頁）に「倭言…」として和訓が十四項二十語併載されていることは、前述のように、この新華嚴經音義が邦人か歸化人の手になるものと考えられること[11]や小川本新譯花嚴經音義私記に多くの和訓を持つことに併せて首肯されることである。

これとは別に、玄應撰一切經音義を書寫した方に、和訓が存する。大治本巻二の「習〻」の注文の中に、萬葉假名で「加由之」と次のように書かれたものである。

習〻經文從疒作⿸疒習書无此字近人加之耳和言加由之　（大治本巻二、第一帖六一オ、一二三頁）

石山寺本には、

習習經文從疒作⿸疒習書无此字近人迦之耳　（三八頁）

とあって、「和言加由之」はない。高麗藏本にないのは言うまでもない。和訓のあるのは、大治本一切經音義の中でも右の一箇所だけであって、他には認められない。

一切經音義の巻二は大般涅槃經からの字句を収める。「習〻」はその巻十一から引いた冒頭の字句である。

玄應撰の一切經音義の原本に和訓が存したとは考えられないから、本邦で一切經音義を書寫する過程で、和訓が加えられたものであろう。一體、萬葉假名の和訓を「倭言」と冠稱して注記することは、石山寺藏大般若經音義（信行撰）、新華嚴經音義（大治本）、善珠の成唯識論述記序釋、日本感靈錄、將門記などに見られ、又小川本新譯花嚴經音義私記には「倭云」と冠稱している。この冠稱は、その多くが奈良時代末から平安初期にかけての文獻に見られることを、築島裕博士が指摘していられる。(12)「和言加由之」の「和」は用字が異なるが、その形式と萬葉假名の和訓であることとからは、大治本一切經音義が書寫された院政期の補加とするよりも、溯って奈良時代末から平安初期の時點で加えられたとも考えられそうである。

「加由之」の萬葉假名和訓は、石山寺藏大般若經音義（信行撰）に、

疥癩…癢餘姜反倭言加由之…

とあり、新撰字鏡にも、

疼 徒冬反痛也痺也 比〻良久又加由之 （天治本巻三、三オ）

とある。それぞれ被注の漢字は異なっており、「[疒+習]」とは合わないが、「[疒+習]」には「痺疾」「小痛」の意があり、新撰字鏡の注文の「痛也」「痺也」から見てこの字に「カユシ」の訓が附せられるのは不當ではない。

ところで、大治本一切經音義にこの和訓が加えられる狀況として次の場合が考えられる。

㈠原典たる大般涅槃經の經文中の「習々」に平安初期の和訓が施されており、その和訓を採って來た場合

㈡信行撰大般若經音義のような音義から「加由之」の和訓を冠稱ごと持って來た場合

㈢天治本新撰字鏡の「疼」の和訓を採った場合

第一の場合について、大般涅槃經集解の平安初期の訓點が白鶴美術館に藏せられる。そのうち、巻十一は特に古く、平安極初頭期の訓點が詳密に施されているが、筆者の調査では「習々」にこの訓がなく、大坪併治博士の報告(13)にも見られない。現存しない大般涅槃經の點本があって、その「習々」にこの訓が施されていたと考える餘地もあるが、萬葉假名で施されていたかどうかも分らず、一切經音義に加筆した人物がそれを見たか否かも定かではない。この點では、第二の場合についても同様である。信行の大般若經音義の「加由之」は被注字が異なっており、假にこれを引いたとしても「倭言」を

「和言」と變えたのも不自然である。第二の天治本新撰字鏡の和訓を採ったとすると、被注字は異なっても、注文の「痛也」「痺也」と「瘤」との意味が通ずること、「和言」の冠稱はその折に添えたために古用の「倭言」と表記しなかったことが考えられる。大治本一切經音義は法隆寺一切經であり、書寫者には、天治本新撰字鏡を書寫した僧が存することは前述の通りであり、しかも新撰字鏡を書寫した天治元年（一一二四）は、一切經音義書寫の大治三年を溯ること四年前である。新撰字鏡を自由に披閲活用する立場にあったわけである。この考えに從うと、和訓を加えたのは天治元年の新撰字鏡書寫以降となる。

大治本一切經音義に一箇所だけではあれ、和訓が加えられるに至った動機を考えるに、この和訓が大治本の巻二に存しており、しかも現存本の巻九以降には全く和訓がないことが注目せられる。巻二の直前、卽ち巻一の巻末には、一切經音義とは別の新華嚴音義が同一人の手で書寫附載され、そこには萬葉假名和訓を含んでいた。そのことは、同人が引續いて書寫した一切經音義にも和訓を加える契機になったのではあるまいか。

五、古典籍に引用された玄應一切經音義

玄應一切經音義が奈良時代に屢々書寫されたことは前述の通りである。このように書寫されたことは、それが古辭書として佛典等の讀解に資せられることが多かったからであって、現に白藤禮幸氏の調査によれば[14]、上代佛典注釋書の音注の中に玄應音義に一致するもののかなりあることが指摘されている。又、上代成立の本邦の佛典音義の主要資料ともなっており、平安時代に降れば、新撰字鏡・類聚名義抄等の古辭書成立の重要資料となってもいる。更に平安時代以降の聖教において、多くの文獻に多量に引用せられており、當該聖教の字句の讀解にも大きく活用されている。

以下には、㈠古辭書、㈡古音義、㈢古聖教の順に玄應一切經音義の引用の實態の一端を具體的に見ることにする。

一、古辭書に引用された一切經音義

玄應一切經音義が、新撰字鏡をはじめ原型本類聚名義抄に引用されていることは良く知られる。しかもこれらの古辭書では一切經音義が引用の量からも質の上からも成立上の主要資料の一となっている。その影響の大きかったことが分るのである。この他、岩崎本字鏡その他にも引用されているが、ここでは成立期が古く影響力の大きかった新撰字鏡と原型本類聚名義抄とについて觸れ、その具體相の一端を見ることにする。

1、新撰字鏡

撰者僧昌住は、新撰字鏡の序文において、寛平四年（八九二）夏、草案の時點で、音注釋義は「一切經音義一帙廿五卷」に基づいたと述べている。

新撰字鏡に引用された一切經音義については夙に貞苅伊德氏の詳細な考證がある。(15) そこでは米部について十例を對比して示され、又、「付表」において一切經音義を含む部分を全卷にわたり指摘されている。

今、別に水部の例について對比して示そう。

○新撰字鏡卷六、十ウ

汪洋上烏光反平又紆往反上涅也陶縣名謂涅汪池之泥也廣大也下似羊反平流也善也思也敬也大也大水廣无極也

○一切經音義（大治本卷十三、第二帖、八八オ、三一九頁）

汪洋烏光反下似羊反大水廣无極也說文汪洋深廣也

○一切經音義（高麗藏本卷十三）

汪洋烏光反下似羊反大水廣無極也說文汪洋深廣也

これによると一切經音義の說文引用を除く「烏光反…无極也」の反切注と意義注とが、新撰字鏡に取込まれてその一部を構成していること、及び一切經音義の音注や意義注は、原典のままの一續きとしてではなく、切離されて引用されていることが知られる。

○新撰字鏡巻六、十ウ

潰殨上古文胡對胡膾二反去亂也遂也漏也旁決也怒也又戶罪反散也敗也傷也破也分散也

○一切經音義（大治本巻二十四、第五帖四七ウ、六九四頁）

潰爛古文殨同胡對反倉頡篇潰旁决也說文潰漏也（「漏」ハ本ノママ）

○一切經音義（高麗藏本巻二十四）

潰爛古文殨同胡對反蒼頡篇潰旁決也說文潰漏也

一切經音義の熟字見出（注文は「潰」の說明のみ）に對して、新撰字鏡は單字（「潰」）の見出しとなっている。新撰字鏡の見出しは單字見出しの方が多い。一切經音義の字體注・反切注・意義注はそっくり新撰字鏡に取込まれてその一部を構成しているが、出典名（この例では「蒼頡篇」「說文」）はすべて省かれている。又、一切經音義の注文は字體注・音注と意義注とが切離されて引用されている。

このような各字句についての具體的な對比を新撰字鏡の全巻にわたり行う必要があるが、それには、大治本は無論、石山寺本を含む平安時代の古寫本を先ず以てすることが、新撰字鏡の出典を考證するのに有効であろう。

2、原型本類聚名義抄

原型本類聚名義抄としては、圖書寮本の水部—衣部を持つ一帖が現存している。これに玄應一切經音義が引用されていることは、橋本不美男氏・吉田金彥氏の指摘がある。(16) 出典の頻度としては、圖書寮本の內典外典を通じて最大のものであり、吉田金彦氏は約一二二〇條を數えている。又、同氏は大治本と比較された結果のみを簡要に述べ、「標出熟語及びその註をそっくりそのまま引用した場合の外、音注等のない梵語などの特別な語句の説明などは大抵そのままの引用であるが、その外は、標出熟語は他から取り註だけそのまま引用した場合、或は註の引用において、爾雅、説文、漢書、通俗文、鄭玄、王逸などの出典名だけを省略した場合、又は同意義中の二箇以上の他の註をも節略引用し之を併せて一語の註とした場合などがある」とされた。そこで具體的な對比の例を示そう。

先ず、新撰字鏡で例示した「汪洋」「潰爛」についてみると、圖書寮本類聚名義抄にも次のように収められている。

汪洋广云烏光反・下亠羊宗云又亠祥 广云大水廣无極、・||深廣・上玉云|池、大水廣無極、深廣、|ゝ大、（二八頁4行）

一切經音義大治本と比較すると、圖書寮本は、

①上字の反切

②意義注の全文

③但し「説文」という出典名を省略

④、①と②とを分けて引用

の形で引用している。これは新撰字鏡の引用の仕方とも少異がある。

潰爛广云古殨同胡對反旁決、漏、 玉云逐、亂、吳亠公云火以モル又ツユ眞云火イ（一一頁3行 聲點略）

一切經音義大治本と比較すると、圖書寮本は、

全文を引用するが、「蒼頡篇」「説文」のような出典名は省略することが分る。このように圖書寮本の引用態度は、

A、一切經音義の注文における出典名は省略する。

B、一切經音義の「古文」「經文」の「文」を省き、單に「古」「經」として引用する。

ことが指摘される。類例を幾つか擧げる。（聲點略）

①圖書寮本類聚名義抄九頁４行

漑灌上广云歌賚反丨灌、謂灌注、（「東云」以下、別出典は省略）

〇一切經音義石山寺本卷三　八四頁

漑灌歌賚反說文漑灌也謂灌注也（高麗藏本も同文、卷十、卷十四、卷二十二にも「漑灌」を收めるが、注文に「謂」のない點に少異がある）

圖書寮本は出典名を省く（A）他は一切經音義に一致する。

②圖書寮本類聚名義抄一五頁七行

滐漱下广云所霤《リウ》反盪口、巠嗽誤也

〇一切經音義高麗藏本卷七

滐漱所霤反說文漱盪口也經文作嗽誤也

圖書寮本は、出典名を省き（A）、「經」として「文」を省く（B）他は、そのまま引用している。

③圖書寮本類聚名義抄二三頁４行

溝港广云古項反水分流、・今須陁洹是・此云至流・或入流或預流・巠或作道跡・或言分布・今言丨丨取其流義、、巠遘講非・

〇一切經音義石山寺本卷三、一二〇頁

溝港古項反字略云港水分流也今梵言須陀洹是也此言至流或言入流經中或作道跡或言分布今云溝港取其義也經文作遘講非也（卷五、卷八、卷十二にも掲出されるが注文に少異がある）（高麗藏本も同文）

圖書寮本は、出典名を省き（A）、「巠」（經中・經文）と省記する（B）他は一切經音義に殆ど一致するが、「或預流」の字句は一切經音義にない。

④圖書寮本類聚名義抄二三頁4行

ㇾ（澹）淡广云下徒敢反ーー皆安、・下玉云薄味、アハシ集（聲點略）

○一切經音義大治本卷十一、第二帖四五ウ、一三四頁

澹淡徒濫反下徒敢反廣疋澹淡皆安也（高麗藏本も同文）

圖書寮本は出典名（廣雅）を省く（A）他は、一切經音義に一致する。

⑤圖書寮本類聚名義抄二四頁1行

溫故广云烏混反ー習、・論吾ーー而知新・尋後時習之謂之ー、ゝ煐、取其義、矣・巠或作慍才悶非・（「眞云」以下略）

○一切經音義大治本卷二、第一帖、六七オ、一三五頁

溫故烏昆反論語溫故而知新河晏曰溫尋也禮記鄭玄注云後時習之謂之溫經文有作慍於問反慍也恚怨也恨也慍非字義

○一切經音義石山寺本卷二、五八頁

溫故烏昆反論語溫故而知新何晏溫尋也化（記）鄭玄注云後時習之謂之溫經文有作慢於間反慍悉也怨也恨也慍非字義

高麗藏本は大治本と大同（但し「河作何」）。石山寺本の「化（禮記）」「慢（慍）」「間（問）」「悉也（也恚）」は字義から見て括弧内の誤寫・誤脱であろう。圖書寮本に出典名「論吾」を記すのは例外的であり、「何晏（注）」「禮記鄭玄注」の方は省かれている。

右のように圖書寮本類聚名義抄では、原典たる一切經音義の出典を原則として省略する。從って、一切經音義に出典名のない場合は、

C、引用が全く一致する場合がある。

⑥圖書寮本類聚名義抄七頁2行

向法次法广云或曰法次法向謂無爲滅帝爲所向有爲道帝爲能向・道帝次滅故名次法・依道而行・𢀖云如說修行

○一切經音義大治本卷十七、第三帖六八ウ、四六八頁

向法次法或言法次法向謂无爲滅諦爲所向有爲道諦爲能向道諦次滅故名次法依道諦而行亦言如說修行（高麗藏本も同文。但し「向法次法」が大字として掲出、「无（無）」「有道諦（有爲道諦）」の異同あり）

圖書寮本は一切經音義（高麗藏本）に一致する。

又、D、梵語とその注文も、出典名がない場合、一致する。

⑦圖書寮本類聚名義抄一九頁6行

｜｜（波羅）奢樹广曰此云赤花樹・汁極赤・用之爲染・今紫礦是・

○一切經音義大治本卷二十三

波羅奢樹此云赤花樹汁極赤用之爲染今紫礦是也（高麗藏本殆ど同文、但し「汁」の下「滓」あり）

圖書寮本は、一切經音義大治本と一致している。

次に、圖書寮本の引用は、一切經音義の、

E、意義注や字體注をのみ採り、反切等の音注を省略する場合も尠なくない。

⑧圖書寮本類聚名義抄三〇頁5行

沾濡广云又霑・｜漬、濡濕也（「眞云」「玉云」を省略）

○一切經音義石山寺本卷三、一二六頁

結濡又作霑同致廉反廣雅沾漬也濡濕也（高麗藏本は大同。但し「結（沾）」「漬（漬）」の括弧内に作る）

圖書寮本は、一切經音義の字體注と、意義注を採り、音注は採っていない。出典名を省略するのは無論である。音注は

「眞云他兼陟廉二反」として、他の音義から採っている。

⑨圖書寮本類聚名義抄二九頁2行

｜（洋）銅広云賚之消爛｜｜然、・｜ゝゝ大水、・洋溢、洋溢衆多、・取之義、

○一切經音義大治本巻十八、第四帖一〇オ、四九九頁

洋銅以良反謂賚之消爛洋ゝ然也三蒼洋大水也尒疋洋溢也洋溢衆多也取其義也（高麗藏本は同文）

圖書寮本は一切經音義の意義注（出典名略）を採り、音注は採っていない。

⑩圖書寮本類聚名義抄二七頁3行

洮沙広云｜猶清沃俞作汏《ト》犬淅《セキ》米謂之｜汏（「中云」は省略）

○一切經音義大治本巻九、第二帖一一オ、一六五頁

洮沙徒力反案洮猶清沃也論文作汏徒盖反通俗文淅米謂之洮汏（高麗藏本同文。但し「沃作汰」「徒作土」）

○一切經音義石山寺本巻九、三〇五頁

洮沙徒力反案⽷猶清伏也論文作汏徒盖反通俗文淅米謂之兆伏

圖書寮本は、一切經音義の音注を採っていない。

⑪圖書寮本類聚名義抄二五頁5行

始洎ト文選音決云忘、広云至、（「玉云」省略）

○一切經音義石山寺本巻三、一三一頁

始洎渠器反漢書左洎前七郡晉灼曰洎至也（高麗藏本大同、但し「洎作洎」）

圖書寮本は、一切經音義の「至也」という意義注のみを採っている。

F、一切經音義の注文中の字句を更に説明した二次的な注は、圖書寮本類聚名義抄では、原則として採らない。

⑫圖書寮本類聚名義抄一七頁2行

潭水广云亭水、楚人名深爲|・侖澹非

○一切經音義大治本巻十八、第四帖四オ、四八七頁

潭水徒南反亭水也楚人名深爲潭論文作澹徒監反安也澹非此義（高麗藏本同文）

一切經音義の「徒監反安也」は「澹」の説明であって、これは圖書寮本では採られていない。

G、一切經音義に同項目が二箇所（又はそれ以上）に掲出され、しかもその注文が異なる場合、類聚名義抄は、異文のそれぞれから引用することがある。

⑬圖書寮本類聚名義抄二八頁3行

|（潭）然广云擔猶安靜、|深、

○一切經音義石山寺本巻五、二一六頁

ⓐ潭然徒耽反潭深也楚人名深曰濡也（高麗藏本「耽作耽」「濡作潭」）

ⓑ潭然宜作憺従濫反憺猶安靜深水曰潭音從南反（高麗藏本「従作徒」「安靜下有也」）

圖書寮本は、一切經音義のⓐから「深也」、ⓑから「猶安靜也」を引用している。

圖書寮本類聚名義抄の引用文は、右掲例からも分るように大治本・石山寺本のような平安時代書寫本を始め現存本の一切經音義に含まれるものが大部分であるが、中には現存本一切經音義にはない語句をも圖書寮本類聚名義抄が持っている場合もある。

⑭圖書寮本類聚名義抄一七頁1行

沐浴 广云濯髮曰―口曰洗手曰盥洗頭曰沐洗身曰浴洗足曰洗銑亠沐時道

○一切經音義大治本巻二十四、第五帖四八オ、六九五頁

沐浴 亡卜反説文濯髮沐洒身曰浴 （高麗藏本は同文）

以上のような引用の諸型があり、それらを通じて、圖書寮本類聚名義抄は大治本又は石山寺本と同系の一切經音義を基にして、原字句にかなり忠實に引用していることが分る。

從って、大治本や石山寺本の誤寫・誤脱を訂する資ともなるのである。

二、古音義に引用された一切經音義

玄應一切經音義は、大治本新華嚴經音義や信行大般若經音義や妙法蓮華經釋文などに影響を與え、その出典の一つとなっている。

大治本新華嚴經音義の出典に玄應一切經音義があったことは夙に岡田希雄氏が指摘され、(18)更に三保忠夫氏は大治本にとって第一資料が玄應音義全卷であったと見ている。(19)

大治本新華嚴經音義と玄應一切經音義との具體的な比較を、音注を主として、池田證壽氏が示された。(20)同氏は高麗本（縮册藏經）によられたが、それらは、大治本・石山寺本の平安時代古寫本でも確かめられるのである。

照矚 之欲反矚亦明也 （大治本巻二十三、第五帖三五オ、六六九頁）

蘂葉 如捶反廣雅蘂華也謂花鬚頭點是也 （大治本巻十四、第三帖一二オ、三五五頁）

拜謁 於歇反尓足謂請也亦自也告也 （石山寺本巻五、一三八頁）（「足（疋）」「自（白）」は括弧内の誤寫）

信行大般若經音義と玄應一切經音義との關係については、沼本克明氏が非常に相似た注文によって構成されているとし、石山寺藏本大般若經音義は玄應が別に著した大般若經音義を抄出することによって成立したものとされ、(21)一方池田證壽氏

は音注を主とする比較によって信行大般若經音義は玄應一切經音義によったとしている。(22)

中算撰の法華經釋文にも玄應一切經音義が引用されている。醍醐寺藏本によれば、「一切經玄應音義」「玄應」として四十八箇所が引かれている。(23)

三、古典籍に引用された一切經音義

玄應の一切經音義は、平安鎌倉時代書寫の聖教類に屢々引用せられ、當該字句の讀解の資とされている。ここでは、石山寺・東寺・高山寺經藏調査において管見に入ったものを掲げ、一切經音義の古鈔本と比較してみる。

（用例中、•印は異同のある字句。×印は誤寫、△印は誤脱と考えられるもの）

〔石山寺藏本〕

1、悉曇要訣卷第三（明覺撰）　一帖　鎌倉初期書寫本　校倉聖教二十八函13號

玄應亦《モ》是玄奘翻經之時字學《ノ》沙門也。彼所造《ノ》一切經音義第廿四云邏剎娑者《ト》或云阿落剎是惡鬼之通《ツ》名也。又云囉叉娑・此云護者。若女則名羅叉私舊云羅剎《ハ》記略也文（訓點は朱點。）（安永三年版本「囉作羅」「記作訛」）

○大治本卷二十四（第五帖四九オ）　六九七頁

羅剎娑 此云阿洛剎娑是惡鬼之通名也又云囉叉娑此云護者爲女則名羅叉私舊云羅剎訛略也

○高麗藏本卷二十四

羅剎娑 或言阿落娑是惡鬼之通名也又云羅叉娑此云護者若女則名羅叉私舊云羅剎訛略也

引用文はほぼ一致。但し相互に誤字がある。引用文により大治本の誤寫と分るもの「爲（若）」。引用文の誤字「記（訛）」。

2、歡喜天法　一帖　院政期書寫本　石山寺一切經附一〇四號

一切經音義第廿云毗那怛迦都達反此云障㝵神有一鬼神人形象頭凡見他事皆爲障㝵此之山峯似彼神頭故以名也

○大治本巻二十四（第五帖四九オ）　六九七頁

毗那怛迦 都達反此云有障礙神有一鬼神人形象頭凡見他事皆爲障礙此之山峯似彼神頭故以名也

○高麗藏本巻二十四

毗那但迦 都達反此云障礙神有一鬼神人形象頭凡見他事皆爲障礙此之山峯似彼神頭故以名也

引用文はほぼ一致。但し「一切經音義第廿」は「一切經音義巻二十四」の誤。大治本「有障礙」の「有」は衍であろう。

3、四種類聚抄第一　十巻の内　院政期書寫本　校倉聖教二十三函10號(1)

裏書に次の4・5と共に三例の引用あり。

層　一切經音義第十九云玄應師 層閣子恆字恆二反說文重屋也山海經云雲盖三層郭璞曰層重也累也云ゝ（第五紙裏書）

○大治本巻十九（第四帖一八ウ）　五一六頁

層閣 子恆字二恆反說文重屋也山海經言雲盖三層郭璞曰層重也累也

○高麗藏本巻十九

層閣 子恆字恆二反說文重屋也山海經言雲盖三層郭璞曰層重也亦累也

引用文はほぼ一致。大治本の「二恆反」は「恆二反」の誤寫。

4、四種類聚抄第一（同右）

一切經音義第廿一（三ヲミ セケチ）云拘櫞花注俱禹反下以專反廣志去云歟似橘大如飯簇可以浣濯漚葛紵也今出番禺以南縷切蜜漬爲粽ゝ音蘇盛反食之甚佳簇音呂番音潘粽音桑感反（第七紙裏書）

○大治本巻二十四（第五帖五六オ）　七一一頁

拘櫞 俱禹反下以專反廣志云似橘而大如飯裝可以浣濯漚葛紵也今出番禺以南縷切蜜清爲粽食之甚佳竹旅音呂番音潘粽音桑感反

○高麗藏本卷二十四

拘櫞 倶禹反下以專反廣志云似橘而大如飯筬可以浣濯漚葛紵也今出番禺以南縷切蜜漬爲糝食之甚佳筬音呂番音潘粽音桑感反

引用文はほぼ一致。但し引用文に「一切經音義第廿一」とあるのは「廿四」の誤り。卷二十三にも「拘櫞花」（五帖、四二ウ）があるが、この方には「食之…桑感反」の十五字が無い。大治本卷二十四のうち、引用文により「筬（旅）」「清（漬）」「竹旅（筬）」が誤字、「潘」が衍字と分る。引用文も「花注」の二字が存疑、「ゝ（粽）音蘇盛反」は大治本にない。

5、四種類聚抄第一（同右）

一切經音義第廿一云紫礦古猛反謂波羅奢樹汁澤也其色甚赤用染皮氎其樹至大名甄叔迦一物也苑云此殊極志葉至堅靭商人縫以爲袋名也靭音刄（第九紙裏書）

○大治本卷二十四（第五帖五六オ）七一一頁

紫礦 古猛反謂婆羅奢樹汁也其色甚赤用染皮氎也其樹至大名甄叔迦一物也花大如叔極赤葉至堅肕商人縫以爲袋者肕音田

○高麗藏本卷二十四

紫礦 古猛反謂波羅奢樹汁滓也其色甚赤用染皮氎其樹至大名甄叔迦一物也花大如叔極赤葉至堅肕商人縫以爲袋名也肕音刄

引用文はほぼ一致。但し引用文に「一切經音義第廿一」とあるのは「廿四」の誤り。卷二十三にも「紫礦」（五帖、四二オ）があるが、この方には「其樹…音刄」の三十一字が無い。大治本卷二十四のうち、引用文により「田（刄）」が誤字、「汁滓」に「滓」が脱字と分る。引用文も「澤（滓）」「苑云此殊（花大如叔）」「志（赤）」「名（者）」が誤字である。

〔東寺觀智院金剛藏本〕

觀智院金剛藏には一切經音義の引用が多く、中でも杲寶、賢寶の書寫本には類聚名義抄（原型本、改編本）を始め、新華嚴經音義等、內外の音義、古辭書を多く引用している。一切經音義の引用も枚擧に遑なき程であって、その中から特に多量の引用を見る大日經疏演奥抄（延文五年、賢寶書寫）その他から例示し、一切經音義の古鈔本と比較する。

6、大日經疏第五演奥抄卷第一　一卷　延文五年 賢寶寫　三八函 八號

玄應一切經音義第十五云齒木 長者十二指短者六指也多用竭陁羅木・作之・今此《ニハ》多用楊枝・爲无《カ》二此《ノ》木一也云々

○大治本卷十五（第三帖三一ウ）三九四頁

齒木 案梵本云彈多抳瑟搋彈多此云齒抳瑟搋此云木謂齒木也長者十二指短者方指也多用竭陁羅木作之今此多用楊枝爲无此木也

○高麗藏本卷十五

齒木 案梵本云彈多抳瑟搋彈多此云齒抳瑟搋此云木謂齒木也長者十二指短者六指也多用竭陀羅木作之今此多用楊枝爲無此木也

引用は後半部で、その部分は殆ど一致する。引用文により大治本「方（六）」が誤寫であることが知られる。

7、大日經疏第七演奥抄卷第五　一卷（同右）　三八函 十六號

一切經音義云欝金者《ト》・是樹名《ノナリ》出罽《ケイ》賓國一《ニ》其花黄《ノ》色《ナリ》取《テ》花安置《シテ》一處一待爛壓《エンヲ》一取汁《シルヲ》一以物一和《シテ》之《ニ》一爲香花粕《ノカス》猶有二香氣一亦用爲香一也文

○大治本卷二十四（第五帖五一オ）七〇一頁

欝金 此是樹名出罽賓國其花黄色取花安置一處待爛壓取計以物椎言爲香花粕猶有香氣亦用爲香一也（「椎」は字體未詳）

○高麗藏本

欝金 此是樹名出罽賓國其花黄色取花安置一處待爛壓取汁以物和之爲香花粕猶有香氣亦用爲香也

引用には卷數がないが卷二十四に同文のものがある。引用文により、大治本の「計（汁）」「椎言（和之）」の誤寫であることが分る。

8、大疏卷四聞書第五　一卷　延文五年 賢寶寫　三六函 一號6

宮内廳書陵部藏廣島大學藏天理圖書館藏　一切經音義解題

一切經音義廿三云施荼羅直加反此云執暴惡人亦言惡煞謂屠種類之摠名也其人若行《トキハ》則搥《×ヲ》鈴一自摽レ枝杖《×ス》二破頭之竹若不然者王則《ハ》與レ罪舊言旃陁羅一訛也文

○大治本巻二十三（第五帖三三ウ）　六六四頁

施荼羅直迦反此云執暴惡人亦言惡煞謂屠煞者種類之摠名也其人若行則搖鈴自摽或杖破頭之竹若不然者則△與罪舊言旃陀羅訛也

○高麗藏本巻二十三

施荼羅直加反此云執暴惡人亦言惡煞謂屠煞者種類之摠名也其人若行則搖鈴自摽或杖破頭之竹若不然王則與罪舊言旃陀羅訛也

引用文はほぼ一致。引用文に「搥（搖）」「枝（或）」の異文があり、大治本は引用文により「王」の脱字があることが分る。

9、釋摩訶衍論序鈔　一巻　延文五年　賢寶寫　五三函　二號1

臺觀者一切經音義第六云臺觀徒來反尓雅四方《ニ》而高《ニシテ》曰《ヲ》臺一觀謂之闕一孫炎曰宮門雙觀也釋名觀者於上•觀望也文

10、釋摩訶衍論序口筆　一巻　應永三年　興杲寫　五三函　一號1

賢寶寫の9釋摩訶衍論序鈔を親本として寫したもの。

臺觀者一切經音義第六云臺觀徒來反尓雅四方而高曰臺觀謂之闕孫炎曰宮門雙觀也釋名觀者於上觀望也文

11、大日經疏第三口筆第四　一巻　南北朝時代　賢寶寫　五四函　四號3

臺　一切經音義第六云臺徒來反尓雅四方《ニ》而高《ニシテ》曰《ヲ》臺•云〻

○高麗藏本

臺觀徒來反尓雅四方而高曰臺又云觀謂之闕孫炎曰宮門雙觀也釋名云觀者於上觀望也

9・10・11の引用文は同一のものに基づいている。巻六には大治本・石山寺本のいずれにもこれを缺くので高麗藏本の例のみを擧げる。9・10・11は、東寺において一切經音義の同一箇所が諸書に屢々引用されたことを知らしめるものである。

12、御遺告珪光院面談抄　一巻　南北朝時代　賢寶寫　二四七函　二號

この書は奥書に「先師法印／右於勸修寺竹林房被抄出之了珪光院法印御房／面談之抄也尤可祕藏之　賢寶」とあり、玄應一切經音義十箇所餘を始め、原型本類聚名義抄（現存の圖書寮本所收とは別の部を引用）、新華嚴經音義など内外の古辭書・音義が多種多量に引用されていて注目されるものである。以下に一切經音義の引用文の幾つかを例示する。

①遺玉云ー餘隹《スイ》切亡也又餘恚切貽也　佳之惟切　類聚名義抄云遺ー惟弘云忘失〻脫〻亡〻餘〻與〻贈〻加〻雖〻墮〻茲云ー者ー落失沒之義文玄應音義第九云廣雅云遺與也文

○大治本卷九（第二帖五オ）　一五三頁

贈遺途季反廣雅遺與也謂以玩好送人曰贈遺也

○石山寺本卷九、二八八頁

贈遺余季反廣雅遺與也謂以既好送人曰贈遺也

○高麗藏本卷九

贈遺余季反廣雅遺與也謂以玩好送人曰贈雅遺也

引用文は一部を抄出したもの。古寫本二本と高麗藏本とを比べると、大治本「途（余）」、石山寺本「既（玩）」の誤寫、高麗藏本「雅」の衍字がある。

②音義第九云說文《ニ》府藏也三蒼《ニハ》府《ハ》文書財物《ノ》藏《ナリ》△風俗通《ニハ》府《ハ》聚也公ー卿牧ー守《ノ》文ー書財ー賄《ハイ》△所聚《マル》也文

○大治本卷九（第二帖五ウ）　一五四頁

善府夫禹反說文府藏也三蒼府文書財物藏也風俗通府聚也公卿牧守文書財賄之所聚也

○石山寺本卷九、二九〇頁

善府夫禹反說文府藏也三蒼府文書財物藏也風俗通府聚也公卿牧守文書財賄之所聚也

○高麗藏本

善府　夫禹反說文府藏也三蒼府文書財物藏也風俗通府聚也公卿牧守文書財賄之所聚也

この御遺告に引く「音義」は他の箇所に「私云只《タヽ》　音義《ト》引《クハ》　玄广《ノ》一切經音義《ノ》也前後同之」とあり、玄應の一切經音義を指している。②の引用は古寫本とほぼ一致する。助字「也」「之」のないのが少異である。

③巫祝《フシク》音義云巫祝武倶反下《ハ》之音反謂事《ツカフルヲ》　鬼神《ニ》曰巫《ト》《カンナキ》祭主讃詞《スルヲ》　曰祝《シクト》

○石山寺本巻三、一一七頁

巫祝　武倶反下之育反无形也謂事鬼神曰巫祭主贊詞曰祝

○高麗藏本巻三

巫祝　武倶反下之育反无形也謂事鬼神曰巫祭主贊詞曰祝

引用文はほぼ一致。但し「音（育）」の誤字と「无形也」の文字が無い。

④嵯峨　玄應音義第五云嵯峨廣雅「云」（消抹）嵯峨《ハ》高也楚辭住山截嶭峻蔽《カクス》　日《ヲ》爲嵯峨也文

○石山寺本巻五、一五二頁

嵯峨　才何反丁我多反廣疋嵯峨高也楚辭注云小截嶭峻蔽日爲嵯峨

○高麗藏本巻五

嵯峨　才何反下我多反廣雅嵯峨高也楚辭注云小截嶭峻蔽日爲嵯峨

引用文は反切を除き他を引用する。「住（注）」「山（小）」の誤寫があり、古寫本にない「也」を存する。

御遺告が引用する玄應一切經音義には、直引ではなく、左のように類聚名義抄から孫引したものもある。

⑤類聚名義抄引玄广音義云嗷《カウ》ゝ《ハ》　衆口之憂《ウレフル》　也未得安《コヲ》　文

「㗂」は恐らく「嗷」の誤寫で、口扁所屬字であろうから、現存の類聚名義抄には、この部首がなく収載されていない。

この語は玄應一切經音義では巻十三にあり、古寫本では次のように説明されている。

○大治本巻十三（第二帖八五オ）三一三頁

嗷嗷 五高反説文衆口愁也詩云哀鳴嗷嗷傳曰未得安衆嗷〻然也

○高麗藏本

嗷嗷 五高反説文衆口愁也詩云哀鳴嗷嗷傳曰未得安集嗷嗷然也

原型本類聚名義抄が玄應一切經音義を引く場合には、前述のように、意義注を主として、出典名を省略するから、御遺告の引用は原型本類聚名義抄に相當近いものであろう。

〔高山寺藏本〕

高山寺經藏本のうち玄應一切經音義を引用した典籍については、宮澤俊雅氏の調査がある。(24) それによると次下の二文獻が指摘されている。筆者も原本についてこれを確認したものである。これらについて古鈔本との比較をしてみる。

13傳受類集抄巻十一　一巻　正安元年經辨寫　一〇三函2號10

巻一の奥書に「正安元年十二月廿七日抄之了勸修寺流末次（資）經辨五十四」とある。一切經音義の引用は次のようである。

一切經音義第一云摩伽羅亦云摩竭魚《ト》一正言麼迦羅魚《ト》一此《ニハ》云鯨《ケイ》《クチラ》魚《ト》一謂《ク》魚之王也風土記云海中有《ニ》鯨魚一長千里、穴《アナノコトクナル》處《ス》二海底《ニ》一出《レハ》一則潮《チウシヲクタリ》下・入一則潮《チ》上《ヲアカル》出一入有時一故上下《ス》文

○大治本巻一（第一帖一八オ）三七頁

摩伽羅。魚亦云摩竭魚正言摩迦羅魚此云鯨魚

○高麗藏本巻一

摩伽羅魚 亦云摩竭魚正言麼迦羅魚此云鯨魚謂魚之王也風土記云海中有鯨魚長數千里穴處海底出則潮下入則潮上入出有時故有上下

引用文は、大治本を全文含むが、大治本にはない「謂魚之王也…上下」を持っていて、高麗藏本と殆ど一致する。但し、「魚」を缺き、「出入（入出）」の異同がある。大治本との大差は1～12とは異なるものである。

14金剛界印明異說二　一卷　院政期寫　六三函三五號

一切經音義玄應云梵言辟吒揵稚臂吒□打揵稚所打之木或檀或桐此无正翻彼无鐘磬故舊經多作揵遲此亦說宜作稚〻音直致反文

○大治本卷十四（第三帖一五ウ）三六二頁

揵推梵言臂吒揵稚臂吒此云打揵稚所打之木或檀或桐此無正翻彼無鐘磬故也舊經多作揵遲此亦梵言訛轉也宜作稚〻音直致反但稚推字形相濫故誤也

○高麗藏本卷十四

揵稚梵言臂吒揵臂吒兮云打揵稚所打之木或檀或桐此无正翻彼无鐘磬故也舊經多作揵遲此亦梵言訛轉也宜作稚稚音直致反但稚椎字形相濫故誤也

引用文には卷數がないが、卷十四に該當する字句がある。引用文は一切經音義の「但…誤也」を缺く。引用文に「也」がなく、「說（誤＝訛轉）」の誤寫があるが內容はほぼ一致する。

六、國語史研究資料としての玄應一切經音義

前節では玄應一切經音義の享受という面から眺めた。ここではその內容面について國語史上の價値について、その二、三を述べることにする。

玄應一切經音義は、その成立からして前述の例外を除いては和訓を持たないが、揭出字句及びその注文としての字形・字音・字義の說明は國語史料としても價値を持つものである。

玄應一切經音義は、諸經の中から多くの字句を取上げて掲出しているが、それらは二字を主とし、熟字本位である。その中には、字面・字義において今日漢語として通行しているものと一致するものが極めて多い。その一端を任意に示そう。

雜糅（巻三・七・十四）　彗星（巻四・九・十四）　揖讓（巻四）　陶冶（巻四）　區別（巻四）　贊助（巻四）　維持（巻五）　顚沛（巻五）　騷動（巻五）　躊躇（巻五・九・十三）　蹉跌（巻五）　恬惔（巻五）　市井（巻五）　布施（巻五）　娛樂（巻五）　嫉妬（巻六）　深奧（巻六）　聚落（巻六・十四・十七）　咀嚼（巻六）　注記（巻六）　草庵（巻六）　谿谷（巻六・九）　紕繆（巻八）　瓦礫（巻六）　親友（巻六）　艱難（巻六）　貿易（巻六）　誹謗（巻六）　輕蔑（巻六・十）　年紀（巻六）　動搖（巻六）　飢饉（巻八）　僻易（巻八）　鞭撻（巻八）　灰燼（巻九）　迂廻（巻九）　匍匐（巻十）　逶迤（巻十）　凹凸（巻十）　侏儒（巻十五）　誕生（巻二十一）

これらは現代語としては字音讀みである。奈良時代における讀み方は未詳であるが、現代語と同義のものとして千數百年の間使用せられ、直接連繫しているものも少なくはないであろう。三巻本色葉字類抄には、字音讀みの語として登載された、

揖讓《イフシヤウ》　顚沛《テンハイ》　騷動《サウトウ》　布施《フセ》　娛樂《コラク》　嫉妬《シツト》　聚落《シウラク》　注記《チウキ》　紕繆《ヒヒウ》
瓦礫《クワリヤク》　艱難《カンナン》　誹謗《ヒハウ》　飢饉《キキン》　匍匐《ホホク》　誕生《タンシヤウ》

のようなものもあり、このような讀み方に變化があったかどうかを考慮しつつ、用法の推移をも觀察することによって、漢語史の考察が可能となろう。さすれば、その多量な資料を提供することになる。

そのためには、その熟語一語一語の時代的考察と、これらの熟語を含む一文獻の使用實態の整理とが必要であろう。例えば、前掲例のうち、「匍匐」（巻十、第二帖一九オ、一八一頁）の語は、古事記に、

乃匍二匐御枕方一匍二匐御足方一而哭時（眞福寺本巻上109行）

化㆓八尋和邇㆒而鯆鰏委虵（同巻上628行）

と用い、宣長は前例をハラバフ、後例をハフと訓んでいる。後者と同じ箇所を日本書紀でも、

化㆓為八尋大熊鰐㆒鯆鰏透虵

と用いている。この「鯆鰏」と併用している「透虵」は、一切經音義の巻十にあって、同じ「大莊嚴經論」から抄出したもので、「鯆鰏」のやや後に項出されている。「鯆鰏」は日本靈異記にも、

鯆鰏上音布反下音福反二合波良波不（興福寺本巻上九縁、訓注）

とあり、前田家本色葉字類抄に、

鯆《ハラ》（上）鰏《ハフ》（入輕）ホホク

とあり、同じ和訓が、ホホクの字音讀と共に掲出されているのである。

古事記本文の熟語で、一切經音義に出ているものには次の語もある。

既等㆓天皇之鹵簿㆒（巻下319行）

「鹵簿」は一切經音義に「天子大駕出陳鹵簿是也」（大治本巻十一、第二帖四一オ、二二五頁）とあるのと同義である。又、古事記序文の、

〔蕃息〕喫㆑釼切㆑蛇以萬神蕃息與

〔黎元〕望㆑烟而撫㆓黎元㆒

も、一切經音義に、

蕃息文貫反蕃謂滋多也息塞滿也（下略）（大治本巻一、第一帖二四オ、四九頁）

とあり、他に巻四・九等にも掲出される。

黎元 力奚反黎衆也元善也古者謂民善言善人因善爲元故曰黎元言元〻者非一民也（大治本巻十二、第二帖五七ウ、二五八頁）

とあり、日本書紀にも用いられており、岩崎文庫本推古紀の平安中期點では「不二蓄息《ウマハラス》一」「黎元《オホムタカラ》」と訓んでいる。更に、古事記歌謡の「伊能碁布曽」（巻中）を、一切經音義の、

期尅…必當也經文作忌非也（大治本巻一、第一帖二四オ、四九頁）

や、日本靈異記の、

期尅 二合伊乃古不（興福寺本巻上二縁、訓注）

に基づいて「必ずぶち當る」と解釋されて來たのは良く知られるところである。[25]

漢字二字の熟語は、本邦の上代文獻に多く用いられ、平安時代にも繼承されて、日本語の表現の上で重要な位置を占めている。圖書寮本類聚名義抄に一切經音義が最も多く引用されているのも、原型本類聚名義抄の掲出が二字熟字を主とした事と深い關係があろう。改編本類聚名義抄では掲出字は、單字本位となり、その背後に二字熟字に對する使用狀況の變化が想定せられるのであるが、二字熟字が日本語の表現に占めた位置は大きく、その考察には、一切經音義の受容史から見て、本資料は看過出來ないものと思われる。

次に、字體注を見るに、注文に「古文」「古字」、經文の字體や、「俗字」の注記が、例えば、次のように出ている。

甲冑古文軸同…（大治本巻一、第一帖一四ウ、三〇頁）

愼儆古文憼儆二形今警同…（大治本巻一、第一帖二二ウ、四六頁）

穿押…經文作甲非也（大治本巻一、第一帖一八ウ、三八頁）

毫氂古文氂粎二形今作秏同…論文作釐亦古字通用也（大治本巻九、第二帖五ウ、一五四頁）

毫刺…又作鉠江南俗字也（大治本巻十一、第二帖四四ウ、二三二頁）

欶乳又作嗽同山角反含吸曰欶經文作嗽俗字也（大治本巻十一、第二帖四八オ、二三九頁）

これらは、漢字字體について考察する資料となるであろう。

最後に、漢字音の研究資料として有用であることは言うまでもない。既に、中國における周法高の『玄應反切考』と、それに對する邦人の批判や、森博達氏[26]「《玄應音義》における三等韻の分合について」（「均社論叢」七）がある。又黄淬泊の『慧琳一切經音義反切考』（中華民國二十年六月、中央研究院歴史語言研究所專刊之六）や、これに對する邦人、神尾弌春氏の批判『慧琳一切經音義の模索』（昭和五十五年五月、私家版）もある。慧琳一切經音義には、玄應一切經音義をはじめその後の増補があるから、玄應音義そのものの音注を對象とする要があるのは無論である。かくて、中國古代の字音の研究、及び本邦における漢字音研究に多くの資料を提供するのである。

注

（1）　山田孝雄「一切經音義刊行の顚末」（大治本一切經音義複製本附載）。

（2）　神田喜一郎「緇流の二大小學家—智騫と玄應—」（「支那學」第七巻一號、昭和八年五月）。

（3）　大治本全十九巻の目錄によると、新華嚴經音義を除き小計二一七部、その缺巻を石山寺本巻三・四・五の目錄の一一三部及び高麗藏本巻六・七・八の目錄の一一四部で補充すると、合計四百五十四部となる。山田孝雄博士は「凡そ四百四拾部に垂んとす」と數えられた。周法高の「玄應一切經音義經名索引」（中央研究院歴史語言研究所專刊之四十七玄應一切經音義反切考附册「玄應一切經音義」所收）では四六四部を掲げている。これは高麗藏本に據ったものである。

（4）　注（1）文獻。

（5）　正倉院文書には例えば次のように見られる。

○天平八年九月二十九日寫經請本帳

在留一切經音義十四卷

一切經音義十四卷第二帙之中一卷寫了

○天平十四年七月二十四日裝潢本經充帳

以四月十日充一切經音義七卷

○天平十九年三月七日常疏寫納幷櫃乘次第帳

一切經音議(義)十卷五卷者黃唐本也 五卷今所寫也

○天平十九年六月四日寫疏檢定帳

一切經音議(義)二卷十三十七 玄應師

○天平十九年六月七日寫疏所解

一切經音議(義)廿五卷　一切經音義廿四卷沙門釋玄應撰

新譯花嚴音議(義)二卷

已上五十一卷音議(義)竝小乘

○天平二十年九月二十一日優婆塞貢進解

一切經音義陁羅尼集經二三部毛學坐

(6) 書陵部藏四分律音義は古辭書音義集成第二卷に所收されている。

(7) 拙稿「新譯花嚴經音義私記解題」（古辭書音義集成『新譯華嚴經音義私記』附載）。本册所收。

(8) 石山寺文化財綜合調査團編『石山寺の研究—一切經篇—』（昭和五十三年三月、法藏館刊）參照。

(9) 注(1)文獻。

(10) 上田正「玄應音義諸本論考」（「東洋學報」六三卷1・2號、昭和五十六年十二月）。

(11) 注(7)文獻。

(12) 築島裕「大般若經音義解題」（古辭書音義集成『大般若經音義・大般若經字抄』附載）。
(13) 大坪併治「白鶴美術館藏大般涅槃經集解卷十一の訓點」（「訓點語と訓點資料」第三十二輯、昭和四十一年二月）。
(14) 白藤禮幸「上代文獻に見える字音注について㈠㈡」（「茨城大學人文學部紀要（文學科論集）」二號、三號、昭和四十三年十二月、同四十四年十二月）。
(15) 貞苅伊德「新撰字鏡の解剖〔要旨〕—その出典を尋ねて—」（「訓點語と訓點資料」第十二輯、昭和三十四年八月）、同「新撰字鏡の解剖〔要旨〕付表㊤㊦」（同誌第十四、十五輯、昭和三十五年十月、昭和三十六年一月）。
(16) 橋本不美男「圖書寮本類聚名義抄解說」（圖書寮本類聚名義抄・複製本附載、昭和二十五年六月）・吉田金彦「圖書寮本類聚名義抄出典攷㊤」（「訓點語と訓點資料」第二輯、昭和二十九年八月）。
(17) 書陵部藏の大治三年書寫の玄應一切經音義卷第一の末尾に附載せられたもので、本叢書古辭書音義集成「一切經音義㊤」の五九頁以下に收められていることは既述の通りである。
(18) 岡田希雄「新譯華嚴經音義私記解說」（貴重圖書影本刊行會複製本附載、昭和十四年十二月）。
(19) 三保忠夫「大治本新華嚴經音義の撰述と背景」（「南都佛教」三十三號、昭和四十九年十二月）。
(20) 池田證壽「上代佛典音義と玄應一切經音義—大治本新華嚴經音義と信行大般若經音義の場合—」（「國語國文研究」第六四號、昭和五十五年九月）。
(21) 沼本克明「石山寺藏の字書・音義について」（『石山寺の研究—一切經篇—』所收）。
(22) 注(20)文獻。
(23) 吉田金彦「妙法蓮華經釋文解題」（古辭書音義集成『妙法蓮華經釋文』附載）。
(24) 宮澤俊雅「高山寺經藏典籍所載古辭書引文」（『高山寺典籍文書の研究』三九九頁）。
(25) この解釋は、今日、山田忠雄氏（「二つの笑い（下）」、「文學」三六卷三號）や小島憲之氏（『國風暗黑時代の文學』上、三四三頁）によって訂正されている。

(26) 上田正「玄應音義について—周法高『玄應反切字表』批判—」（日本中國學會二十七回大會發表）。

〔補注〕

石塚晴通氏から、同氏の御好意により敦煌本についての敎示を得たので、同氏の資料により左に記しておく。

○大英圖書館藏本（敦煌本）

① S.3469卷第二（大般涅槃經第一卷）、八世紀寫本（前半期）、卷子本

② S.3538卷第七（集一切福德經〜勝思梵天所問經）、八世紀寫本（前半〜中期）、卷子本

○パリ國立圖書館藏本（敦煌本）

③ P.3095V（未見）

④ P.3734卷第十六（優婆塞五戒威儀經、舍利弗問經）、九世紀寫本、一紙分

⑤ P.2901十九行、一切經音義よりの抄出、卷次・經名不定、九世紀寫本

⑥ P.2271卷三（光讚般若經）、卷七（入楞伽經・漸備經）、卷十二（長阿含經）、卷十四（四分律）、卷二十（陀羅尼雜集）、究竟大悲經、四紙

○東ドイツ歷史考古語言學研究所藏本（吐魯蕃本）

⑦ ch444（…倱伅…鎭煞…銜穗…冈然）、八世紀寫本、卷子本

⑧ ch652十斷行、八世紀前半寫本、卷子本

⑨ ch1214十七斷行、卷子本

⑩ ch1216十四斷行、卷子本（⑧⑨⑩は元來同一部）

⑪ ch2259卷第五（如來方便善巧咒經等）六行半斷行、八世紀寫本、卷子本

○レニングラード東方學研究所藏本（敦煌本歟）

⑫ Dx256巻第一（法炬陀羅尼經）

⑬ Dx583巻第一（大威徳陀羅尼經〈末尾、第十六巻分〉）、八世紀中期寫本、巻子本

⑭ Dx965a 巻第二（大般涅槃經）、八世紀前半寫本、巻子本

⑮ Φ230巻第二（大般涅槃經、第十巻～第四十巻）、九世紀寫本歟、巻子本

⑯ Dx585巻第三（放光般若經）

⑰ Dx586巻第三（放光般若經）、九世紀中期頃寫本、巻子本

⑱ Dx209巻第三（放光般若經第十八・十九・二十六・二十八・二十九巻、光讃般若經第四・五・七巻）、八世紀前半寫本、巻子本

⑲ Dx320巻第二十二（瑜伽師地論第四十三・四十四巻）

⑳ Dx386（同右）、八世紀前半寫本、巻子本

㉑ Dx419巻次未詳、八世紀初期寫本、巻子本

石塚氏より恵與された寫眞によると、①②では掲出字と注文とは共に同じ大きさの字で書かれ見出ごとに行を換え、注文が二行以上に及ぶ時は二行目以下を一字下げにしていて、體裁が本邦における平安時代の古寫本とは異なっている。又、内容について見るに、第三節において大治本と石山寺本を比較し、相互の誤寫、誤脱を指摘したが、そこに掲げた諸字について、敦煌本を見ると、

晨朝食仁反尔雅晨早也釋名云晨伸也言
　其清旦日光復伸見也
頗梨刀私反又作黎刀奚反西國寶名也梵
言塞頗胵迦亦言頗胵此云水王或云白
珠大論此寶出山石窟中過千年氷化爲
頗梨珠此或有也案西域暑熱無氷仍多饒
此寶非氷所化但石之類耳胵音竹尸反

(三項略)
哽噎古文鯁腰二形又作鯾同古杏反哽噎
也聲類云哽食骨留益中也今取其義下
於結反說文噎飯窒也詩云中心如噎傳
曰憂不能息也嗌音益窒竹栗反經文多作
咽於見於賢二反咽吞也咽喉也咽非字體

右掲の例の○印の如く、敦煌本は大治本の誤寫をも石山寺本の誤寫・誤脱をも訂しうる正しい形を持っている。翻って考えるに、本邦のこれらの古寫本は部分的には誤寫・誤脱を含むが、全體としては一切經音義の內容上の古態を傳えていることが判るのである。

敦煌本の資料を教示された石塚晴通氏の御芳情に感謝する次第である。

〔附記〕本集成收載の一切經音義の寫眞複製公刊の允許を賜り、調査の御許可・御便宜を賜った、宮內廳書陵部當局竝びに平林盛得氏と森縣氏、天理圖書館當局竝びに金子和正氏と宮嶋一郎氏、廣島大學關係者に厚く御禮申上げる。又、高麗大藏經の六巻掲載については、發行者のみどり總業株式會社の御許可を賜った。記して感謝の意を表する次第である。

〔初校時追記〕送稿後、昭和五十六年五月二十二日の訓點語學會で、池田證壽氏は、「玄應一切經音義と新撰字鏡」の口頭發表をされ、大治本と高麗藏本・宋本・慧琳本の諸本との異同を見出し語によって調査され、巻による差があるが、大治本は他の諸本に比べて增減があるとされた。又、新撰字鏡との關係について、新撰字鏡（三巻本）は玄應音義巻十四乃至十六の律關係の音義を重點的にとって構成したと推定し、昌住の利用した玄應音義は大治本よりも高麗藏本に近いものとされた。

（『一切經音義』㊤㊥㊦古辭書音義集成第七・八・九巻　昭和五十六年七月）

〔補記〕
本集成收藏の一切經音義の寫眞複製は、本著作集には省略した。

小川廣巳氏藏　新譯花嚴經音義私記　解題

一、はじめに

漢籍・佛書の中のそれぞれの書物について、そこに使われた字句を拔出して、その音と義などを注記して一書としたものは、早く海彼の中國にあり、本邦にはおそくとも奈良時代には傳來された證があり、引續いて本邦人の手に依って撰述されるに至る。そのうちで、漢籍の音義書が、多數、中國で作られ本邦にも傳來したことは、日本國見在書目錄や漢籍古點本などを通して知られるが、本邦人の手に依って撰述された漢籍の音義書は極めて少ない。これは本邦における漢籍の讀解と授受という學問形態が、平安時代までは大學寮を中心として行われて來たことと密接な關係があり、漢籍の「師說」「私記」が撰述されたことも影響していると思われる。(1) これに對して、佛書の音義書は、中國で成った、玄應の「一切經音義」、慧琳の「一切經音義」、可洪の「新集藏經音義隨函錄」、慧苑の「新譯花嚴經音義」などが奈良朝以來、舶來され、盛に行われると共に、「大般若經音義」(信行撰)を始めとして本邦人に依る撰述がなされ、平安時代には幾多の音義書が成り、その幾つかが現存してもいる。ここに收めた新譯花嚴經音義私記は、そういう風潮の中で、舶來の音義書に基づきつつも、なお、本邦人の手の加わった音義書としては、現存する最古の書物として注目されるものである。

二、書　誌

小川廣巳氏藏の新譯花嚴經音義私記は、巻上と巻下の二巻から成る巻子本であって、首尾を完存している。この兩巻は同體裁であり、紙質・筆跡も同一である。即ち、天地及び行ごとに墨界を施した穀紙に墨書して巻子に仕立てたものであって、法量は、天地が巻上二十七・八糎、巻下二十七・五糎で、上下巻共に、界高二十四・五糎、界幅二・七五糎であり、一紙に二十行を収め、一紙長が五十三・七糎、一行に十七字を収める。軸及び表紙は江戸時代の後補であり、表紙は絹織地に、金沙、綠、藍の龍・花模樣があり、全巻が裏打修補を加えられている（以上の書誌は築島裕博士の調書による）。修補の時期は、巻下の巻末、尾題に續く次の識語で明らかである。

（墨書）（本文ト別筆）
　八十經私《音義》記上下二巻依破損爲興隆之令修復軸表紙付早
　　元祿六年酉卯月中旬　　法印英秀

本書の名稱については、外題（後補表紙に白紙の題簽貼附）に巻上・巻下、共に、
　花嚴經音義私記上（下）
とある。「私記」の語は、原本に別置されている原表紙の題簽にも、
　□（巻カ）花嚴經私記上音義
と用いられている。しかし、尾題（本文と同筆）には、
（巻上）八十巻花嚴經音義上巻

（巻下）大方廣佛花嚴經音義巻下

とあって、「私記」の文字はなく、又、巻上の序に續く、内題にも「新翻華嚴經音義」とあるのみである。因みに後述の大治本新譯華嚴經音義も「新華嚴經音義八十巻」とある。従って、奈良時代に本邦人（又は歸化人）の手に成った時には、恐らく單に、「新譯華嚴經音義」「八十巻花嚴經音義」「大方廣佛花嚴經音義」（「花」の用字が八十巻の新經を示すことがあったか）などと呼ばれたのであろう。「私記」の語は、漢籍の讀解では「師説」に對する個人の記録の意で使っている。本書に「私記」の稱が附せられたのが何時からであったか、詳かではない。巻上見返しの僧永延の文章では、「私記」を用いず「新譯大方廣佛華經《ママ》音義二巻」と言っている。しかし、原表紙の古外題（「僧永延之本」とある）には先掲の如く、「私記」を附し、又巻下の巻末に書加えられた徹定の文章にも、「此私記二巻南京一乘院開祖定昭僧正舊藏也」「註脚中往々附和訓與和名鈔稍有異同所以名私記也」と稱しているから、近年の作爲でなく、古くから存した稱であったと知られる。

本書の書寫年時に關して、言及しなければならないのは、「延暦十三年」云々の識語である。この識語は、巻下の尾題と、尾題のすぐ次の行に誌された元祿六年の修復奥書（前掲）との行間の狭い箇所に、次のように書かれ、

延暦十三年甲戌之春寫之了

と讀まれる文字があって、これを擦消している［補記(一)］（寫眞複製でも髣髴として見える）。若しこれが當初から存したものであるなら、本書の書寫は、延暦十三年（七九四）ということになる。しかし、その信憑性には疑問が出されている。卽ち、岡田希雄氏は、鈴鹿三七氏の直話として、書かれた位置が巻尾の書名に密着させてあることを疑問として、「今の抹消せられて居る識語は、恐らく元祿六年の法印英秀の識語が書かれた後に、爲めにするところがあって、巻尾内題と英秀識語との間の窮屈な所へ、一往、延暦十三年云々と書いて見たのだが、かへってそれでは具合が悪いと感じたので、切角書いたものを、又洗ひ落したのであらう」(2)という見解を紹介されている。筆者も後人、恐らく江戸時代の妄補かと考える。それは、

「延暦十三年」の次の「甲戌之春」という干支の書き方である。「甲戌」の如き干支は、古くは同行同列に書くか、割書に横に竝記して「甲戌」とするかが普通であって、「甲戌」のように斜めに書く方式は近世のものという（田中稔氏教示）ことである。この點から、「甲」と「戌」との書き方を注意して見ると、「甲戌」のように「甲」はやや右寄りである。丁度、元祿六年の修補奥書中にある「酉卯月中旬」の書き方に通ずる。さすれば、「延暦十三年」云々は江戸時代、恐らく元祿六年の修補奥書の後に書かれた可能性が大きい。このように書寫識語は信じられないのであるが、本書の書寫時期については、本文の字體や和訓の形式、上代特殊假名遣の使われ方などから、奈良時代と認めて差支えないであろう。

三、新譯花嚴經音義の受容と本書の成立

本書の成立時期も撰述者も未詳である。ただ新譯花嚴經音義については、奈良時代に記録が拾われる。文獻記録によれば、新譯花嚴經についての慧苑の音義は、天平十一年（七三九）七月十七日、高屋赤麻呂寫經請本注文に、

　新譯花嚴音義二卷還送未寫（正倉院文書）

とあるのが古いものである。天平十一年は、慧苑音義が撰述された唐開元十年（七二二、養老六年）頃から十七年位後である。次いで、

○天平十九年六月七日寫疏所解（正倉院文書）

○一切經音議（義）廿五卷　○一切經音義廿四卷沙門釋玄應撰

○新譯花嚴音議（義）二卷

　已上五十一卷音議（義）竝小乘

○天平勝寶五年（七五三）頃の未寫經律論集目録（同右）

一切經音義二十五巻　七百六十八紙

新釋（ママ）花嚴音義二巻　卌九紙

とあり、又秋篠寺善珠（延暦十六年〈七九七〉七十五歳寂）の成唯識論述記序釋に「今按新華嚴經慧苑師音義上巻云」（大正藏第六十五巻）の引用があることにより、三保忠夫氏は、善珠が東大寺寫經所から「花嚴傳一部五巻又靈弁師造花嚴論初帙十巻」他を奉請したのが天平勝寶五年九月四日のことであるから、善珠と慧苑音義との出合いも凡そこの頃と考え、又、慧苑音義の流布を天平勝寶年間としている。(3)その新譯花嚴經音義に和訓等を加えた本書の撰述を、その頃かそれ以降、小川家藏本書寫までの奈良時代後半に置くのは許されるであろう。

抑も、華嚴經は、東大寺華嚴宗の所依とする經典である。東大寺華嚴宗の成立の時期については天平勝寶年間とするに異說もあるが、華嚴教學の隆盛が、華嚴經に關する諸書の書寫・讀解と密接な關係があるのは當然であろう。同じく慧苑が新譯花嚴經を注釋した華嚴略疏刊定記十六巻は、天平二十年九月から天平勝寶、及び天平寶字七年にかけて屢々書寫された記録が拾われる。(4)これはその一端であるが、それが東大寺花嚴供所の書寫であることが示すように、東大寺との關係が深い。因みに、現存最古の訓點資料である華嚴經刊定記巻五〔補記二〕（大東急記念文庫藏）は巻末識語に、「延暦二年（七八三）十一月廿三日於東大寺與新羅正本自挍勘畢」云々とあり、又、華嚴文義要決（紙背、東大寺諷誦文稿）は、延喜十四年東大寺圓超撰の華嚴宗章疏幷因明録に名が見えるもので、東大寺との關係が考えられる。尚、この要決の巻末には「信」字の古朱方印が捺されているが、同印は華嚴要義問答二巻（延暦十八年寫、延暦寺藏）にも、亦、小川家藏新譯花嚴經音義私記にも捺されてあって、山田孝雄博士は、東大寺所藏華嚴關係の古書に存するものとされている。(5)

小川家藏新譯花嚴經音義私記には、巻上の表紙見返に添えた紙に「馬道手箱」とある。この「馬道」について、人名とする説と場所・地名（奈良興福寺傍）とする説とがあるが、三保忠夫氏は、藤田平太郎氏藏玉篇巻十八之後分奥書・聖語藏本唐寫阿毗達磨雜集論巻十四の表紙（東大寺方印もあり）などに「馬道」とあり、又、東大寺藏華嚴略疏刊定記巻十三の巻末端裏に「安宿廣成」（東大寺寫經所經師）「石作馬道」の書名があることにも言及し、人名説を採っている。今般調査した、聖語藏本妙法蓮華經優婆提舍一巻（奈良時代寫、平安初期訓點加點）にも表紙見返に「馬道」とある。この經巻は、その傳來と、訓點（假名字體ルに「[illegible]」を用いる）(6)とから東大寺のものと見られる。

東大寺において、和訓を含む音義を撰述した可能性について、三保氏は、唐僧法進（天平勝寶六年〈七五四〉來朝、寶龜九年〈七七八〉七十歳寂）が撰述した最勝王經音義（佚文）に和訓が含まれるとし、同法進撰述の沙彌十戒并威儀經疏の和訓一例を傍證として、巻音義で漢文による注文、和訓を含む音義が、彼の所屬した東大寺で撰述されえたとしている。

ともあれ、新譯花嚴經音義私記が、奈良時代の天平勝寶頃かそれより半世紀の間に、華嚴經學の東大寺、又はその系統の寺院で撰述されたと見ることは無理ではないであろう。

四、慧苑音義・大治本新音義と新譯花嚴經音義私記との關係

新譯花嚴經音義私記が、慧苑撰述の新譯花嚴經音義二巻と大治本新華嚴經音義（祖本）とを土臺として、これに加筆をして成ったものであることは、良く知られるところである。(7)

新譯花嚴經音義私記は小川家藏本が現存唯一の傳本である。それによると、構成は、先ず上巻の始めに則天武后製作經序の音義があり（ここを中心に則天文字が見られる）、次いで、「新翻華嚴經音義」（本複製一三頁。以下擧例はこの頁數による）として、新經の音義が續く。巻上は、新譯花嚴經の巻第一世主妙嚴品第一から經第廿五巻十廻向品第廿五之三（七九頁）

まで、巻下は、經第廿六巻十廻向品第廿五之四から經巻第八十入法界品之廿一までを収めて、本經の巻の順序に、その本文から單字・熟字・句を拔出して掲出して、その音や意味を中國辭書の體裁で說明する。更に舊譯六十巻華嚴經（玄應撰）との文字・譯語・本文・品名等の比較をも添えている。加えて本邦における和訓などをも含んでいる。

本文、上巻五一四行、下巻六三一行に、新譯花嚴經から抄出した語句は、掲出項目が約一七〇〇である。その標出は二字の文字連結が多く、中には既に一つの語、熟語として扱われたと見られる、「平坦合平也」（二六頁）「圖書…二合文句也」（一〇五頁）、「却敵矢倉也」（一四〇頁）などや、「聚落」（三三頁）、「遊行」（一二七頁）などの字面もある。これは中國における熟字の狀態を反映すると見られ、わが國における漢語の史的考察の上からも注目されることである。

標出語句の中には、一度掲げられ注記されたものと同語句が再び掲げられることがあり、それらは、「瑩第六巻記了」（二七頁）、「戶牖上第一巻了」（二三頁）、「技藝上了」（一〇五頁）とするか、又は「奏進也」（二七頁）のように同じ注記を繰返すか、の二方式があるが、このような同じ語句の重出を除いても、全體として、標出語句の量は多く、その質と相俟って、貴重な資料を提供している。

經本文の標出語句は大字で書き、注記の文句は小字で二行割書を原則としているが、小川家本では、次のような違例が含まれている。

翳暝上音亞川弊也下音莫川末氣云目暗也不告勞不爲勞問皃也（五九頁）

躭味上都含反…下或經爲躭字時俗共行未詳所出住可量上仕嫁反蹔也作兩辭也（五九頁）

の「不告勞」「住可量」が標出の語句であって大字で書かれるべきものである。後者は慧苑音義（慧苑撰述の新譯花嚴經音義をかく略稱する）の諸本（安元々年寫本、他二本。後述）では大字として標出している。「原皁…」（一〇三頁）、「三界焚如苦…」（一〇三頁）も同種の例である。又、これとは逆に注記の文句を大字で書いた、次のような違例もある。

乃往者語助也乃往也（三一頁）

特垂矜念上獨也……徽改也矜音興訓慜也（六八頁）

桴扶留反大曰筏小曰桴謂擊鼓之桴爲拖字（七二頁）

の第一例は、安元本の慧苑音義では、

乃往……（略）說文曰乃語（助）行也廣（雅）（曰）推口乃作（往）也（大日本校訂大藏經所收二本は「語行」を「語辭」に、「作」を「往」に作る）

とある。第二例の傍線部、第三例全文も小字注記すべきものである。

小川本私記（小川家藏新譯花嚴經音義私記をかく略稱する）には、まま誤寫が含まれる。

花蘂下如捶反謂花鬚頭點是也字從三心有作三止者不是字也（一六頁）

花蘂下如捶反花鬚頭墨也字從心爲三止非也一卷了（二三頁）

この例は同じ標出語句が重出している。兩者には表現上の少異があるが、「點是」と「墨」とはいずれかが誤寫であろう。

安元本の慧苑音義では、

華蘂如筭（筆）反玉謂（蘂）曰基謂花髟（鬚）頭墨也字從三心有作三止者不是字也（（ ）内は大日本校訂大藏經甲本の校異。以下「甲本」と略稱）

とある。その他、「險詖」の注記の中の「詖云倭諂也」（一九頁）は、慧苑音義の「蒼頡篇曰詖謂佞諂也」により、「佞」の誤寫であり、「洞復洞旋也復深也……（略）」（二八頁）は慧苑音義により、「迴」が良い。「傲慢上反告反…」（三七頁）も慧苑音義の「五告反」が正しい。「器仗…仗者刀戟之物名也」（一六頁）も慧苑音義の「惣名」が穩當である（「物」を「惣」の省文と見るには類例が欲しい）。このように小川本私記には誤寫が含まれ、それらは土臺となった慧苑音義などとの比較で一層判明するが、これらの誤寫から考えると、小川本は新譯花嚴經音義私記の原本ではなく、恐らく轉寫本であったろう。

新譯花嚴經音義私記の土臺の一つとなった慧苑の新譯花嚴經音義の古寫本に安元元年・應保二年寫本がある。卷子本を折本に改裝した上下二卷の本で、卷上は「安元々年（一一七五）八月卅日巳尅一點許書了」、卷下は「應保二年（一一六二）一月六日」の識語を持つ。石山寺舊藏本のこの本は、誤寫の多い本であるが、文意を考えずに模寫したらしく私改が少ないので、却って親本の姿を推定し易い。大日本校訂大藏經（音義部）所收の二本（假に所收の順序に從って甲本、乙本と呼ぶ）と比べるに、この誤寫を校訂すれば、良く通ずることが分る。字句の有無の異同は少數である。本稿では校訂した本文（以下に明示する）を用いる。

その祖本が、新譯花嚴經音義私記の土臺のもう一つとなった大治本新華嚴經音義（以下大治本新音義と略稱）は、大治三年（一一二八）に法隆寺において書寫せられた玄應撰述の一切經音義（六十卷）の卷第一、末尾に附載されたものである。新譯花嚴經（八十卷）についての卷音義であるが、慧苑音義を引用せず玄應音義の系統に屬する。漢文の注文の他に、「倭言」として萬葉假名の和訓を十四項二十語持っており、撰述者は未詳であるが邦人か歸化人の手に成るものである。

新譯花嚴經音義私記の材料となった右の兩本、卽ち慧苑音義と大治本新音義との關係、及びその取入れ方は、小川本私記の次の一例がやはり端的に物語っている。

所儔ⓐ「〻直由反類也」一音義云ⓑ「又作翻字同到反蘙也依也此義當經故經文云善又用疇字直流反類也等也二人爲匹四人爲疇是也又耕治田也」ⓒ「耕音常川田反」（卷二十、六五頁）

これを慧苑音義（安元本）では、

摩所儔　傳（儔）直日（由）反珠・（叢）曰府玉篇曰傳（儔）擬（類）也　（（　）の傍記は甲本による校訂。乙本は「反」を「切」とする他同じ）

とあり、大治本新音義では、

所儔ⓓ「又作翻字」或ⓔ「用疇字直流反類也等也文（二人）爲匹四人爲疇是也亦耕。田治也」ⓕ「翻音同到反翳也蘙也依也此義當經故經文云善」知一切摩所儔

とある。見比べると、小川本私記のⓐは慧苑音義に一致し（但し慧苑音義の出典名を省いている）、小川本私記のⓑは大治本新音義のⓓⓕⓔの順に一致する（但し大治本新音義の「翳也」を缺く）。小川本私記のⓒの「音…川（訓）…」は、兩本には

載っていない。

この一例によると、

㈠新譯花嚴經音義私記は、慧苑音義と大治本新音義（の祖本）とを材料としこれに據っている。

㈡その順序は、先ず慧苑音義により、次に大治本新音義（の祖本）に據っている。

㈢新譯花嚴經音義私記の「一音義云」は大治本新音義（の祖本）に當る。

㈣新譯花嚴經音義私記は、慧苑音義にも大治本新音義（の祖本）にも據らない注文がある。それは「音…訓…」の部分

である。

が分る。これが新譯花嚴經音義私記の全巻について當てはまるかどうか検討する必要がある。

便宜上、㈢から見るに、他に「一音義」とあるのは次の例程度である。

廛ⓐ「音義作廛字除連反謂市物邸舍也謂停估客坊邪（ママ）也尙書大傳曰八家爲隣三隣爲明〔朋〕三明（朋）爲里五里爲邑此處憂〔夏〕之制也」又一音義ⓑ「作廛店上除連反謂城邑之居也店又與怗同都念反」（一六三頁）

○慧苑音義（應保本）

廛店隣里 廛除連反鄭注禮曰廛謂市市物邸舍也謂停估客坊邸尙書大傳曰八家爲隣三隣爲朋三朋爲里五里爲邑此處夏之制也廛字經本從厂作者謬也（「朋」を甲本「明」とす）

○大治本新音義

廛店 上除東（ママ）反居也謂城邑之居也下又與坫同都念反

これも㈠㈡㈢を充當し、且つ慧苑音義を「音義」といっている。他に「音義」を冠するのは、

湍馳奔激 湍吐官反…（略）…三界焚如苦无量如字非見其訓楚舜也音義曰如者之也之者此也又音義作无量字（下略）（一〇三頁。傍線は標出語句に當る）

阿靡〻 經文爲靡字靡莫我反此音義作耳（一二〇頁）

があるが前例は慧苑音義・大治本新音義にもなく、後例は慧苑音義（應保本）に、

阿塺（麼）魔莫我反

とあるが小川本私記の「塺」字に誤寫があるらしく未詳である。他にも「漢書音義」「唐音義」はあるが、「音義」「一音義」を慧苑音義・大治本新音義（祖本）に冠することは殆ど無い。しかしこれらの名稱を冠せずとも、慧苑音義・大治本新音義（祖本）に據った注文は多く、

○蚊蜹（蚋）蝱蜆蜹如鋭反小蚊也蜆又爲蠅字餘承反訖（說）蚉之大腹者也經爲蜹字又上二字加安下二字阿牟（小川本一〇四頁。「蚉」は「文虫」の誤）

蚊蚋蚋如鋭反字林曰蚋小蚊也（慧苑音義甲本。安元本は誤寫甚しく翻字難し）

蚊蜹蝱蜆下又作蜆蠅字餘承反說文虫之大腹者也（大治本新音義）

○精爽下所兩反明也昄也精靈也（小川本一七頁）

益其精爽劉獻注易曰精靈也說文曰爽明也言增益心靈使明利（慧苑音義甲本）

精爽下所兩反爽明也爽或敗也傷也故涅槃云如人曰爽（大治本新音義）

のようである。前例には㈣慧苑音義にも大治本新音義（祖本）にも據らない注文（萬葉假名の和訓）が含まれる。兩音義を引用する順序は、前例は㈡の通りであるが、後例は逆に大治本新音義→慧苑音義の順である。この二例の他にも、「擢幹」（二五頁）、「旋澓」（一六頁）、「壇墠」（二八頁）、「鑽燧」（四一頁）、「竄匿」（四九頁）、「偉哉」（五五頁）、「輟已」（六七頁）、「入苦籠檻」（七五頁）、「淪湑」（一〇六頁）、「濱紛」（一〇九頁）、「洎乎法界」（一二九頁）、「打棒」（一三四頁）、「瘢痕」（一三八頁）、「鳥鴈」（一五三頁）など、その一部の例であるが、全巻にわたって兩音義に據った例がある。しかし慧苑音義と大治本新音義との引用の先後は一定していない。

しかし各標出語が常に兩音義に據っているのではなく、いずれか一方にしか依據しない語句も多いのである。中でも顯著なのは、巻七十（一七〇頁）から巻八十までの標出語は、大治本新音義（祖本）には全く據らないばかりでなく、「音」

「訓」などの邦人加筆と見られる注文が無く、一方的に慧苑音義に一致するのであって、巻一から巻六十九までの所據方針と異なっている。

巻一から巻六十九までは所據が特に一方にのみ偏るとは見られない。しかし巻によっては一方が優勢ということもあるらしい。巻一から巻十前半までは大治本新音義に一致する傾向が窺われる。

曩世上如朗反向也久也猶往久古昔也（小川本巻二、一六頁）

曩那朗反尒雅曰曩久也謂久遠也（慧苑音義、甲本、安元本「久」を「反」に作る）

曩世上奴朗反曩向也久也猶往久古昔也（大治本新音義）

無論、中には大治本新音義に一致せず慧苑音義に合うもの（例「險詖」一九頁）もある。巻一から巻十までの中に、兩音義に據った例の存することは既述の通りである。

巻十後半から巻六十九までは慧苑音義に一致する傾向が窺われる。

發趾下之市反足也（小川本巻十四、四三頁）

發趾趾之市反字林曰趾足也（慧苑音義甲本、安元本誤寫多く翻字難し）

發趾下音止趾也釋名足一進一止因以名焉（大治本新音義）

しかしこの部分内でも大治本新音義に一致するものも（例「弧矢」四九頁など）含まれる。

右のような傾向が認められる場合、それが何に起因するものか詳かではない。

これらは一方に所據した例であるが、中には兩音義ともに同文で一致するもの、兩音義ともに一致しないものもある。又、小川本私記と同じ標出語句が、慧苑音義か大治本新音義かの一方にしか掲げられず、その一方に一致するもの、一致しないものもあって、實際には種々の場合が存しているのである。

さて、個々の項目について、その注文の内容を所據となった慧苑音義・大治本新音義と比較しつつ見よう。

①繕 視戰反補也凡治故造新皆繕也　（小川本私記一一頁）

繕 視戰反說文曰繕補也珠叢曰凡治故造新皆謂之繕也　（慧苑音義安元本）

②逈曜 逈胡炯反尒雅曰逈遠也　（小川本私記二五頁）

逈曜 逈胡炯反尒雅曰逈遠也　（慧苑音義安元本）

③儼然 上魚撿反敬也好㒵也　（小川本私記二五頁）

儼然 上魚撿反傳曰儼矜㒵也尒雅儼敬也說文儼好㒵也　（大治本新音義）

④主稼 稼加暇反論語云五穀云稼也主守也　（小川本私記一五頁）

主稼神 稼加暇反廣雅曰主守也馬融注論語云五穀曰稼言五穀之稼植之在田此神有守護不令有損也　（慧苑音義甲本、安元本大同）

⑤所拒 下渠呂反正宜歫〻違也「鳥足着安後延」　（小川本私記五一頁）

無所拒 拒渠呂反字正宜作歫孔安注書拒達（違）也玉篇曰歫推挌之也方言云挌也止也今經本從才者此則時俗共用耳　（慧苑音義甲本、安元本大同）

これらの例のように、注文は、反切等による音→意味の注→和訓等（邦人加筆）を原則とし、時に字體の注その他が添えられる。所據となった兩音義と比べると慧苑音義・大治本新音義には傍線のように原據の書名が冠せられているが、小川本私記では出典名を省くことが多い。中には②のように出典名（「尒雅曰」）を冠することもあるが、④の「馬融注論語」→「論語」のように簡略にしたり、二つの出典名のうちの一つしか明示しないために、小川本の「主守也」（廣雅曰）が論語から引用したと誤認されそうな形を採ったりしているものもある。小川本私記の利用には、原據の二音義との比較分析が必須となるのである。ところで、出典名を冠するのは意味の注が主であって、音注の方には全く出典名が無い（原據の二音義とも）のは、注意しなければならない。字音考察の資料として意味注の取扱いとは異なるところがなければならない。和訓等に出典名のないのは言うまでもない。

次に、和訓について見るに、小川本私記の和訓が大治本新音義の「倭言…」と一致するものがある。

⑥皆砌 上古諧反道也上進也陛也 下千計反限也倭云石太ゝ美 （小川本私記一五頁）

階砌 上古諧反道也上進也説文階也 下且計反砌限也云ゝ倭言石太ゝ美 （大治本新音義）

⑦堂榭 下辝夜反堂上 起屋也倭云于天那 （小川本私記一四頁）

堂榭 下辝夜反臺上起 屋也倭言于弖那 （大治本新音義）

⑧寛宥心 上與寛同苦丸反弘也大遠也下禹究反 寛也過也遺忘也言由留須 （小川本私記九三頁。「倭」字脱）

寛宥 上與寛同苦丸反弘也大也 遠也下禹究反寛也遺忘也倭言由留須 （大治本新音義）

⑨階墀軒檻 墀除尼反（略） 又云塗地也倭言尓波弥都檻蘭也 （小川本私記一四三頁）

階墀 下除飢反除塗方地也 倭言尓波弥知 （大治本新音義。「除」「方」はミセケチ）

字に少異があるのは共に轉寫本であることを考慮する要がある。これらによると、新譯花嚴經音義私記は、その和訓「倭言」（「言」を「云」と直した所もある）を大治本新音義（の祖本）に據ってそこから採入れたもののあることが分る。しかし、私記の和訓の全部がそうでないことは、

⑩救贖 ゝ時燭反日出金而贖 罪也倭云阿可布 （小川本私記七七頁）

救贖 下時燭時注反尚書金作贖形王曰出金贖罪也 （大治本新音義）

の例からも知られる。

五、新譯花嚴經音義私記の獨自注文

小川本私記によれば、新譯花嚴經音義私記が、慧苑音義と大治本新音義（祖本）を土臺としていることは確かである。しかし部分的には慧苑音義にも大治本新音義（祖本）にも一致しない字句も存する。この全部が新譯花嚴經音義私記の獨自の注文であるとは言い難いが、次の諸項は獨自注文と見られる。

1、「音…訓…」

先掲（三四四頁）の「所儔」の注文の中、ⓒ「秮音常川（訓）田反」は慧苑音義にも大治本新音義にもない注文である。この「音…訓…」の形式の注文が小川本私記には含まれており、その例が多い。(8)

①市肆 上又作市市音之訓伊知肆陳也 上音四訓伊知久良謂陳貨粥鬲物也鬻（小川本一五〇頁）

市肆 崔豹古今注曰肆 陳也謂陳貿鬻物（慧苑音義甲本。大治本なし）

②摧殄 音最川久太久 下徒典反病也盡也戚也（小川本一六頁）

摧殄 又作殄同徒典反病也 盡也戚也（大治本新音義。慧苑音義の注文は異）

③堅硬 下音經 川堅也（小川本三〇頁）

堅硬 硬顏 孟反（慧苑音義甲本）

④雨滴 下音敵 川水粒也（小川本四〇頁。慧苑音義・大治本なし）

しかも、この「音…訓…」は慧苑音義は無論、大治本新音義にも全く存しない。大治本新音義には和訓（萬葉假名）が十四項二十語存するがそれは全て「倭言…」の形式のみである。この形式は、元興寺信行撰と見られる石山寺藏大般若經音義も「纖長思廉反纖小也細謂之纖倭言蘇毗加尓」の如くあって、奈良時代における和訓を持つ音義の一形式であったと見られる。小川本私記は、大治本新音義によってこの形式を採入れると共に別に新たに「音…訓…」をも採用したものであろう。

⑤四隅 下牛居反維也角也 維音唯川角也 （小川本私記二七頁）

隅角 下古岳反獸頭上骨出外也隅角也 隅維也上〻牛居反 （大治本新音義）

の「維音唯川角也」のように、本經の字句ではなく、注文の義注の「維也」についているのも、その一證であろう。「淪滑…落也 落音樂訓」（一〇六頁）も同種である。

「音」と「訓」とを對立する一對として用いることは、宇津保物語藏開中に詩文を「七八枚讀みて、やがて一度は訓《くに》に一度は聲《こゑ》に讀ませ給ひて」とあり、これが訓讀と音讀とを指したことは中田祝夫博士の指摘されたところである。(9) 更に延暦廿五年正月官符「讀二法華經金光明二部經漢音及訓一」や、溯って奈良時代の優婆塞貢進解の「讀經、法華經一部音訓」などにも既に、訓讀の意味の「訓」が存したとされている。小川本私記の音に對する訓が①「伊知」「伊知久良」、②「久太久」のように萬葉假名であるのも確かにその證である。さすれば「耕音常川田反」も「タカヘス」の和訓を表す字訓である。從って③「川堅也」、④「川水粒也」も「カタシ」「ミヅノツビ」の和訓を表す漢字と見られる。一體、奈良時代から平安初期・中期には、和訓を表すのに、音假名を用いるだけでなく、表意漢字を準假名のように用いることも尠くなく音假名と竝ぶ一方式であった。(10)

尙未た鮮明《ケク》備たることを（大唐三藏玄奘法師表啓平安初期點）

吮口須〻久又須不（新撰字鏡天治本卷二）

碕石乃出太留佐支（同右卷五）

小川本私記にも「鷄倭云鳥比古」（一三七頁）、「狼倭言大神也」（九一頁、一四六頁）、「機關船和可川利」（一六四頁）などがあることは知られるところである。「訓」が「音」に對して和訓を示すと見るならば⑤の「川角也」が、注文に別に「維也角也」とある上に重ねて書かれた意圖も理解し易いのである。「維也角也」は意味を示すのに對して、「川角也」の方は「スミ」の和訓を表す、準假名漢字と考えられるのである。そうみるならば、小川本私記の中の和訓は、音假名で表記した語ばかりでなく、「訓…」という準假名漢字によって、更にその量を増すのであって、岡田希雄氏が「新譯華嚴經音義私記倭訓攷」で取上げられた約一六二語よりも多量となるはずである。

　雷音類川電比也（小川本私記二三頁）

の「川電比也」は岡田氏がその攷で採上げられなかった一つである。これが漢語を表すと見ることは「川」を冠することから難しく、この語形の漢語も見難い。和訓を示すとすれば、「比」が音假名で捨假名に當り、「電」が準假名漢字で、「電比《イナツルビ》」であろう。和名類聚抄には「電音甸和名以奈比加利一云以奈豆流比又云以奈豆末電之光也」（箋注本）とあり、箋注に「稻交接也…初秋之際陰陽激而發二耀光一」と說いている。もしそうならば、この語の上代の例を本書によって得たことになる。この種の例は他にもあるはずである。

「音…訓…」の「音…」の中には、

　令瞻音世牟反見也（四八頁）

のような日本化した字音であって、慧苑音義・大治本新音義が音注に用いている反切とは異なる表記の見られるのも、「音…訓…」の形式が本邦人の補加であることを證するものである。

2、日本語の語順による表記

和訓は、「倭言」「倭云」「訓」を冠することが多いが、中にはこのような注記のないものも存する。そのうち、準假名漢字の二字以上表記された和訓が、漢字の順序を日本語式に表されるものがある。

所拒…鳥足着安後延（小川本私記五一頁。前出「トリノアシニツケル」と讀むか）

承接令仕奉也（小川本私記一五一頁。「ツカヘマツラシム」と讀むか）

この種の用字例は古事記や平城宮木簡などにもあるから、本書に見られるのも異とするに及ばない。しかし、

盲瞽无目云又云…（小川本私記一九頁。この字句は慧苑音義・大治本新音義共にない）

の注文の傍線部を「メナキヲイフ」と讀むならば、「云」は和訓「メナシ」に伴う説明語であり、その語順が注目されるのである。これは恐らく新譯花嚴經音義私記の加筆の部分であろう。

3、「合」「又」「或」の用語

小川本私記には、

平坦合平也（二六頁）　尓所合若干（五八頁）　暫尓合日暫也（九五頁）

のように「合」の用語がある。これは標出の二漢字を熟字とみてその義が「平也」「暫也」であるという意味であって、「二合」とも使われる。

圖書上音豆訓二合文句也（一〇五頁）

「音…」に對する「訓…」の中に用いられた例として、

憒丙上音花下堯訓合動散也（一三七頁）

もある。これは「合」が私記における補加部分であることを窺わしめるのであるが、更に次例の示すように、典據となっ

た慧苑音義・大治本新音義にも用いられていないのである。

繽紛上匹仁反下敫（數）云反合盛皃也謂衆多急下也　（小川本私記一〇九頁）

繽紛上匹仁反下敷云反廣雅繽紛盛皃也　（大治本新音義）

繽紛繽匹人反紛撫云反漢書集注曰繽紛衆疾皃謂衆多急下也　（慧苑音義甲本）

このように典據の二音義と比較した結果、新譯花嚴經音義私記の獨自の用語と考えられるものが他にもある。次例の「又」「或」もそれである。

①竄匿上出玩反匿也又逃藏也匿隱也　（小川本私記四九頁）

竄匿上出玩反竄匿也　（大治本新音義）

竄匿竄麁亂反玉篇曰竄逃藏也廣雅曰匿隱也　（慧苑音義甲本）

小川本私記は先ず大治本新音義を引用し、次いで慧苑音義を引用するがその接續語として「又」を用いている。「階墀軒檻…又云」（一四三頁。前出）も同種である。

②印璽〻斯尓反印也或曰書也信也國令曰卽位曰神進璽是也　（小川本私記一〇五頁）

印璽璽斯尓反鄭玄注周禮曰璽印也（略）（慧苑音義甲本）

印壐舊作璽字思紫反書也璽信也國令云卽位曰神官進壐是也（下略）（大治本新音義）

これも小川本私記が兩音義を引用するに際し、接續語に「或」を用いている例である。

③年齒〻列也謂與已同行列也或云齒數也年壽之數也　（小川本私記八六頁）

年齒柱注左傳曰齒列也謂與已行列也司馬彪注莊子曰齒數也謂年壽之數也　（慧苑音義甲本）

この「或」は慧苑音義の同じ注文中の「司馬彪注莊子曰」の代りに用いているものである。

これらの他にも、

末間錯末者云須惠 下二字交也（小川本私記二二頁）

の「者」は、典據の二音義において同じ構文には見難い用字である。國語の助詞「ハ」を表すとすれば、類例となろう。

六、新譯花嚴經音義私記の和訓について

小川本新譯花嚴經音義私記の和訓については、岡田希雄氏の詳細な考證があるので、ここでは繰返さない。上代特殊假名遣の面からの検討、音韻的見地・語史的見地から「阿牟（網）」「宇末良（棘）」「加何布流（蒙）、可何布流（被）」「加安（蚊）」「久比ゝ須（跟）」「佐比豆利（邊呪語呪）」「之麻良（塹）」「奴利天・奴弖（鐸）」「乃美土（喉）」「乃富岐利（鋸）」「布世久（防）」「布都久呂（懐）」「牟太久（抱）」「夜比左之（恪）」「古美豆（漿）」に注意しているが、他に上代の漢文訓讀、特に南都における華嚴經の訓讀という見地から考察する餘地もあろう。

①渉險上往也下左 何之伎乎（小川本私記八五頁）

②曲身㑥影上可ゝ末利㑥可 多夫久（同一四〇頁）

③後悔海無及乃智久伊矣 与保須奈（同一三二頁。「海」の左傍ミセケチ符）

①は「サガシキヲユク」と訓むと思われる。助詞「乎」の表記されているのは、經本文の訓讀を背景に持つことを示すと思われる。②も同種。③は、後世の訓讀法と異なるが、「無」を「ナカレ」と訓まずに單に終助詞「ナ」に訓讀することは、平安初期や日本書紀の訓讀には見られるから、却って上代における、古い訓法を示すものであろう。

七、終りに

小川家藏新譯花嚴經音義私記は、國語學の資料としてはその和訓が早く岡田希雄氏によって取上げられ、好考察が加えられた。近時は字音資料としても分析されている。それらについては、後掲參考文獻に一端を示したが、今後は、上代の漢文訓讀という觀點を始め、別の諸點より考察される必要もある。

そのいずれにせよ、基礎作業として、典據となった、慧苑音義・大治本新音義との綿密な比較考證を加えておくことが必須である。

注

（1）拙著『平安鎌倉時代に於ける漢籍訓讀の國語史的研究』第一章第六節「訓點資料における師説について」。

（2）岡田希雄「新譯華嚴經音義私記倭訓攷」「國語國文」第十一巻三號、昭和十六年三月。

（3）三保忠夫「大治本新華嚴經音義の撰述と背景」「南都佛教」第三十三號、昭和四十九年十二月。

（4）同右。

（5）山田孝雄「東大寺諷誦文幷華嚴文義要決解題」、昭和十四年五月。

（6）拙稿「平安初期訓點資料の類別―主に假名字體による―」「方言研究年報」第十三巻、昭和四十五年十一月。

（7）岡田希雄氏注（2）文獻。

（8）「訓」の文字は、大治本新音義には拾い難く、慧苑音義には「訓義」として、次の一例がある。

舟艤……　……然訓義無別也　（小川本私記一八二頁。慧苑音義も同）

この標出語は小川本私記の巻七十七に屬し、巻七十以降のこの箇所には、本邦人の加筆のないことは先述の通りである。この「訓義」は中國大陸における用字であって、小川本私記の「音…訓…」の用法とは異なっている。

なお、小川本私記には、本邦人加筆の「音…訓…」における、「音…」を缺いたり、又は「訓…」を缺いたりする例も、次のように含まれるが、これは「音…訓…」形式の一方を省記した例に當る。

缺決川加久（四九頁）　腹胎上複川波良（六六頁）

廣博下波惡反川廣也（二五頁）　劒音（ママ）訓大刀也（一四一頁）

區分上別也音久（二五頁。「別也」は慧苑音義・大治本新音義共にあるが、「音久」は兩音義にない）

奏進也爲也音走（二七頁。「進也爲也」は慧苑音義にあるが、「音走」はない）

（9）　中田祝夫『古點本の國語學的研究總論篇』八頁以下。

（10）　拙稿「漢字とその訓との對應及び變遷についての一考察」「國語學」一一二輯、昭和五十三年三月。

〔參考文獻〕

貴重圖書影本刊行會新譯華嚴經音義私記解說（岡田希雄）昭和十四年十二月。

新譯華嚴經音義私記倭訓攷（岡田希雄）「國語國文」第十一巻三號（昭和三十七年八月再刊）。

新譯華嚴經音義私記の反切について（吉田金彥）「靜岡女子短期大學紀要」第三號　昭和三十一年十二月。

新譯華嚴經音義私記の直音音注（鈴木眞喜男）「文藝と思想」第十八號　昭和三十四年十一月。

上代文獻に見える字音注について㈣—新譯華嚴經音義私記の場合—（白藤禮幸）「茨城大學人文學部紀要文學科論集」第五號　昭和四十七年二月。

新譯華嚴經音義私記の同音字注（上）—聲母について—（小倉肇）「弘前大學敎育學部紀要」第三十八號　昭和五十二年九月。

大治本新華嚴經音義の撰述と背景（三保忠夫）「南都佛敎」第三十三號　昭和四十九年十二月。

（附記）本稿を成すに當り、築島裕博士からは貴重な調査資料の提示を賜り、又沼本克明氏からも關係資料を貸與して頂いた。御高情に心から御禮申し上げる。又、本書の利用を許された小川廣巳氏に對し感謝の意を表す次第である。

（『新譯花嚴經音義私記』古辭書音義集成第一巻　昭和五十三年五月）

[補記㈠]

本著作集では寫眞複製を省略した。

[補記㈡]

年紀明記の訓點資料としては華嚴經刊定記巻第五が擧げられるが、角筆點の加點資料では更に溯る可能性がある。

高山寺藏本一字頂輪王儀軌音義について

本昭和四十二年七月、高山寺經藏の整理調査に從事した際、一字頂輪王儀軌音義の鎌倉時代初期の寫本一帖を發見した。該本は、本音義の現存最古の寫本であり、國語史料として重要なものであるから、その全文を紹介し、併せてその本文・筆寫者等に關する見解を述べることとしたい。本調査竝に公表に關して、高山寺住職小川義章猊下を始め寺當局の方々の懇篤なる御高配御厚情があり、調査に當つては、奥田勳・柳田征司・白藤禮幸・山口佳紀の諸氏の絕大な協力があつた。記して深甚の謝意を表したい。なお、本稿の中、第一節は築島、第二節は小林、第三節は築島・小林が執筆し、互に交換して添削した。又、第二節の校合中、大日本校訂大藏經の分は築島が行ひ、第三節の覺經關係の調査は、兩人が共同して從事した。

一

今回高山寺經藏から發見された一字頂輪王儀軌音義は、從來、開山堂裏の舊經藏內の二階の長櫃の中に納められてゐた蟲損大破の聖敎類の中に在つたものであるが、この一群の書物は、小川義章猊下の直話に據れば、大正末年頃、高楠順次郎博士が調査された際に、整理不能の類として一括投入して置かれたものの由であつて、今まで何れの經箱にも納められず、重要文化財の指定の調査の對象からも漏れてゐたものである。今回の整理調査の結果、二三の重要な文獻をも發見したのであるが、本音義はその中の尤なるものである。從來この音義の本文としては、

㈠ 大日本校訂大藏經（縮藏經）餘帙三　明治十三～十八年刊

㈡ 弘法大師全集第六卷（第二輯）明治四十三年刊

㈢ 大正新脩大藏經第十九卷　No.958　昭和三年刊

に收められてゐる活字本が世に流布してゐるが、㈡の弘法大師全集所收本は、文和三年（一三五四）の奥書ある東寺觀智院の本に據つたと言ひ（識語後掲）、㈢の大正藏經所收本は、享和元年（一八〇一）刊の長谷寺藏本を底本とし、その奥書に、

天明三丙午十月三日。於仁和寺皆明寺。以栂尾山法鼓臺藏本寫得之訖

智積院僧東武慈忍

なる奥書を收載してゐる。法鼓臺とは高山寺の舊經藏名であるから、或いはこの天明板本の原本は、今回發見の本そのものであるのかとも期待されたが、しかし校勘の結果、大正藏の本文と、今回發見の本の本文とは、異同が極めて多く、同本乃至は同系の本とは到底考へられない。そのことは第二節に述べる通りである。

今回發見の本は、今次の調査による假番號を「補第二函第四一一號」と附せられたものである。枡型粘葉裝一帖の本であるが、蟲損が甚しく、糊代は殆ど缺落してゐる。表紙は存在しないが、現存の本文では首題（恐らく本來は內題に當るものであらう）が粘葉裝の外側の第一面の第一行から始つてゐるものであるから、若しもとの表紙が在つたとしても、粘葉裝の第一張だけを表紙としたとは考へ難い。本書は、全五張といふ薄册子であるから、或いは本來表紙は無く、いきなり首題・本文が始つたものと見ても良いのかも知れない。

各面縱一九・一糎、横一六・五糎、白界を施し、界高一四・九糎、界幅一・九糎程、一面九行に記し、兩面書寫。本文中粗ながら朱點の訓點がある（ヲコト點は喜多院點。點圖後掲）。本文の首題に「金剛頂經一字頂輪王儀軌音義」とあり、最初に「金剛頂經一字頂輪王瑜伽一切時處念誦成佛儀軌一卷」（唐、不空譯、大正藏第十九卷No.957）の科注があつて、「文稽首至是故常皈命、贊曰、此八項初五句有五說……」のやうに、漢文で本文を解し（一オ～二オ）、次いで「今別釋文音義也」として、漢字を掲出し、その下に音義の注を割注で示し、その中には萬葉假名をも用ゐてゐるのである。この音義は二丁表から三丁表まで續き、次いで「一字頂輪次第」に續いて四丁裏でそれは終つてゐる。五丁表には、

本、

以光明山本書寫比挍共了

安元三季（一一七七）五月廿日以阿闍梨御房御本

比挍付異本浦書等了

建久二季（一一九一）二月以或本交了兩三字直之

（三行分程空白）

承元二季（一二〇八）七月十八日書了　覺經

被直本定書寫之了

とある。「浦書」といふのは「裏書」の意なるべく、面白い宛字である。書寫者の「覺經」は、字體が草體の上、下字の大半が蟲損を蒙つてゐる爲、極めて讀みにくいが、先づ小林はこのやうに訓じ、他本の覺經の識語と比較對照して見た所、「覺經」の二字であることを確認することが出來た。

さて右の奥書に據れば、本書の祖本は、

㈠　先づ「光明山本」によつて書寫比校し（その年記は無し）
㈡　安元三年五月廿日、阿闍梨御房御本によつて比校し、異本浦（裏）書等を付し
㈢　建久二年二月、或本を以て交し、兩三字之を直した。

といふ。㈠の「光明山本」なるものについて、光明山とは恐らく重譽（保延〈一一三五―一一四一〉頃の人）を指すと考へられる。重譽は東大寺東南院の覺樹、中川實範に就いて夫々三論・密法を學んだ、著名な學僧である。「阿闍梨御房」は何人か未だ定め得ないが、或いは玄證阿闍梨などを指すのかとも想像される。「阿闍梨御房御本」に裏書があつたとすれば、それは冊子本でなくて卷子本であつたと見られる。又、その裏書といふのは、本文最末尾の「念誦了可禮毗盧舍那號」云々以下の四行あたりを指すものかも知れない。

何れにしても、光明山本の他に、阿闍梨御房御本・或本の合計三本が既に世に傳つてゐたことを知るのである。高山寺本の本文そのものにも、既に朱の校合があつて、その事實を明かに示してゐる。この祖本が果して誰の書寫乃至は所持の本であつたか、未だ明かでないが、高山寺本ではヲコト點に喜多院點を用ゐてゐるから、恐らく成身院中川實範の學統の中に傳つたものと見て良いのではないか（重譽は實範の資であること上述の通り）と推測される。

本書は右の如く承元二年覺經書寫の識語を有するが、本文はこの識語と同筆であるから、本文の書寫は承元二年と定めることが出來る。上述の如く本書の寫本としては現存最古のものとなる。又、識語の年記としては、東寺觀智院本の、天養二年（一一四五）の寛信（一〇八四―一一五三、大僧都、東寺長者、東大寺別當、嚴覺の資）の識語には及ばないが、これとは恐らく異つた傳本として、新に安元三年、建久二年の年記を得たことは有益である。

弘法大師全集の編者の注によると、東寺には文和本の他に更に一本があり、「特進」（高山寺本三オ一）から「後問知之」（同三オ六）まではこの一本には之を缺くとしてゐる。縮藏本・大正藏本も同じく之を缺いてゐる。しかし高山寺本の出現

によつて、かやうな異文を具備した類の本が、夙くより存したことを知るのである。

本書が弘法大師空海の作であるか否かは、未だ確定することが出來ない。大師作といふことは、高山寺本の本文にも、又識語にも、一言も示されてゐない。たゞ諸宗章疏錄の記す所によると、濟暹（一〇二五—一一一五）の弘法大師製作書目、覺鑁（一〇九五—一一四三）の高祖製作目錄、心覺（一一八一頃の人）の大師製作書目、高野山の大師製作目錄、高山寺法鼓臺大師製作目錄に、

一字頂輪祕音義　一卷

とあり、又法鼓臺目錄に、

金剛頂一字頂輪王儀軌音義　一卷

とあると述べ、又東寺觀智院本の文和本の表紙の裏に寛信法務が自ら「大師御作」と記してゐる由であるから、少なくとも院政時代にこの所傳があつたことは疑無い。又十一世紀末頃の撰と推定される圖書寮本類聚名義抄には、「弘云」として引用した箇所があるが、その內、少くとも六ケ條は「一字頂輪王儀軌音義」であり、名義抄の編者は、これを「弘」卽ち弘法大師の撰と考へてゐたことが知られる。しかしこの時代には大師信仰の風潮が強くなつて來てゐたことであり、伊呂波歌の大師作說なども起つてゐる時代であるから、右のやうな所傳も直に信ずることは出來ない。又一字頂輪王儀軌は、密敎部に屬する經典であつて、密敎部經典についての和訓を含んだ本邦所撰の音義は、空海の頃には未だ他例が知られてゐないといふやうな事情もある（爾後も孔雀經音義が撰せられた位のものである。しかもそれには和訓を有しない）。

以上のやうな疑義はあるが、私は次のやうな諸條よりして、空海の撰か、若しさうでないにしても、空海の時代の邦人の撰と見て、大過は無いと考へるものである。

第一に、本書の如く、漢字を揭出してそれに對して割注で注を記し、その中に萬葉假名の和訓を含むといふ體裁は、奈

良時代末期以降、善珠の成唯識論述記序釋、因明論疏明燈抄、撰者未詳の新譯華嚴經音義私記、四分律音義など、他例が少なくない。又空海自筆の三教指歸（高野山金剛峯寺藏）にも「石峯伊都知能志太氣」「雲童孃須美乃曳乃宇奈古乎美奈」の如き萬葉假名の和訓注記がある（この部分は、自筆本には見えるが、通行本には見えない）。卽ち、空海の時代にこのやうな注記方式が既に存在してゐたことは確實であり、この點から本書の空海撰述説を否定することは出來ない。

第二に、本書の萬葉假名で示された音訓の中に、平安初期當時の國語の語形の特徴を見ることが出來ることである。所謂歷史的假名遣の誤が見出されぬことは勿論であるが、更にア行ヤ行のエの區別も行はれてゐる。卽ち「纂衣良布」の「衣」はア行のエであり、又「燼毛江久比」の「江」はヤ行のエであつて、夫々古用に適つてゐる。更に「珮波江反川於布毛乃」の「波江反」（大正藏經・縮藏經に「波伊反」とあるのは恐らく後人の訛であらう）は、前に論じた如く、齊韻字の韻尾表記の古形態であつて（築島裕「源氏物語の漢語の一性格」〈「文學」昭和四十二年五月〉）、「雙六乃佐叡（采）」（萬葉十六ノ三八二七）の如く、古く「ア列字＋エ（ヤ行のエ）」の形で表記された形と符合してゐる。又、「噉後布〻无」（後世の形は、フウム、更にフクム）などの古形もあり、又字音の舌內撥音尾の表記に「爾」を用ゐた「葷鬼爾反」「繖左爾反」「揀可爾反」などの例、「拭」に「志憶反」（シオク）と、拗音にア行音のオを用ゐた例など（但し「藻」に「知益反」とした例もある）、何れも平安初期點本の表記の特徴に適つてゐる。又「滑果知反」「葷鬼爾反」の如く、合拗音表記に類音字（果・鬼）を用ゐるのも、當時の用法に合ふ。

又、所用の萬葉假名は、

阿　伊尹(?)　于　衣　於
可加　支　久(句)　許
左　志之　須　祖
太大　知　(都)　止

奈　尒　奴　子　乃
波(婆)比　布不　部戸　保
万(摩)　无牟　毛
也　由　江　与
良　利　留
和　乎
果（クワ）　鬼（クヰ）　尺（シヤク）　憶（オク）　益（ヤク）
(疊符)　ゝ、

の如くであり、平安初期の用字法として矛盾は認められないと思ふ。

以上の如き見地から、本音義は、少なくとも空海の撰とすることを否定は出来ないと考へる次第である。

尚、本書が後世の文獻に及した影響としては、上にも一寸觸れたが、圖書寮本類聚名義抄所引の「弘云」と冠した記事がある。「弘云」の中の大部分は、弘法大師撰の「篆隷萬象名義」であるが、その中で、

洽弘云阿万子久（一二4）
纂集弘云衣良布（二九七1）
鈴ー（珮）弘有處云波江反乙於布毛乃（一六三4）
繖弘云左爾反川加左（三一八6）
細滑弘云果知反奈太良加爾（四八7）
調音條弘云合和選、期、賣、求、又云志良部（八三6）

らの引用である。）
（「調」の注の「又云志良部」は別筆で右側に補入してあるものらしい。前半の「弘云合和選、期、賣、求、」は、篆隷萬象名義か
の六ケ條は、一字頂輪王儀軌音義の本文と符合し、この高山寺本の本文と比べて見ると、「洽」が「含」と誤つてをり、
又、「細滑」の見出語が缺損してゐる他は、萬葉假名の字母まで完全に一致してゐる。（以上築島）

二

以下、高山寺藏本の本文全文の翻字、及び現行活字本との校異を示し、併せて校勘記を略記する。

〔翻字及び校異凡例〕

1. 本文は、高山寺藏金剛頂經一字頂輪王儀軌音義承元二年覺經書寫本全文の翻字である。
2. 行取は原本に從ひ、又原本各丁表裏の第一行頭字に「を附し、一オ、一ウで丁數と表裏の別を示した。
3. 漢字體は通行字體に依つた。
4. 原本には朱の訓點が附せられてゐる。そのヲコト點は平假名で、假名は片假名で示し、又句點は「。」、讀點は「・」、反點は「・」で示した。
ヲコト點は次の如く歸納される（喜多院點）。

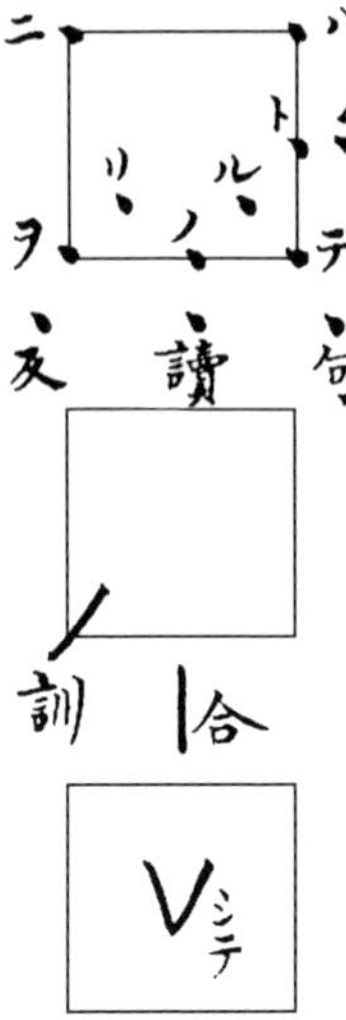

5. 校異は、弘法大師全集第二輯所收本、大正新脩大藏經第十九卷所收本との異同、及び大日本校訂大藏經（縮刷大藏經）餘帙三所收本・弘法大師全集所收本が校異に用ゐた一本（同書上欄）・大正新脩大藏經が校異に用ゐた別本（同書下欄注記）の異同を、脚注に示した。

脚注の校異には、各丁表・裏毎に當該字に通し番號を附して、本文と對應させた。

校異に用ゐた諸本は左の略號に從つた。

弘＝弘法大師全集第二輯所收本

藏＝大正新脩大藏經第十九卷所收本

縮＝大日本校訂大藏經（縮刷大藏經）餘帙三所收本

弘校異＝弘法大師全集第二輯所收本上欄校異

藏校異＝大正新脩大藏經第十九卷所收本下欄校異

縮校異＝大日本校訂大藏經（縮刷大藏經）所收本上欄校異

6. 漢字體の正體、異體の相違、所謂新字體、舊字體の相違は、校異には示さなかつた。

高山寺藏本で踊字を用ゐる所を、弘・藏本共に上字を繰返して書き、踊字を用ゐないが、その相違は示さない。

7．弘法大師全集所收本には、返點送假名があるが、後世の加筆と見られるので、校異には一切採らなかつた。又、同本の上欄校異の中、縮刷大藏經の字句に關するものは原則として採らなかつた。

8．校異に用ゐた、弘法大師全集所收本と大正新脩大藏經所收本の識語は、高山寺藏本の本文の後に掲げて、參考に資した。

9．缺損部は〔　〕で括つて示した。

〔高山寺本一字頂輪王儀軌音義〕

(一オ)「金剛頂經一字頂輪王儀軌音義

文[1]稽首至是故常[2]皈[3]命　贊[4]曰・此八項[5](訓)初

五句有五說[6]。一於初句・言普賢・者是理也。卽是爲一字・攝-在下諸佛・を故或分

爲二佛。謂普賢與諸佛轉輪

王・是也。或分爲三佛。先二加現證大菩薩・是也。或分作四智。謂普賢者是大

圓鏡智・卽阿閦佛。次一句妙觀察

智[7]・卽阿彌陀佛也。次一句平等性智

(一ウ)「卽寶性[1]佛也。爲轉敎〔勅輪〕一句は成所作智・卽不空成就佛是也[2]。或分作

五智。先四加法界躰性[3]智。所謂受名

金剛界一句是也。自此・下句配四方

幷中躰[4]毗盧舍那佛・也。從自頂流出

大金輪[5]明王の二句は東方佛也。威光至

〔校異〕

一オ

1　就不空譯時處儀軌（縮校異）

2　常（藏）、當（藏校異）常本軌別本作當（弘校異、縮校異）

3　歸命（弘、藏）

4　讚（藏、縮）、贊（藏校異）

5　頌（弘、藏、縮）

6　謂（藏、縮）

7　「智」ナシ（藏、縮）

一ウ

1　生（藏、縮）、性一作生（弘校異）

2　「也」ナシ（藏、縮）

3　體（縮、以下同、略）

4　胎（藏、縮）

5　剛（藏）

圍繞・二句南方佛。爲一切至輪王・二句西方[6]。纔現至皆歿[7]・北佛[8]。至一躰
故・中躰佛也。次二句東佛・次二句南
(二オ)「佛・次二句西佛・次二中躰佛成佛・至同虚空(ママ)・北方佛也。次一中躰佛　次二
東佛　次一[1]西佛　令頓《トノコトク云》《マテノ》　[2]二句は南佛・是
故常皈命[3]の一は北方佛也。今別に釋す文の音義を也・
爍[4] 音尺阿反・訓須留　令 善也　故 寶也　纂[5] 衣良布　棟[6] 可尓反　族姓 四姓也　騎 支伊反。乃留　驀 婆句反。川万太久
蔲[7] 許其(右傍朱)〔反〕「爾」　葷[8] 鬼爾反　藻[9] 知益反止良加須　磨 須留　拭 志慣反〔川波久〕　曼荼羅 梵語。此曰[10]〔壇〕也。　珮[11] 波江反。川於布毛乃
嗽 布々[12]〔无〕　瑜[13] □
(二ウ)「〔果知〕[1]反。[2]奈太良〈加〉爾(右補)　側 无□[3]〔波〕　押 於須　鋒鋭 上止[4]〔加〕□下止□　□[5]
栂 於保由比　柱[6] 左、布　尅□[7]也　額 比太比[8]音加支反。　腕 太□[9]〔无〕支　〔腿〕 于□[10]毛々
腦後 于奈[11]久保　股 毛[12]、　叉 阿左布　胜 比左　寫[13] 口也　〔悉地〕 此云成就、
繖 左爾反川加左[14]傘字同也　嬋娟 上禪反・下捐反。加奈留狀也　太乎也　劇 甚也　調
志良部　修者 奈止々　微 无[15]也　盤 和加奴　搯 取也　由 猶也　冤[16] 菀反阿□　晨 阿志太　午 馬時　昏
由布戸　暮 由不[17]〔巳〕　燼 毛江久比　含 (ママ)阿萬[18]子久　鎭 於久　搜 阿奈久留　間 左加布　齋 保祖　[19]謐 (ママ)都知[20]反　誘[21]
保[22]知反　師 川伊久左　帥 水[23]泮反川尹久左公　臺 以土高ク作リ上を[24]云臺　閣 以木を高構ヲ云爾。　形服 与祖比

6 佛(弘、藏、縮)
7 沒(弘)、沒一作歿(弘校異)
8 佛＋(顯勝)カ(藏)、佛ノ下「顯勝」アリ(弘)、顯勝二字一本無(弘校異)
二オ
1 二(藏、縮)、一縮藏作二似是(弘校異)
2 一(弘、藏、縮)
3 歸命(弘、藏、縮)
4 音釋河河也飢須留(藏、縮)、音釋何反訓須留(弘)
5 纂(縮)
6 揀(弘、藏、縮)、簡(藏校異)揀藏本作簡(縮校異)
7 「其」ミセケチ。許其反(藏、縮)、許于反(弘)
8 註葷同葷川訓字省(縮校異)
9 滌、智益反(弘)滌(縮)
10 云(藏、縮)
11 波伊反(藏)
12 布布無(弘)布久無(藏、縮)
13 瑜伽梵語此云相應滑(弘、藏、縮)
二ウ
1 菓知反(弘)果和反(縮)
2 奈太良爾(藏、縮)
3 祖波無(弘、藏、縮)
4 上止加利下止志(弘、藏、縮)
5 素月上白也(弘、藏、縮)
6 拄左左布(弘、藏、縮)
7 能也(弘、藏、縮)
8 音加久反(藏、縮)、音加支反(弘)
9 太太牟支(弘)、太布左江牟反(藏、縮)
10 于都毛毛(弘)、布都毛毛(藏、縮)

高山寺藏本一字頂輪王儀軌音義について

（三オ）
「特進[1] 此正[2]□品也　試 之尹反此懸名而不爲務時用此字餘准之　鴻〔此〕〔大〕 雁中云鴻　臚 此雁乃加太波良乃之志奈利此二字是司名准此土治部省等
卿 此卽某[3]司上也
大興善寺 此長安京內在寺也直云興善寺者是尼寺也　沙門 此梵語略也具云志良摩爾奈此云息惡修善　大廣智 此王賜號
不空 此灌頂時號也正名智藏　詔譯 上字汎公口所出云命也公被百官時云詔官告民時云誥也民承法受行時云令但詔與勅二字同用之後問知之[4]
一字頂輪次第
將に往《マウテ、むと》　堂而手口を淨了。則[5]室に結坐
三密
印 所謂以𑖭字手に三遍を三・心密に三遍誦了　〔舌〕[6]　次以〔嚂〕字
浄身
（三ウ）
「及處皆燒淨了　次以佛部心印於頂に三誦　次以蓮[1]花心印を上右《にを》（ママ）の大指を
就て
右耳の處三誦　次以金剛部心印上左《を》（？）の大指を就左耳處三誦了。次无[2]勝印
加持了　然後に作往る堂儀を。謂我身金剛薩埵（ミセケチ）（上欄朱「唾[3]イ」）等と思之。
然後
入堂禮佛燒香
塗香三部印作了　次普禮印言立右《タ》[4]（ミセケチ）足（右傍朱「左イ」）
誦[5]之。歸命等四无[6]量觀菩提心言印
無能勝結護の言印　三[7]解脫觀・五

11 千奈久保（藏、縮）
12 毛毛（縮）
13 美口也（藏、縮）
14 「傘字同也」弘、藏、縮ナシ
15 無也（弘、藏、縮）
16 「阿」ノ下、扁「方」ト見ユ。菟反阿太（藏、縮）、菀也阿太（弘）
17 油布戸（藏）、由布戸（縮）
18 洽（弘、藏、縮）
19 香（藏校異）集韻馥香也一本軌作香馥（縮校異）
20 都知反（弘）、鄙列反（藏、縮）、鄙知反ノ誤カ
21 馞（弘、藏）、馥（藏校異）。誤寫カ
22 保沒反（藏、縮）
23 水尹反川伊久左公（弘）音水伊川伊久左公（藏、縮）「泮」ノ旁ハ「聿」トモ見ユ。「伊」ノ誤寫カ
24 作此（藏、縮）
三オ
1 「特進」（三オ第一行）ヨリ「後問知之」（三オ第六行）マデノ六行ハ藏、縮ニ缺文。特進至後間知之一本竝藏縮本無之（弘校異）「特進」ノ右傍朱字不明
2 此正二品也（弘）
3 其（弘）
4 云令也（弘）
5 到、室（藏、縮）
6 舌三遍（藏、縮）、舌三下縮藏有遍字（弘校異）
三ウ
1 蓮花部心印（弘）、蓮華部心印（藏、縮）
2 無能勝印（藏、縮）
3 ナシ（縮）
4 左足（弘）、右足（藏、縮）

「(四オ)相觀本尊本眞言印又名一字頂輪密言
大日三字密言亦名御身密言[1]　灌頂言印
[2]悅聖衆言印　供養言印　讃印
獻閼伽　佛眼言印　又智拳本言
[3]言ク頂輪印。又加て此に•作御身印を雖爾•先作る本言の印を•　觀して本尊及眷屬名以二印•印四處。[4]　[5]次本言加して持印四處
•又加御身印•を之。[6]　然後作て定印•入觀•
〔觀〕字
義及月輪種等。出了　本言加持重加加持•三字　讃言印供養印言數〔如〕前廿一編。　閼伽歸
「(四ウ)命等無能勝解界[1]但一解之[2]■〔左〕旋
解脫印言「解脫言足」(朱)[3]前三部心印了數如前
(三行空白)
[4]念誦了可禮毗盧舍那號十遍
花嚴經號十　不動尊號十　普賢十
文殊十　龍樹號十　因明論梵號十
陳那梵號十　天主梵十
已上〔勤〕□也
「(五オ)本云
以光明山本書寫比挍共了
高山寺藏本一字頂輪王儀軌音義について

5 誦云（藏縮）
6 無（弘、藏縮）
7 右傍朱「廿一」
四オ
1 密語（弘）
2 「悅聖衆言印」藏、縮ナシ
3 謂（藏、縮）
4 各（縮）
5 「次」ノ上ニ「念珠言印念誦數了」ノ八字、藏、弘、縮アリ
6 以御身印之（弘）、以縮藏作加又之作也（弘校異）、加御身印也（藏）
四ウ
1 無能解界（藏）、無能勝解界（藏校異）、勝縮藏無（弘校異）
2 遍（縮）
3 「解脫言足」ノ四字、弘、藏、縮ナシ
4 「念誦了」以下五行弘、藏、縮ナシ
「本云」ヨリ「兩三字直之」マデト「被直本定書寫之了」トハ稍薄墨色同筆色。覺經ガ「承元二季」ノ識語ノ後ニ加ヘタモノカ

高山寺藏本一字頂輪王儀軌音義について

安元三季五月廿日以阿闍梨御房御本

比校付異本浦書等了

建久二季二月以或本交了兩三字直之

承元二季七月十八日書了　覺〔經〕

被直本定書寫之了

〔校異に用ゐた諸本の奥書〕

○弘法大師全集第二輯（明治四十三年刊）所收本の奥書

天養二年首夏十三日以《テ》二恵什闍梨本《ノヲ》一寫《ス》レ之　權大僧都寛信

文和三年四月二十日於《テ》二勸修寺竹林房《ニ》一書寫了一校了　權少僧都杲寶

延享二歳次乙丑閏十二月十五日令二繕裝《セ》一收二納《シ》金剛藏《ニ》一畢　僧正賢賀俗齒六二

（一行空白）

編者曰。右一字頂輪王儀軌音義幷一字頂輪次第一卷。以《テ》二東寺觀智院所藏杲寶法印手寫本《ノヲ》一爲《シ》二原本《ト》一以《テ》二同院所藏《ノ》古寫《ノ》異本一卷幷《トニ》縮刷大藏經本《ノトヲ》一校合畢《シス》。今《ノ》原本《ノ》表紙《ノ》裏《ニ》記《シテ》云《ク》大師御作法務自筆古版眞實經文句終《ノニ》。賴瑜師出《シテ》二理趣經譯號釋《ノヲ》一云《ク》。是《レ》大師自筆《ノ》頂輪王次第《ノ》後批《ト》也。又理趣釋祕要鈔杲寶一二十右亦出《シテ》二彼《ノ》譯號釋《ヲ》一云《フ》レ在《リト》二一字頂輪王儀軌祕音義《ニ》一而《ルニ》觀智院所藏《ノ》一本幷《ニ》縮刷大藏經中本《ノニハ》無《シ》二特進等《ノ》譯號釋文《ノ》一。蓋《シ》是《レ》異本《ナル》耳。暹鏤等先哲《ノ》目錄《ニ》皆出《シヲ》レ之寛信法務自記《シテ》云《ヒ》二大師御作《ト》一諸師皆用《フ》レ之《ヲ》

○大正新脩大藏經第十九巻（No.958）所收本及び大日本校訂大藏經（縮藏經）餘帙三所收本の奥書

天明三丙午十月三日。於仁和寺皆明寺。以栂尾山法鼓臺藏本寫得之訖　智積院僧東武慈忍

享和改元辛酉年秋八月初六夜。求右本寫之。此音義者。和人施於和人音訓。是故其反切等有難通。而魯魚之差不少。今挍正點國字以壽梓。于時同年冬十月。

和州豐初瀬山總持院　快道　誌

一校了　慈順

（大正藏同十九巻目次三頁には「唐不空譯」とあり）

〔校勘記〕

一、高山寺藏本の本文は、弘・藏（及び縮刷大藏經）の本文の何れとも相違する字句がある。

○「傘字同也」（二ウ注14。以下算用數字は注番號）の四字は、高山寺本にあるが、弘・藏・縮三本にはない。

○「念誦了」（四ウ4）以下の五行は、高山寺本にあるが、弘・藏・縮三本にはない。

○「念珠言印念誦數了」（四オ5）の八字は、高山寺本にはないが、弘・藏・縮三本には存する。

○「二句西方」（一ウ6）は、弘・藏・縮共に「二句西佛」とある。

○字形の異なりに依る少異。

項（高山寺本）（一オ5）——頌（弘・藏）

揀（同右）（二オ6）——揀（同　右）

柱（同右）（二ウ6）——拄（同　右）

尹久左公（同右）（二ウ23）——伊久左公（同右）

その他、无（高山寺本）と無（弘・藏）の相違もある。

二、高山寺本は、弘・藏・縮刷大藏經本と比べて、弘に最も近いが、これとも尚次の如き少異がある。（括弧內は高山寺本）

1．弘と高山寺本との漢字の少異

沒（歿）一ウ7　智益反（知益反）二オ9　菓知反（果知反）二ウ1　其（某）三オ3　密語（密言）四オ1

以（加）四オ6

2．弘の誤寫と見られるもの

苑也（苑反）二ウ16

3．高山寺本と藏が同じで、弘が異なるもの

顯勝（高山寺本・藏ナシ、弘アリ）

三、高山寺本と藏とは、弘の場合に比べて、相違が甚しい。

1．次の字句は、高山寺本にはあるが、藏にはない。

「特進」以下六行（三オ1）〔縮刷大藏經もなし〕

悅聖衆言印の五字（四オ2）〔同右〕

勝（四ウ1）〔同右〕

智（一オ7）〔同右〕也（一ウ2）〔同右〕

2．次の字句は、高山寺本になく、藏にある。

「舌三」の下の「遍」（三オ6）〔縮刷大藏經もあり〕

「勝」の上の「能」（三ウ2）〔同右〕

3．藏が、高山寺本と別語となつてゐるもの。

（括弧内が高山寺本）

謂（說）〔縮刷大藏經も謂〕一オ6

次二（次一）〔縮刷大藏經も二〕二オ1

到室（則室）〔縮刷大藏經も到室〕三オ5

大金剛明王（大金輪明王）一ウ5

美口也（寫口也）〔縮刷大藏經も美〕二ウ13

誦云（誦之）〔縮刷大藏經も誦云〕三ウ5

藏の中には、次の如く明かな誤り又は後世の改と考へられるものを含んでゐる。（縮刷大藏經も藏に同じ）

爍音釋河河也飢須留（爍音尺阿反訓須留）二オ4

奈太良爾（奈太良〈加〉爾）二ウ2

腕太布左江牟反（腕太□〔无〕支）二ウ9

保沒反（保知反）二ウ22

珮波伊反（珮波江反）二オ11

噉布久無（噉布ゝ无）二オ12

頟音加久反（頟音加支反）二ウ8

布都毛毛（于□毛ゝ）二ウ10

油布戸〔由不戸〕〔縮は由布戸〕二ウ17

四、高山寺本にも、誤寫と考へられるものを含んでゐる。

「含阿万子久」は「洽」（弘・藏・縮）であらう（二ウ18）。

「秘都知反」は「秘鄙列反」（藏）の上字「鄙知反」の誤寫であらう（二ウ20）。

「秀保知反」は「稃」（弘・藏）が字音注に合ふ（二ウ21）。

「帥水泮反」は「水尹反」（弘）「水伊」（藏）から見て「水伊反」の誤寫であらう（二ウ23）。

以上の誤寫と考へられるものが、二丁裏の七行八行目に集つてゐるのは注意される。

五、高山寺本にも朱の異本校合が三箇所ある。

（高山寺本本文ミセケチ）	（高山寺本）	（弘）	（藏）
許其反	許于反（二オ）	許于反	許其反
立右足	立左足（三ウ）	立左足	立右足

その中、ミセケチの右掲の二例共に、被訂字が藏と一致し、朱の訂正字が弘と一致してゐる。高山寺本は、その識語に依れば、既に他本との校合を經てゐることが判る。（以上小林）

三

高山寺本一字頂輪王儀軌音義の書寫者覺經については、知る所が少ない。生年は、後掲の諸本の識語から逆算して、元暦元年（一一八四）であることが知られる。又、「愛明王口傳」に「覺經生年二十歳夏臈十耳矣」とあることによつて、この本の識語には年號の記載は無いけれども、これが建仁三年の記であることが判り、又、建久三年に十一歳で始めて夏臈に入つたことを知る。

高山寺經藏の聖教類に見える覺經の識語が、彼の閲歴を知る資料のすべてである。醍醐寺藏「傳法灌頂師資相承血脈」の勸修寺流の項の下に、

　僧正長遍——覺經法印（他略）

と見える覺經は、長遍が一二二三—一三〇二の人であるから、恐らく別人であらう。

高山寺聖教類の識語によると、その初見は建仁二年（一二〇二）三月二十三日の「護摩壇樣」であつて、生年十九歳と記してゐる。（點本書目によると、高山寺藏胎藏界念誦次第一帖の奥に「建仁二年金商之比書寫幷交點傳受初行了□同末資覺經(?)生年十七」とあるが、年令が合はず不審である。）そして、二十歳（建仁三年）、二十一歳（元久元年）の間の識語が最も多くて、二十八歳の建暦元年（一二一一）十一月十六日に「傳法灌頂作法私記」を書寫してゐるのを最後として、絶えてその後のものを見ない。或いは何かの事情で以後のものが傳らなかつたのか、又は別の法名に改名したことなども考へ得るが、建仁三年正月二十日の「轉非命業抄」の奥に、

　殊恐短命故此書所出持也可哀

とあるのは、二十歳の時の自署であるが、或いは病身で前途長からぬことを自ら豫測してゐたのであらうか。想像を逞しうするならば、二十歳、二十一歳の頃に極めて書寫本の數の多いのは、病身に鞭つて書寫に精勵した爲なのかも知れない。そして二十八歳、又はそれから間もなくの頃、短い生涯を終つたのではないかとも考へられる。

覺經が書寫した本の祖本について、その人名・房名等を見ると、

○千手院本（無動祕傳・題未詳）

○東別所本（支度巻數等・四天王法・支度巻數集）

○新別所（轉非命業事・大威徳自行私記・延命法・一字金輪次第・孔雀經法）

○醍醐賢覺法眼（理性房）（轉非命業抄）

賢覺（一〇八〇―一一五六）は醍醐寺僧、理性院の祖。

○勝定房（大威徳自行私記）

○、杲（範杲か）（焔摩天供）

範杲は勸修寺の僧、保元―治承頃の人。點本を多く殘してゐる。

○西谷（行法祕事・方法所尊句等）

西谷は高野山覺鑁及び玄證の居所、覺鑁は寛助・賢覺の資。玄證（一一四六―一二〇八以降）は仁濟・證印の資。

○基舜（諸尊祕事口傳集・傳法時作法）

基舜（基俊）は高野山中院流の僧、兼賢（一〇八八―一一五七）の高足。

○證印（諸尊祕事口傳集）

證印（一一〇八―一一八七）は高野山金剛峯寺の僧。玄證の師。

○常喜院・常喜院阿闍梨・北御房（降三世・光明眞言法・孔雀經法・藥事名也）

常喜院は心覺（?―一一八〇）、高野山の僧。

○淨光房上人（方法所尊句等）

淨光房は頼尊（一〇二五―一〇九一）、仁和寺の僧。

○月上院（諸口傳・千手觀音行法次第）

○月本（月上院本の略）（金輪次第）

月上院は玄證（前述）であらう。

○宰相入道書本（傳受）

○金剛峯寺五室別所〈其舜の本奥書〉（傳法時作法）

○闍梨（大明星供印次第）

○祖師御自筆本（作壇）

○佛光金明院（?）（一事等）

○勸修寺（大威德轉法輪法）

○光明山本（金剛頂經一字頂輪王儀軌音義）

光明山は大和に在り、重譽（保延〈一一三五―一一四一〉頃の人）の居所、重譽は東南院覺樹、中川實範の資（前述）。

○遍照寺（題未詳）

遍照寺は仁和寺寛朝僧正（九一六―九九八）。

等であつて、眞言宗の高野山・醍醐寺・勸修寺・仁和寺等の關係のものが多い。覺經は恐らく、證印―玄證の法統等を多分に稟けた人だつたのであらう。（以上築島）

○覺經年譜（文献は何れも高山寺藏本）（〔　〕は欠損部を示す）

元暦元年（一一八四）　一歳　出生（後記諸本の識語より逆算）

建久三年（一一九四）　十一歳　始めて夏臈に入る（愛明王口傳建仁三年識語より逆算）

建仁元年（一二〇一）　十八歳

十二月十日　題未詳の本を書寫せるか

◎題未詳　一帖（巻尾のみ一紙）（補二ノ三八九）

（奥書、墨）建仁元年十二月十日書寫比交了／生年十八

○墨點（假名點）少々あり、この本書名無けれども年齢符合するにより覺經寫と推定す。

建仁二年（一二〇二）　十九歳

三月十三日　題未詳の本を書寫せるか

◎題未詳　一帖（巻尾のみ一紙）（補二ノ三九〇）

（奥書、墨）建仁二年三月十三日書了／生年十九

○無點、この本署名無けれども年齢符合するにより覺經寫と推定す

三月二十三日「護摩壇様」を書寫す

◎護摩壇様　一帖（重文三ノ二二七）

（奥書、墨）建仁二年三月廿三日求法僧覺經／生□十九

八月十九日「支度巻數等」を書寫す

◎支度巻數等　一帖（重文三ノ五二）

（奥書、墨）建仁二年八月十九日以東別所本／書之了　資覺經

○無點

八月二十四日　題未詳の本を書寫す

◎題未詳　一帖（巻尾一紙）（補二ノ三九二）

（奥書、墨）建仁二年八月廿四日以千手院本書之了　幷次第同傳　受了　末資覺經

○無點

十月八日「無動祕傳」を書寫す

◎無動祕傳　一紙（七九ノ九八ノ(一)）

（奥書、墨）建仁二年十月八日以千手院本傳授之　資覺經生年十九

建仁三年（一二〇三）　二十歳

正月二十日「轉非命業抄」を書寫す

◎轉非命業抄　醍醐賢覺法眼抄　一條（重文三ノ一四四）

（奥書）轉非命業事建已上賢覺法眼抄也西西理性房也

建仁三年正月二十日以新別所□抄之內／書寫了

末資覺經生年二十歳

殊恐短命故此書所出持也可哀

○墨點（假名點）

正月二十二日「大威德自行私記勝定房」「問答抄」を書寫す

◎大威德自行私記勝定房　一帖（重文三ノ一五六）

（奥書、墨）建仁三季正月廿(?)二日以新別所□抄之內／

奉書寫了　末資覺經廿歳

○無點

◎問答抄　一帖（重文三ノ二二四）

（奥書、墨）建仁三年正月廿二日書了　末資覺經二十歳

○墨點（假名點）少々あり

三月晦日「功德天供養次第」を書寫す

◎功德天供養次第　一帖（重文二ノ三五）

（奥書、墨）建仁三年三月晦日書寫之了／覺經二十歳

○宿紙、無點

四月十九日「准胝」を書寫す

◎准胝　一卷（重文二ノ一三三）

（奥書、墨）建仁三年四月十九日書之了／覺經二十歳

六月十六日「尊勝法」を書寫す

◎尊勝法　小一卷（重文二ノ四五六）

（奥書、墨）建仁三年六月十六日書了／資覺經二十

六月二十七日「牛玉鹿玉略次第」を書寫す

◎牛玉鹿玉略次第　一卷（重文二ノ一三一）

（奥書、墨）建仁二(三)年六月廿七日重交點畢交本

多分未點所當无墨假名也／无用故也

一奥口傳一卷書之了　佛子覺經二十一

六月晦日（三十日）「毗沙門天王略次第」を書寫す

◎毗沙門天王略次第　一帖（首と尾とのみ）（補二ノ三九五）

（奥書）本云安〔元〕

一交了　十七日□□并讀阿闍梨御房寛□□藏了

建仁〔三〕年六日晦日書之了　同傳受了

佛子覺經生年二十歳

○無點、高山寺朱印あり

七月三日「童子經法」を書寫す

◎童子經法　一帖（補二ノ三九四）

（奥書、墨）建仁三ー七月三日書之了／末資覺經二十歳

○墨點（假名點）、高山寺朱印あり

八月一日「千手觀音行法次第」を書寫す

◎千手觀音行法次第　一帖（七七ノ一九）

（奥書、墨）書本口記云

以大師御筆本所令書寫也本端破失若逢

具本當書補耳　　保延三年五月廿三日於

中川寫授了　入阿

安元三年五月廿一日以阿闍梨御房御本授

點了端有書續是也〔常〕證　已上

建仁三年八月一日於月上院僧房書寫了／末資覺經生年二十歳

○無點

八月九日「如意論」を書寫す

◎如意輪　一帖（重文三ノ七〇）

（奥書、墨）建仁三年八月九日書之了／末學覺經二十歳

○無點

八月十四日「焔摩天供」を書寫す

◎焔摩天供　小一卷（重文二ノ四一四）

（奥書、墨）本、／仁安二年十二月日奉傳了資、杲本

建仁三年八月十四日書之了

末資覺經二十歳

○「、杲」は範杲なるべし。範杲は前述。

十月二十二日「行法祕事」を書寫す

◎行法祕事　小一卷（重文二ノ三九二）

（奥書、墨）建仁三年十月廿二日以西谷本書了　覺經

十月二十三日「愛染王法」を書寫す

◎愛染王法　小一卷（重文二ノ三八〇）

（奥書、墨）建仁三年十月廿三日書之了　沙門覺經

十二月三日「諸尊祕事口傳集」下を書寫す

◎諸尊祕事口傳集　二帖（重文二ノ二八）

（上奥書）八月十五六七八九之五箇日數傳受了
都合料帋三十三枚書寫了如此祕密
口傳等師資相傳明鏡也
求法（梵字三字、アジャリ）基舜之本／爲後代記之
在判
已上皆令授許證印給了在判
元久元年五月廿二日書寫之了末學（葉カ）覺經生年二十一歳

（下奥書）都合料帋二十三枚之内不動十三枚愛王十枚書
／寫了如此
祕密口傳等師資相傳明鏡也／求法（梵字三字、アジャリ）
基舜之本也爲後代記之在判

高山寺藏本一字頂輪王儀軌音義について

右法等皆令授許證印給了在判
建仁三年十二月三日書之了　末學覺經生年二十歳

○本帖下卷を先に書寫して、上卷は後にせり

是歳「愛明王口傳」を書寫す

◎愛明王口傳　一帖（重文二ノ二七）

（奥書）仁和寺流也（コノ一行ハ本文ノ末尾ナリ）
右一帖同十日之了　二十一日受了
已上合四帖書得本爲悦不簡同
異不直眞僞此日以書寫畢志既鄭
重也功豈唐損（ママ）乎（正□（歟？））于時覺經生
年二十歳夏臈十耳矣

元久元年（一二〇四）　二十一歳

四月下旬「四天王法」を書寫せしむ

◎四天王法　一帖

（奥書）元久〻（ママ）年四月下旬之比東別所本令寫了沙門寛
經二十一歳

○點本書目一〇一頁による。寛經は覺經の誤讀なるべし。血脈類聚記六による寛經は治承二年（一一七八）

に三十八歳なれば元久元年には存命せりと見て六十四歳なる筈なり

五月八日「降三世」を書寫す

◎降三世　小一巻（重文二ノ三七七）

（奥書、墨）元久元年中夏上旬第八日書之了

常喜院書了　　覺經二十一歳

五月二十二日「諸尊祕事口傳集」上を書寫す

◎諸尊祕事口傳集　一帖（奥書は建仁三年十二月三日の項にあり）

五月下旬「支度卷數集」を書寫す

◎支度卷數集　一帖（重文三ノ一三六）

（奥書）元久改元年中夏下旬之比以東別所

之本所書寫了　末學沙門覺經二十一歳

○宿紙、無點

五月晦日（二十九日）「方法所尊句等」を書寫す

◎方法所尊句等　一帖（重文三ノ九三）

（奥書、墨）〔嘉〕保三年三月十二日書了（本文記）

（朱）曾難得法也

（墨）元久元年五月晦日書之了本西谷上

淨光房上人自筆書也尤可祕〻〻

求法沙門覺經〔二〕十〔一〕歳

○朱點（三論宗點又は中院僧正點、星點のみ）

六月四日　題未詳の本を書寫す

◎題未詳　一帖（卷尾のみ一紙）（補二ノ四〇一）

（奥書、墨）元久元年六月四日以東別所本書了　沙門

覺經　二十一

○無點

六月十四日「伍字文殊」を書寫す

◎伍字文殊交了　一帖（七七ノ二九）

（奥書、墨）元久元―六―十四、以或人本書了　末葉

覺經二十一歳

六月十五日「諸口傳」を書寫す

◎諸口傳（首缺）小一巻（重文二ノ四四七）

（奥書）元久元―六―十五夜於月上院書之了　末葉覺

經二十一歳

○月上院については土宜成雄『玄證阿闍梨の研究』一

頁以下及び六八頁以下參照。

六月二十八日「光明眞言法」を書寫す

◎光明眞言法　小一巻（重文二ノ三八六）

（奥書）元久改元年六月廿八日以或人本
　　書了　常喜院書了　覺經二十一歳

六月晦日（二十九日）「口傳」を書寫す

◎口傳　小一巻（重文二ノ三五六）

（奥書）元久元季六月晦日書了／常喜院書了　末葉覺
　經二十一

七月一日「阿彌陀」を書寫す

◎梵字三字（アミダ）小一巻（重文二ノ四二一）

（奥書、裏書）元久元季七月一日以同筆相交本／書之
　了　　　　　　沙門覺經二十一歳

十月二十一日「傳受」を書寫す

◎傳受　小一巻（重文二ノ三七九）

（奥書）尊師爲爲宰相入道被書本也（裏付ハ彼禪門自筆也）郎／以彼自筆本書
　之了　于時元久元ー／十月廿一日　　沙門覺經

高山寺藏本一字頂輪王儀軌音義について

生年二十一歳

十一月三日「不動鎭宅」を傳受す

◎不動鎭宅　一巻（重文二ノ一三二）

（奥書）元久元年十一月三日傳受了／　覺經二十一歳

十一月五日「文殊鎭宅法」を傳受す

◎文殊鎭宅法　小一巻（重文二ノ三七二）

（奥書、墨）元久元ー十一ー五日傳受了／末葉覺經
　二十一歳

○墨點（假名點）、片假名交り文あり

十一月十四日「傳法時作法」を書寫す

◎傳法時作法　極祕密許可印明口傳文と合一巻（重文二
ノ三〇〇）

（奥書、墨）本云／保延六年才次庚申九月十四日乙卯金剛峯寺
　五室別所而許可傳受了／求法沙門基舜在判

（右の裏書）元久元季十一月十四日書寫畢沙門覺經二十一歳

十一月二十日「灌頂許可印明等」を書寫す

◎灌頂許可印明等　許可傳法密印と合一巻（重文二ノ四
四五）

(奥書) 元久元ー十一月廿日書寫了　覺經二十一歳

十二月八日「隨求八印」を書寫す

◎隨求八印　一帖 (重文三ノ一四八)

(奥書、墨) 元久元年十二月八日書了　覺經

○無點

十二月十八日「極祕密許可印明口傳文」を書寫す

◎極祕密許可印明口傳文　傳法時作法と合一卷 (重文二ノ三〇〇)

(奥書、墨) 元久元季十二月十八日書了弟子覺經二十一歳

○無點

十二月十九日「許可傳法密印」を書寫す

◎許可傳法密印　灌頂許可印明等と合一卷 (重文二ノ四四五)

(奥書) 元久元年十二月十九(ママ)書之了　覺經

十二月二十一日「大明星供養次第」を書寫す

◎大明星供養次第　一卷 (重文二ノ二七六)

(奥書、墨) 保元、年九月十九日傳之(墨)「一交了」闍梨在判／元久(元)□年十二月廿一日書之　覺經二十一歳

元久二年 (一二〇五)　二十二歳

正月十五日「作壇」を書寫す

◎作壇　一卷 (重文二ノ三二四)

(奥書、墨) 元久二ー正ー十五以祖師御自筆本書了／覺經

正月二十日「不祕自」を書寫す

◎不祕自　一紙 (七九ノ九八ノ㈡)

(奥書、墨) 本云〔文〕治二年三月以或本入兩三字了其本無實跡也／元久二ー正ー廿ー書之了　覺經二十二

九月二十七日「愛染王私記」を書寫す

◎愛染王私記　小一卷 (重文二ノ三四九)

(奥書、墨) 元久二年九月廿七日書寫之／沙門覺經生年二十二

十月十一日「五祕密金剛」を書寫す

◎五祕密金剛　小一卷 (重文二ノ四二六)

(奥書、墨) 元久二年十月十一日以草／本書了　覺經二十二歳

建永元年〈元久三年〉（一二〇六）　二十三歳

三月四日「薬事名也」を書写す

◎薬事名也　一紙（補二ノ四〇八）

（奥書、墨）嘉應二年六月二日北御房□／令假名付候給了　本記如是／元久（三）年三月四（ママ）書之了北御房者／常喜院阿闍梨也　　覺經

十月二日「理趣經法」を書写す

◎理趣經法　一帖（重文三ノ一五二）

（奥書、墨）元久三ー十月二日書了　覺經

○宿紙、朱假名點

承元元年〈建永二年〉（一二〇七）　二十四歳

十月一日「無量壽」を書写す

◎無量壽　小一巻（重文二ノ四五七）

（奥書、墨）建永二年十月一日書了／佛子（梵字二字、カクケイか）

十二月一日「阿彌陀」を書写す

◎阿彌陀　小一巻（重文二ノ三四八）

（奥書、墨）建永（二）季五月一日書了／佛子（梵字、二字、カクケイか）

承元二年（一二〇八）　二十五歳

五月二十七日「延命法」を書写す

◎延命法　小一巻（重文二ノ三八七）

（奥書、墨）承元二季五月廿七日書了新別所御日記已了　沙門覺經

七月十二日「金輪次第」を書写す

◎金輪次第　一帖（重文三ノ一三一）

（奥書、墨）承元二季七月十二日月本原／紙爲披閲書出之了　覺經

○無點

七月十八日「金剛頂經一字頂輪王儀軌音義」を書写す

◎金剛頂經一字頂輪王儀軌音義　一帖（補二ノ四一一）

○識語は第二節參照。

七月晦日（三十日）「一字金輪王次第」を書写す

◎一字金輪王次第　一帖（重文三ノ一七八）

（奥書、墨）承元二季七月晦日書了新別所御記了／覺經之

○無點

七月某日「一事等」を書寫す

◎一事等　一帖（重文三ノ一三八、三ノ一三七と同帙）

（奥書、墨）已上佛光金於明院奉受了　承元二七月日

書了　覺經

○無點

承元三年（一二〇九）　二十六歳

四月五日「宿曜供略次第」を書寫す

◎宿曜供略次第　一巻（重文二ノ三〇三）

（奥書、墨）承元三季四月五日書了　覺經／一交了

○無點、東宮切韻の引用あり

四月頃「須臾成就福徳經」を校合す

◎須臾成就福徳經　一帖（補二ノ四一〇）

（奥書、墨）承元三季四月比以兩本交合了　覺經

○墨點（假名點）、高山寺朱印あり

五月五日　題未詳の本を加點す

◎題未詳　一帖（巻首缺）（補二ノ四一二）

（奥書、墨）遍照寺御本云、

（朱）但注眞言印契名目許不注釋念於後代學（人カ）□以此

不可正也可見彼經本也

（墨）〔承〕元三季五月〔五〕日書點重點□了（梵字

二字、カクケイか）

○朱點（句點）あり

承元四年（一二一〇）　二十七歳

五月一日「天台宗未決」を書寫す

◎天台宗未決　一帖（補二ノ四一四）

（奥書、墨）承元三季仲夏初日以／月院本書了／末資覺

經

○無點、高山寺朱印あり

十一月八日「如意寶受法」を書寫す

◎如意寶受法酉酉　小一巻（重文二ノ三四三）

（奥書、墨）

承元三季仲冬八日賜御本書了／祕藏、、、求法沙

門（梵字二字、カクケイか）

○墨點（假名點）

建暦元年〈承元五年〉（一二一一）　二十八歳

閏正月二十二日「承暦四年支度注進」を書寫す
◎承暦四年支度注進（首缺）　小一巻（重文二ノ三九七）
（奥書、墨）本／□□聞師説裏少〻書付之又別抄／云不奉（?）少〻注加或不散事等少々有也／□□引會□交之也
承元五季閏正月廿二日／書寫了　金剛弟子（梵字二字、カクケイか）
閏正月晦日（三十日）「如法尊勝私記」「増鎭次第」を書寫す
◎如法尊勝私記　小一巻（重文二ノ三九八）
（奥書、墨）承元五季閏正月晦日書寫了
金剛弟子（梵字二字、カクケイか）
◎増鎭次第　小一巻（重文二ノ三三二）
（奥書、墨）承元五季後正月晦日書了／（梵字二字、カクケイか）
七月六日「孔雀經法」を書寫す
◎孔雀經法　小一巻（重文二ノ三八八）
（奥書、墨）建暦改元季孟秋第六日書寫之了
常喜院御記已了　金剛弟子（梵字二字、カクケイか）
七月七日「孔雀經法」を書寫す
◎孔雀經法　小一巻「重文二ノ三六〇」
（奥書、墨）建暦元季孟秋七夕書了
新別所御記了（梵字二字、カクケイか）之
十一月一日「大威德轉法輪法」を書寫す
◎大威德轉法輪法　小一巻（重文二ノ三三四）
（奥書、墨）建暦元季十一月一日書了自或抄
出中書出是勤（勸）修寺乃御説〔歟〕覺經
十一月十六日「傳法灌頂作法私記」を書寫す
◎傳法灌頂作法私記　小一巻（重文二ノ四一三）
（奥書、墨）御本記云
久安六季三月日奉受者等已了／建暦元季十一月十六（ママ）敬奉書寫了／今季正月十八日入壇傳法事畢而／奉（右補）〔受〕式等又了生季廿八蓋定滿大／僧正受法季也季賢雖異季﨟是同歟（梵字二字、カクケイか）之
以上の他、文化財保護委員會編「高山寺寶物目録」で、

識語は無いが、多分筆跡により覺經筆と認められたものに、
◎不斷念佛前後導師作法　一卷（重文二ノ一三四）
◎藥師法　小一卷（重文二ノ三四二）
◎請雨經御修法　小一卷（重文二ノ三四〇）
◎阿彌陀口傳「不動三摩耶攝召印」と合して小一卷
（重文二ノ三五八）
◎隱所作法　小一卷（重文二ノ四四九）保元四年、仁安二
　年の本奥書あり
がある。この他高山寺經藏には覺經書寫本が若干あるかと考へられるが、一往管見に入つた右のみを擧げるに止め、更に調査を後日に期することとしたい。（以上築島・小林）

（「國語學」第七十一集　昭和四十二年十二月）

（築島裕氏と共著）

金剛頂經一字頂輪王儀軌音義（三本）

高山寺經藏の典籍文書については、昭和四十年以降、調査を實施して來たが、その間新に發見された研究資料文獻は極めて多數に上る。その中の一つに「一字頂輪王儀軌音義」の古寫本がある。本書は、古來、弘法大師空海の撰著と傳へられ、佛教書籍目錄の類にもその名稱が見えてゐるのであるが、從來世に傳へられた本は何れも後世の寫本であり、その上、內容に誤脫の多いものであつて、果して空海の自撰そのまゝの形であるか否か、疑を插む餘地が無いでもなかつた。而るに我々の調査の中で、該書の鎌倉時代の古寫本を三本も發見することが出來たのであつて、調査の結果、その內容は平安時代初期の撰述であることについての信憑性が極めて高くなり、惹いては、該書が弘法大師の撰著であることについても可能性が高いと見られるに至つた。これは、國語史・日本辭書史研究上、大きな前進であつて、調査研究に從事した我々にとつても、大きな欣びである。

本稿では、右の三本を區別する爲に、發見の順に、姑く「甲本」「乙本」「丙本」と稱することとした。

「甲本」は、昭和四十二年七月度の調査の際に發見されたもので、鎌倉時代承元二年（一二〇八）覺經の書寫奥書を有する本であり、「乙本」は昭和四十三年十二月度の調査の際に發見されたもので、卷尾を缺き、現存部分には識語は無いが、明かに鎌倉時代初期の寫本である。又、「丙本」は昭和四十六年四月度の調査の際に發見されたもので、識語が無いが、同じく鎌倉時代の寫本である。この中「甲本」はその全卷の寫眞、翻字竝に解說を「國語學」第七十一集（昭和四十二年十二月發行）に公表したが、「乙本」「丙本」については從來未だ發表してゐない。今回この三本を併せて全卷の寫眞・翻〔補記（一）〕字を行ひ、索引を作成し、解説を施してその全貌を學界に紹介しようとするものである。

一、はじめに

昭和四十二年七月、高山寺經藏の整理調査に從事した際、一字頂輪王儀軌音義の鎌倉時代初期の寫本一帖を發見した。該本は、從來開山堂裏の舊經藏内の二階の長櫃の中に納められてゐた、蟲損大破の聖教類の中から見出されたものであるが、この一群の書物の由來について、前高山寺住職故小川義章猊下から直接伺つた所によれば、大正末年頃、高楠順次郎博士が調査された際に、破損甚しいものなど、整理不能の類として一括投入して置かれたものの由であつて、從來何れの經箱にも納められず、重要文化財の指定のための調査の對象から漏れてゐたものである。この本は、粘葉裝枡型本一帖の小冊子であつて、書寫奥書を有し、それによれば、承元二季七月十八日に、高野山の僧侶であつた覺經が書寫した本であることが判明する。この寫本は、從來知られた本書の傳本の中で、最も古い時代のものである。以下この本を「甲本」（「承元本」）と稱することとする。

然るにその後調査を進めるに從つて、更に二本の鎌倉時代の古寫本が、同經藏内から發見されるに至つた。一本は、右の翌年、昭和四十三年十二月度の調査において、高山寺の新經藏一階の長櫃の中に、斷簡や大破の書卷が未整理のまま一括投入されてあつた中から發見され、第一八九函第三七號として登録されたもので、粘葉裝の鎌倉初期寫本一帖（以下「乙本」と呼ぶ）である。

他の一本は、昭和四十六年四月度の調査において、高山寺の新經藏二階の聖教箱の中、第一五三函の中から發見せられ、第一五三函第三三號として登錄せられたもので、粘葉裝で鎌倉時代書寫本一帖（以下「丙本」と呼ぶ）である。

高山寺經藏から新出した乙本と丙本とは、本文の字句が大同であるが、既出の甲本（承元本）の本文と比較すると、共に大異があり、恐らく別系統の本と見られる。しかもその異文は、現行活字本の內、大正新脩大藏經第十九卷（No.958）所收本、及び大日本校訂大藏經（縮藏經）餘帙三所收本に共通する上に、この二つの活字本の底本の親本が、天明三年に「以栂尾山法鼓臺藏本寫得之訖」したものであることから見れば、乙本・丙本の內の一つは、天明三年書寫本の親本に擬定せられるものとして、極めて重要な古寫本といふべきである。

從來、この音義の本文としては、

㈠　大日本校訂大藏經（縮藏經）餘帙三　明治十三〜十八年刊

㈡　弘法大師全集第六卷（第二輯）明治四十三年刊

㈢　大正新脩大藏經第十九卷　No.958　昭和三年刊

に收められてゐる活字本が流布してゐるが、㈡の弘法大師全集所收本は、文和三年（一三五四）の奧書ある東寺觀智院の本に據つたといひ（識語後揭）、㈢の大正藏經所收本は、享和元年（一八〇一）刊の長谷寺藏本を底本とし、その奧書に、

天明三丙午十月三日。於仁和寺皆明寺。

以栂尾山法鼓臺藏本寫得之訖

智積院僧東武慈忽

なる奧書を收載してゐる。

從來、この音義の本文は、右に述べた二つの活字本の他に、弘法大師全集所收のやうな活字本によつて知られ、利用されて來たが、これらの活字本の底本は、いづれも室町時代以降の寫本であつて、それらの本文は、字句に多くの誤寫をも

含むものであつた（全巻翻字の甲本に附した校異と校勘記を參照。六六八頁）。今般、高山寺經藏から、鎌倉時代書寫の古寫本を三本も發見することが出來たのは、單に、現行活字本の誤寫等を正すばかりでなく、この本の本文の系統を知る上でも重要であつて、誠に慶ぶべきことである。

以下、甲本・乙本と丙本との書誌的な解說と、甲本を始め他本との本文の系統について述べることにする。

二、甲本について

甲本は、今次の調査によつて第一八五函第一三八號として登錄されたものである。（昭和四十二年度の調査に於ては、假番號「補第二函第四一一號」と附し、「國語學」誌上に發表した折は、右の番號を提示したが、後の調査整理によつて、改函改番が行はれたのである。）粘葉裝枡型一帖の本であるが、蟲損が甚しく、糊代は殆ど缺落してゐる。表紙は存在しないが、現存の本文では、首題（恐らく本來は內題に當るものであらう）が粘葉裝の外側の第一面の第一行から始つてゐるものであるから、若しもとの表紙が在つたとしても、粘葉裝の第一張だけを表紙としたとは考へ難い。本書は、全五張といふ薄册子であるから、或いは本來表紙は無く、いきなり首題・本文が始つたものと見ても良いのかも知れない。

各面縱一九・一糎、橫一六・五糎、押界を施し、界高一四・九糎、界幅一・九糎程、一面九行に記し、兩面書寫。本文中、粗ながら朱點の訓點がある（ヲコト點は喜多院點。點圖は三六七頁に既掲）。本文の首題に「金剛頂經一字頂輪王儀軌音義」とあり、最初に「金剛頂經一字頂輪王瑜伽一切時處念誦成佛儀軌一巻」（唐、不空譯、大正藏第十九巻 No.957）の科注があつて、「文稽首至是故常皈命、贊曰、此八項初五句有五說……」のやうに、漢文で本文を解し（一オ〜二オ）、次いで「今別釋文音義也」として、漢字を掲出し、その下に音義の注を割注で示し、その中には萬葉假名をも用ゐてゐるのである。この音義は二丁表から三丁表まで續き、次いで「一字頂輪次第」に續いて四丁裏でそれは終つてゐる。

五丁表には、

本、

以光明山本書寫比挍共了

安元三季（一一七七）五月廿日以阿闍梨御房御本

比挍付異本浦書等了

建久二季（一一九一）二月以或本交了兩三字直之

（三行分程空白）

承元二季（一二〇八）七月十八日書了　覺經

被直本定書寫之了

とある。「浦書」といふのは「裏書」の意なるべく、面白い宛字である。書寫者の「覺經」は、字體が草體の上、下字の大半が蟲損を蒙つてゐる爲、極めて讀みにくいが、高山寺經藏には、他に覺經の識語を持つ本が多く存在するので、それらの筆跡と比較對照して見た所、「覺經」の二字であることを確認することが出來た。

さて右の奥書に據れば、本書の祖本は、

㈠　先づ「光明山本」によつて書寫比校し（その年紀は無し）

㈡　安元三年五月廿日、阿闍梨御房御本によつて比校し、異本浦（裏）書等を附し

㈢　建久二年二月、或本を以て交し、兩三字之を直した

といふ。㈠の「光明山本」なるものについて、光明山とは恐らく重譽（保延〈一一三五―一一四一〉頃の人）を指すと考へら

れる。重譽は東大寺東南院の覺樹・中川實範に就いて夫々三論・密法を學んだ、著名な學僧である。「阿闍梨御房」は何人か未だ定め得ないが、或いは玄證阿闍梨などを指すのかとも想像される。「阿闍梨御房御本」に裏書があつたとすれば、それは册子本でなくて巻子本であつたと見られる。又、その裏書といふのは、本文最末尾の「念誦了可礼毗盧舍那號」云々以下の四行あたりを指すものかも知れない。

何れにしても、光明山本の他に、阿闍梨御房御本・或本の合計三本が既に世に傳つてゐたことを知るのである。高山寺本の本文そのものにも、既に朱の校合があつて、その事實を明かに示してゐる。この祖本が、果して誰の書寫乃至は所持の本であつたか、未だ明かでないが、ヲコト點に喜多院點を用ゐてをり、高山寺經藏本の喜多院點本は多く成身院中川實範の學統の中に傳つたもののやうであるから、この本もその一つと見て良いのではないか（重譽は實範の資であること上述の通り）と推測される。

本書は、右の如く、承元二年覺經書寫の識語を有するが、本文はこの識語と同筆であるから、本文の書寫は承元二年と定めることが出來る。上述の如く、本書の寫本としては現存最古のものとなる。又、識語の年紀としては、東寺觀智院本の、天養二年（一一四五）の寛信（一〇八四―一一五三、大僧都、東寺長者、東大寺別當、嚴覺の資）の識語には及ばないが、これとは恐らく異つた傳本として、新に安元三年、建久二年の年紀を得たことは有益である。

弘法大師全集の編者の注によると、東寺には、文和本の他に更に一本があり、「特進」（高山寺本甲本三オ一）から「後問知之」（同三オ六）まではこの一本には之を缺くとしてゐる。縮藏本・大正藏本も同じく之を缺いてゐる。しかし高山寺本の出現によつて、かやうな異文を具備した類の本が、夙くより存したことを知るのである。

三、乙本について

乙本は、昭和四十三年二月十六日に、新經藏一階の長櫃の中から發見せられたものである。粘葉裝枡型一帖の本であるが、墨附本文は二葉のみであつて、巻尾の「一字頂輪次第」の後半を缺くが、その前にある訓釋は全文を存し、しかも破損・蟲損が少ないために字句は明瞭に讀解せられ、承元本の破損・蟲損箇所を補ふことが出來る。表紙は共紙で、左肩にある外題「一字軌音義」は本文と別筆であり、表紙右肩に「臺第十四」と墨書がある。「高山寺」の單廓朱印が、本文の巻頭內題の下にあり、又、巻末の字句の上にも一顆捺印されてゐる。巻頭の「高山寺」朱印は、縱四・六糎、横一・六糎の單廓印であるが、巻末の「高山寺」朱印は大きさが稍異なり、縱四・九糎、横一・八糎の單廓印であるから、首尾に同一印が同時に押捺されたものではないらしい。しかし、これらの「高山寺」朱印の押捺されてある書巻は、概ね江戸初期以前の書寫本であるから、この乙本の巻尾の缺損部は、かなり早くから失はれてゐたものであらうと推定される。

各面は縱一八・〇糎、横一五・一糎であつて、押界を施し、界高一五・〇糎、界幅一・七糎、一面八行に記し、兩面書寫。訓點は無い。本文第一行の內題に「金剛頂經一字頂輪王儀軌音義」とあり、第二行から「文稽首至是故常皈命、贊曰、此八頌《ママ》初五句有五說」といふ漢文の科注が二丁表の二行目まで續き、次いで「今別釋文音義也」として、行を改めて、被注の漢字を掲出し、その下に音義の注を割注で示し、和訓は萬葉假名を以て表してゐる。この音義は三丁表の六行目まで續き、一行空白を置いて、「一字頂輪次第」の本文が三丁裏八行目まであり、八行目の「謂我身金剛薩埵等思之然後入堂」で終り、以下失はれてゐる。巻末の朱印はその前の行の下部に捺されてゐる。從つて、奥書は存否未詳である。糊代に「一丁」「二丁」とあるのは、丁附の數字である。本文書寫は鎌倉初期と見られるから、承元本と殆ど時期を接する。

本文の字句には、甲本（承元本）と大異がある。就中、音義の中、その末尾の「特進」（甲本三オ一行目）から「後問知之」（同三オ六行目）の訓釋の字句は、乙本には存せず、又、音義の中、「繖」の訓釋の「傘字同也」（甲本二ウ四行目）も乙本には存しない。これらは、大正藏經・縮藏本もこの二箇所の字句を缺いてをり、又、東寺一本（弘法大師全集所收本校異）も缺くといひ、甲本とは別系統の本であることが判明する。

四、丙本について

丙本は、昭和四十六年四月五日に、新經藏二階の聖教函第一五三函の中から見出されたものである。粘葉裝枡型一帖の本であつて、表紙の他に墨附本文四葉の小冊子である。首尾を存し、下部に破損があり、所々に蟲損があるが、本文の大部分が讀解せられ、甲本の破損・蟲損箇所を補ふことが出來る。表紙はクリーム色で唐草模樣があり、左端に外題が「一字頂輪王音義」とあり、右肩に「臺第十四」と別筆にて、共に墨書されてゐる。表紙見返の左裾に「高山寺」の朱印が押印されてゐる。

各面は縱一七・〇糎、横一五・二糎であつて、押界を施し、界高一四・〇糎、界幅一・七糎、一面八行に記し、兩面書寫。訓點は無い。本文第一行の內題に「金剛頂經一字頂輪王儀軌音義」とあり、第二行から「文稽首至是故常皈命、贊曰此八頌初五句有五諸（ママ）」といふ漢文の科注が二丁表の六行目まで續き、次いで七行目に「今別釋文音義也」として、行を改め、八行目から音義の訓釋が始まる。訓釋の體裁は、乙本と同じであり、この音義の訓釋が三丁表の八行目まで續き、次いで三丁裏の一行目から、「一字頂輪次第」の本文が始まり、四丁の表裏を經て、五丁表卽ち裏表紙の內側第一行で終つて、首尾完結してゐる。書寫奥書は無いが、この後表紙の左寄りに、朱書にて「一交了」の識語がある。本文の書寫は、鎌倉時代と見られ、甲本・乙本と同じ時代である。

本文の字句には、甲本と大異がある。就中、音義の中、その末尾の「特進」（甲本三オ一行目）から「後問知之」（同三オ六行目）の訓釋の字句は、丙本には存せず、又音義の中、「黴」の訓釋の「傘字同也」（甲本二ウ四行目）も丙本には存しない。乙本との近接を窺はしめる。又、巻末の「念誦了可礼毗盧舎那號十遍」（甲本四ウ六行）以下「已上（勤）□也」に至る五行も丙本には存しない。又丙本の四丁ウ三行目の「念珠言印念誦數了」の一行は丙本にあるが、甲本にはない。前者の「念誦了……」以下「已上（勤）□也」に至る五行は、大正藏經・縮藏本にも無く、後者の「念珠言印念誦數了」の一行は、大正藏經・縮藏本にもある。丙本が、甲本とは別系統の本であり、乙本や大正藏經・縮藏本に近接することが判明する。

五、乙本と丙本との近似

前節において、乙本と丙本とは共に甲本の本文と大異があるが、乙本と丙本との間では近接することが判つた。そこでこの節では、乙本と丙本との字句の異同を調べることにする。

先づ、訓釋の異同を見ると、「訓釋諸本對照表」[補記(二)]（別掲）のやうに、乙本と丙本との字句は大同であることが判明する。

蟲損を除けば、乙本と丙本とで相違するのは、

（乙本）　奈太良加尓（滑）　音加知反（額）　于都毛□（腿）
（丙本）　奈太良尓（滑）　音加支反（額）　千都毛〻（腿）

（乙本）　于奈久保（脳後）　阿左布（叉）　和加奴（盤）

（丙本）千奈久保（腦後）　阿。布左（叉）　禾加奴（盤）

（乙本）都知（趾）　高作上ヲ（臺）　形眼
（丙本）都知反（趾）　高佑上（臺）　形服

の諸例であるが、これらはいづれも、一方が明かに誤寫・誤脱と考へられるものである。それは、單なる書寫過程の問題であつて、甲本との差におけるやうな系統に係る問題ではないと考へられる。

次に、訓釋以外について異同を見よう。

	乙本	丙本	甲本（承元本）	大正藏經	縮藏本
1	八頌	八頌	八項	八頌	八頌
2	五說	五諸	五說	五謂	五謂
3	是也	是	是也	是	是
4	二句	一句	二句		
5	西佛	西佛	西方	西佛	西佛
6	次一西佛	次一西佛	次一西佛	次二西佛	次二西佛
7	二句南佛	一句南佛	二句《は》南佛	一句南佛	一句南佛
8	蓮花部心印	蓮花部心印	蓮花心印	蓮華部心印	蓮華部心印
9	右耳處	左耳處	左耳處	左耳處	左耳處

以上の九箇所が擧げられる（1、5、6、8を單なる誤寫として除けば、嚴密には五箇所）。乙本と丙本との相違は全體から見ると極めて少なく、殆ど大同と言ふことが出來さうである。

所で、乙本と丙本との相違の五箇所を仔細に見ると、9は文脈から考へて乙本の「右」は「左」の誤寫であるから、相違は四箇所となる。この四箇所の2、3、4、7は、乙本が甲本と一致してをり、乙本の字句には極少數乍ら甲本の系統と通ずるものの存することがあり、それが丙本との少異の原因となつてゐることが判る。

さて、この異同表で、參考として下欄に掲げた、大正藏經と縮藏本と、丙本とを比較すると、3、7を始めとして、乙本よりは丙本の方が大正藏經と縮藏本とに通ずることが判る。中には丙本の2「諸」、6「一」のやうに一致しないものもある。この一致しないものを、丙本か大正藏經、縮藏本かの一方の誤寫や意改としてしまへば、單純に割切れるが、26を丙本のそのまゝに認めるとしても、乙本よりは丙本の方が大正藏經、縮藏本に通ずるのである。

大正藏經、縮藏本の底本は、享和元年八月に和州豐初瀬山總持院の快道が、天明三年寫本を以て書寫したことがその識語から判明するが、その親本となつた天明三年寫本は、

天明三丙午十月三日。於仁和寺皆明寺。以栂尾山法鼓臺藏本寫得之訖　智積院僧東武慈忍

とあるものである。栂尾山法鼓臺藏とは正に高山寺經藏を指す。大正藏經、縮藏本の本文が、甲本（承元本）に一致せず、乙本、丙本に近接することは、前節で說いた所であるが、乙本と丙本とのいづれにより近いかを敢へて求めるならば、本文字句の異同からは、乙本ではなく、丙本であるといふことになる。

丙本が、天明三年寫本の親本となつた栂尾山法鼓臺藏本そのものであるかどうかを確定することは困難である。丙本には先述の「諸」「一」のやうな相違が、少異ではあるが存するし、高山寺經藏に江戸時代には、現存三本の他にまだ別の古寫本が存したかも知れないからである。

しかし若し、現存の乙本、丙本の二本を以て天明三年寫本の親本に比定するならば、乙本は字句の異同だけでなく、寫本の形態の上からも失格となる。卽ち、乙本は尾缺の本であり、その末尾に押捺された「高山寺」朱印から考へて、江戸

中期の天明三年（一七八三）頃には既に現存のやうな尾缺本であつたと推定せられるのである。大正藏經・縮藏本が首尾完備してゐることは言ふまでもない。この本の親本となつた法鼓臺藏本は、丙本か、或いは丙本に近い系統の古寫本（高山寺に現藏せず）であつたらうと考へられるのである。

六、諸本の系統

前節までの手順によつて、一字頂輪王儀軌音義には、本文の字句の差違から見て、少なくともA系、B系の二大別があることが判る。その特徴から見ると、

	A系	B系
(1)「特進」から「後問知之」の訓釋	存	無
(2)音義の「繖」の訓釋「傘字同也」	存	無
(3)巻末の「念誦了可礼毗盧舍那號十遍」以下「已上〔勤〕□也」の五行	存	無
(4)「念珠言印念誦數了」	無	存

のやうになる。この點から、高山寺藏の三本と顯證本を分けると、次のやうになる。

A系――甲本（承元本）、顯證本

B系――乙本、丙本

これに大正藏經・縮藏本を配すると次のやうにならう。

A系――甲本（承元本）………顯證本

B系――乙本

　　丙本………天明三年寫本―享和元年寫本―大正藏經・縮藏本

これに、弘法大師全集所收の東寺観智院本（杲寶手寫本で、天養二年寛信寫本に出るもの）と同全集の編者が校合に用ゐた東寺一本とを加へるならば、凡そ次のやうに推測される。

A系―甲本（承元本）…………顯證本

AB系――（寛信本）……………東寺觀智院本――弘法大師全集本

B系―┬乙本
　　　└┬丙本……天明三年寫本―享和元年寫本―大正藏經・縮藏本
　　　　└東寺一本

この他に、甲本（承元本）の校異に用ゐられた鎌倉時代以前の寫本があつた筈であり、その甲本（承元本）に書入れられた朱書には、例へば、巻尾の「解脱言足」（朱書）のやうに、現存のいづれにも合はない本文もあつたらうと推測されるが、現存の限られた文獻からは系統を推定することは困難である。

尚、圖書寮本類聚名義抄に所引の一字頂輪王儀軌音義が、どの系統の本文に據つたかの問題があるが、和訓を含む訓釋の部分は、先述のやうに異同が少なく、どの系統でも大同であつたやうである。唯、一箇所、

A系統――轍左尓反川加左傘字同也

B系統――轍左尓反川加左

における「傘字同也」の有無の違ひがある。圖書寮本類聚名義抄では、

金剛頂經一字頂輪王儀軌音義（三本）
繖弘云左尓反川加左（三一八6）

とある。若しこれが所據本の訓釋の全字句を忠實に引用したとすれば、B系統となり、B系統の諸本及び寛信寫本（この箇所は「傘字同也」が無い）との關聯が考へられるのであるが、和訓以外の字句を省記することがあつたとすれば、系統を推測する材料とはならない。

又、高山寺藏の三本は、鎌倉時代の古寫本として、現行活字本の傳へる誤寫を正す點が少なくない。例へば音義の冒頭の、

爍音釋河也飢須留（大正藏經、縮藏本）
爍音釋何反訓須留（弘法大師全集所收本）

は、文意から見ても誤寫を含むものであることが分るが、これを、高山寺藏の丙本を始め甲本、乙本の三本共通の本文、

爍音尺阿反訓須留（丙本、甲本、乙本）

によつて、具體的に訂正することが出來るのである。これは一例であるが、同趣のことは他にも少なくないのである。

要するに、高山寺藏の三本は、從來利用されてゐた活字本の底本が室町時代以後であつたのに比べて、鎌倉時代に遡る古寫本として、現存本の誤を正すだけでなく、又、三本間相互の字句異同に據つて、諸本の系統をも推測する緒を作ることが出來るなど、重要な意味を持つてゐるのである。

七、辭書史上における「一字頂輪王儀軌音義」

本書が弘法大師空海の作であるか否かは、未だ確定することが出來ない。大師作といふことは、高山寺藏の諸本の本文

にも、又識語にも、一言も示されてゐない。たゞ諸宗章疏録の記す所によると、濟暹（一〇二五—一一一五）の弘法大師製作書目、覺鑁（一〇九五—一一四三）の高祖製作目録、心覺（一一一七—一一八〇）の大師製作書目、高野山の大師製作目録、高山寺法鼓臺大師製作目録に、

一字頂輪祕音義　一巻

とあり、又法鼓臺目録に、

金剛頂一字頂輪王儀軌音義　一巻

とあると述べてをり、又東寺観智院本の文和本の表紙の裏に、寛信法務が自ら「大師御作」と記してゐる由であるから、少なくとも院政時代にこの所傳があつたことは疑無い。又十一世紀末頃の撰と推定される圖書寮本類聚名義抄には、「弘云」として引用した箇所があるが、その內、少なくとも六ケ條は「一字頂輪王儀軌音義」であり、名義抄の編者は、これを「弘」卽ち弘法大師の撰と考へてゐたことが知られる。しかしこの時代には大師信仰の風潮が強くなつて來てゐたことであり、伊呂波歌の大師作説なども起つてゐる時代であるから、右のやうな所傳も直に事實として信ずることは出來ないともいへる。又一字頂輪王儀軌は、密教部に屬する經典であるが、密教部經典についての和訓を含んだ本邦所撰の音義は、空海の頃には未だ他例が知られてゐないから、この點でも疑ふ餘地がないとはいへない。

以上のやうな疑義はあるが、次のやうな諸條よりして、空海の撰か、若しさうでないにしても、空海の時代の邦人の撰と見て、大過は無いと考へるものである。

第一に、本書の如く、漢字を掲出してそれに對して割注で注を記し、その中に萬葉假名の和訓を含むといふ體裁は、奈良時代末期以降、善珠の成唯識論述記序釋、因明論疏明燈抄、撰者未詳の新釋華嚴經音義私記、四分律音義など、他例が少なくない。又空海自筆の三教指歸（高野山金剛峯寺藏）にも「石峯伊志都知能太氣」「雲童孃須美乃曳乃宇奈古乎美奈」の如き萬葉假名の和訓

注記がある（この部分は、自筆本には見えるが、通行本には見えない）。即ち、空海の時代にこのやうな注記方式が既に存在してゐたことは確實であり、この點から、本書の空海撰述説を否定することは出來ない。なお、空海の弟子觀靜撰する所の「孔雀經音義」には、大覺寺藏本の保延三年（一一三七）寫本によると「虵」に「倍美曾」の和訓を有する。この兩音義は、同じ教學系統の中での類似の形態を持つものと考へることが出來るかも知れない。

第二に、本書の萬葉假名で示された音訓の中に、平安初期當時の國語の語形の特徴を見ることが出來ることである。所謂歷史的假名遣の誤が見出されないことは勿論であるが、更にア行ヤ行のエの區別も行はれてゐる。即ち「纂衣良布」の「衣」はア行のエであり、又「燼毛江久比」の「江」はヤ行のエであつて、夫々古用に適つてゐる。更に「珮波江反川於布毛乃」の「波江反」（大正藏經・縮藏經に「波伊反」とあるのは恐らく後世の訛であらう）は、恐らく、齊韻字の韻尾表記の古形態であつて（築島裕「源氏物語の漢語の一性格」〈「文學」昭和四十二年五月〉）、「雙六乃佐叡（采）」（萬葉集十六ノ三八二七）の如く、古く「ア列字＋エ（ヤ行のエ）」の形で表記された形と符合してゐる。又、「噉後布ゝ无」（後世の形は、フウム、更にフクム）などの古形もあり、又字音の舌内撥音尾の表記に「尓」を用ゐた「葷鬼尓反」「繖左尓反」「揀可尓反」などの例、「拭」に「志憶反」（シオク）と、拗音にア行音のオを用ゐた例など（但し「蕀」に「知益反」とした例もある）、何れも平安初期點本の表記の特徴に適つてゐる。又「滑果知反」「葷鬼尓反」の如く、合拗音表記に類音字（果・鬼）を用ゐるのも、當時の用法に合ふ。

又、所用の萬葉假名は、

阿	伊尹(?)	于	衣	於
可加	文	久(句)		許
左	志之	須		祖
太大	知	(都)		止

奈　尓　奴　子　乃
波(婆)　比　布不　部戸　保
万(摩)　无牟　毛
也　由　江　与
良　利　留
和　乎
果(クワ)　鬼(クヰ)　尺(シャク)　憶(オク)　益(ヤク)
(疊符)　ゝ、

の如くであり、平安初期の用字法として矛盾は認められないと思ふ。

以上の如き見地から、本音義は、少なくとも空海の撰とすることを否定は出來ないと考へる次第である。

尚、本書が後世の文獻に及した影響としては、上にも一寸觸れたが、圖書寮本類聚名義抄所引の「弘云」と冠した記事がある。「弘云」の中の大部分は、弘法大師撰の「篆隷萬象名義」であるが、その中で、

冶弘云阿万子久（一二4）
纂集弘云衣良布（二九七1）
鈴ー（珮）弘有處云波江反乙於布毛乃（一六三4）
繖弘云左尓反川加左（三一八6）
細滑弘云果知反奈太良加尓（四八7）
調音條弘云合和選、期、賣、求、又云志良部（八三5）

金剛頂經一字頂輪王儀軌音義（三本）

（「調」の注の「又云志良部」は別筆で右側に補入してあるものらしい。前半の「弘云合和選、期、賣、求、」は、篆隷萬象名義からの引用である。）

の六ケ條は、一字頂輪王儀軌音義の本文と符合し、この高山寺本の本文と比べて見ると、「啥」を「浛」と誤つてをり、又、「細滑」の見出語が缺損してゐる他は、萬葉假名の字母まで完全に一致してゐる。

八、甲本（承元本）の書寫者覺經について

甲本（承元本）の書寫者覺經については、知る所が少ない。生年は、後掲の諸本の識語から逆算して、元暦元年（一一八四）であることが知られる。又、「愛明王口傳」に「覺經生年二十歳夏臈十耳矣」とあることによつて、この本の識語には年號の記載は無いけれども、これが建仁三年の記載であることが判り、又、建久三年に十一歳で始めて夏臈に入つたことを知る。

高山寺經藏の聖教類に見える覺經の識語が、彼の閲歴を知る資料のすべてである。醍醐寺藏「傳法灌頂師資相承血脈」の勸修寺流の項の下に、

僧正長遍——覺經法印（他略）

と見える覺經は、長遍が一一二三年—一二〇二年の人であるから、恐らく別人であらう。

高山寺聖教類の識語によると、その初見は建仁二年（一二〇二）三月二十三日の「護摩壇樣」であつて生年十九歳と記してゐる。（點本書目によると、高山寺藏胎藏界念誦次第一帖の奥に「建仁二年金商之比書寫幷交點傳受初行了□同末資覺經(?)生年十七」とあるが、年齢が合はず不審である。）そして、二十歳（建仁三年）、二十一歳（元久元年）の間の識語が最も多く、二十八歳の建暦

元年（一二一一）十一月十六日に「傳法灌頂作法私記」を書寫してゐるのを最後として、絕えてその後のものを見ない。或いは何かの事情で以後のものが傳らなかつたのか、又は別の法名に改名したことなども考へ得るが、建仁三年正月二十日の「轉非命業抄」の奥に、

殊恐短命故此書所出持也可哀

とあるのは、二十歳の時の自署であり、或いは病身で前途長からぬことを自ら豫測してゐたのであらうか。想像を逞しうするならば、二十歳、二十一歳の頃に極めて書寫本の數の多いのは、病身に鞭つて書寫に精勵した爲なのかも知れない。そして二十八歳、又はそれから間もなくの頃、短い生涯を終つたのでないかとも考へられる。

覺經が書寫した本の祖本について、その人名・房名等を見ると、

○千手院本（無動祕傳・題未詳）

○東別所本（支度卷數等・四天王法・支度卷數集）

○新別所（轉非命業事・大威德自行私記・延命法・一字金輪次第・孔雀經法）

○醍醐賢覺法眼（理性房）（轉非命業抄）

賢覺（一〇八〇—一一五六）は醍醐寺僧、理性院の祖。

○勝定房（大威德自行私記）

○、杲（範杲か）（焰摩天供）

範杲は勸修寺の僧、保元—治承頃の人。訓點本を多く殘してゐる。

○西谷（行法祕事・方法所尊句等）

西谷は高野山覺鑁及び玄證の居所、覺鑁は寛助・賢覺の資。玄證（一一四六—一二〇八以後）は仁濟・證印の資。

○基舜（諸尊祕事口傳集・傳法時作法）

基舜（基俊）は高野山中院流の僧、兼賢（一〇八八—一一五七）の高足。

○證印（諸尊祕事口傳集）

證印（一一〇八—一一八七）は高野山金剛峯寺の僧。玄證の師。

○常喜院・常喜院阿闍梨・北御房（降三世・光明眞言法・孔雀經法・藥事名也）

常喜院は心覺（一一一七—一一八〇）、高野山の僧。

○淨光房上人（方法所尊句等）

淨光房は賴尊（一〇二五—一〇九一）、仁和寺の僧。

○月上院（諸口傳・千手觀音行法次第）

○月本（月上院本の略）（金輪次第）

月上院は玄證（前述）の住房。

○宰相入道書本（傳受）

○金剛峯寺五室別所〈基舜の本奥書〉（傳法時作法）

○闍梨（大明星供印次第）

○祖師御自筆本（作壇）

○佛光金明院（？）（一事等）

○勸修寺（大威德轉法輪法）

○光明山本（金剛頂經一字頂輪王儀軌音義）

光明山は大和に在り、重譽（保延〈一一三五―一一四一〉頃の人）の居所、重譽は東南院覺樹、中川實範の資（前述）。

○遍照寺（題未詳）

遍照寺は仁和寺寛朝僧正（九一六―九九八）。

等であつて、眞言宗の高野山・醍醐寺・勸修寺・仁和寺の關係のものが多い。覺經は恐らく、證印―玄證の法統等を多分に稟けた人だつたのであらう。

（『高山寺古辭書資料第一』昭和五十二年三月）

（築島裕氏と共著）

[補記㈠]

本册には寫眞・翻字を省略した。

[補記㈡]

本册には「訓釋諸本對照表」を省略した。

著者略歴

1929年　山梨縣甲府市生

1952年　東京文理科大學文學科國語學國文學專攻卒業

1992年　德島文理大學教授　廣島大學名譽教授

文學博士

主要著書

平安鎌倉時代に於ける漢籍訓讀の國語史的研究（昭和42年、東京大學出版會）

中世片假名文の國語史的研究（昭和46年、廣島大學文學部紀要として單刊）

高山寺本古往來（昭和47年、『高山寺資料叢書 第二册』の内、東京大學出版會）

法華百座聞書抄總索引（昭和50年、武藏野書院）

中山法華經寺藏本三教指歸注總索引及び研究（昭和55年、共編、武藏野書院）

古事記（日本思想大系 第一卷）（昭和57年、共著、岩波書店）

神田本白氏文集の研究（昭和57年、共著、勉誠社）

角筆文獻の國語學的研究 全２册（昭和62年、汲古書院）

角筆のみちびく世界（平成元年、中公新書・中央公論社）

梁塵祕抄　閑吟集　狂言歌謠（新日本古典文學大系 第五十六卷）（平成５年、共著、岩波書店）

圖說　日本の漢字（平成10年、大修館書店）

角筆文獻研究導論 全４卷（平成16年、汲古書院）

角筆のひらく文化史（平成26年、岩波書店）

平安時代の佛書に基づく漢文訓讀史の研究　全10卷（既刊９卷）（平成23年より刊行、汲古書院）

小林芳規著作集　第七卷　訓點・訓讀・音義

令和七年四月十八日　發行

著者　小林芳規

發行者　三井久人

整版　日本フィニッシュ㈱

印刷　㈱理想社

製本　牧製本印刷㈱

發行所　汲古書院

〒101-0065　東京都千代田區西神田二―四―三

電話〇三（三二六五）九七六四

FAX〇三（三二二二）一八四五

第七回配本

ISBN978－4－7629－3666－1　C3381

KYUKO-SHOIN, CO.,LTD.　TOKYO